DIE
EUROPASAGA

Peter Arens
Stefan Brauburger

DIE EUROPASAGA

Woher wir kommen ▪ Was uns eint ▪ Wohin wir wollen

Von
Peter Arens und Stefan Brauburger

In Zusammenarbeit mit Werner von Bergen, Bernhard von Dadelsen,
Anja Greulich, Friederike Haedecke, Thomas Hagedorn, Peter Hartl,
Oliver Heidemann, Wolfgang Horn, Mario Sporn

C. Bertelsmann

Sollte diese Publikation Links auf Webseiten Dritter enthalten, so übernehmen wir für deren Inhalte keine Haftung, da wir uns diese nicht zu eigen machen, sondern lediglich auf deren Stand zum Zeitpunkt der Erstveröffentlichung verweisen.

Kurzerklärungen der Abbildungen auf den Titelseiten

Seite 1: Die Delphische Sibylle, Fresko in der Sixtinischen Kapelle, Michelangelo, 1508–1512
Seite 2: (links) »Europa ist Frieden«: Foto einer *Pulse of Europe*-Demonstration
(Mitte) Die Vielfalt Europas, mehr als die EU: Flaggen auf Kronkorken
(rechts) Geschichte und Moderne: die Glaspyramide im Innenhof des Louvre
Seite 6: Europa bei Nacht, Satellitenaufnahme

Verlagsgruppe Random House FSC® N001967

2. Auflage 2017
© C. Bertelsmann Verlag, München, in der Verlagsgruppe Random House GmbH,
Neumarkter Straße 28, 81673 München
Grafische Gestaltung und Satz: Nadine Clemens, München
Umschlaggestaltung: Büro Jorge Schmidt, München
Umschlagabbildungen © akg-images; bpk; Bridgeman Images; Getty Images;
Mauritius Images; Picture Alliance
Lektorat: Eckard Schuster, Dr. Brigitte Wormer, beide München
Register: Dieter Löbbert, München
Kartografie: Peter Palm, Berlin
Bildredaktion: Annette Mayer
Herstellung: Inka Hagen
Druckvorstufe: Lorenz & Zeller, Inning a. A.
Druck und Bindung: Mohn Media GmbH, Gütersloh
Printed in Germany
ISBN 978-3-570-10307-4

www.cbertelsmann.de

Inhalt

VORWORT
7

WOHER WIR KOMMEN — WER WIR SIND
13

WAS UNS EINT — WAS UNS TEILT
83

WORAN WIR GLAUBEN — WAS WIR DENKEN
151

WAS UNS ANTREIBT — WAS WIR UNS NEHMEN
221

WAS WIR ERSCHAFFEN — WAS WIR BEHERRSCHEN
277

WO WIR STEHEN — WAS UNS BLEIBT
345

ANHANG
405

Literatur **406** ▪ Register **411** ▪ Abbildungsnachweis **430**

DER KONTINENT DES WIDERSPRUCHS

»Das übernationale Gemeinschaftsgefühl der Europäer ist reine Erfindung der Dichter« – was Heinrich Mann zur Befindlichkeit unseres Kontinents anmerkte, scheint von zeitloser Aktualität zu sein. Denn das Thema, ob Europa den Weg zur Einigung oder zur Spaltung einschlägt, begleitet unsere Geschichte seit über 1000 Jahren und dringt mit neuem Schub in die gegenwärtigen Debatten. Und wem nicht gleichgültig ist, auf welchen Ebenen über wesentliche Aspekte unseres Lebens entschieden wird, kann sich der zentralen europäischen Frage wohl kaum entziehen, ob es auf dem Weg der Einigung vorwärts oder rückwärts geht.

Gibt es noch die Hoffnung, er könne doch eines Tages kommen, der große übergreifende Superstaat, der es allen recht macht, die Vereinigten Staaten von Europa? Oder haben wir uns längst von solchen Visionen verabschiedet, schon gar im Angesicht der Zerreißproben der Europäischen Union, zwischen Brexit, Finanz- und Flüchtlingskrisen und Rückfällen in nationale Denkmuster?

Am Ende entscheidet wohl die Kraft des Zusammenhalts: Was verbindet uns? Welche Leitbilder und Erfahrungen prägen uns? Um welche Räume, Werte, Menschen geht es, wenn wir von Europa sprechen? Und mit welchen Erwartungen blicken wir in die gemeinsame Zukunft?

Im Buch zur *Europasaga* gehen wir solchen Fragen auf den Grund, es dient der Vertiefung der gleichnamigen sechsteiligen ZDF-Dokureihe, die wir zusammen mit dem Cambridge-Historiker Christopher Clark gestaltet haben. Das Projekt entstand in der Erwartung, Europa irgendwie zu fassen zu bekommen, es auf einen Nenner zu bringen. Mit einigen Leitfragen im Gepäck ging Clark auf Zeitreise und brachte eine ganze Reihe persönlicher Erfahrungen und Erkenntnisse mit. Doch waren unsere Befunde und Beobachtungen vor allem eines: widersprüchlich!

Es gibt ja das bekannte Erklärmuster, Europa sei eben die »Einheit in der Vielfalt«. Aber dieser Ansatz spart vieles aus. Zu groß sind die Gegensätze, die diesen Erdteil prägten und immer noch prägen – vielleicht kommen wir der Sache mit einer anderen Formel näher: Der DNA-Schlüssel des Kontinents liegt im Widerspruch! Und seine Triebkraft in der Suche nach einem Ausweg, nach einer Lösung …

Alle Kontraste dieser Welt scheinen in Europa auf engstem Raum gewirkt zu haben. Es ist der Erdteil der schlimmsten Kriege, aber auch der intensivsten Friedensbemühungen, der totalitären Diktaturen wie der freiheitlichen Demokratie, der Ursprungsort extremer Ideologien, aber auch des Pluralismus, ein Raum des Glaubens wie des Atheismus. Die europäische Geschichte kennt schlimmste Barbarei, aber auch Höhenflüge in Kunst, Literatur, Architektur und Musik. Europa bietet ein Laboratorium atemberaubender technischer Neuerungen, aber auch der industriellen Zerstörungsgewalt.

Vorwort

Die philosophische Dialektik ist wohl nicht von ungefähr eine europäische Erfindung: die Triade von These, Antithese, Synthese. Und so ist es vielleicht auch typisch europäisch, wenn aus den Widersprüchen heraus etwas Neues, etwas Gemeinsames erwächst, aus dem Gegeneinander ein Miteinander.

So geschah es auch vor 60 Jahren. Nach zwei Weltkriegen, Diktatur und Völkermord hatten einige westeuropäische Staaten neue Wege beschritten, gemeinsam ein Forum gebildet, den Europarat. Eine erste Gemeinschaft entstand (für Kohle und Stahl). Die Bundesrepublik Deutschland, Frankreich, Italien, Belgien, die Niederlande und Luxemburg wollten nun, nach einigen Bewährungsproben, noch enger zusammenrücken, Frieden und Wohlstand künftig gemeinsam sichern, dafür nach und nach auf Hoheitsrechte verzichten. Sie schlossen 1957 historische Verträge, dort, wo so vieles anfing, in Rom. Dass es nicht nur um eine wirtschaftliche, sondern auch um eine Wertegemeinschaft ging, ist das Besondere. Dem Modell schlossen sich später 22 weitere Staaten an, auch aus dem ehemaligen Ostblock. Nach dem Fortschritt der Vereinigung (West-)Europas mag man darin so etwas wie ein zweites »Wunder« sehen.

Im Prinzip kam das, was in der Mitte des 20. Jahrhunderts seinen Anfang nahm, einer kopernikanischen Wende gleich. Besonnene Europäer verließen jene Pfade, die auf die Schlachtfelder geführt hatten, und beschritten den Weg zur Union. Die Enkelkinder, deren Großväter noch mit Waffengewalt in die Nachbarländer einrückten, können seit Jahren die Grenzen ohne Kontrollen passieren. Jedes Jahr erleben Hunderttausende Schüler und Studenten regen wie selbstverständlichen Austausch mit ihren Altersgenossen in den umliegenden Staaten. Doch allein die Errungenschaft des Friedens genügt der Generation, die keinen Krieg erlebt hat, wohl nicht mehr, um weitere Schritte der europäischen Integration zu rechtfertigen.

Heute steht Europa wieder am Scheideweg. Es geht nicht mehr um Krieg oder Frieden, sondern um den Bestand der Einigung. Zwar hat die Gemeinschaft inzwischen einen Grad erreicht, von dem manche Gründerväter allenfalls zu träumen

■ 60 Jahre Römische Verträge. Das Jubiläum fand in einer Zeit größter Herausforderungen an die Europäische Union statt, es gab Proteste, aber auch Jubel.

wagten: das Ende des Kalten Krieges, die Öffnung nach Osten, die große Zahl der Mitglieder, gemeinsame Errungenschaften auf vielen Feldern. Doch zeigt der Erfolg in Zeiten der Krise auch seine Schattenseiten: mangelnde Übereinstimmung, Zweifel an gemeinsamen Werten, nationale Rückbesinnung, weil europäische Lösungen ausbleiben oder auf sich warten lassen. Ukraine, Griechenland, Euro, Flüchtlinge, ein Rechtsruck in vielen Parteienlandschaften und Regierungen vor allem östlicher Mitgliedstaaten, schließlich der Brexit – es sind gleich mehrere Konfliktherde, die das Gemeinschaftswerk auf die Probe stellen.

Vielleicht ist der Erfolg der Europäischen Union auch ihr Dilemma, sie ist gewachsen, aber auch schwerfälliger bei zentralen Entscheidungen. Sie ist vielfältiger, dafür gegensätzlicher in den Meinungen über Strategien und Werte. Sie ist größer, muss dadurch aber auch mehr Interessen unter einen Hut bringen. Welcher Mechanismus der Abstimmung wird dem gerecht? Es gilt, jeden weiteren Schritt zur Einigung abzuwägen, um die Partner nicht zu überfordern – vielleicht liegt die Lösung ja doch in einem Europa mehrerer Geschwindigkeiten …

Die aktuellen Befunde legen es nahe, Bilanz zu ziehen, geben Anlass zurückzuschauen, auch in fernere Epochen, wo die Anfänge der europäischen Geschichte liegen. In sechs Kapiteln suchen wir nach Antworten auf zentrale Fragen: Woher kommen wir? Was hält Europa zusammen? Was unterscheidet uns von anderen? Was treibt uns an? Gibt es die verbindende Idee, oder sind es eher Hoffnungen und Interessen, die wir teilen? Und – ist das Glas aus der europäischen Aussteuer eher halb leer oder halb voll?

Woher wir kommen – wer wir sind

Wo heute über 740 Millionen Europäer verschiedener Herkunft leben, bestimmte einst die Natur den Bewegungsraum, die Eiszeit zog die Grenzen für alle Lebensformen. Mit der Wärme kamen immer mehr Menschen. Die erzählte Geschichte beginnt mit dem viel zitierten Entstehungsmythos: Die Liebe des Zeus zu einer Prinzessin namens Europa, die er auf den Kontinent entführte, der später nach ihr benannt wurde – es ist wohl auch Sinnbild für den Einfluss des Orients auf den Okzident. Künftige Kulturen lösten nicht nur einander ab, sie nahmen die Errungenschaften der Vorgänger jeweils auf, bis die Karten durch die Völkerwanderung neu gemischt wurden und am Ende Griechisches, Römisches, Keltisches, Germanisches, »Heidnisches« und vor allem Christliches miteinander verschmolzen. Das ändert nichts daran, dass Europa bis heute ein Schauplatz vielfältiger und ständiger Migration geblieben ist.

Was uns eint – was uns teilt

Zum Ziel, Europa zusammenzubringen und irgendwie zu einer Einheit zu formen, weisen gleich mehrere – und sehr unter-

Vorwort

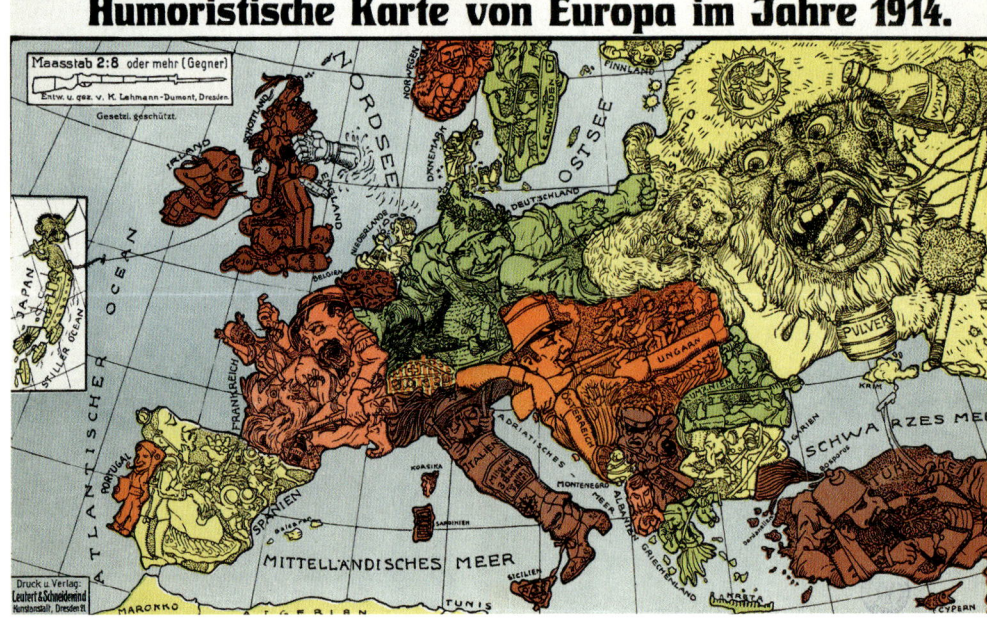

■ Eine »humoristische Karte« von 1914 überzeichnet Stereotype und Vorurteile gegenüber den damaligen Mächten Europas, das noch im selben Jahr in den Krieg stürzte.

schiedliche – Wege durch die Geschichte. Mal hatte Gewalt, mal die Vernunft den Vorrang: Es sind zum einen Versuche, den Kontinent zu vereinen, um ihn zu beherrschen oder zu unterwerfen. Zum anderen gab es immer wieder Bemühungen, über ein System der Balance zum Ausgleich unter den Rivalen zu gelangen. Schließlich die Bemühungen, die erstrebte Einigung durch Abgrenzung und Abschottung von anderen Mächten und Kulturen zu erreichen. Allzu oft führten solche Schritte zum Gegenteil: zur Spaltung auf dem Kontinent und zur Feindschaft nach außen. Erst spät reifte die Erkenntnis, dass das Miteinander den Völkern mehr dient als das Gegeneinander: die Idee der europäischen Integration, die Schritte zur Union. Wenngleich auch heute noch Spielarten früherer Verhaltensmuster spürbar sind: von der Bevormundung, Lagerbildung und Abgrenzung.

Woran wir glauben – was wir denken

Europa eher als Idee und weniger als Raum zu begreifen, hat Tradition. Prägungen des Glaubens und des Denkens stehen dabei im Vordergrund, weniger die Geografie. Mehr als anderthalb Jahrtausende waren Europas Herrschaftsformen und Kulturen vor allem vom Christentum geprägt, trotz mehrfacher Spaltung im Glauben. Aber ohne die jüdischen Ursprünge keine Christenheit, und selbst wer bestreitet, dass der Islam zu Europa »gehört«, kann nicht verleugnen, dass einige Epochen im Südwesten und Südosten unseres Kontinents wesentlich durch ihn geprägt wurden. Doch wich die Religion ohnehin nach und nach der Aufklärung und den neuzeitlichen »Ismen«: Liberalismus, Kapitalismus, Nationalismus, Kommunismus im Zeichen eines zunehmenden Säkularismus. Die Ursprünge wirkmächtiger Ideen, aber auch totalitärer Ideologien – sie liegen auf dem »alten« Kontinent.

Was uns antreibt – was wir uns nehmen

Europa ist zudem der Erdteil enger Räume und der Küsten! Ein ruheloser Kontinent, dessen treibende Kräfte immer wieder nach neuen Ufern strebten. Kein Zufall, dass von hier aus die Welt entdeckt wurde, von den Wikingern über Magellan bis zu Humboldt und Amundsen. Der Globus wurde zum Spielfeld europäischer Machtinteressen – und durch die Begegnung mit anderen Erdteilen, den Austausch von Gütern und Gedanken veränderte sich auch das eigene Dasein. Auf die Entdeckung folgte die Eroberung. Im Wettbewerb um Kolonien teilten die Europäer die Welt unter sich auf, in der anmaßenden Haltung, Menschen anderer Kontinente überlegen zu sein. Nicht nur das gewaltige Amerika wurde europäisch geprägt, zwei Drittel der Welt nahm Europa in der Neuzeit in Be-

■ Der Mythos vom Raub der Europa, die dem Kontinent später ihren Namen gab, hat neben vielen anderen Künstlern auch Tizian inspiriert. Gemälde von 1562.

sitz – auf Zeit. Eine Geschichte von Unternehmergeist, Tatendrang und Mut. Aber auch von Gewalt, Unterdrückung, Ausbeutung und Widerstand.

Was wir erschaffen – was wir beherrschen

Neben der Unterwerfung der Welt steht Europas bleibender Beitrag zur Weltkultur. *Good old Europe* verdankt die Menschheit unzählige Meisterwerke, der Architektur, der bildenden Künste, der Musik, der Philosophie und der Literatur. Ob das Kolosseum oder der Eiffelturm, die Mona Lisa oder Monets Seerosen, Vivaldis »Vier Jah-

Vorwort

■ Wohin führt der gemeinsame Weg?

reszeiten« oder die Songs der Beatles, Platons *Politeia* oder Goethes *Faust*. Hinzu kommt eine große Zahl bahnbrechender Entdeckungen und technischer Erfindungen, ob die Dampfmaschine, die Batterie, das Automobil, das Penizillin oder die Kernspaltung. Wenn man von klassischen Epochen spricht, von Errungenschaften mit zeitloser universeller Geltung und Ausstrahlung, führen viele Wege nach Europa. Es geht um herausragende Namen, bedeutende Werke und ihre Wirkung, um Europäisches, das zum Weltmaßstab wurde.

Wo wir stehen – was uns bleibt

Ist der schöne Götterfunken Freude, von der Schillers »Ode« und Beethovens »Neunte« künden, in Europa erloschen? Offiziell hat es ja nur die Musik und nicht der Text zur europäischen Hymne gebracht, damit nicht etwa eine Sprache oder ein Kulturraum bevorzugt wird. Heute gibt es jedoch drängendere Probleme: Finanzkrisen, Schuldenberge, Flüchtlingswellen, Brexit, Konflikte um Werte und Ziele haben in Europa Skepsis an die Stelle früherer Aufbruchstimmung rücken lassen. Was sind die Leitlinien für die europäische Zukunft? Am derzeitigen »Staatenverbund« allenfalls festhalten oder Bahn frei für eine Bundesrepublik Europa? Mehr Kompetenzen in zentralen Politikbereichen zulassen oder lieber doch nicht, vielleicht sogar etwas zurückrudern, um Druck aus dem Kessel zu nehmen? Es bleibt wohl auf absehbare Zeit erst einmal beim Krisenmanagement, beim Navigieren auf Sicht.

Doch gibt es ja auch noch die andere Erfahrung: das Europa der gemeinsamen Kultur, des selbstverständlichen Austauschs, der alltäglichen Begegnung, der Freizügigkeit, der Musik und des Sports – vom Eurovision Song Contest bis zur Champions League. Und was sagen die Umfragen? Wie denken die Bürger über die Union, wie über ihre Nachbarn, was erwarten sie von der gemeinsamen Zukunft? Auch davon handelt dieses Buch.

Quo vadis, Europa?

Peter Arens
Stefan Brauburger

WOHER WIR KOMMEN — WER WIR SIND

URGESCHICHTE – GEOGRAFIE, KLIMA UND ERSTE EUROPÄER

Beim Betrachten einer Weltkarte ist es nicht allein der Stauchungseffekt, der Europa winzig klein erscheinen lässt. Auch auf einem die wahren Proportionen berücksichtigenden Globus ist unser Heimatkontinent alles andere als ein Flächengigant, gemessen an seinen Geschwistern Afrika, Amerika oder Asien. Ganz Europa ist kaum größer als die Sahara. Seine geringe Größe hat es allerdings spätestens seit den Hochkulturen der Antike, erst recht im Mittelalter und in der Neuzeit durch eine pralle Fülle an geschichtsmächtigen Ereignissen und Kultursprüngen wettgemacht. Auf diesem kleinen Raum ist in den letzten 3000 Jahren unendlich viel passiert, mit großer Wirkung auf Europa selbst und auf andere Erdteile wie insbesondere Amerika, als Millionen Europäer sich seit Mitte des 19. Jahrhunderts aufmachten, in der Neuen Welt ihre neue Heimat zu finden. Da Europa als geografischer Kontinent nicht viel hermacht, eigentlich nur ein westliches Anhängsel Asiens ist, seine Kultur aber Weltgeltung erlangt hat, wird gerne ein Wort des französischen Philosophen Bernard-Henri Lévy zitiert: »Europa ist kein Ort, sondern eine Idee.«

Aber sind die geografischen Rahmendaten wirklich so unerheblich für diese Ideenmacht? Europa wird besonders durch seine enge Besiedlung charakterisiert. Mehr Einwohner pro Quadratkilometer weist nur Asien auf, doch keiner der fünf großen Erdteile hat auf die Fläche umgerechnet mehr Länder als Europa. Hier verteilen sich offiziell 50 Staaten auf rund 10 Millionen Quadratkilometern, in Amerika sind es 35 Staaten auf rund 43 Millionen Quadratkilometern.

Es ist die dichte Besiedlung in relativ kleinräumigen Landschaften, die in den letzten Jahrtausenden aufgrund von Nachbarschaft, Handelsbeziehungen und Migration für eine rege Durchmischung von Völkern und Kulturen gesorgt hat. Unterschiedlichste Landschaften und Lebensräume haben den Horizont von Griechen, Kelten, Römern und Germanen durch alle Zeiten hindurch erweitert. An den einander zugewandten Küsten des Mittelmeers kam es spätestens im 2. Jahrtausend v. Chr. zu intensivem Seehandel, der Waren und Ideen aus verschiedenen Kulturen zusammenbrachte. Ab dem 1. Jahrtausend v. Chr. brachen Reisende durch die Straße von Gibraltar zu den Gestaden des Atlantiks auf und gelangten so in den hohen Norden. Mächtige Gebirgszüge wie die Alpen und die Pyrenäen boten mit ihren Tälern Siedlern fruchtbare Landschaften, Tiere als Nahrungsquelle und wichtige Rohstoffe wie Salz und Eisenerze. Handel wurde betrieben über zugängliche Pässe oder große, schiffbare Ströme wie Rhein und Donau. Richtung Osten veränderte sich das Land zur Steppe und stellte eine Brücke nach Asien dar, über die von jeher neue Volksgruppen nach Zentral- und Westeuropa einwanderten – wie vor rund 6000 Jahren die sogenannten Indoeuropäer, die wahrscheinlich aus Südrussland aufgebrochen waren und deren Sprache zum Fundament fast aller europäischen Sprachen wurde. Im hohen Norden verlief die Besiedlung aufgrund des arktischen Klimas mit lichtarmen Tagen langsamer, im Nordosten verliert sich unser Kontinent in Tundra und Permafrost irgendwo im Ural.

Auch die klimatischen Verhältnisse in Europa sind für den Menschen äußerst vorteilhaft. Insbesondere in der Mitte Europas ist der Wechsel der Jahreszeiten ausgeprägt, was unsere seelische und künstlerische Disposition positiv beeinflusst haben dürfte, kennen wir doch das Hochgefühl von Frühling und Sommer ebenso wie die Melancholie von Herbst und Winter. Allen voran der Mittelmeerraum als Wiege der europäischen Kultur hat stets von seinen milden Wintern und trockenen Sommern profitiert. Hier gelten Nutzpflanzen wie Weintraube und Olive als wichtige Faktoren für frühe, prosperierende Besiedlungen – nicht von ungefähr verkörpern sie auch heute noch besonderen kulinarischen Charme.

Die Tabelle ist als grobe Gliederung zu verstehen, da sich insbesondere ab der Eisenzeit die Kultur in Europa unterschiedlich entwickelt hat. Je nach Region haben sich in Ost-, Süd-, Mittel- und Nordeuropa die Metallverarbeitung sowie die Verwendung der Schrift unterschiedlich schnell verbreitet.

EPOCHEN IN EUROPA

800 000 v. Chr.	Die ersten Vorläufer des Menschen lassen sich in Europa nachweisen, der berühmteste frühe Fund stammt vom *Homo heidelbergensis* (ca. 500 000 v. Chr.).
250 000–ca. 27 000 v. Chr.	Der Neandertaler behauptet sich in Europa, stirbt aber um 27 000 v. Chr. aus beziehungsweise geht im *Homo sapiens* auf.
60 000 v. Chr.	Der moderne Mensch, der *Homo sapiens*, wandert von Afrika nach Europa ein. Beginn der Höhlenkunst, wovon die Fundorte Chauvet (rund 30 000 Jahre v. Chr.) und Lascaux (um 16 000 v. Chr.) im heutigen Frankreich eindrucksvoll Zeugnis ablegen.
Ab 9600 v. Chr.	Beginn des Holozäns, unseres heutigen Zeitalters. Ab 12 500 v. Chr. Ende der Eiszeit und einsetzender Klimawandel mit warmem und feuchtem Wetter.

Woher wir kommen – wer wir sind

Ca. 7000–2300 v. Chr.: Neolithikum	In der Jungsteinzeit verändert sich der Kontinent im Vergleich zu anderen Epochen am grundlegendsten. Neue Technologien, Kulturen und Ideen werden von den Menschen aufgenommen. Die Entwicklung von Sesshaftigkeit, Ackerbau, Viehzucht und Keramikherstellung wird als »neolithische Revolution« bezeichnet. Durch das Ansteigen des Meeresspiegels wird Britannien vom Festland abgetrennt. Große steinerne Megalithstrukturen wie Carnac in der Bretagne und Stonehenge in England entstehen.
Etwa 2500 – 800 v. Chr.: Bronzezeit	Menschen entdecken Bronze als Legierung aus Kupfer (90 %) und Zinn (10 %) und nutzen es für handwerkliche Geräte, Waffen und Schmuck. Kriegskulturen entstehen, der Fall Trojas um 1200 v. Chr. wird um ca. 800 v. Chr. von Homer aufgeschrieben.
800 v. Chr. bis christliche Zeitenwende (Christi Geburt): Eisenzeit	Eisen wird zur Herstellung von Werkzeugen und Waffen verwendet. Mit der sogenannten Hallstatt-Kultur um 800 v. Chr. beginnt die Zeit der Kelten, ihre kulturelle Blüte erleben sie um 200 v. Chr.
Christliche Zeitenwende bis 800: Frühgeschichte und Antike	Diese Epoche ist charakterisiert durch den Gegensatz zwischen kulturell entwickelter Antike und den schriftlosen Völkern des Nordens, insbesondere den Germanen. Mit der sukzessiven Annahme des Christentums und der Einführung der Schrift endet bei diesen die »alte« Zeit.
800 – 1500: Mittelalter	Im Mittelalter entsteht die europäische Moderne, mit bedeutenden städtischen Kulturen, mit Kathedralen, Universitäten und Banken.
Ab 1500: Neuzeit	Epochale Wegmarken sind die Gutenberg-Druckpresse, die Reformation und die Entdeckung Amerikas (das *Mittel*alter wurde erst im Nachhinein als die mittlere Epoche zwischen Antike und Neuzeit bezeichnet).

Schauen wir auf den großen Klimamaßstab der letzten Jahrmillionen, um unser heutiges Wetter, dessen Erwärmung uns Sorgen bereitet, besser einordnen zu können. Insgesamt gesehen leben wir derzeit in einem europäischen Eiszeitalter. Innerhalb dieser Eiszeit allerdings, dem seit 2,6 Millionen Jahren andauernden Quartär, profitieren wir von einer Warmphase. Wir leben im Holozän, das ca. 9600 v. Chr. begonnen hat und das klimahistorisch andauert. Bis dahin hatte ein Eispanzer über Irland, Britannien, den norddeutschen Tiefebenen und Skandinavien gelegen, auch über den Alpen und den Pyrenäen. Der Meeresspiegel lag 135 Meter niedriger als heute, England gehörte noch zum Kontinent. Dann kam es zu einer langsamen Erwärmung Europas, in dessen Folge sich sozusagen ein geografischer Brexit ereignete: Das Eis schmolz ab, die britische und südskandinavische Landmasse hob sich an, und Britannien und Irland wurden ab ca. 6000 v. Chr. zu Inseln. Auch die Gletscher im Alpenvorland schmolzen ab, das Wasser sammelte sich in Seen. Mittelmeerwasser strömte ins Schwarze Meer, die Becken von Nord- und Ostsee entstanden. Jetzt formte sich langsam die endgültige geografische Gestalt unseres Kontinents. Durch zunehmende Niederschläge entstanden große Wälder in Mitteleuropa, welche die Grassteppen ersetzten. Dadurch nahmen die Hirsch-, Reh- und Wildschweinpopulationen zu, während die typischen Eiszeittiere Mammut und Rentier nach Nordeuropa auswichen.

Was ist mit dem Menschen der europäischen Urgeschichte (um nicht den Begriff »*Vor*geschichte« zu verwenden, denn dieser Terminus würde den frühen Menschen aus unserer Geschichte ausschließen)? Man nimmt an, dass seit 800 000 Jahren Lebewesen der Gattung *Homo* in Europa leben. Der erste fassbare Europäer ist ausgerechnet ein »Deutscher«, nämlich der *Homo erectus heidelbergensis*, von dem in der Nähe von Heidelberg ein Unterkieferfragment gefunden wurde. Eigentlich ist es aber erst der berühmte Neandertaler, mit dem ab ca. 200 000 Jahre vor unserer Zeit aufgrund einer viel besseren Fundlage eine signifikante Besiedlung in Europa nachweisbar ist. Dessen Premierenexemplar wurde ebenfalls in Deutschland entdeckt, im Neandertal nahe Düsseldorf. Er ist noch kein anatomisch moderner Mensch, mit seinem kräftigen Schädel, den charakteristischen Bögen über der Nase und dem gedrungenen Körper, aber er war als wandernder Jäger und Sammler erstaunlich gut angepasst an das kalte Klima seiner Zeit und hielt sich noch lange Zeit, nachdem bereits vor etwa 60 000 Jahren der *Homo sapiens*, der moderne Mensch, die europäische Bühne betreten hatte. Ab 26 000 v. Chr. starb der Neandertaler aus, unter bis heute nicht geklärten Umständen – wahrscheinlich wurde er in weniger günstige Regionen abgedrängt beziehungsweise assimilierte sich mit dem modernen Menschen.

Homo sapiens – Sesshaftwerdung und frühe Kunst

Für die Evolutionsgeschichte des kulturell modernen Menschen ist Europa von herausragender Bedeutung, weil sich hier eine wesentlich bessere archäologische Fundsituation als auf den anderen Kontinenten zeigt. Der moderne *Homo sapiens* läutete eine neue Zeit ein. Er war vor ca. 100 000 Jahren aus Afrika über den Nahen Osten eingewandert und erreichte Europa um 60 000 v. Chr. Jetzt ging es vergleichsweise schnell, die Werkzeuge wurden feiner (erst

Woher wir kommen – wer wir sind

Die Karte verdeutlicht anhand der Fundstellen, welche Art von Kunst in welcher Häufung der moderne Mensch des Jungpaläolithikums hinterlassen hat (40 000 v. Chr. bis Ende Kaltzeit und Beginn Holozän 9000 v. Chr.). Das heutige Frankreich stellt den Schwerpunkt dar, gefolgt von der Iberischen Halbinsel.

waren sie aus Stein, dann aus Knochen, Holz und Elfenbein), die Waffen für die Wildtierjagd effektiver (erst Speere mit Stein-, dann Holzspitzen, dann Speerschleudern, Pfeil und Bogen), kognitive und künstlerische Fähigkeiten entwickelten sich weiter. Die Menschen begannen über die Zeit nach dem Tod nachzudenken (erst Bestattungen im offenen Gelände, dann Kollektivgräber, schließlich Einzelgräber mit Beigaben). Sie bedienten sich einer differenzierteren Sprache, entwickelten ein Verständnis für Ästhetik und Schönheit. Nach dem Prähistoriker Hermann Parzinger besteht »in der Forschung inzwischen Einigkeit, dass sich der *Homo sapiens* des Jungpaläolithikums ab 40 000 vor heute in seinen kulturellen Fähigkeiten nicht mehr grundlegend vom heutigen Menschen unterschied«. Erste Höhlenmalereien und Kleinstatuen entstanden ab ca. 38 000 v. Chr. In diese Zeit muss auch die Aufhellung der Haut gefallen sein, die mehr Sonnenlicht aufnehmen konnte zur Gewinnung des wichtigen Vitamins D gegen Knochenschwund. Der sogenannte Cro-Magnon-Mensch, benannt nach dem Fundort Cro-Magnon bei Les Eyzies in der Dordogne, ist der Prototyp des *Homo sapiens*. Diese Region ist der Hotspot einer »pittoresken« Höhlenlandschaft. Hier hatten die Menschen sozusagen ein festes Felsdach über ihrem Kopf, sodass erstmals längere Verweildauern und dichtere Besiedlungen möglich waren. Von 220 bekannten Höhlen befinden sich 180 in Südfrankreich und Spanien.

Den bedeutendsten Umbruch in seiner Geschichte vollzog der Mensch ab 7000 v. Chr. im Neolithikum, als sich die Landwirtschaft im heutigen Europa immer mehr durchsetzte und letzte Jäger- und Sammlerkulturen an den Rand drängte. Bis heute hat es in der Kulturgeschichte Europas wohl keinen vergleichbar grundstürzenden Wandel mehr gegeben, höchstens ließe sich noch die Industrialisierung im 19. Jahrhundert als Mitbewerber anführen. Mit Sesshaftwerdung, Ackerbau und Viehzucht wuchsen gleichzeitig die Bedeutung von gemeinschaftlicher, organisierter Arbeit sowie die Notwendigkeit, in Familien oder Sippen zu leben. Wer beklagt, dass irgendwann regelmäßige Arbeit in die Welt kam, kann das Neolithikum zur Rechenschaft ziehen. Merkmale der Neolithisierung waren die Domestikation von Wild-

■ In La Roque-Gigeac, einem der schönsten Abschnitte des Dordognetals, beherbergen die hoch aufragenden Felsklippen Höhlenunterkünfte mit vielen Gängen.

■ Les Eyzies, die Urheimat des Cro-Magnon-Menschen. Hier wurden 1868 fünf rund 30 000 Jahre alte Skelette gefunden. Der kleine Ort in der Dordogne bezeichnet sich gern als das Zentrum der prähistorischen Welt.

pflanzen und Wildtieren, die planvolle Produktion von Lebensmitteln und die ersten Keramikerzeugnisse in Form von Schalen und Krügen, um Lebensmittel lagern zu können. Wenn diese frühen Menschenstufen mit eigenartig anmutenden Kunstwörtern wie »Linearbandkeramik« (5700–4100 v. Chr.) oder »Schnurkeramik« (ca. 2800–2200 v. Chr.) bezeichnet werden, sind damit die typischen Verzierungen auf den Keramikschalen gemeint; bei der Trichterbecherkultur (4200–2800 v. Chr.) verweist der Fachbegriff auf den typischen Trichter am oberen Becherrand. Die »neolithische Revolution« – der Begriff wurde in den 1930er-Jahren von dem australischen Archäologen Gordon Childe geprägt – hatte im Vorderen Orient begonnen, verbreitete sich weiter über Anatolien, die Ägäischen Inseln und die Balkanhalbinsel und erreichte mit den Bandkeramikern 5700 v. Chr. schließlich Mitteleuropa, wenige Jahrhunderte später die Gebiete von Rhein und Seine. Erst geraume Zeit später gelangten sesshafte Lebensweise und produzierendes Wirtschaften auch auf die Britischen Inseln, nach Skandinavien und ins Baltikum, womit sich ein Kulturgefälle zwischen Nord- und Südeuropa herausbildete.

In die Bronzezeit von ca. 2200 bis 800 v. Chr. schieben sich bereits erste Hochkulturen wie diejenigen Vorderasiens und Ägyptens, womit wir die europäische Urgeschichte langsam verlassen. Die Fähigkeit des Menschen, aus 90 Prozent Kupfer und 10 Prozent Zinn das wesentlich här-

DAS INDOGERMANISCHE

Deutsch, Französisch und Englisch, aber auch Hindi, Griechisch und Farsi lassen sich auf eine gemeinsame Ur-Sprachfamilie zurückführen, auf das Indogermanische. Lediglich Ungarisch, Finnisch und Baskisch zählen in Europa nicht dazu. Es war der deutsche Sprachwissenschaftler Franz Bopp, der diese Ursprache künstlich rekonstruiert hat, indem er systematisch die grammatischen und lexikalischen Gemeinsamkeiten verschiedener Sprachen herausarbeitete (1816). Im Namen *Indogermanisch* steht »indo« (indisch) für die östlichste Ausprägung und »germanisch« für die westlichste, heute ist aber eher der korrektere Begriff »indoeuropäisch« üblich. Die indoeuropäische Sprachfamilie kennt heute rund 440 Einzelsprachen, die insgesamt von rund zwei Dritteln der Weltbevölkerung gesprochen werden.

In der Folge hat man versucht, die Ursprache auf ein ethnisch zusammenhängendes Urvolk zu beziehen. Dieses soll aus dem heutigen Südrussland in der Nähe des Schwarzen Meeres stammen, aus der sogenannten Kurgankultur. Die Forschung bietet hier jedoch kein einheitliches Bild. Als die Indogermanen (oder Indoeuropäer) zwischen 4000 und 2000 v. Chr. nach Europa, Anatolien und Indien auswanderten, entwickelte sich die indogermanische Sprachfamilie auseinander. In unserem Sprachraum vermischten sich die Einwanderer mit den Menschen zwischen Rhein und Elbe. Daraus entstand das Germanische (und daraus wiederum dann später das Althochdeutsche oder das Altenglische), weiter im Süden entwickelten sich die romanischen Sprachen.

Urgeschichte – Geografie, Klima und erste Europäer

Indoeuropäische Sprachfamilie

Indoeuropäische Sprachen:
- Romanisch
- Germanisch
- Slawisch
- Griechisch
- Keltisch
- Baltisch
- Armenisch
- Albanisch
- Iranisch
- Indisch

ausgestorben:
- Anatolisch
- Tocharisch

Nicht-indoeuropäische Sprachen:
- Baskisch
- Ungarisch
- Estnisch
- Finnisch

				Indoeuropäisch				
		Griechisch			Armenisch	Albanisch	† Tocharisch	
Keltisch	Romanisch	Germanisch	Baltisch	Slawisch	Indisch	Iranisch	† Anatolisch	
Gälisch	† Latein	Deutsch					† Hethitisch	
Irisch		Letzeburgisch					† Luwisch	
Walisisch		Jiddisch			† Sanskrit	† Avestisch	† Lykisch	
Bretonisch	Italienisch	Englisch						
	Spanisch	Niederländisch	Litauisch	Russisch	Hindi/Urdu	Persisch		
	Portugiesisch	Afrikaans	Lettisch	Polnisch	Bengali	Paschtu		
	Französisch	Isländisch		Tschechisch	Punjabi	Kurdisch		
	Provenzalisch	Norwegisch		Bulgarisch				
	Rumänisch	Schwedisch		Serbisch				
	Rätoromanisch	Dänisch		Kroatisch				
		† Gotisch		Sorbisch				
				Slowenisch				

21

Woher wir kommen – wer wir sind

■ Kaum zu glauben, dass der Eiszeitmensch vor 30 000 Jahren ein solches Felsgemälde hat erschaffen können. Besonders beeindruckt hier in der Höhle von Chauvet die naturalistische, genaue Wiedergabe von Nashorn und Pferd, wobei die vier Pferde in ihrer Staffelung perspektivisch angeordnet sind.

tere Metall Bronze herzustellen, führte aufgrund von prestigeträchtigen Luxusgütern wie wertvollem Schmuck zu einer Bedeutungssteigerung von individuellem Eigentum und damit zu einer ersten wirklichen Ausprägung von sozialen Hierarchien und Herrschaftsstrukturen. Um das kostbare Metall und dessen Folgeprodukte zu lagern, mussten festere Siedlungsorte geschaffen werden, frühurbane Strukturen mit Handelszentren und ersten Palästen entstanden. Auch die Waffenkultur wurde effektiver, das Schwert kam auf, womit kriegerische Auseinandersetzungen zunehmend europäische Geschichte schrieben.

Aus der Urgeschichte Europas stechen zwei besondere Kulturleistungen hervor, bevor Metalle die Kultur des Menschen revolutionierten: die Höhlenmalereien und die Megalithkultur mit ihren imposanten Steingroßbauten. Beide sind von elementarer Bedeutung, da sie als künstlerisch-architektonische Artefakte erster Ausdruck von reflektierter, über den reinen Lebenserhaltungstrieb hinausgehender Aktivität des Menschen sind. Der Mensch beginnt, Geschichte zu gestalten. Die älteste bisher entdeckte Höhlenmalerei sind die Handabdrücke in der nordspanischen El-Castillo-Höhle (um 38 000 v. Chr.). Spektakulärer ist die nächstjüngere Höhle von Chauvet (um 30 000 v. Chr.) im Tal der Ardèche, mit nicht weniger als 400 Wandmalereien und 1000 Tier- und Symbolbildern auf einer Raumfläche von 8140 Quadratmetern. Die Bilder faszinieren auch deshalb, weil die künstlerische Absicht unverkennbar ist. Selbst in der Natur einander feindliche Tiere sind in friedlicher Koexistenz gemalt, ohne jede Aggressivität, oft sollen Verdoppelungen von Körpern Bewegung darstellen. Indem Reliefs der Wände gezielt genutzt, manche Stellen sogar abgekratzt wurden, gewinnen die Tierdarstellungen enorm an Plastizität und werden dreidimensional. Auch aus diesem Grund drehte Werner Herzog eine der weltweit ersten 3-D-Filmdokumentationen in der Chauvet-Höhle (»Cave of Forgotten Dreams«, 2010).

Die wohl berühmteste Höhle ist diejenige von Lascaux (um 16 000 v. Chr.) im Tal der Vézère in der Dordogne, die 1940 zufällig von spielenden Kindern entdeckt wurde. Auch in Lascaux beeindruckt neben der intensiven Lebendigkeit der Motive insbesondere deren künstlerische Ambitioniertheit. Dass Menschen der Jungsteinzeit Tiere mit derartiger Ausdruckskraft und so großem Detailreichtum malen konnten, erscheint wie ein Wunder. Manchmal meint der Betrachter auch Ironie und Humor in den Bildern ausmachen zu können. Die Mischwesen – Menschen in Tierhäuten oder mit Hörnern –, die vermutlich Schamanen darstellen sollen, offenbaren künstlerische Fantasie. Ein Mann mit Vogelkopf und erigiertem Penis ist hier zu sehen. Pfostenlöcher im Boden deuten auf die Verwendung von Gerüsten hin, daneben wurden Pinsel und Blasrohre gefunden (an die Felswand gepresste Hände wurden mit Farbe übersprüht). Über die Funktion der Malereien herrscht in der Forschung keine Einigkeit. Da viele Symbole und Fußabdrücke auf kleine Körper hinweisen, sind Initiationsriten an der Schwelle zum Erwachsensein sehr wahrscheinlich. Oft sind diese Höhlen schwer zugänglich, nur über schmale, niedrige Gänge erreichbar, was ebenfalls für die Nutzung der Höhlen durch Kinder und Jugendliche spricht. Um 5000 v. Chr. wurde die Höhlenkunst aufgegeben, warum, weiß niemand. Zu besichtigen ist die Höhle von Lascaux nicht, weil

■ Rund 15 000 Jahre später ist das Tiertableau der Künstler noch umfangreicher und farbenprächtiger geworden. Motive in der Höhle von Lascaux sind vorwiegend Auerochsen, Rentiere und Wildpferde. Die Farben sind aus gemahlenem Gestein wie Eisenoxid (Orange, Gelb und Rot) und Manganoxid (Schwarz) angerührt.

der menschliche Atem mit seiner Feuchtigkeit zu Schimmelbefall an den Wänden führt. Wie neuerdings in Chauvet existiert aber auch in Lascaux ein aufwendig gestaltetes Besucherzentrum, das die Originalhöhle detailgenau nachbildet. Wie unfassbar beeindruckend und schön die Höhlenmalereien sind, kann nur nachvollziehen, wer sie vor Ort persönlich in Augenschein nimmt – Abbildungen in Büchern reichen da nicht heran. Als Pablo Picasso erstmals diese Malereien sah, meinte er: »Wir haben nichts dazugelernt.«

Die frankokantabrischen Höhlenmalereien sind laut Hermann Parzinger ein erster Ausdruck von Weltkunst, weil sie für Reflexion, Abstraktionsfähigkeit, Planung und Kommunikation stehen: »Die Eiszeitkunst hat die menschliche Kulturgeschichte über 25 000 Jahre lang nachhaltig geprägt.« Neben den Malereien zählen auch Kleinplastiken von Menschen, Tieren oder Mischwesen aus Elfenbein oder Sandstein dazu, wie der 30 Zentimeter große Löwenmensch (um 35 000 v. Chr.), eine Elfenbeinstatue mit dem Kopf eines Menschen und den Gliedmaßen eines Höhlenlöwen. Er stammt von der Schwäbischen Alb, die, wie kaum einer weiß, zu den aufregendsten Kulturregionen der Welt gehört. Denn in den Höhlen um Blaubeuren und Schelklingen sind zahlreiche Figuren gefunden worden, die zu den ältesten Kunstwerken der Menschheitsgeschichte gehören. Absoluter Star neben dem Löwenmenschen ist die Venus vom Hohlen Fels, eine nur sechs Zentimeter hohe Frauenfigur aus Elfenbein, sichtbar gestaltet mit voluminösen Brüsten, 40 000 Jahre alt und seit Juli 2017 endlich UNESCO-Welterbe.

Beschließen soll unseren Blick auf die Urgeschichte allerdings ein anderes, optisch atemberaubendes und bereisbares Zeugnis der ältesten Kunst europäischer Menschen: die Megalithkultur, aus der Zeit

■ Die Steinsetzungen von Carnac, am Golf von Morbihan in der Bretagne.

zwischen 4500 und 2000 v. Chr., deren herausragende Orte Carnac in Frankreich und Stonehenge in England sind. Die meisten dieser Großsteinbauten entstanden in den küstennahen Gebieten von Mittelmeer und insbesondere Atlantik, von der Bretagne über England und Irland beziehungsweise die Norddeutsche Tiefebene bis nach Skandinavien. Im Norden findet man sogenannte Hünengräber, Kammern aus großen Findlingen, die als Kollektivgrabstätten genutzt wurden. Im bretonischen Carnac stehen bis zu 3000 Findlinge, sogenannte Menhire, aufrecht zu einem gigantischen Ensemble geordnet, ursprünglich wohl auf einer Länge von acht Kilometern. Sie hatten allerdings keine Begräbnisfunktion, sondern dienten kultischen oder astronomischen Zwecken.

Die berühmteste Steinkreisanlage steht in Stonehenge bei Salisbury, der jüngsten Megalithkultur (erst ab 3000 v. Chr.). Hier ist die astronomische Bedeutung offenkundig, da einzelne Steine nach dem Sonnenverlauf und seinen Wendepunkten ausgerichtet sind. Der Zugang der Anlage weist bei der Sommersonnenwende genau in die Richtung, in der die Sonne aufgeht. Neben der rituell-kulturellen Bedeutung von Stonehenge beeindrucken insbesondere die Bedingungen ihrer materiellen Entstehung. Bis zu 50 Tonnen schwere Steine mussten über große Entfernungen transportiert werden, von mehreren Hun-

■ Mehr als eine Million Menschen besuchen jährlich die Kolosse von Stonehenge in Südengland.

dert Mann, wahrscheinlich auf Schlitten, manche gar aus über 200 Kilometern Entfernung. Man kann sich vorstellen, wie viel Koordination und technischer Verstand im Spiel gewesen sein müssen – und dies zu einer Zeit, in der die Menschen anderes zu tun hatten, um zu überleben. Daher ist die Megalithkultur, wie auch die Höhlenmalereien, von einzigartiger Bedeutung für die Frage, ab wann der *Homo sapiens* als ein schöpferisches, fein operierendes, sich Gedanken machendes Wesen zu verstehen ist, das gemeinschaftlich Kunst und Architektur erschuf, um Antworten auf die ihn umgebende, rätselhafte Welt zu finden.

DIE GRIECHISCHEN WURZELN EUROPAS

Während ein Großteil des späteren Europa noch in der Steinzeit lebt, geschieht in der Region des heutigen Griechenland Erstaunliches. Kein Gründungsakt selbstredend, keine Geburtsurkunde und kein Feiertag sind überliefert, denn alles geschieht nach heutigen Maßstäben langsam und mäandernd. Für die Zeitgenossen war es nicht spürbar, dass hier in kultureller Hinsicht Europa aus der Taufe gehoben wurde: Auf der Insel Kreta brach um 2500 v. Chr. die Bronzezeit an, und etwa 500 Jahre später standen in Knossos und Phaistos mehrstöckige Paläste, deren imposante Mauern noch heute von Wissenschaftlern und Touristen bestaunt werden können. Wiederum anderthalb Jahrtausende später flanierten in Athen disputierende Philosophen zwischen den schlanken Säulen marmorner Gebäude. Der Mensch versuchte, die Regeln der Welt zu erfassen, in naturwissenschaftlicher und philosophischer Hinsicht. Er stellte Fragen und fand Antworten, von denen viele heute – Jahrtausende später – noch immer grundlegend sind.

Mit ihrer minoischen Kultur steht die Insel Kreta kulturell am Anfang dessen, was wir heute als »europäisch« bezeichnen – so verschieden die Erscheinungsformen auch sein mögen, die Historiker, Philosophen und andere Forscher darunter verstehen. Von Kreta aus nahm eine intellektuelle Prägung ihren Anfang, die sich über das griechische Festland, das Weltreich Alexanders des Großen und das Römische Reich in den folgenden Jahrhunderten verbreitete. Es ist die Basis eines kollektiven Gedächtnisses, dessen Bedeutung bis zum 19. und 20. Jahrhundert für den europäischen Bildungskanon absolut bestimmend war. Höhere Bildung fußte noch bis weit ins 20. Jahrhundert hinein vor allem auf dem Studium alter Sprachen, der Geschichte der Antike, ihrer Literatur, Philosophie und Kunst. Unzählige Generationen von Europäern ließen ihre Kinder mit Altgriechisch eine Sprache lernen, die niemand mehr aktiv anwendete – und mit dem Lateinischen in der Regel gleich noch eine zweite. Nahezu alle Eckpfeiler der europäischen Kultur – ausgenommen Religion und Rechtsprechung – haben ihren prägenden Vorläufer im antiken Griechen-

Die Ausgrabungsstätte des Palastes von Knossos, einer der größten minoischen Anlagen auf Kreta. Das Bauwerk mit den roten Säulen ist eine Rekonstruktion.

trie gehören. Und nicht zuletzt: Wie hätte sich Europa entwickelt ohne die geistigen Konstrukte, die Fragen und Antworten des philosophischen Dreigestirns Sokrates, Platon und Aristoteles? »Der Anfang ist die Hälfte des Ganzen« ist ein sprichwörtlich gewordener Satz des Aristoteles (*Politik V, 4*). In der Tat wurde die Basis des modernen Europa vor Jahrtausenden im antiken Griechenland gelegt.

Unzählige Europäer haben seither dazu beigetragen, sie weiterzuentwickeln. Dies ist umso erstaunlicher, da kein militärischer Siegeszug das kulturelle Griechentum mit Feuer und Schwert in andere Länder gezwungen hat. Es war offenbar der Reiz der Kultur selbst, was ihr modifizierendes Überleben bis in unsere Zeit ermöglicht hat. Die Ästhetik, die Lehre von der sinnlichen Wahrnehmung, nahm im antiken Griechenland ihren Anfang. »Aisthesis« war ursprünglich alles, was die Sinne bewegte. Das Schöne ebenso wie das Hässliche. Heute wird das Wort vor allem zur Bezeichnung harmonischer Strukturen verwendet, die die meisten Menschen als angenehm empfinden. Die Griechen waren die Ersten, die solche Ideale in Skulpturen, Bronzen und Malerei festhielten, und somit gemahnt auch das menschliche Schönheitsideal des modernen Europa an die griechische Tradition. Die Muskelpartien, die ein Fußballspieler wie Ronaldo heute in verschiedenen Posen zur Schau trägt, werden von den Zuschauern genauso geschätzt wie die ähnlich definierte Statur des Doryphoros, des Speerträgers, die der Bildhauer

land: Die unsere Gegenwart bestimmende politische Ideenwelt ist die der Demokratie, die in den Stadtstaaten Griechenlands ihren Anfang nahm. Die Naturwissenschaften beginnen mit den philosophischen Gedanken eines Thales von Milet, eines Anaximander oder eines Hesiod. Emotional am nächsten sind uns die alten Griechen sicherlich in der Literatur, wo die Grundzüge der homerischen Epen, der tragischen Stücke des Sophokles oder der Komödien des Aristophanes sich über die Jahrhunderte tradiert haben und noch heute zum festen Kanon der literarischen Welt und auch der modernen Filmindus-

Woher wir kommen – wer wir sind

■ Die Walhalla bei Donaustauf in Bayern. Architektonisches Vorbild war der Parthenon in Athen.

Polyklet in der zweiten Hälfte des 4. Jahrhunderts v. Chr. schuf.

Doch es führt kein gerader Weg von Athen nach Brüssel. Vieles ging verloren, ganz anderes kam hinzu, und wieder anderes hat sich so stark verändert, dass die antike Wurzel kaum mehr als eine begriffliche Gemeinsamkeit liefert. So geschehen beispielsweise bei den Olympischen Spielen, denn außer der Tatsache, dass bei beiden Ereignissen sportlicher Wettkampf betrieben wird, gibt es wohl kaum Gemeinsamkeiten zwischen den vierjährlichen Zusammenkünften im antiken Olympia und dem modernen Sportspektakel. Dennoch: Von den historischen Säulen, auf denen Europa fußt, war die griechische, was ihre kulturelle Bedeutung angeht, sicherlich immer die prägendste, und sie ist es bis heute. Augenscheinlich wird dies beispielsweise in der Architektur – in vielen europäischen Hauptstädten prägen klassizistische oder historische Gebäude das Stadtbild. Der Arc de Triomphe in Paris, die Glyptothek in München, das Parlament in Wien und viele weitere Bauwerke werden aufgrund ihrer schlichten Eleganz und der ausgewogenen Proportionen noch immer als schön empfunden. »Wir werden das Altertum nie los«, formulierte es der Schweizer Kulturhistoriker Jacob Burckhardt, »solange wir nicht wieder Barbaren werden.«

Die Schöne und der Stier

Die minoische Kultur war die früheste Hochkultur der Mittelmeerregion und erlebte ihre Blüte in der Zeit von 2800 bis 1500 v. Chr. Auf Kreta entstanden die ersten Straßen Europas, mehrstöckige Palastanlagen und ein komplexes System von Frisch- und Abwasser. Auch waren die Minoer die ersten Europäer, die lesen und schreiben konnten. Ihre Buchstaben hatten die erfolgreichen Seefahrer von den Phöniziern importiert. Die Griechen, die ihnen auf Kreta nachfolgten, entwickelten daraus später ihre eigenen Buchstaben, aus denen wiederum das lateinische und das kyrillische Alphabet hervorgehen sollten. Die Entwicklung der Schrift war ein wichtiger Schritt zur Ausbildung einer Gruppenidentität. Denn nun konnten gemeinsame Erinnerungen schriftlich festgehalten und damit leichter weitergegeben werden.

Namengebend für diese Erfolgskultur am Anfang Europas war König Minos, eine wohl sagenhafte Gestalt, die das Bindeglied zu einer Vorzeit bildet, in der sich Götter und Menschen einen Lebensraum teilten und der Übergang von der Welt der Sterblichen in die der Unsterblichen fließend und manchmal sogar reversibel war. Jener Minos war der Sohn des Zeus und – viel wichtiger noch – der Europa, einer Edeldame aus dem Orient. Diese hatte sich den Göttervater allerdings nicht selbst erwählt. Zeus hatte sie am Strand Phöniziens kurzerhand geraubt und über das Wasser in seine Heimat Kreta entführt. Bis heute ist die wenig romantische Legende in den ikonografischen Darstellungen Europas verwurzelt. Die Schöne auf dem Stier ziert unzählige Mosaike, Münzen, Gemälde oder Karikaturen. Wie und warum der Name der geraubten Braut des Zeus auf einen Kontinent überging, liegt größtenteils im Dunkeln. Denn letztlich war Europa nur eine von vielen Gespielinnen des Zeus – dass ihr eine herausragende Bedeutung beschieden sein würde, geht zumindest aus der Legende nicht hervor. Ihr Name wird je nach philologischem Standpunkt mit »Frau mit der weiten Sicht« oder »Abendland« übersetzt, doch die Frage, warum zunächst eine Region in Mittel- und Nordgriechenland nach ihr benannt wurde, lässt sich nicht mehr klären. Wohl aber, wer den Namen – womöglich als Erster – auf den Subkontinent anwandte, um ihn von Asien und Afrika abzugrenzen: Im 5. Jahrhundert v. Chr. bezeichnete der griechische Geschichtsschreiber und Geograf Herodot die Landmasse nördlich des Mittelmeers und des Schwarzen Meers mit dem Namen, den die Region bis heute trägt: Europa.

Von der Vorzeit zur Klassik

Möglicherweise war König Minos bereits eine historische Gestalt oder zumindest an eine solche angelehnt. Die griechischen Geschichtsschreiber Herodot und Thukydides kennen ihn als Gründer der ersten »Thalassokratie«, einer Regierungsform, die sich auf ihre Seemacht stützte. Unter jenem Minos stieg Kreta zur beherrschenden Macht in der Ägäis auf und konnte sich behaupten, bis möglicherweise der Ausbruch des Vulkans Santorin etwa um 1500 v. Chr. der minoischen Kultur ein Ende setzte. Nach Ansicht einiger Wissenschaftler waren die Zerstörungen durch die Explosion verheerend und gaben Raum für eindrin-

Woher wir kommen – wer wir sind

■ Der Raub der Europa – Zeus entführt in Gestalt eines Stiers die Königstochter Europa. Wandmalerei aus Pompeji (Neapel, Museo Archeologico Nazionale).

gende Festlandbewohner. Die Mykener, die die Oberhand auf Kreta gewannen, sind die ersten »echten« Griechen der Geschichte. Benannt nach der Burg Mykene, haben sie einen festen Platz im kulturellen Gedächtnis Europas, denn die sensationellen Grabungsfunde Heinrich Schliemanns in Mykene, vor allem die sogenannte »Maske des Agamemnon«, gehören zu den bekanntesten Kunstgegenständen der antiken Welt.

Um etwa 1200 v. Chr. begann der Niedergang auch der mykenischen Kultur, und die Region versank über lange Zeit in der Nachrichtenlosigkeit. Die sogenannten »dunklen Jahrhunderte« haben uns so wenige schriftliche oder andere materielle Zeugnisse hinterlassen, dass man von einer Talsohle in der Entwicklung der Region ausgehen muss. Als die Griechen wieder aus der Versenkung auftauchten, etwa um 800 v. Chr., waren sie in viele Stämme gegliedert, bei denen sich jedoch ein gemeinsames Bewusstsein herauszubilden begann – das Hellenentum. Das bedeutete, dass man sich den Nachbarn der Region, mit denen einen größtenteils auch eine gemeinsame oder ähnliche Sprache verband, zugehörig fühlte, ohne dass man aber eine politische Gemeinschaft oder einen Verteidigungsverband gebildet hätte. In der nun anbrechenden »archaischen Zeit« entstanden zahlreiche Gemeinwesen, die teilweise von Alleinherrschern, den sprichwörtlichen »Tyrannen«, regiert wurden, zum anderen Teil aber auch eine neue Form eines Bürgerverbandes: die *Polis*. Hier organisierten sich die Gemeinden politisch und wirtschaftlich, in der Regel verfügten sie über eine *Agora*, den Marktplatz, der den Handels- und Gesellschaftsmittelpunkt der Polis darstellte. Eine *Akropolis*, die über der Stadt thronende Burganlage, diente der Verteidigung.

Die Poleis, deren Größe nach heutigem Verständnis oft kaum die Ausmaße eines Dorfes oder einer Kleinstadt übertraf, waren erstaunlich erfolgreiche Gebilde, die vom 8. bis ins 6. vorchristliche Jahrhundert in den gesamten Mittelmeerraum ausgriffen und »Kolonien« gründeten, die wiederum aus sich selbst verwaltenden Gemeinwesen bestanden. Jede Polis begriff sich als eigenständig und kämpfte im wörtlichen Sinn vornehmlich für ihre Interessen, sodass Krieg während dieser Jahrhunderte der weitgehende Normalzustand war. Den-

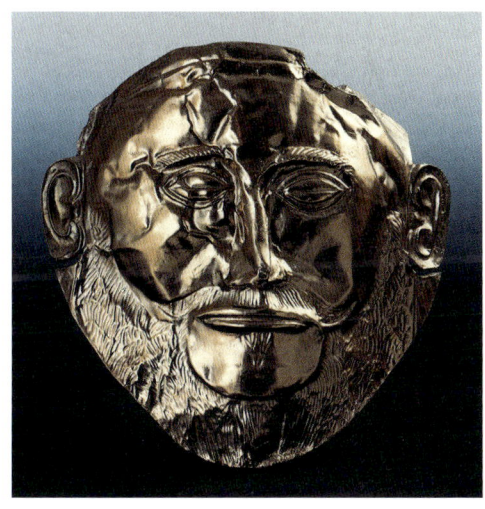

■ Die Goldblechmaske, die Schliemann 1876 in die Zeit des Trojanischen Krieges datierte, entstand wohl deutlich später.

noch gab es ein übergeordnetes kulturelles Zusammengehörigkeitsgefühl, das sich beispielsweise in regelmäßigen sportlichen Wettkämpfen äußerte. Auch das Orakel von Delphi hatte solch panhellenische Bedeutung. Doch hätten so wenige identitätsstiftende Faktoren wohl niemals ausgereicht, um ein dauerhaften »Wir-Gefühl« unter Rivalen wie beispielsweise Argos und Sparta hervorzurufen, um nur zwei der streitbarsten Poleis zu nennen. Um wirklich zusammenzuwachsen, bedurfte es – wie so oft – eines äußeren Feindes. Und dieser trat ab dem 5. Jahrhundert v. Chr. in Gestalt der Perser auf den Plan.

Europa wächst zusammen – im Staub von Marathon

Der bunte Teppich der griechischen Stadtstaaten und ihrer Kolonien stieß im Osten auf ein politisches System, das gegensätzlicher kaum hätte sein können: das gigantische Reich der persischen Könige. Nachdem es König Dareios I. gelungen war, große Teile Indiens, Thrakiens und Makedoniens seiner Herrschaft zu unterwerfen, war sein Reich das wohl größte Herrschaftsgebilde, das die Welt bis dahin gesehen hatte. Und die Expansion sollte weitergehen. Dareios griff nach den griechischen Landschaften. Eine einfache Beute, so schien es, waren doch die dortigen kleinen Gemeinschaften vornehmlich damit beschäftigt, sich gegenseitig zu bekriegen. 490 v. Chr. landete eine persische Streitmacht in Attika, nahe der Ortschaft Marathon und damit unweit Athens. Dessen Bewohner stellten sich unter ihrem Anführer Miltiades den Persern in einer offenen Feldschlacht entgegen. Der Rest ist Geschichte: Die Athener siegten, und der persische Angriff auf Griechenland war gescheitert.

Gravierender als die militärische Bedeutung der Schlacht von Marathon – die realiter wenige Folgen zeitigte – waren die langfristigen Auswirkungen. Erstmals war so etwas wie eine gemeinsame griechische Politik erkennbar gewesen. Die Athener hatten die Spartaner um Hilfe gebeten. Der Bote Pheidippides war laut Herodot zwei Tage lang von Athen nach Sparta gerannt, um das Hilfegesuch zu übermitteln (erst der römische Geschichtsschreiber Plutarch machte daraus 500 Jahre später die Legende, ein Läufer sei nach dem Sieg der Athener 40 Kilometer von Marathon nach Athen gerannt und dort mit den Worten »Wir haben gesiegt« zusammengebrochen). Die Spartaner hatten ihre Unterstützung versichert, auch wenn sie aufgrund eines Feiertages nicht sofort Truppen entsenden konnten. Direkte Hilfe hatten die Athener von der Polis Plataiai erhalten. Zehn Jahre später trafen Perser und Griechen erneut aufeinander: In der Seeschlacht von Salamis besiegte das griechische Heer unter dem Athener Themistokles die Truppen des Perserkönigs Xerxes I. Mitgekämpft hatten Gemeinwesen wie Korinth, Theben, Sparta und zahlreiche andere. Der Sieg bei Salamis und wenig später ein ähnlich bedeutender in der Schlacht von Plataiai hob die dama-

■ Die Akropolis ist noch heute das Wahrzeichen Athens.

ligen Machtverhältnisse aus den Angeln. Der David Griechenland hatte gegen den Goliath Perserreich gesiegt.

In diese Zeit fallen auch die ersten Verwendungen des Namens Europa und die Selbstbezeichnung seiner – griechischen – Bewohner als Europäer. Es war eine Schicksalsgemeinschaft, die sich unter dem Druck durch die Perser herausgebildet hatte. Für die weitere Entwicklung des Kontinents war vor allem ausschlaggebend, dass sich Athen im Kampf gegen die Perser so sehr hervorgetan hatte. Die Stadt katapultierte sich dadurch binnen weniger Jahrzehnte von einer lokalen Größe hin zur Weltmacht, deren Kultur wie kaum eine andere Europa bis heute prägt.

Das klassische Athen

Das meiste, was heute als »griechische Antike« erinnert wird, meint eigentlich die Geschichte Athens, jenes größten griechischen Stadtstaates, der seine Blüte in »klassischer« Zeit erlebte. Innerhalb eines einzigen Jahrhunderts, des fünften vor Christus, entstand in Athen der überwiegende Teil dessen, was das kulturelle Fundament des

■ »Das Zeitalter des Perikles«. Kolorierung eines Gemäldes von Philipp von Foltz (1805–1879).

heutigen Europa bildet. War Athen noch um 500 v. Chr. eine Polis unter vielen gewesen, weinten die Menschen kaum 100 Jahre später über die Werke der drei großen Tragiker Aischylos, Sophokles und Euripides, sie lachten über die Komödien des Aristophanes, sie bestaunten die Statuen der Bildhauer Polyklet oder Myron, und sie blickten auf zu der schlichten Eleganz ihrer Akropolis. Kurzum: Die Athener jener Zeit waren Menschen eines ganz neuen Typus. »Die Stadt war voller Fragen. Sie war dem Fragen vielleicht geradezu verfallen«, beschreibt der Historiker Christian Meier jene ungewöhnliche Bürgerschaft, die, vor Selbstbewusstsein strotzend, auf allen Gebieten des Geistes Neues hervorbrachte. Wie hatte es dazu kommen können?

Im 5. Jahrhundert erstreckte sich die Polis Athen über ganz Attika und beherbergte geschätzte 250 000 bis 300 000 Einwohner. Attika war damit die mit Abstand am dichtesten besiedelte Landschaft der Region, die allermeisten Poleis hatten weniger als 5000 Einwohner. Doch nur etwa 60 000 der Einwohner Athens konnten aktiv Anteil am politischen Leben nehmen. Geschätzt jeder Dritte war Sklave, der weib-

Die griechischen Wurzeln Europas

PERIKLES ÜBER DIE DEMOKRATIE

»Wir leben in einer Staatsform, die die Einrichtung anderer nicht nachahmt; eher sind wir für andere Vorbild. Mit Namen heißt unsere Staatsform Demokratie, weil sie sich nicht auf eine Minderheit, sondern auf die Mehrheit des Volkes stützt. Es genießen alle vor dem Gesetz gleiches Recht. Allein die persönliche Tüchtigkeit verleiht im öffentlichen Leben einen Vorzug. Ein freier Geist herrscht in unserem Staatsleben, jedermann hat freien Zutritt zu unserer Stadt. Wir führen ein Leben ohne Zwang. Reichtum ist bei uns zum Gebrauch in der rechten Weise, aber nicht zum Prahlen da. Armut einzugestehen bringt keine Schande, wohl aber, nicht tätig aus ihr fortzustreben. In der Hand derselben Männer ruht die Sorge für die privaten wie die öffentlichen Angelegenheiten. Bei uns gilt einer, der dem politischen Leben ganz fern steht, nicht als ungeschäftig oder faul, sondern als unnütz. Unser Volk hat in den Fragen der Staatsführung mindestens ein Urteil, wenn nicht sogar fruchtbare eigene Gedanken. Mit einem Wort sage ich: Unsere Stadt ist die hohe Schule Griechenlands.«

(Thukydides: *Geschichte des Peloponnesischen Krieges*, Bd. 2, S. 37 ff., zitiert nach Wolfgang Schadewaldt: *Die Geschichtsschreibung des Thukydides*. Dublin / Zürich 1971.)

■ Büste des Perikles (495–425 v. Chr.) aus den Vatikanischen Museen, Rom.

liche Teil der Bevölkerung hatte politisch keine Stimme, und auch die Metöken, die Unterschicht aus meist Ortsfremden, mussten außen vor bleiben. Die Lebensbedingungen waren – entgegen der kultivierten Erscheinungsform der Stadt in der kollektiven Erinnerung – äußerst einfach. Die Lebenserwartung war gering, der überwiegende Teil der Bevölkerung lebte mehr schlecht als recht von der Landwirtschaft. Nur wenige Prozent der Gesamtbevölkerung gehörten zur besitzenden Klasse und verfügten über ausgedehnten Landbesitz, Sklaven und Handelsgüter. Es war also alles andere als eine im heutigen Sinne »demokratische« Gesellschaft, in der die Demokratie erfunden wurde.

Und doch war das, was sich vor 2500 Jahren in Athen abspielte, ein Meilenstein hin zu einer gerechteren und sozialeren Gesellschaft. Die Stadt und die zu ihr gehörende Region Attika hatten zu dieser Zeit wie fast alle anderen Poleis verschiedene Formen der politischen Organisation durchlaufen. Nach der Beseitigung des Königtums übernahmen Adelsgeschlechter die Macht, deren Herrschaft wiederum Mitte des 6. Jahrhunderts v. Chr. durch die Tyrannen beendet wurde. Mit der Vertreibung des Tyrannen Hippias im Jahr 510 v. Chr. begannen die Bürger Athens sich in regelmäßigen Abständen auf einem Platz unweit der Akropolis zu treffen, um Dinge zu besprechen, die alle angingen, und Entscheidungen zu treffen. Für eine Volksversammlung, die regelmäßig tagte, gab es bis dahin in der Menschheitsgeschichte kein Vorbild. Die »Herrschaft des Volkes«, so die Übersetzung des Terminus »Demokratie«, nahm hier ihren Anfang.

Zwar war die frühe Demokratie nicht die Herrschaft durch alle, aber zumindest durch viele. Und so schnell dieses System aus dem politischen Geschehen wieder verschwand – noch im 3. Jahrhundert v. Chr. ging die Demokratie wieder unter –, so wenig war sie von da an als Ideal aus dem kollektiven Gedächtnis zu verdrängen. Die Souveränität des Volkes blieb der nicht vergessene Traum aller, die der Adel oder andere Despoten im Lauf der Jahrhunderte in Europa von der Herrschaft ausschlossen. Doch es sollte noch viele, viele Jahrhunderte dauern, bis sich die ersten Gesellschaften wieder als echte Demokratien konstituierten. Heute sind alle Nationen der EU erklärte Demokratien, das heißt, die Herrschaft geht vom Volk aus, das seine Repräsentanten in freien Wahlen bestimmt. Auch die wenigen europäischen Länder, in denen noch ein Monarch nominelles Staatsoberhaupt ist, haben ihre verträgliche Mischform in der parlamentarischen Monarchie gefunden, die die Befugnisse des Adligen an der Spitze weitgehend von der realen Regierung abkoppelt.

So gefestigt ist die demokratische Grundstruktur, die vielen Europäern als selbstverständlich gilt, jedoch keineswegs. Fast ein Drittel der Länder der Welt wird laut Demokratieindex von 2016 nach wie vor autokratisch geführt. Umso erstaunlicher mutet es an, dass die Athener vor zweieinhalbtausend Jahren bereits zu einer politischen Ordnung gefunden hatten, in der zumindest diejenigen an Entscheidungen partizipieren konnten, die den Status des Vollbürgers hatten, das heißt alle Männer über 30 Jahre, die die Vollversammlung bildeten. Die meisten Sachfragen wurden, um das System funktionsfähig zu halten, in Ausschüssen besprochen, deren Mitglieder gewählt wurden. Besonderer Qualifikationen bedurfte es nicht, lediglich der Stratege, der militärische Oberbefehlshaber, musste über ausreichende Erfahrungen verfügen. Eine solche Bedeutung hatte der Einzelne nie zuvor in einer Gesellschaftsform gehabt. Wer sich einbringen wollte, ja sogar musste, war ein wertvoller Teil der Gesellschaft. Bürger einer Polis zu sein, war nicht nur ein gesellschaftlicher Status, es war eine Art zu leben. Der Einzelne besann sich auf sich selbst, auf seine Fähigkeiten, zu denken, die Kunst, zu fragen und im argumentativen Mit- und Gegeneinander Antworten zu finden.

Die großen Fragen und die ewige Suche nach dem Bauplan hinter allem

Drei Namen sind es, die das Denken Europas über Jahrhunderte geprägt haben: Sokrates, Platon und Aristoteles. Sie folgten im Lehrer-Schüler-Verhältnis direkt aufeinander, und da jeder der drei verhältnismäßig alt wurde, durchmaßen sie zweieinhalb Jahrhunderte vom 5. bis zum 3. Jahrhundert v. Chr. Die Zäsur setzte hier Sokrates, der so maßgeblich für die Philosophiegeschichte wurde, dass alle Denker vor ihm als »Vorsokratiker« zusammengefasst werden. Die Philosophie – wörtlich: die Liebe zur Weisheit – suchte nach Antworten in allen Fragen, die nicht oder nur unzureichend durch Beobachtung oder Berechnung beantwortet werden konnten. Denn entsprach die individuelle Wahrnehmung einer Sache auch ihrem tatsächlichen Wesen? Berühmt geworden ist die griechische Art der philosophischen Annäherung an eine Frage im sogenannten Höhlengleichnis des Platon. In dieser Geschichte sind gefangene Menschen in einer Höhle platziert, die einzig mögliche Blickrichtung ist die Höhlenrückwand. In ihrem Rücken brennt ein Feuer. Dinge, die sich zwischen Feuer und den Sitzenden abspielen, werden von diesen als Schatten an der Rückwand wahrgenommen. Würden die Gefangenen nun ans Tageslicht gezerrt und mit den Gegenständen konfrontiert, die sie nur als Schatten und als ihre eigene Interpretation kannten, wären sie geblendet und verwirrt. Vermittelt wird hier die Frage, die aller Philosophie der Griechen zugrunde liegt: Ist das, was wir wahrnehmen, der wahre Kern der Dinge?

Die Suche nach einfachen, klaren Antworten und Gesetzen einte die legendäre Trias der Philosophie, auch wenn die Männer in vielen Fragen zu ganz unterschiedlichen Antworten kamen. Der Urvater der Philosophie ist Sokrates, der selbst – wohl 469 v. Chr. in Athen geboren – keine einzige geschriebene Zeile hinterlassen hat. Sein Leben und seine Überlegungen sind vor allem durch die Schriften seines Schülers Platon überliefert. Außer durch die Geschichte seines dramatischen Endes (er starb durch den Trunk des Schierlingsbechers, nachdem man ihm wegen »Verderbung der Jugend« den Prozess gemacht hatte) ist Sokrates vor allem durch seine Art der Fragestellung zum Maßstab aller philosophischen Überlegungen geworden. Er stellte scheinbar selbstverständliche Fragen, die in ihrer stetigen Weiterführung auch das selbstsicherste Gegenüber ins argumentative Straucheln brachten. Seine Methodik lehrte, das Augenscheinliche in-

Büste des Sokrates (469–399 v. Chr.). Römische Kopie eines griechischen Originals.

frage zu stellen und so zu neuen Erkenntnissen zu gelangen. Sokrates habe die Philosophie als Erster vom Himmel auf die Erde heruntergerufen, sagte später der römische Staatsmann Cicero über ihn, er habe sie unter den Menschen angesiedelt und zum Prüfinstrument der Lebensweise, Sitten und Wertvorstellungen gemacht.

Sokrates' Schüler Platon (428/27–348/47 v. Chr.) war der Gründer der Akademie in Athen, der Philosophenschule, die ein Jahrtausend lang Bestand haben sollte. Er hinterließ seine Überlegungen in schriftlichen Dialogen, die so prägend wurden, dass ein viel zitiertes Bonmot sogar behauptet, die gesamte spätere europäische Philosophie bestehe aus nichts als Fußnoten zu Platon. Aristoteles, der Schüler Platons und Lehrer Alexanders des Großen, unterschied sich von seinem großen Meister vor allem darin, dass er mit seinen realistischen Konzepten das Wissen seiner Zeit systematisierte. Viele Grundsätze, die Umwelt zu verstehen, gehen auf Aristoteles zurück. So beispielsweise der Syllogismus, eine dreiteilige Aussage, die aus zwei Annahmen und einem Schluss besteht: Alle Hunde haben vier Beine, Bello ist ein Hund – also muss Bello vier Beine haben.

Stehen die drei großen Philosophen für das Erwachen des Geistes in der klassischen Antike, so sind sie doch nur eine der brillanten Ausprägungen ihrer Zeit, die in nahezu allen Bereichen der Wissenschaften enorme Sprünge machte. Die Zeitgenossen unterschieden kaum zwischen Philosophen und Naturwissenschaftlern in unserem Sinne. Alle Denker waren Fragende auf der Suche nach einfachen, klaren Regeln, die die Welt erklärten. Viele Zeitgenossen der Philosophen standen ihnen in Wirkmächtigkeit kaum nach. So Hippokrates, der Vater der Medizin, der der Erste war, der Krankheiten nach den Maßstäben der Vernunft untersuchte und sie nicht als Ausprägung göttlichen Willens oder Hexerei betrachtete. Oder Herodot und Thukydides, die Väter der Geschichtsschreibung, die sich als Erste um eine nach Kräften erforschte Schilderung dessen bemühten, was vor der eigenen Zeit geschehen war. Oder Archimedes, der den Hebel und den Flaschenzug erfand und dessen Erkennt-

DER EID DES HIPPOKRATES

Der sogenannte »Eid des Hippokrates« gilt als erste Formulierung einer ärztlichen Ethik. Ob er wirklich auf den griechischen Arzt Hippokrates von Kos (ca. 460–370 v. Chr.) zurückzuführen ist, steht nicht zweifelsfrei fest. Der »Eid« spielt bis heute eine gewichtige Rolle hinsichtlich der Frage, was ärztliche Kunst leisten darf und wo ihre Grenzen sind.

»Ich werde ärztliche Verordnungen treffen zum Nutzen der Kranken nach meiner Fähigkeit und meinem Urteil, hüten aber werde ich mich davor, sie zum Schaden und in unrechter Weise anzuwenden. Auch werde ich niemandem ein tödliches Gift geben, auch nicht, wenn ich darum gebeten werde. Und ich werde auch niemanden dabei beraten: Auch werde ich keiner Frau ein Abtreibungsmittel geben. In alle Häuser, in die ich komme, werde ich zum Nutzen der Kranken hineingehen, frei von jedem bewussten Unrecht und jeder Übeltat, besonders von jedem geschlechtlichen Missbrauch an Frauen oder Männern, Freien oder Sklaven. Was ich bei der Behandlung oder auch außerhalb meiner Praxis im Umgang mit Menschen sehe und höre, das man nicht weitererden darf, werde ich verschweigen und als Geheimnis bewahren. Rein und fromm werde ich mein Leben und meine Kunst bewahren.«

nisse in der Badewanne noch heute jedes Kind gern wiederholt. Denn jener findige Mathematiker stellte beim genüsslichen Bad fest, dass jeder Körper Wasser entsprechend seinem Körpervolumen beziehungsweise spezifischen Gewicht verdrängt. Sein sprichwörtliches »Heureka« (»Ich habe es gefunden«), mit dem er seine Erkenntnis angeblich nackt auf den Straßen des sizilianischen Syrakus bejubelte, steht stellvertretend für zwei erstaunliche Jahrhunderte vor zweieinhalbtausend Jahren, die für die Menschen einen Schleier der Erkenntnis lüfteten. Sie hatten ihn gefunden – den Weg, sich als Menschen ihrer selbst bewusst zu werden und daraus Schlüsse abzuleiten.

Die griechische Antike und ihre Errungenschaften haben die europäische Geschichte bis heute begleitet. Über Jahrhunderte äußerte sich dies vor allem in bewunderndem Kopieren. Unzählige Male wurden die Schriften griechischer Schriftsteller, Philosophen und Wissenschaftler per Hand abgeschrieben. Vieles davon im arabischen Raum und dadurch auf einem Umweg wiederum nach Europa zurückkehrend. Erst in Renaissance und Früher Neuzeit entdeckte Europa seine eigenen Wege in so unterschiedlichen Bereichen wie der Medizin, den Naturwissenschaften oder der Technik. Doch auch wenn jahrtausendealte Überzeugungen wie die von der Sonne, die sich um die Erde dreht, über

Woher wir kommen – wer wir sind

Archimedes auf einem Gemälde des 18. Jahrhunderts im Moskauer Puschkin-Museum.

Bord geworfen wurden, dachten auch die neuen Wissenschaftler, wie ihre Vorgänger im antiken Griechenland es zuerst getan hatten: Sie suchten nach Regelmäßigkeiten, nach Gesetzen in der Natur, die deren Funktionsweisen und Zusammenhänge so kurz und prägnant wie möglich zusammenfassten. Und benannten sie – vor allem im 19. Jahrhundert – gern auch griechisch. Das Mikroskop, das Thermometer, das Telefon oder Telegramm genauso wie die Fotografie tragen die Sprache jener Wissenschaftler in sich, die den Dingen zuerst auf den Grund gingen.

Dass sich die griechische Kultur über so lange Zeiten tradierte, ist umso erstaunlicher, da den politischen Einheiten, in denen sie sich entfaltete, nur relativ kurze Dauer beschieden war. Ein historischer Glücksfall wollte es, dass die Eroberer, die seit dem 2. Jahrhundert v. Chr. in Griechenland die Vorherrschaft gewannen, sich als ihre größten Bewunderer erwiesen. Es waren die Römer, die dafür sorgten, dass die Kultur Griechenlands nicht unterging, sondern ihren Siegeszug durch die Jahrhunderte antreten konnte.

DAS IMPERIUM ROMANUM – DER SOCKEL EUROPAS

Vieles, was im Rahmen des europäischen Einigungsprozesses mühsam erarbeitet wurde, gab es auf ähnlichem Territorium zu Zeiten des Imperium Romanum schon einmal: eine gemeinsame Währung, durchlässige Binnengrenzen, eine gemeinsame Außengrenze und eine überall gültige, ähnliche Rechtsprechung. Es gab Gewerbefreiheit und Freizügigkeit, die sich mit der modernen EU heute auf jeden Fall messen kann. Und in mindestens einer Hinsicht gingen die Gemeinsamkeiten der Glieder des römischen Weltreichs sogar sehr deutlich über diejenigen der Europäischen Union hinaus: Denn mit Latein gab es eine gemeinsame Amtssprache.

Das Imperium Romanum – der Sockel Europas

Allerdings war solche Eintracht nicht durch einen friedlichen oder gar freiwilligen Einigungsprozess zustande gekommen, sondern durch gewaltsame Eroberung. Die Legionäre und die Militärtechnik der römischen Armeen walzten über Jahrhunderte ihre Gegner nieder, bis das Imperium schließlich den europäischen Mittelmeerraum und Nordafrika umfasste, im Norden bis an die Grenzen des heutigen Schottland reichte und seinen Grenzwall, den *Limes,* bis an Rhein und Donau vorgeschoben hatte. Die meisten eroberten oder angeschlossenen Völker gingen schließlich im Reich auf, in geordneter Vielfalt und meist in Frieden. Das Mittelalter übernahm mit der *Translatio Imperii* Karls des Großen die politische Vorstellung vom Reich und konservierte auch das kulturelle Erbe. Schrift und Sprache der Römer fanden so ihre Fortsetzung, und auch die Erinnerung an die glorreiche Zeit des römischen Weltreichs blieb erhalten.

Die römischen Mauern, in denen das mittelalterliche Europa heranwuchs, sind vielerorts noch immer zu sehen. Ob im französischen Arles, wo im Mittelalter eine ganze Stadt in den Umgrenzungen eines römischen Amphitheaters Platz fand, im deutschen Trier, wo die Porta Nigra noch immer das Stadtbild prägt, oder in England, wo der Hadrianswall bis heute an die

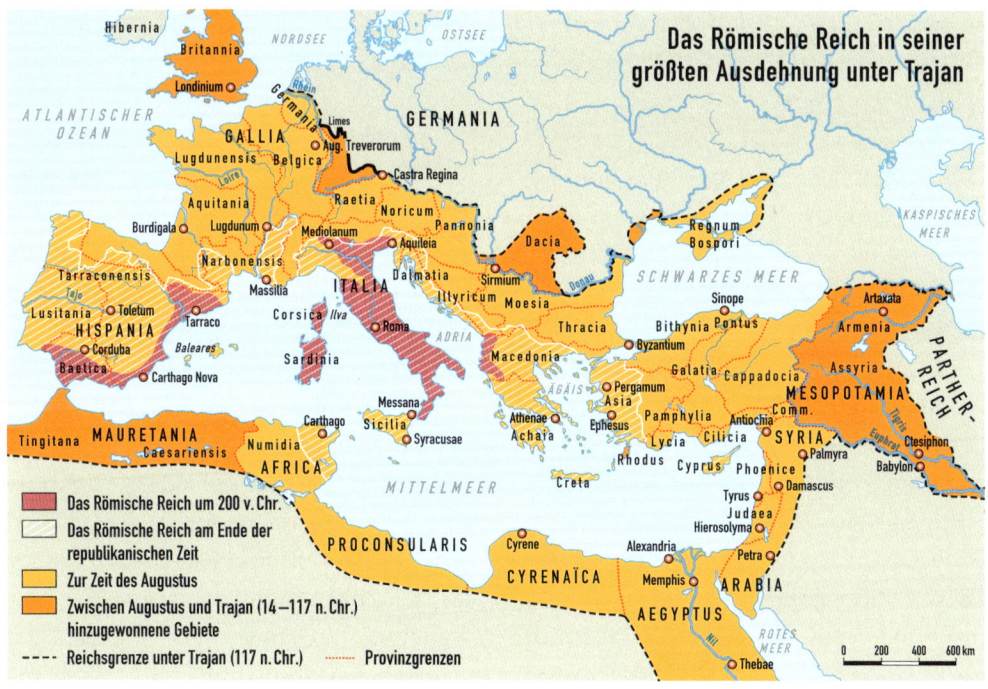

■ Das Römische Reich in seiner größten Ausdehnung am Ende der Herrschaft Kaiser Trajans (117 n. Chr.)

■ Wie in der Römerzeit laufen auch heute wichtige Hauptstraßen auf die Porta Nigra in Trier zu.

damalige Außengrenze des Imperium Romanum erinnert. Die römischen Wurzeln sind erhalten geblieben und gemahnen an einen Abschnitt der Geschichte, in dem es für eine vergleichsweise lange Zeit gelang, Unterschiedliches zu einen. »Rom ist an allen Enden die bewusste oder stillschweigende Voraussetzung unseres Anschauens und Denkens«, so formulierte es 1957 der Historiker Jacob Burckhardt, »denn wenn wir jetzt in den wesentlichsten geistigen Dingen nicht mehr dem einzelnen Volk und Land, sondern der okzidentalen Kultur angehören, so ist dies eine Folge davon, dass einst die Welt römisch, universal war und dass diese antike Gesamtkultur in die unsrige übergegangen ist.«

In ganz Europa leben die Helden der römischen Antike noch heute in Zitaten und Bonmots fort. Man weiß, was es heißt, den »Rubikon zu überschreiten«, oder dass »die Würfel gefallen sind«. Und einige Momente der römischen Geschichte sind sogar dem Namen nach mit epochemachenden Ereignissen der europäischen Neuzeit verbunden. So etwa der Aufstieg der »Faschisten« in den 30er-Jahren des 20. Jahrhunderts in Deutschland und Italien. In der Bezeichnung klingen die römischen *fasces* an, die Rutenbündel, die in der Antike als Zeichen von Hoheitsgewalt vor einem Amtsinhaber hergetragen wurden. Oder der Spartakus-Aufstand von 1919 in Berlin, dessen Benennung auf dem historischen Aufstand der Sklaven unter Führung des Spartakus in den Jahren 73–71 v. Chr. beruht. Große Gestalten wie »Julius Caesar« oder »Antonius und Kleopatra« werden via Adaption durch William Shakespeare zwar eher so erinnert, wie der große Dichter aus Stratford-upon-Avon sie sah, und weniger, wie sie tatsächlich gewesen sein mögen. Doch die Leichenrede des Marcus Antonius mit ihrem brillanten Auftaktdreiklang »Mitbürger! Freunde! Römer!« oder die stete Beteuerung, dass Brutus ein »ehrenwerter Mann« sei, haben nachhaltig dazu beigetragen, den Ruhm der Genannten durch die Jahrtausende zu tragen.

Noch präsenter aber als im Literaturunterricht sind die Ereignisse vor 2000 Jahren durch ihre Sprache, die zwar seither niemand mehr aktiv spricht, die sich aber bis heute in den Schulen erhalten hat. Latein – so lässt sein Name unschwer erkennen – war ursprünglich die Sprache der Latiner, der Bewohner von Latium, und ist als Teil der indogermanischen Sprachfamilie dort seit dem 6. Jahrhundert v. Chr. nachweisbar. Das »klassische« Latein, das bis heute gelehrt wird, entstand im 1. vorchristlichen Jahrhundert. Mit der Ausbreitung des Römischen Reiches durchwanderte Latein als Amtssprache den gesamten Herrschaftsbereich der Römer und entwickelte sich überall dort auch zur Umgangssprache. Aus dem sogenannten Vulgärlatein, in dem die Menschen Europas im Alltag kommunizierten, entwickelte das Lateinische seine schönen Töchter, die romanischen Sprachen, deren Ähnlichkeiten innerhalb Europas noch heute die Verständigung erleichtern. Ein Großteil der heutigen EU-Bürger führt seine Muttersprache also auf die Sprachwelt eines Cicero und Caesar zurück. Die meisten von ihnen in Spanien, Portugal, Frankreich, Italien und Rumänien.

Aber auch das klassische Latein überlebte – als Sprache der Gelehrsamkeit und der Kirche. Thomas von Aquin, Kopernikus oder Descartes und Newton verfassten ihre Schriften in Latein. Latein sprach man bei Hofe, in den Klöstern und von den Kanzeln herunter. Noch bis ins 19. Jahrhundert dozierten die Professoren in den europäischen Hörsälen wie selbstverständlich in der Sprache der Römer. Und auch heute, 2000 Jahre nach dem Gallischen Krieg,

■ Liz Taylor und Richard Burton als Kleopatra und Marcus Antonius, 1963.

wird an Europas Schulen Latein gelehrt. Deutlich weniger zwar als in den vergangenen Jahrhunderten, aber immer noch verteidigt von denen, die im Aufrechterhalten des Lateinischen ein Gegenmittel gegen geistige Verarmung sehen. Denn Latein – so argumentieren seine Fürsprecher – schule das Sprachgefühl und das logische

Denken. Und fraglos stellt Latein eine Brücke zur gemeinsamen europäischen Vergangenheit dar. »Werden die alten Sprachen, insbesondere das Latein, für überflüssig erklärt«, so formulierte es der Literaturprofessor Hubert Herkommer, »so verbaut sich die Gesellschaft den Zugang zu einer Tradition, aus der sie über viele Jahrhunderte ihre Visionen schöpfte.«

Erst das Schwert, dann die Kultur

Das Imperium Romanum war über acht Jahrhunderte die bestimmende Macht Europas. Aus einer sumpfigen Senke am Tiber entwickelte sich eine Stadt auf sieben Hügeln und schließlich ein Weltreich. Auf dem Höhepunkt seiner Macht unter Kaiser Trajan (98–117 n. Chr.) umfasste das Römische Reich ein Viertel der damals bekann-

DIE GESCHICHTE DES RÖMISCHEN REICHES

753 v. Chr.	Sagenhafte Gründung Roms durch die Zwillinge Romulus und Remus.
387 v. Chr.	Schlacht an der Allia: Die Römer werden von den Kelten geschlagen, der Stammesfürst Brennus erobert Rom. Nur das Kapitol kann nach der legendären Warnung durch Gänse gehalten werden.
264–241 v. Chr.	Erster Punischer Krieg. Rom besiegt die nordafrikanische Macht Karthago und erobert im Nachgang Sizilien und Sardinien.
216 v. Chr.	Schlacht bei Cannae: Die Römer werden von den Karthagern unter deren Anführer Hannibal geschlagen. Hannibal war im Winter 218 v. Chr. mit seinem Heer über die Alpen gezogen und den Römern in den Rücken gefallen.
148–146 v. Chr.	Karthago wird im Dritten Punischen Krieg zerstört und Nordafrika dem Reich als Provinz einverleibt. Auch Griechenland wird Teil des Imperiums.
105 v. Chr.	Militärische Niederlagen der Römer gegen die einfallenden Kimbern und Teutonen bei Arausio (Orange) in der Provence.
60 v. Chr.	Im sogenannten »Ersten Triumvirat« schließen sich Caesar, Crassus und Pompeius gegen den Senat zusammen.
58–51 v. Chr.	Eroberung Galliens bis zum Rhein durch Julius Caesar.
46 v. Chr.	Caesar wird faktischer Alleinherrscher Roms.
44 v. Chr.	Caesar wird ermordet.

Das Imperium Romanum – der Sockel Europas

ten Welt. Jeder fünfte Bewohner des Planeten, so schätzt man, lebte innerhalb der Grenzen des Imperiums. Die Territorien des westlichen und südlichen Europa gehörten dazu – aber auch einige Regionen, die heute nicht mehr zu Europa gezählt werden, wie die Türkei, der Nahe Osten und Nordafrika.

Die Römer wählten einen pragmatischen Weg, ihr gigantisches Reich im Griff zu behalten: Sie ließen die Eroberten an den Vorzügen der römischen Zivilisation teilhaben. Nur so konnte eine Reichsstruktur entstehen, die nicht durch dauernde Aufstände und Binnenkriege bedroht war. Für die Moderne hat dies zur Folge, dass die Länder Europas, die vor zwei Jahrtausenden zum Römischen Reich gehörten,

31 v. Chr.	In der Schlacht von Actium besiegt Octavian, Caesars Adoptivsohn, seinen Rivalen Marcus Antonius.
27. v. Chr.– 284 n. Chr.	Kaiserzeit Roms. Beginnend mit dem Prinzipat des Augustus, wird Rom von wechselnden Dynastien beherrscht. Den Juliern, das heißt den Nachkommen Julius Caesars, folgen die Flavier und dann die kinderlosen »Adoptivkaiser«, die jeweils ihren Nachfolger benennen. Die Familie der Severer bildet den Übergang ins 3. Jahrhundert; die anschließende Ära der Soldatenkaiser läutet die Reichskrise und den Beginn der Spätantike ein.
9. v. Chr.	Schlacht im Teutoburger Wald. Das römische Heer und sein Anführer Varus unterliegen dem Cherusker Arminius und dessen Kämpfern. Nach dieser Niederlage beschränken sich die Römer auf die Länder südlich der Donau und westlich des Rheins.
98–117	Unter Kaiser Trajan erreicht das Imperium seine größte Ausdehnung.
313	Schlacht an der Milvischen Brücke. Kaiser Konstantin wird Alleinherrscher und verlegt den Regierungssitz nach Konstantinopel.
395	Teilung des Imperium Romanum in eine westliche und eine östliche Hälfte.
410	Eroberung Roms durch den Westgotenkönig Alarich.
476	Absetzung des letzten weströmischen Kaisers Romulus Augustulus.
565 n. Chr.	Tod des oströmischen Kaisers Justinian.

Überreste einer antiken Latrine in Rom.

heute noch viel gemeinsam haben: die Zugehörigkeit zur romanischen Sprachfamilie etwa und die entspannte römische Lebensart. Wer diesseits des Limes lebte, profitierte von den Annehmlichkeiten der römischen Alltagskultur. Er genoss Fußbodenheizungen, die abwechslungsreiche römische Küche und den guten Wein, der mit Wasser verdünnt zu den Mahlzeiten gereicht wurde.

Die Verlockungen der römischen Lebensart waren also groß, denn jenseits des Limes mochte zwar die Freiheit genossen werden, aber im Alltag bedeutete dies meist lediglich Kargheit. In Germanien beispielsweise lebten die Menschen in kleinen Siedlungen und vereinzelten Gehöften, Formen städtischen Lebens waren so gut wie unbekannt. Den strengen Wintern trotzten die Bewohner in Holzhütten und schleppten das Wasser von Brunnen heran, während die Römer längst steinerne Häuser mit Wandbemalungen und fließendem Wasser errichteten. »Sanus per aquam« hieß es in den römischen Thermen diesseits des Limes. Im heutigen *Spa* hat sich die Philosophie, es sich durch und mit Wasser gut gehen zu lassen, erhalten. Die Kunst, über geringste Gefälle und über erhebliche Distanzen Wasser zu- und abzuleiten, beherrschten die Römer wie kaum eine andere Kultur ihrer Zeit. Zur Kaiserzeit versorgten allein fünf Fernwasserleitungen die Stadt Rom. Sie brachten täglich 900 Millionen Liter Frischwasser in die Stadt. Die Zuleitungen über Land waren Meisterwerke der Baukunst. Noch heute zeugen die Mauern imposanter Aquädukte von der Präzision ihrer Baumeister vor 2000 Jahren. In den Städten speiste das Wasser Trinkwasserbrunnen, aber auch Thermen, Fußbodenheizungen und Latrinen. Die öffentlichen Bedürfnisanstalten, in denen die Römer in Gesellschaft ihr Geschäft verrichteten, waren auch sozialer Mittelpunkt. Hier tauschte man Neuigkeiten aus und gern auch Klatsch und Tratsch. Das römische Wasserleitungssystem blieb bis ins 19. Jahrhundert das fortschrittlichste in Europa, noch heute wird der römische Trevi-Brunnen aus einer antiken Wasserleitung gespeist.

Die Römer exportierten auch ihren umfangreichen Festkalender in die Provinzen ihres Reiches. Zwar kannten sie keine

Das Imperium Romanum – der Sockel Europas

■ Aquädukt aus dem 1. / 2. Jahrhundert n. Chr. in Segovia.

■ Der Trevi-Brunnen in Rom ist heute ein Touristenmagnet.

■ Ruinen einer römischen Fußbodenheizung in Kempten im Allgäu.

arbeitsfreien Wochenenden, aber es gab enorm viele Feiertage im Jahr. Unter Kaiser Claudius beispielsweise ganze 159. An 93 davon wurden in dieser Zeit in Rom Spiele gegeben. Die Austragungsstätte ist noch heute erhalten: das flavische Amphitheater, besser bekannt als Kolosseum, so benannt nach einer Kolossalstatue des Nero, die in unmittelbarer Nachbarschaft stand. Hier fanden bis zu 50 000 Zuschauer Platz. Auch in den Provinzen des Reiches entstanden imposante Arenen für Gladiatorenkämpfe, Tierhatzen oder Naumachien – nachgestellte Seeschlachten. Arenen wurden mit buntem Sand bestäubt oder mit Parfüm beduftet. In Gewinnspielen konnte ein Zuschauer bisweilen einen Sklaven oder Kleidung und Speisen zugelost bekommen. Ob in Arles oder Orange, in Capua oder Cartagena: Überall hielt eine Kultur des Spektakels Einzug und hat sich in Grundzügen bis heute erhalten. Sportliche Großereignisse wie Fußballspiele, Formel-1-Rennen oder auch die aus Tierschutzgründen immer seltener werdenden Stierkämpfe: Alle folgen dem Wunsch der Massen nach Zerstreuung. Die Römer waren die Ersten, die aus dieser Art der Unterhaltung Events schaffen konnten. Mit den sprichwörtlichen »Brot und Spielen« hielten die Herrscher ihr Volk bei Laune und sorgten damit auch für Gruppenidentitäten und Fraktionsbildungen. Die Fans unterschiedlicher Wagenlenker in den römischen Arenen bei-

Das Imperium Romanum – der Sockel Europas

■ Das Kolosseum in Rom ist das wohl bekannteste Amphitheater der Antike.

spielsweise organisierten sich nach Farben und feuerten ihre Favoriten mit einer Leidenschaft an, die der heutiger »Ultras« im Fußball nicht nachsteht.

Doch in dem Maße, wie die Römer ihre Kultur exportierten, ließen sie sich auch von derjenigen der eroberten Gebiete bereichern. Hinterließen manche Provinzen kulinarische Spuren auf römischen Speisetafeln, so setzten andere vielleicht einen Modetrend. So trugen reiche Römerinnen gern Perücken aus dem Haar blonder Germaninnen. Doch eine Provinz war es, die das Imperium so stark prägte wie keine vor oder nach ihr: Schon seit dem 3. Jahrhundert v. Chr. setzte innerhalb der römischen Kultur eine spürbare Hellenisierung ein.

Die Römer verneigten sich in Ehrfurcht vor den Künsten und der Ästhetik der Griechen und zeigten ihren Respekt gegenüber dieser Kultur vor allem darin, dass sie sklavisch kopierten, was die griechischen Bildhauer, Architekten oder Maler geschaffen hatten. Vieles, was das klassische Athen hervorbrachte, ist nur durch die römischen Kopisten erhalten. Wie der Philosoph Platon vermutlich aussah, wissen wir nur, weil zahlreiche Römer das Werk des griechischen Bronzebildners Silanion nachempfanden. Die ältere Bronzebüste ist längst verloren gegangen.

Auch die berühmte Laokoon-Gruppe, die heute in den Vatikanischen Museen zu bewundern ist, geht wohl auf eine Arbeit

»Aeneas flieht aus Troja«. Gemälde von Carl van Loo (1705–1765), Louvre.

aus dem 2. vorchristlichen Jahrhundert im griechischen Pergamon zurück. Die Geschichte dahinter kam ebenfalls aus Griechenland. Der dramatische Todeskampf des trojanischen Priesters Laokoon und seiner Söhne, der in der griechischen Mythologie wurzelt, wurde von römischen Schriftstellern aufgenommen, weiterentwickelt und Teil der römischen Legende. Denn der angebliche Stammvater der Römer war Aeneas, der mit seinem alten Vater Anchises auf dem Rücken und seinem Sohn Ascanius das brennende Troja verlassen hatte und nach Latium gekommen war. Der Sohn gründete Alba Longa, die Mut-

terstadt Roms. Somit führte eine – im Sinne der Zeit – gerade genealogische Linie von Griechenland nach Rom. Römer der gehobenen Schicht parlierten wie selbstverständlich auch Griechisch. Gern schickte man seine Söhne zur Ausbildung nach Athen oder legte sich einen gebildeten griechischen Sklaven für zu Hause zu.

Die Römer übernahmen neben der Kunst auch die Philosophie, die Literatur und die Erkenntnisse der Naturwissenschaftler. Alles entwickelten sie weiter, doch das Denkprinzip blieb griechisch, und das war in den Augen der Römer auch gut so und keineswegs ehrenrührig. So spricht man heute, wenn von der antiken Basis der europäischen Kultur die Rede ist, in der Regel von der griechisch-römischen Tradition.

Allerdings: Große Teile des heutigen Europa blieben – meist vehement erkämpft – frei und unbesiegt. Was nördlich der Donau und östlich des Rheins lag, erhielt sich dadurch seine kulturelle Eigenständigkeit. Skandinavien und Mittel- und Osteuropa gründen deshalb viel weniger auf antiker Basis, als es die Iberische Halbinsel und die nördlichen Mittelmeerstaaten tun. Und im Falle Deutschlands führt die Grenze sogar durch das gesamte Gebiet: Der Rhein, der nach der Niederlage der Römer gegen Arminius und seine Germanen im Jahr 9. n. Chr. in diesem Teil die Ostgrenze des Römischen Reiches markierte, ist immer noch eine Kulturscheide innerhalb Europas. Und so hat eine Stadt wie Passau oder Regensburg heute in ihrem Lebensgefühl mehr gemein mit einer Stadt in Oberitalien als mit einer solchen in Westfalen.

Alle Wege führen nach Rom

Das geflügelte Wort gilt heute wie damals – denn ein großer Teil des europäischen Fernstraßensystems verläuft nach zwei Jahrtausenden noch immer dort, wo die Römer einst ihre Straßen anlegten. Die Weltmacht Rom überzog ihr Reich mit Wegen und da, wo eine Verbindung besonders frequentiert war, mit gepflasterten Straßen. Auf ca. 100 000 Kilometer wird allein die Länge der steinernen Straßen geschätzt – wie viele Nebenwege und Pfade es gab, kann nur vermutet werden. Auf einem groben Fundament wurde eine Kieselschicht mit sich immer weiter verjüngenden Steingrößen aufgetragen und die oberste Schicht schließlich mit großen Steinplatten gepflastert. Zu den Seiten fiel die Oberfläche leicht ab, damit das Regenwasser abfließen konnte. Meilensteine am Wegesrand informierten den Reisenden über die zurückgelegte Strecke und die Entfernung zur nächsten Stadt. Gasthäuser, Poststationen und Brücken sorgten dafür, dass Strecken in vorher nie erreichter Schnelligkeit bewältigt werden konnten. Die Post der Kaiserzeit beispielsweise transportierte einen Brief in nur 36 Stunden von Spanien nach Rom.

Das römische Verkehrswesen war das Ergebnis einer bis dahin beispiellosen Logistik. Waren, Menschen und Nachrichten gelangten von Rom nach Spanien, von Britannien, Gallien oder Germanien bis zum

■ Eine römische Straße westlich von Aleppo im heutigen Syrien.

Schwarzen Meer oder nach Nordafrika. Die Straßenverläufe, für die sich die römischen Bauherren entschieden, waren die direktesten oder einfach so gut geeignet, dass sie bis heute in ihrem Verlauf genutzt werden. Bekanntestes Beispiel ist sicherlich die italienische SS 7 von Rom nach Brindisi. Sie ist die einstige Via Appia und mit 62 Kilometern ohne Kurve gleichzeitig die längste gerade Straße Europas. Oder die von Marcus Vipsanius Agrippa in Gallien angelegte Straße durch das Rhônetal von Lyon bis zur Mittelmeerküste nach Narbonne beziehungsweise Marseille, die heute unter dem Namen »Route du Soleil« für ihre nervenzerrenden Sommerstaus berüchtigt ist. Und in ganz Europa orientieren sich heute noch zahlreiche Bahnstrecken an den einstigen Römerstraßen – einen geraderen und besseren Weg, um von A nach B zu gelangen, gibt es oftmals schlichtweg nicht.

Auch die Straßenverläufe in europäischen Städten sind stark vom römischen Konzept einer Stadt beziehungsweise eines Kastells geprägt, das einer solchen oft vorausging. Noch heute führen beispielsweise in Trier die Straßen auf die Porta Nigra zu, und in Mainz überquert die Theodor-Heuss-Brücke dort den Rhein, wo es einst eine Brücke der Römer tat.

»In dubio pro reo« – das Recht der Römer

Alle europäischen Verfassungen und viele weitere weltweit fußen auf dem Rechtsdenken der Römer, das seit mehr als 2000 Jahren Bestand hat. Die erste Aufzeichnung dieses Rechts entstand bereits im 5. Jahrhundert v. Chr. als Teil der Auseinandersetzungen zwischen Patriziern und Plebejern. Bis dahin hatte man nach Gewohnheitsrecht agiert, im Streitfall hatten Priester die Rechtslage entschieden. Was man heute als »römisches Recht« kennt, entstand aus dem Bedürfnis, der Gesellschaft eine Ordnung zu geben, die ein friedliches Zusammenleben ermöglichte. Das Recht gründete auf den *mores,* den Sitten der Vorfahren, die seit Menschengedenken befolgt worden waren. Im Lauf der Zeit wurden die Sitten zu Gesetzen, die man nun niederschrieb. Die sogenannten »Zwölf Tafeln« des Jahres 451 v. Chr. umfassten unter anderem Teile des Familien- und Erbrechts und Bestimmungen zur Regelung von Nachbarschafts- und Schadenersatzstreitigkeiten.

Auch vor den »Zwölf Tafeln« hatte es bereits Rechtssysteme gegeben, so beispielsweise den Codex des Königs Hammurabi von Mesopotamien oder die Regeln des athenischen Staatsmanns Solon im 6. vorchristlichen Jahrhundert. Doch die Römer waren die Ersten, die eine Rechtswissenschaft entwickelten. Sie waren in der Lage, einen Streitfall in einen Satz zu fassen, woraus sich dann eine Regel ableiten ließ. Beispiel: Jemand verkauft einem Bauern eine Kuh. Diese ist aber krank und verseucht die Herde des Käufers, sodass selbige eingeht. Muss der Verkäufer für den Schaden aufkommen? Das römische Recht differenzierte nun und kam – je nach Sachlage – zu unterschiedlichen Urteilen. Wusste der Verkäufer von der Krankheit der Kuh, musste er zahlen. Hatte er nachweislich alles unternommen, um zu prüfen, ob die Kuh gesund war, musste er nicht zahlen. Der dritte Fall war die Unwissenheit. Kannte der Verkäufer sich also gar nicht mit Kühen aus, kam er ebenfalls ungeschoren davon. Die Frage nach Schuld und Unschuld suchten die Römer durch Beweisaufnahme und die Vorführung von Zeugen zu klären. Eine große zivilisatorische Leistung, war es doch in nahezu allen damaligen Kulturen üblich, eine Entscheidung über Gottesurteile oder gewaltsame Auseinandersetzungen herbeizuführen.

In der Zeit vom 3. vorchristlichen bis zum 3. nachchristlichen Jahrhundert differenzierte sich die Rechtsprechung analog zur Ausdehnung des Römischen Reiches aus. Handel- und Geldverkehr mussten geregelt werden, Gewerbe und Verträge. Aus den Rechtsgrundsätzen entstanden eine Rechtswissenschaft und der Berufsstand der Juristen. Das römische Recht überdauerte vermutlich deshalb die Zeiten, weil es über die Jahrhunderte des Kaiserreichs die *Pax Romana,* den Frieden in den zum Reich gehörenden Provinzen, sicherte. Wer Teil des Reiches war, profitierte davon – durch rechtliche Absicherung und eine so gut funktionierende Verwaltung, wie sie sich möglicherweise manches europäische Land heute zurückwünschen würde. Die positive Wahrnehmung der Ordnung, die das römische Recht den Ländern auch außerhalb Italiens gebracht hatte, sicherte sein Überleben.

Auf Initiative von Kaiser Justinian wurde 533/534 das Recht, wie es sich über die Jahrhunderte entwickelt hatte, im »Corpus Iuris Civilis« zusammengefasst. Das Werk führte die kaiserlichen Gesetze in chronologischer Reihenfolge auf, die *Digesten* und *Pandekten* stellten in 50 Bänden die Schriften großer römischer Juristen zusammen, die *Institutiones* gaben Neulingen der Juristerei Anweisungen, und in den *Novellen* schließlich standen die von Justinian neu erlassenen Gesetze. Ende des 11. Jahrhunderts wurde die Schrift im italienischen Bologna wiederentdeckt und war einer der Anlässe für die Gründung der ersten europäischen Universität und der ersten juristischen Fakultät. Von hier aus

■ Sarkophag des Anwalts C. Valerius Petronianus, 315–320 (Mailand, Civico Museo Archeologico).

strahlte das römische Recht nach ganz Europa aus und später in die ganze Welt. In Spanien, Frankreich, den Niederlanden, Deutschland und – in geringerem Maße – in England entstanden juristische Gefüge, die die römischen Grundlagen um das lokale Gewohnheitsrecht und die kulturellen Gepflogenheiten der jeweiligen Region ergänzten. Die Logik und klare Systematik des römischen Rechtsdenkens erfreuten sich dann in der Aufklärung noch einmal besonderer Wertschätzung. Diesen Geist atmet vor allem die berühmteste Rechtssammlung der Neuzeit, der napoleonische *Code Civil,* der ab 1804 das Zivil-, Straf- und Handelsrecht regelte. In Deutschland spiegelt sich das römische Recht noch heute im Bürgerlichen Gesetzbuch und im

Grundgesetz wider, und auch die Europäische Verfassung ist durchdrungen von jenem Rechtsempfinden, das die Römer vor zwei Jahrtausenden entwickelten. Selbst die Charta der Vereinten Nationen in New York fußt auf den im alten Rom festgeschriebenen Rechtsgrundsätzen.

Somit ist das römische Recht das juristische Gerüst, das Europa seit Jahrhunderten zusammenhält und verbindet. Grundlegender und vielleicht noch prägender für das direkte Miteinander der Menschen ist aber ein Gesetzeswerk, das noch älter ist und zu römischen Zeiten den Weg nach Europa fand: die Zehn Gebote der jüdisch-christlichen Tradition.

DIE ZEHN GEBOTE

Dann gab Gott dem Volk seine Gebote. Er sagte: »Ich bin der Herr, dein Gott! Ich habe dich aus Ägypten herausgeführt, ich habe dich aus der Sklaverei befreit. Neben mir gibt es für dich keine anderen Götter. Fertige dir kein Gottesbild an. Mach dir auch kein Abbild von irgendetwas im Himmel, auf der Erde oder im Meer.

Wirf dich nicht vor fremden Göttern nieder und diene ihnen nicht. Denn ich, der Herr, dein Gott, verlange von dir ungeteilte Liebe. Wenn sich jemand von mir abwendet, dann bestrafe ich dafür auch seine Kinder, sogar noch seine Enkel und Urenkel. Wenn mich aber jemand liebt und meine Gebote befolgt, dann werde ich ihm und seinen Nachkommen Liebe und Treue erweisen über Tausende von Generationen hin.

Missbrauche nicht den Namen des Herrn, deines Gottes, denn der Herr wird jeden bestrafen, der das tut.

Vergiss nicht den Tag der Ruhe; er ist ein besonderer Tag, der dem Herrn gehört. Sechs Tage in der Woche hast du Zeit, um deine Arbeit zu tun. Der siebte Tag aber soll ein Ruhetag sein. An diesem Tag sollst du nicht arbeiten, auch nicht deine Kinder, deine Sklaven, dein Vieh oder der Fremde, der bei dir lebt. In sechs Tagen hat der Herr Himmel, Erde und Meer mit allem, was lebt, geschaffen. Am siebten Tag aber ruhte er. Deshalb hat er den siebten Tag der Woche gesegnet und zu seinem Tag erklärt.

Ehre Vater und Mutter! Dann wirst du lange in dem Land leben, das dir der Herr, dein Gott, gibt.
Morde nicht!
Zerstöre keine Ehe!
Beraube niemand seiner Freiheit und seines Eigentums!
Sage nichts Unwahres über deine Mitmenschen!
Suche nichts an dich zu bringen, was einem anderen gehört, weder seine Frau noch seine Sklaven, Rinder oder Esel noch irgendetwas anderes, das ihm gehört.«

Bibel, Exodus, 20, 1–17

Es begab sich in der Zeit des Kaisers Augustus

Stand das alte Griechenland bei Europa in Sachen Kunst und Kultur Pate und liegen die Wurzeln von Recht und Ordnung in Rom, so bereicherte das damals römisch beherrschte Palästina mit den Provinzen Galiläa und Judäa den Kontinent um eine dritte Säule, die wahrscheinlich sogar die über Jahrhunderte prägendste gewesen ist. Um 7 v. Chr. wurde – der Überlieferung nach in Bethlehem – ein Mann namens Jesus, Sohn der Maria und des Zimmermanns Josef, geboren. Er war Jude und damit Angehöriger einer Religion, die an einen einzigen Gott glaubte. Ähnlich wie bei den Griechen eine illustre Schar mehr oder minder fehlbarer Wesen den Olymp bevölkerte, gab es auch bei den Römern unzählige Gottheiten, die jeweils für Konkretes zuständig waren: für die Ernte, für die Fruchtbarkeit, die Klugheit oder Krieg und Frieden. Der einzige Gott der Juden hingegen, Jahwe, hatte die semitischen Stämme als sein Volk auserwählt und ihnen mit den »Zehn Geboten« die Grundlagen zu friedlichem Zusammenleben gegeben. Diese Regeln, die dem Volk Gottes der Überlieferung nach durch ihren Anführer Moses zugetragen wurden, bilden bis heute die zentrale moralische Lehre der europäischen Welt. Sie sind, neben der Anweisung, Gott zu ehren, der Leitfaden, die Mitmenschen zu respektieren und ihnen körperlich und materiell keinen Schaden zuzufügen. Jesus von Nazareth trat ab dem Jahr 28 n. Chr. als jüdischer Wanderprediger in Galiläa und Judäa auf und wurde etwa zwei Jahre später vom römischen Statthalter Pontius Pilatus wegen Unruhestiftung und Aufrührerei zum Tod am Kreuz verurteilt. Jesus selbst hinterließ kein geschriebenes Wort, doch die Schriften seiner Anhänger, allen voran die vier Evangelisten Markus, Matthäus, Lukas und Johannes, wurden zur Basis des Neuen Testaments und zur Keimzelle der Religion, die Europa bis heute wohl am stärksten geformt hat: des Christentums.

Die Jünger Jesu verbreiteten in den Jahrzehnten nach dessen Tod die Auffassung, der Nazarener sei der im Judentum erwartete Messias und Heilsbringer gewesen. In Kreuzigung und Auferstehung habe er sich als Sohn Gottes gezeigt. Nach »Christus«, der Bezeichnung für den »Gesalbten«, wurden seine Anhänger als »Christen« bezeichnet. Binnen kürzester Frist breitete sich das Christentum im gesamten Mittelmeerraum aus. Seine Attraktivität begründete sich unter anderem in dem sozialen Sprengstoff, den es barg. Im Christentum verkörperte sich der Gedanke der Umkehrung: Das Kleine, das Individuum, war bedeutsam und groß. Gott dagegen wurde Mensch. Und vor allem bot das Christentum eine Antwort auf die drängendste Frage, die die Menschen seit jeher bewegt hatte – die des Lebens nach dem Tod. Folgte man den Lehren des Christentums, hatte Gott selbst die Menschheit von der Erbsünde erlöst. Durch die Hingabe seines Sohnes und dessen Auferstehung war der Tod besiegt, und jeder Mensch, der daran glaubte und die Gebote Gottes befolgte, hatte die Möglichkeit, selbst Teil der Erlösung zu sein und dem Höllenfeuer und der ewigen Verdammnis zu entrinnen.

Mit Paulus, dem wirkungsmächtigsten Verbreiter des Christentums in dieser Frühzeit, löste sich die neue Religion vom Judentum und öffnete sich für jedermann. Das war die Basis für ihre Erfolgsgeschichte. Mit der Adelung zu Staatsreligion im Jahr 380 durch den römischen Kaiser Theodosius, nachdem Konstantin der Große bereits 313 das Verbot des Christentums im Römischen Reich aufgehoben hatte (bis dahin wurden Christen im Römischen Reich oft verfolgt), wurde ein Großteil der antiken Welt christlich und blieb es auch in Mittelalter und Neuzeit. »Europa wuchs heran, Psalmen singend, Propheten zitierend, meditierend über Hiob und Abraham«, formulierte es der Schriftsteller und Semiotiker Umberto Eco im Jahr 2003. Und noch heute gehört die überwiegende Mehrheit Europas dem christlichen Glauben in seinen Hauptkonfessionen, dem Katholizismus und dem Protestantismus, an.

Doch über viele Jahrhunderte war es nicht absehbar, dass das Christentum so übermächtig werden sollte. Noch lange bestanden in Europa die ursprünglichen, »heidnischen« Religionsvorstellungen parallel zum christlichen Glauben an den einen Gott, und im lokalen Brauchtum haben sich germanische oder keltische Kulte sogar bis heute erhalten.

DIE KELTEN – ERSTE KULTUR NÖRDLICH DER ALPEN

Eines der bedeutendsten Kapitel in der Kulturgeschichte Europas haben wir den Kelten zu verdanken, jenem rätselhaften Volk, das gemeinhin mit König Artus und den edlen Rittern seiner Tafelrunde, mit nebelverhangenen Insellandschaften und eichenlaubbekränzten Druiden assoziiert wird. Hinter dem Mythos, der sich jahrhundertelang in unzähligen Geschichten niedergeschlagen hat, zwischen Buchdeckeln oder in Hollywood-Filmen, verbirgt sich eine Historizität, die packende Schicksale geschrieben hat und die den überlieferten Legenden in nichts nachsteht. Dabei beginnt die Geschichte der Kelten nicht in Britannien, wie viele vermuten würden, sondern in Süddeutschland.

Um 800 v. Chr. kam es bei den Volksstämmen im Gebiet der heutigen Länder beziehungsweise Landesteile Österreich, Süddeutschland, Schweiz und Ostfrankreich zu einem Kultursprung, der sich insbesondere in der Errichtung von Hügelgräbern für ihre verstorbenen Häuptlinge und in der Schmiedekunst niederschlug. Es gelang ihnen, in einem komplizierten Verfahren aus Erz Eisen zu gewinnen. Hiermit war der Übergang vom Bronze- zum Eisenzeitalter vollzogen, das härtere Eisen wurde nun der Werkstoff der Zukunft. Diese Stämme nördlich der Alpen verschmolzen zu einem mehr oder weniger geschlossenen Volk und trieben Handel mit den Völkern des Mittelmeers, mit Griechen, Phöniziern und Etruskern. Die Kelten waren geboren, die erste Zivilisation nördlich der Alpen! Ihre Kultur wird als Hallstatt-Kultur bezeichnet (800–450 v. Chr.), benannt nach einem Fundort im österreichischen Salzkammergut. Die Kelten haben sich ihren Namen nicht selbst gegeben, sondern der Begriff *Keltoi* stammt von einem griechischen Reisenden aus der Zeit um 600 v. Chr. Später nannte Caesar sie *Celtae*. Viel mehr wissen wir über ihre Benennung nicht, da die Kelten wie die Germanen keine Schrift kannten und daher ihre Geschichte nicht selbst aufschreiben konnten.

Dafür haben die Kelten Mitteleuropa eine reichhaltige materielle Kultur hinterlassen. Aus der frühen Keltenzeit existieren eindrucksvolle Fürstengräber wie das von Hochdorf bei Ludwigsburg. Es umfasst neben dem Skelett eines 1,78 Meter großen Fürsten Waffen und Schmuck aus Gold, Silber, Bronze und Bernstein. Den ersten Höhepunkt keltischer Zivilisation markiert die Heuneburg (600 v. Chr.), an der Donau zwischen Sigmaringen und Ulm gelegen. Die Heuneburg war Fürstensitz und Handelsbastion in einem. Ihre Bewohner produzierten nicht nur Waren für den Eigenkonsum, sondern auch für den Export. Kulturhistorisch bildet die Heuneburg die Realisierung einer damals modernen wirtschaftlichen Idee, weshalb viele in ihr die erste Stadt nördlich der Alpen sehen. Die Kelten betrieben Fernhandel mit der mediterranen Welt, lieferten rohe Güter wie Eisen, Salz, Waffen, auch Söldner und Sklaven, und bezogen dafür Luxuswaren wie

■ Ein 500 Liter fassender griechischer Bronzekessel (80 cm hoch) aus dem Fürstengrab von Hochdorf, der bei Schließung des Grabs zu drei Vierteln mit Met gefüllt war. Im Grab fanden sich ferner neun Trinkhörner aus Eisen und Hornscheiden von Auerochsen.

Wein, Olivenöl und Amphoren aus Ton oder Bronze. Überspitzt formuliert begann Europas Durst mit den Kelten. Das Gelage war konstitutiver Bestandteil ihrer Gesellschaft (Alexander Demandt). Der teure griechische Wein war der Elite vorbehalten, darunter kam das mit Honig versetzte oder pure Getreidebier. Dann gab es noch die Barden, die bei den Gelagen die hohen Herren mit ihrem Gesang unterhielten. Wer heute in den Pubs von Dublin die stimmungsvolle Livemusikkultur erlebt, möchte daran glauben, dass die reichhaltige Liedkultur der Iren bei den alten keltischen Barden ihren Anfang nahm.

Obwohl die Kelten im Voralpenraum eine erste kulturelle Blüte entwickelt hatten, gaben sie um 500 v. Chr. ihre Höhensiedlungen auf und gingen auf Wanderschaft, vielleicht aufgrund von Klimaschwankungen oder einer extremen Bevölkerungszunahme. Sie stießen nach Osten bis zum Schwarzen Meer vor und nach Westen zum Atlantik und zu den Britischen Inseln, nach Norden gingen sie nicht. Eine Begegnung zwischen Donaukelten und Alexander dem Großen 335 v. Chr. resümierte dieser mit den berühmt gewordenen Worten: »Sie fürchteten nichts, außer dass der Himmel über ihnen einstürzen könnte« (Strabon). Dieser Ausdruck schicksalsergebener Furchtlosigkeit kommt den Freunden der Asterix-Comics doch sehr bekannt vor. 387 v. Chr. eroberten die Kelten Rom, hier fiel ein anderer historischer Satz: »Vae victis!« (»Wehe den Besiegten!«), soll der Keltenhäuptling Brennus den zutiefst traumatisierten Römern entgegengezischt haben.

Jetzt beginnt die klassische Epoche der Kelten, die als La-Tène-Kultur, benannt nach einer Grabungsstätte am Neuenburger See in der Schweiz, bezeichnet wird und von 450 bis 60 v. Chr. reichte. Die Kelten stiegen zu den Herren Mittel- und Westeuropas auf und entwickelten eine Gesellschaftsordnung an der Schwelle zur Hochkultur. Ab ca. 200 v. Chr. entstanden urbane Zentren, die nach Caesar genannten *oppida* (lat. *oppidum*, Stadt). Als herausragendes Beispiel für ein solches Oppidum gilt Manching an der Donau, südöstlich von Ingolstadt gelegen. Das Oppidum von Manching muss rund 10 000 Einwohner gezählt haben und war von einer über sieben Kilometer langen Mauer umgeben. Die Häuser, Produktions- und Lagerstätten waren planmäßig angeordnet, um das Zentrum mit Schmieden, Töpfern und weiteren Handwerksbetrieben herum wurde Vieh gehalten und Getreide angebaut. Bezeichnenderweise gehen noch heute viele Städte auf keltische Namen zurück, wie Londinium (für London) und Geneva (für Genf), Paris (vom Stamm der Parisii) oder Trier (vom Stamm der Treveri).

Merkmale einer veritablen Hochkultur, für die entscheidende Kriterien Geldwirtschaft und Schrift sind, haben die frühen Kelten allerdings nicht erfüllt. Münzen als alltägliches Gebrauchsgeld und ein dazugehöriges Währungssystem lassen sich erst im Verlauf des 2. Jahrhunderts v. Chr. nachweisen, und obschon zur gleichen Zeit die lateinische Schrift aufkam, sind doch keine Texte auf Pergament oder anderen organischen Materialien überliefert, sondern nur Inschriften auf Stein oder Metall und viele Ortsnamen. Geschichten und Lieder durften nur in mündlicher Form weitergegeben werden, es gab eine Art Schreibverbot, wohl um den exklusiven Gelehrtennimbus ihrer mächtigen Priester, der Druiden, zu schützen. Und genau das macht es uns heute so schwer, die Kultur der Kelten zu erforschen und zu verstehen.

Manching erlebte seine Blüte um 120 v. Chr., dann allerdings verlor das Oppidum an Bedeutung. Ob aggressive, nach Süden drängende Germanen oder Hungersnöte und ausbleibende Ernten der Auslöser waren: Jedenfalls wurden Manching und andere Oppida wie der Heidengraben auf der Schwäbischen Alb von ihren Bewohnern aufgegeben. Als Caesar um 60 v. Chr. von Süden aus nach Gallien vorrückte, waren die Oppida im Voralpenraum bereits verschwunden. Caesar erwähnt in seinem Bericht bezeichnenderweise nur mehr germanische Stämme und keine Kelten mehr.

Gallier gegen Römer – ein Krieg schreibt Geschichte

Seit ungefähr 700 v. Chr. waren keltische Stämme nach Gallien eingewandert. Um 125 v. Chr. hatte die römische Eroberung Galliens ihren Anfang genommen, 51 v. Chr. bestand Gallien im Grunde aus dem Gebiet des heutigen Frankreich, Belgien und Westdeutschland. Dank Caesars siebenbändiger Kriegschronik *De bello Gallico* aus dem Jahr 52/51 v. Chr. sind wir über die gallische Welt der rund 60 Stämme recht gut informiert – wenn doch nur ein solch völkerkundlicher Text auch über die Kelten im Süden Deutschlands vorläge! Obwohl Caesars Hauptanliegen wohl die Glorifizierung seines militärischen Genies gewesen sein dürfte, spürt der Leser doch sein aufrichtiges, von Neugier geleitetes Interesse an dem fremden Volk.

Die vielen Stämme in Gallien stellten keine politische Einheit dar, sondern waren verschieden in »Sprache, Recht und Tradition«, wie Caesar formuliert. Je nach Interesse und Situation schlossen sie Bündnisse untereinander oder bekriegten sich. Das Ausmaß an Intrigen, Konflikten und Chauvinismus war beträchtlich, was der gerissene Caesar für seine Kriegsziele zu nutzen wusste: »Divide et impera« – Entzweie den Gegner und beherrsche ihn. Es gab mehr oder weniger große Oppida, die Mehrheit aber lebte in dörflichen Siedlungen. Auch wenn eine staatliche Zentralgewalt fehlte, hatten sich bei den Galliern durchaus differenzierte Stammesstrukturen herausgebildet, mit einer gesellschaftlichen Schichtung aus Führungselite (Adlige, mächtige Krieger), geistigen Führern (Druiden) und dem einfachen Volk. Die Krieger selbst waren wilde Kerle, größer als die Römer, mit breitem Schnauzbart und langen Haaren, in das sie sich Fett schmierten. Die Köpfe ihrer Gegner nagelten sie ganz gern über ihre Haustür. Verstörend ist der gallische Menschenopferkult: Vor einer Schlacht töteten sie ihre eigenen Frauen und Kinder, um die Götter günstig zu stimmen. Schädel und Menschenköpfe finden sich zuhauf in keltischen Gräbern oder als Kunstobjekte auf Plastiken und Reliefs.

In den fünf Jahren zwischen 58 und 53 v. Chr. hatten Caesars Legionen das bevölkerungsreiche und prosperierende Gallien weitestgehend unterworfen. Die römischen Invasoren müssen es aber irgendwann übertrieben haben, denn plötzlich geschah etwas für die Gallier völlig Ungewöhnliches: Sie schlossen ein Bündnis gegen die übermächtige Militärmacht Roms. Möglich gemacht hatte dies Vercingetorix, der angesehene Häuptling der Arverner, der den

■ Kraftvolles Gemälde (1899) von Lionel Noel Royer über die Kapitulation des gallischen Häuptlings, das die tödliche Rivalität zwischen Caesar und Vercingetorix ins Zentrum rückt.

Schulterschluss der weit verstreuten gallischen Stämme mit seinem anscheinend großen Charisma hinbekommen hatte.

Militärisch waren die Kelten den hochgerüsteten Römern unterlegen. Sie waren ungestüm und impulsiv, aber ohne Ausdauer, kannten eher schnelle Raubzüge als lang andauernde Kriege zwischen geschlossenen Formationen, verstanden sich weder auf die Organisation des Nachschubs noch auf ein Register unterschiedlicher Kampfstrategien. Obwohl sich immer mehr gallische Stämme den Aufständischen anschlossen und Vercingetorix kluge Nadelstiche gegen römische Einflussgebiete setzte, gerieten sie im Herbst 52 v. Chr. in die Defensive und verschanzten sich im Oppidum von Alesia in der Nähe des heutigen Dijon. Daraufhin ließ Caesar einen doppelten Befestigungsring von 18 Kilometern Länge und vier Meter hohen Palisaden um die Stadt bauen – eine der berühmtesten Belagerungen der Militärgeschichte. Caesar gewann die Entscheidungsschlacht, und Vercingetorix legte seine Waffen vor ihm nieder – eine Szene, die seither viele

Künstler zu heroischen Gemälden inspiriert hat. Vercingetorix wurde nach Rom deportiert, in Ketten gelegt und 46 v. Chr. vom Scharfrichter erdrosselt. Immerhin ist er heute französischer Nationalheld, als Symbol für die Einigkeit der Franzosen.

Mit der Schlacht um Alesia verlor das antike Gallien endgültig seine Unabhängigkeit. Insgesamt wurden im Gallischen Krieg rund eine Million Menschen getötet und die gleiche Zahl versklavt. Es muss ein unvorstellbares Schlachten und Niederbrennen gewesen sein. Skrupellos, effizient, genial – so lässt sich Caesars Kriegführung beschreiben. Und ist sie bis heute nicht mit Bewunderung konnotiert? Sie ist laut dem Keltenforscher Martin Kuckenburg »militärische Schulungsschrift« geworden, »anhand derer zahlreiche Könige und Herrscher des Mittelalters und der Neuzeit ihre ersten Kenntnisse in Strategie und Taktik erlangten«.

Wie wir im Folgenden noch sehen werden, wurde der Norden Deutschlands und Britanniens nicht vom Römischen Imperium einverleibt. In Gallien verhielt es sich anders. Das Land nahm relativ rasch die römische Kultur an. Handwerker, Händler und andere aufgeweckte Gemüter spürten, dass sie von der neuen Zivilisation profitieren konnten. Aus den Oppida entstanden neue römische Verwaltungsbezirke (civitates) mit weitgehender Autonomie, führende gallische Adlige übernahmen wichtige Ämter. Steinhäuser ersetzten Holzhäuser, Straßen wurden gepflastert, es etablierte sich die übliche römische Infrastruktur in Form von Marktplätzen, Wasserleitungen und Theatern. Neue Agrarmethoden steigerten die Getreideproduktion auf dem Land, Wein und Oliven wurden angebaut. Das gallorömische Frankreich entstand, aus dem heute insbesondere Nîmes mit seinem Amphitheater und der benachbarte Pont du Gard, ein 50 Meter hoher Aquädukt in drei Etagen aus dem 1. Jahrhundert, hervorstechen.

Allerdings bedeutete die Romanisierung Galliens, dass damit die keltische Kultur auf dem Festland nach 800 Jahren erlosch. Die lateinische Sprache war unmittelbar nach der Eroberung Galliens offizielle Amtssprache geworden, sodass sich das Keltische im täglichen Gebrauch zunehmend verlor. Die Kelten in Gallien und im Voralpenraum waren als eigenständiges, politisches Volk nicht mehr existent, doch auf der anderen Seite des Ärmelkanals, in Britannien und Irland, da gab es sie noch. Und auch deren Geschichte ist reich an spektakulären Ereignissen und Legenden.

Die Inselkelten: von Iren, Schotten, Walisern und Engländern

Tacitus vermutete eine Verwandtschaft zwischen Festlandkelten und Britanniern. Er schrieb, dass wohl Gallier »die ihnen benachbarte Insel in Besitz genommen [hatten]. Man kann ihre religiösen Gebräuche dort antreffen, … und auch die Sprache weist keine großen Unterschiede auf.« Heute streitet man darüber, ob Britannien über Einwanderer vom Festland keltisiert

■ Eine ehrwürdige Faszination strahlt der Hadrianswall auf den heutigen Betrachter aus. Seine Mauerreste atmen Geschichte, hinter ihm liegt die dunkle Schönheit des britischen Nordens.

wurde oder ob auf der Insel ein langsamer Kulturwandel durch den Einfluss reisender Händler und Handwerker stattfand. Jedenfalls lässt sich der La-Tène-Stil des Festlands früh auf der Insel nachweisen, und die Idiome des Festland- und des Inselkeltischen gehören nachweislich derselben Sprachgruppe an.

Schon 55 v. Chr. war Caesar mit einigen Legionen nach Britannien übergesetzt, weil die dortigen Kelten die Gallier im Kampf gegen Rom unterstützt hatten. Er blieb allerdings nicht lange dort, schien er doch geahnt zu haben, dass dieses wehrhafte Volk am Ende nur Scherereien machen würde und es auch mit den sagenhaften Bodenschätzen aus Gold und Silber nicht weit her war. Die Kelten galten als rohe Krieger, deren bizarre blaue Körperbemalung dem antiken Publikum wohlige Schauer über den Rücken jagte. Dennoch begann 43 unter Kaiser Claudius die römische Eroberung Britanniens. Im Süden ließen sich die Stämme relativ leicht einnehmen, sie waren mit der römischen Welt vertraut. Je weiter die Römer jedoch nach Norden vorstießen, desto erbitterter wurde der Widerstand. In die englische Geschichte eingegangen ist der berühmte Boudicca-Aufstand: Boudicca, Witwe eines großen Häuptlings, gelang es, die Icener und deren Nachbarstämme zu einer Rebel-

Die Kelten – erste Kultur nördlich der Alpen

■ Das römische Bad von Bath, in der Nähe von Bristol. Nach dem Abzug der Römer versank England wieder in der »Barbarei«.

lion gegen die Besatzer anzustacheln. Cassius Dio schrieb dazu: »Boudicca war eine Britin aus königlichem Geschlecht und klüger, als Frauen gewöhnlich sind …. Sie war hochgewachsen und furchterregend in ihrer ganzen Erscheinung. Ihr dichtes, hellblondes Haar fiel ihr bis zu den Hüften herab …. Um alle ihre Zuhörer in Schrecken zu versetzen, trug sie eine Lanze.« Boudiccas Heer zerstörte erst die Provinzhauptstadt Colchester, verwüstete dann Londinium (London) und Verulamium (St. Albans). Die entscheidende Schlacht aber verloren die Männer um Boudicca, Schlachtverlauf und Ort sind nicht überliefert. Boudicca ist heute englische Nationalheldin.

Wie in Gallien erlosch mit der Niederlage Boudiccas auch in England die keltische Unabhängigkeit. Die Römer erweiterten in den folgenden Jahrzehnten ihr Herrschaftsgebiet bis ins heutige Südschottland, doch blieb die Lage instabil und von Angriffen nordischer Barbaren geprägt. Der Klügere gab nach: Kaiser Hadrian entschloss sich zur Abschottung und ließ den Hadrianswall bauen, der sich 120 Kilometer lang von der Ostküste zur West-

Woher wir kommen – wer wir sind

■ Die Karte verdeutlicht, dass keltische Idiome jeweils nur an den äußersten westlichen Ecken zum Atlantik lebendig geblieben sind.

küste zog. Der Hadrianswall war zwar auch kein unüberwindliches Bollwerk, aber anders als der deutsche Limes, der eher eine symbolische Demarkationslinie darstellte, mit vier Metern Höhe und drei Metern Breite recht imposant.

Wie Gallien und die Rheinprovinzen profitierte auch das Britannien südlich des Hadrianswalls von den Segnungen römischer Kultur. Das Leben wurde friedlicher, weil die ewigen Fehden zwischen britischen Stämmen ausblieben. Attraktive Städte wie in Gallien oder Italien entwickelten sich. In London lebten schon im 1. nachchristlichen Jahrhundert rund 30 000 Einwohner. Ein eindrückliches Beispiel für die Fusion von römischer und keltischer Kultur ist das Heilbad Bath im Südwesten, dessen heiße Quellen bereits mit der keltischen Göttin Sulis in Verbindung standen.

Im heutigen Schottland blieb das Leben der Menschen agrarisch geprägt, ihre Mentalität wild und sektiererisch, auch weil die zerklüftete Landschaft der Highlands wenig Kommunikation zwischen den Clans und Stämmen zuließ. Nach den römischen Quellen bewohnten erst die sogenannten Kaledonier den Norden, ihnen folgten ab dem 3. Jahrhundert die Pikten. Dann kamen aus dem Nordosten Irlands zunehmend die Scoten (nach *Scoti*, was auf Lateinisch »Seeräuber« heißt) dazu. Sie waren ab dem 3. Jahrhundert immer wieder zu Beutezügen nach Westschottland aufgebrochen, irgendwann blieben die »irischen« Scoten ganz und herrschten gemeinsam mit den Pikten über das Gebiet. Im Jahr 843

■ Das *Book of Kells*, farbenprächtig illustriert mit allerlei Ornamentik im keltischen Stil der La-Tène-Kultur.

gründete ihr König Kenneth MacAlpin ein Reich – das war die Geburtsstunde des modernen Schottland.

Auch im heutigen Irland, das ebenso wie Schottland nie von den Römern besetzt wurde, stand am Beginn eine archaische Viehzüchtergesellschaft. Ab dem 5. Jahrhundert wurde die Insel stark von der Christianisierung geprägt in Gestalt des heiligen Patrick, des Schutzpatrons Irlands. Der Glaube fand in Klöstern statt, weit weg von Rom, gelebt von Mönchen, die sich einem abgeschiedenen Leben verschrieben hatten und die insbesondere in einer belebten Natur die Verkörperung Gottes sahen.

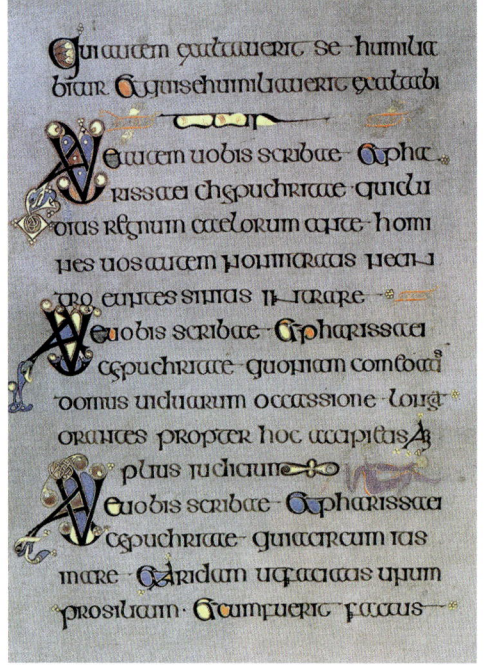

■ Besonders eindrucksvoll an der irischen Kalligrafie: die aufwendig gestalteten Initialbuchstaben.

Die keltische Naturverbundenheit und das katholische Christentum gingen in Irland eine mächtige Verbindung ein, deren Prägekraft bis heute andauert.

Auch die Waliser haben eine geschichtsmächtige Rolle in jenen frühen Jahrhunderten gespielt, nämlich als Auffangbecken geflüchteter Briten. Als sich im 5. Jahrhundert die Überfälle der Pikten und Scoten häuften, zogen sich die Römer aus Britannien zurück. Um 410 waren die Briten wieder selbstständig, aber mit einem bitteren Ende: Der britannische Herrscher Vortigern holte zur Abwehr der schottischen Barbaren ausgerechnet germanische Söldner ins Land, die Angeln und Sachsen aus Norddeutschland und Dänemark. Mit diesen hatte man sich einen aggressiven, expansionsfreudigen Partner ins Boot geholt. Die Germanen bauten ihre anfangs kleinen Siedlungen im Südosten zu einem immer größeren Herrschaftsgebiet aus. Die Briten assimilierten sich entweder mit den Germanen, oder sie flüchteten in den äußersten Westen und Norden der Insel, vornehmlich ins heutige Wales. Von dort und von Cornwall aus siedelten viele nach Frankreich über – daher der Name *Bretagne*, der sich von *Britannien* ableitet (wie auch die Namen *England* und *Angelsachsen* auf die Angeln und Sachsen zurückgehen). Daher begreifen die Engländer die Einwanderung germanischer Stämme als Beginn ihrer Geschichte.

Mit der Germanisierung Englands verlor das Land sein römisches Zivilisationsniveau. Die Christianisierung der Briten, die schon im 3. Jahrhundert begonnen hatte, wurde von den heidnischen Germanen erstickt. Sie verwüsteten Kirchen, Klöster und Städte. Die Einheimischen wurden an den Rand gedrängt: im Norden die Schotten, im Südwesten die Kornen (Cornwall) und darüber das größere Gebiet mit den Walisern. Letztere blieben ein widerständiger Gegner der Invasoren. Ihre Sprache, das Kymrische, behielten sie über all die Jahrhunderte bei. Das Kymrische sowie das Gälische der Iren haben seit dem frühen Mittelalter ihren schriftlichen Niederschlag gefunden in literarischen Zeugnissen. Einer der frühesten Texte ist die gälische Heldensaga *Táin Bó Cúailnge (Der Rinderraub von Cuailnge)* aus dem 8. Jahrhundert. Es ist aber insbesondere die sakrale Buchmalerei der Iren, die Literatur von Weltrang geschaffen hat: die prächtigen Evangeliare *Book of Durrow* (675) und *Book of Kells* (800), deren lateinische Texte sich mit kunstvoller Kalligrafie und altkeltischer Bildsymbolik verbinden – beide zu besichtigen im Trinity College in Dublin. Die Kelten haben nicht politisch fortgelebt, aber kulturell.

Die Kelten heute

Die keltische Kultur auf den Inseln und in der Bretagne wurde im 19. und 20. Jahrhundert von den Regierungen in Großbritannien und Frankreich nicht gerade auf Rosen gebettet. Sie wurde vielmehr unterdrückt, ihr Brauchtum galt als rückständig, ihre geografische Lage an den Rändern der Länder brachte zudem wirtschaftliche Nachteile. Armut und Hungersnöte führten dazu, dass Millionen auswanderten – besonders die Iren haben in Amerika eine zweite Heimat gefunden. Die große Hungersnot von 1845 bis 1849 nach jahrelang ausbleibender Kartoffelernte forderte allein eine Million Tote. Der Abfluss gerade ärmerer Schichten hätte beinahe zum Aussterben der irisch-gälischen Sprache geführt. Die große Hungersnot ist bis heute eine tiefe Wunde in der irischen Seele, auch weil die britische Regierung den Iren damals nicht zur Seite stand. Nach dem Osteraufstand von 1916 strebte Irland der staatlichen Unabhängigkeit entgegen, 1949 wurde die Republik Irland gegründet. Seitdem ist das Gälische in Irland offizielle Landessprache.

Heute wird das Irisch-Gälische offiziell von knapp einem Drittel der Iren gesprochen, die Zahl sollte aber aufgrund unterschiedlicher Definitionen von Sprachkompetenz nicht überbewertet werden. Es wird von begeisterten Amateuren in Abendkursen gelernt, die BBC sendet Programme in keltischer Sprache, und alte Lieder werden in Kulturvereinen neu aufgeführt. In Wales lebt das Kymrische im Rahmen der offiziellen Zweisprachigkeit sehr selbstbewusst fort, etwa ein Fünftel der Bevölkerung beherrscht aktiv die alte Sprache. Ortsschilder in Irland, Schottland und der Bretagne werden von den Behörden zweisprachig erstellt. Das Gälische und das Kymrische der Waliser sind daher nicht mehr als trotziges Streben nach politischer Autonomie zu verstehen, wie es etwa in Katalonien gegenüber Spanien der Fall ist. Vielmehr sind die Motive entspannter geworden, was auch mit einer liberaleren Haltung der britischen Zentralregierung zu tun hat, die 1999 Schottland, Wales und Nordirland in Form der sogenannten Devolution eine regional-kulturelle Teilautonomie gewährte. Nach vielen Jahren etwas angestrengt wirkender Traditionsarbeit ist etwas Neues, Progressives entstanden, was Kuckenburg treffend so zusammenfasst: »Waren diese [Regionalbewegungen] früher überwiegend ländlich geprägt, so werden sie heute vorwiegend von den gebilde-

Woher wir kommen – wer wir sind

■ Der Glastonbury Tor, ein tropfenförmiger Hügel und angeblich Artus' letzte Zuflucht. Von hier würde er einst zurückkommen, wenn die Zeit erfüllt ist, um sein Volk zu befreien. Gleich einem Messias.

WAHRHEIT UND LEGENDE UM KÖNIG ARTUS

Seine Legende ist in vielen Geschichten von vielen Autoren erzählt worden. König Artus, die Ritter seiner Tafelrunde wie Parzival und Lanzelot, sein magischer Mentor Merlin und das geheimnisvolle Schwert *Excalibur* bilden die Urmutter aller Ritterepen. Sie haben *Indiana Jones* beeinflusst, den *Herrn der Ringe* und *Game of Thrones*.

Hat dieser überlebensgroß strahlende Artus (die französische Namensform, die Briten nennen ihn Arthur) wirklich gelebt? Wahrscheinlich gab es einen britischen Heerführer, der um 500 am Mount Badon eine große Sachsenarmee besiegte. In der *Historia Brittonum (History of the Britons)* des walisischen Mönchs Nennius um 830 wird erstmals ein Artus erwähnt, der zwölf Schlachten gegen die Angelsachsen geschlagen haben soll. Den entscheidenden Anstoß zur Popularisierung dieses überschaubaren historischen Kerns gab der Oxforder Geistliche Geoffrey von Monmouth, dessen 1138 verfasste *Geschichte der Könige Britanniens* in viele Sprachen übersetzt wurde. In einer geschickt konstruierten Geschichte um wahre Orte und Figuren einerseits und sehr viel Fiktion andererseits platzierte er den übermenschlichen Helden Arthur, der sich sowohl durch große militärische Fähigkeiten als auch durch eine vollendete christliche Moral auszeichnet.

Die Vorlage wurde insbesondere vom französischen Dichter Chrétien de Troyes (gestorben 1190) veredelt, aber auch von deutschen Autoren wie Wolfram von Eschenbach oder Hartmann von Aue. Das Legendenbündel wurde also schon damals zum europäischen Bestseller. Dass Artus Kelte war, ging unter. Der historische Sachsenbezwinger aus altbritannischer Zeit wurde in die idealisierte Kulisse des Hochmittelalters versetzt und mit den zentralen Motiven von *Aventiure* (die Abenteuer des Ritters) und *Minne* (die Liebe in der höfischen Welt) verknüpft. Nicht zu vergessen die Notwendigkeit eines religiösen Unterbaus, ohne den es in der mittelalterlichen Narration nicht ging: hier im Motiv des Heiligen Grals, gedeutet als Kelch des letzten Abendmahls, in dem das Blut des gekreuzigten Jesus aufgefangen wurde.

Heute faszinieren die vermeintlich historischen Artus-Schauplätze den Besucher: etwa die Ruinen der Burg Tintagel an der Nordküste Cornwalls (Geburt und Kindheit von Artus) oder der bizarre Hügel Glastonbury Tor (nach der Legende die mythische Insel Avalon). Sie alle profitieren von einem unwiderstehlichen Angebotsmix aus altbritannischer Folklore und christlicher Symbolik. Einer der größten Mythenmacher der literarischen Moderne bringt es auf den Punkt. J. R. R. Tolkien, der Verfasser von *Herr der Ringe*, meinte dazu: »Das Keltische in jeglicher Form ist eine Wundertüte, in die alles Denkbare hineingelegt werden kann und aus der fast alles Denkbare herauskommen kann.«

Woher wir kommen – wer wir sind

■ Nicht unbedingt praktisch für die Orientierung des Reisenden, dafür aber garantiert gälisch: Schilderwald im County Galway, Irland.

ten Mittelschichten getragen und pflegen ein betont zukunftsorientiertes, fortschrittliches Image.« Gegen die Globalisierung wehrt man sich mit Distinktion.

So gibt es heute viele Kelten im Geiste, die sich zu dieser alten Kultur hingezogen fühlen. Eine besonders kuriose Spielart dieser bunten Keltomanie ist in Stonehenge zu bestaunen, wenn dort bei den Sonnenwendfeiern die Keltenfans in Druidenkostüme schlüpfen und mystische Tänze aufführen.

Was behalten wir von den Kelten? Sie gehören zu den verschwundenen Völkern unserer Welt. Sie sind aber nicht von Fremden ausgerottet worden, sondern ethnisch und kulturell in anderen Völkern aufgegangen. Über ein halbes Jahrtausend lang haben sie die Geschichte Westeuropas bestimmt, um dann an zwei Völkern zu scheitern: erst an den Römern, dann an den Germanen. Sie wurden buchstäblich an den Rand Europas gedrängt, an die Klippen des Atlantiks. Den antiken Chronisten waren sie edle, ungebärdige Wilde, die sich, von kurzfristigen Zweckbündnissen abgesehen, lieber gegenseitig die Köpfe einschlugen, als sich gegen einen äußeren Feind zusammenzuschließen. Einen Staat haben sie nie errichten können, sind also nicht immer an Pech und den Umständen gescheitert. Politisch haben sie versagt, ihre Mythen, ihre Kunst und ihre Musik aber sind voller Vergangenheit, Gegenwart und Zukunft. Irische Zeitgenossen wie Tom O'Neill sehen in den Kelten »Europas schöne Verlierer«, trotzige Freigeister und beseelte Künstler. Menschen, die sich selbst genug sind.

Die Germanen waren in dieser Hinsicht ganz anders.

DIE GERMANEN

Menschen und Stämme sind seit Jahrtausenden unterwegs. Sie verlassen ihre Siedlungsgebiete und brechen auf, um sich eine neue Heimat zu suchen. In der Regel fliehen sie vor realen Gefahren wie Kriegen, Vertreibung, Hungersnöten, Überbevölkerung, manchmal spielen »Luxusfaktoren« hinein wie die Lust auf Eroberung eines fremden Landes oder die Sehnsucht nach einem wärmeren Klima. Allen gemeinsam ist die Hoffnung auf ein besseres Leben. Die großen Migrationen haben überall auf der Welt tiefe Spuren hinterlassen und die

Die Germanen

■ Eigentlich möchte man diese Gemälde gar nicht mehr in heutigen Texten über die Germanen sehen. Doch mit diesem pompösen Pathos ist ihr Bild 200 Jahre lang tradiert worden, was ihrem Verständnis zutiefst abträglich war.

Menschheitsgeschichte geprägt. Oft sehen wir bestimmte Völker erst, wenn sie wandern oder expandieren. Die größte und folgenschwerste Wanderung der Geschichte ist die germanische Völkerwanderung, die vom Einfall der Hunnen im Jahr 375 ausgelöst wurde. Sie sollte die Landkarte Europas und zugleich die Ordnung der Welt verändern. Die Hunnen waren aus den asiatischen Steppen westwärts gedrungen und schoben germanische Völker vor sich her, die in der Folge das Römische Reich überrollten. Ganz am Ende der großen Migration, rund 400 Jahre später, war das Frankenreichs Karls des Großen entstanden, als Verkörperung des christlichen Abendlands.

Die Völkerwanderung und insbesondere die Germanen als ihr Motor hatten nach der Vereinnahmung durch die Rassenideologie der Nationalsozialisten keinen leichten Stand in der deutschen Geschichtswissenschaft und den Feuilletons nach 1945. Die Germanen sind sozusagen geschichtskontrafaktisch für die Barbarei der Nazis mitverantwortlich gemacht worden. Dieser ideologische Ballast ist in den letzten Jahren abgeschüttelt worden, insbesondere durch ein aufgefrischtes Interesse aus Anlass des 2000. Jahrestags der Varusschlacht im Jahr 2009. Reduzierte sich die Völkerwanderung in unserem Geschichtsunterricht früher auf einen Albtraum von verwirrenden Pfeilen, verstreut über eine diffuse Karte Europas, so ist das Bild der Germanen heute vorurteilsfreier und vielschichtiger geworden. Schauen wir uns die Nordmänner und -frauen bei ihrer großen Wanderung nach Süden und Westen genauer an! Von den Kimbern und Teutonen um 100 v. Chr. bis zu den Königreichen der Westgoten in Spanien oder der Franken in Frankreich ist es ein weiter Weg.

Von den Germanen spricht man ab ca. 500 v. Chr. Die archäologische Referenz ist die sogenannte Jastorf-Kultur, ein Gräberfeld in der Lüneburger Heide. Hiermit sind die Stämme Südskandinaviens gemeint, an der unteren Elbe und Oder, jene Kimbern und Teutonen. Östlich bilden die Goten, Vandalen und Burgunden eine weitere Gruppe. All diese Stämme sind in den folgenden Jahrhunderten auf Wanderschaft gegangen und in anderen Völkern aufgegangen. Mitteldeutsche Stämme wie die Chatten (Hessen) oder die Thüringer sind mehrheitlich in ihren Ursprungsgebieten geblieben und bilden auch heute noch auf gewisse Weise die genetische Grundlage der Deutschen. Wie bei den Kelten gab es auch bei den Germanen kein geschlossenes Volk, sondern lediglich nach Sprache, Kultur und Lebensweise untereinander verwandte Stämme. Sie nannten sich auch nicht selbst *Germanen*, vielmehr ist es eine auf Caesar zurückgehende Fremdbezeichnung, der von Gallien aus alle Stämme rechts des Rheins als *Germani* bezeichnete.

Bis zu Caesars Zeit hatten die Römer bereits furchteinflößende Begegnungen mit Germanen gehabt. Kimbern und Teutonen

■ Der ramponierte Arminius in den 1950er-Jahren: Erst trafen ihn Fliegerangriffe im Zweiten Weltkrieg, dann das germanenkritische Nachkriegsdeutschland (Hermannsdenkmal in Detmold).

waren 113 v. Chr. aus ihrer nordischen Heimat nach Süden aufgebrochen und hatten römischen Armeen massive Verluste zugefügt, bevor sie von Rom endgültig besiegt werden konnten. Der zweite Warnschuss war in Gestalt des Suebenhäuptlings Ariovist erfolgt, der mit seinem Rheinübertritt Caesar die Stirn bot und erst nach zähem Kampf bezwungen werden konnte (70 v. Chr.). Caesar war der festen Überzeugung, dass die Germanen, anders als die

Für die Römer ein unheilvolles Monstrum, für die Germanen Lebensnerv und Kraftzentrum: der Wald.

Gallier, nicht zivilisierbar seien. Tacitus urteilte in seiner Ethnografie *De origine et situ Germanorum liber* (98 n. Chr.) – wohl die bedeutendste antike Schrift über sogenannte Barbarenvölker aus dem Norden – weit milder: Sie seien treu und unerschrocken, ihre Frauen keusch und anspruchslos. Bei den Germanen würden »gute Sitten mehr bewirken als anderswo gute Gesetze«. Letztere Lobpreisung weist auf die wahre Absicht seiner Schrift hin, nämlich dem seines Erachtens dekadenten Rom der Kaiserzeit mit den naturbelassenen Germanen einen moralischen Spiegel vorzuhalten. Dem Kern seiner Haltung näher kommt man an anderer Stelle seiner Schrift, wo es heißt, es würde wohl niemand aus freien Stücken »Kleinasien oder Afrika oder Italien verlassen, um nach Germanien zu ziehen mit seinen hässlichen Landschaften, dem rauen Klima, dem trostlosen Äußern«. Das Wetter spielte also auch damals schon eine Rolle beim Wohlfühlindex.

Da auch die Germanen keine Schrift kannten, stammen unsere Kenntnisse über sie aus antiken Schriften oder materiellen Hinterlassenschaften aus Gräbern und Mooren. Die Germanen lebten innerhalb der »nassen Grenzen« Nordsee, Rhein, Donau, Weichsel und Ostsee in kleinen Siedlungen und entwickelten nicht gerade einen ausgeprägten Hang zur Schönheit des Lebens – wohl weil sie genug mit dessen schlichter Bewältigung zu tun hatten. Beliebtestes Exportgut war das blonde Frauenhaar, aus dem sich die Römerin-

■ Damit eine hervorragend ausgebildete römische Armee gegen Barbaren eine Schlacht verlieren konnte, mussten besondere Bedingungen herrschen. Im dichten Wald des Nordens verloren die Legionäre das Vertrauen zu sich selbst.

nen – wie schon weiter oben erwähnt – feine Perücken machten. Dem Wein waren sie abhold, dafür dem Bier umso leidenschaftlicher zugeneigt, wie Quantität und Größe von in Gräbern gefundenen Trinkhörnern und Pokalen beweisen. Für den Einzelnen war die Zugehörigkeit zur Sippe von zentraler Bedeutung, hier wurden alle Rechtsangelegenheiten verhandelt und der Schutz des Einzelnen gegenüber Gewalt von außen manifestiert.

Innerhalb der Stämme herrschten Adlige, ihr Rang war durch ihr Gefolge definiert: Krieger, die für ihren Herrn in die Schlacht zogen und in Friedenszeiten von diesem ausgehalten wurden. Dem Gefolgschaftssystem, das insbesondere bei Angeln und Sachsen noch viele Jahrhunderte gepflegt wurde, wohnte hohes Konfliktpotenzial inne, denn ein großes Gefolge konnte laut Tacitus »nur mit Gewalttaten und Krieg« zusammengehalten werden. Je furchtloser der Krieger, desto höher sein Ansehen – was Krieg als wünschenswert voraussetzt. Das Bellizistische ist ein wesentlicher Bestandteil der germanischen Kultur und kein Klischee, das geht aus der Fassungslosigkeit antiker Chronisten ob der unvorstellbaren Grausamkeit der germanischen Krieger bei Schlachten hervor, wird aber auch belegt durch die Unmengen von Waffen, die in Gräbern und Mooren gefunden wurden. Den Germanen wohnte eine gewisse Ruhelosigkeit inne. Der Einzelne war einer ständigen Bedrohung an Leib und Seele ausgesetzt. Wenn Germanen später auf Wanderschaft gingen, waren sie sicher auch auf der Suche nach einem friedlicheren, sichereren Leben.

Kampf um Germanien – die Schlacht im Teutoburger Wald

Wie in Gallien und später in Britannien haben die Römer auch in Germanien versucht, die Gebiete der Barbaren unter ihre Kontrolle zu bringen, um ihr Reich bis in den äußersten Westen und Norden zu erweitern. Ab 12 v. Chr. stießen sie bis zur Elbe vor, und es gelang ihnen auch, auf fremdem Terrain eine Art Provinzialverwaltung zu etablieren. Dann aber schickte

Die Germanen

■ Die Hunnen fallen über die Alanen her (Holzstich um 1873, nach einer Zeichnung von Johann Nepomuk Geiger). Das wilde Reitervolk belebt bis heute unsere wildesten Fantasien, dabei waren sie lediglich 80 Jahre auf europäischer Bühne aktiv. Unser Wissen über sie ist spärlich.

Rom den falschen Mann nach Germanien: Der neue Statthalter Varus, reich geworden in Syrien und ohne das nötige Faible für den Norden, erlegte den Germanen Gesetze und Steuern auf, die das Zumutbare irgendwann überschritten haben müssen. Vielleicht wäre es folgenlos geblieben, wäre aufseiten der Barbaren nicht ein hochintelligenter Kopf gewesen: Der 26-jährige Arminius vom Stamm der Cherusker hatte sein Militärhandwerk wie viele begabte junge Germanen in der römischen Armee gelernt und war für seine Tapferkeit mit dem römischen Bürgerrecht belohnt worden. Dennoch organisierte er hinter dem Rücken seines römischen Dienstherrn einen Angriff aus dem Hinterhalt, während Varus mit seinen Legionen VII, VIII und IX auf dem Weg vom Sommerlager bei Minden ins Winterlager nach Xanten war. Der rund 15 Kilometer lange und 20 000 Menschen zählende Zug, Soldaten mit Händlern, Handwerkern, Sklaven, Frauen und Kindern, wurde binnen drei Tagen in den Wäldern Germaniens bei strömendem Regen und Matsch ausgelöscht. Nur mit dieser Guerillataktik, im *hit and run*, hatten die flexiblen, zunehmend entfesselten germanischen Krieger eine Chance gegen die hochgerüstete römische Armee. Immer mehr Germanen waren mit Aussicht auf fette Beute hinzugeströmt, am Ende wurde jeder einzelne Römer mit Speeren, Schwertern und Äxten niedergemacht, ihre Schädel wurden an Bäume genagelt, der des Varus nach Rom zu Kaiser Augustus geschickt. In einer der furchtbarsten Schlachten in der europäischen Geschichte hatte David gegen Goliath gesiegt, und auch römische Rachefeldzüge der nächsten Jahre konnten Germanien nicht zurückgewinnen. Sollte eine der Triebfedern des Arminius zum Aufstand und Verrat gegenüber Rom sein Bestreben gewesen sein, König über ein geeintes, großes Volk der Germanen zu werden, so ging dies nicht auf. Arminius wurde Jahre später von Verwandten ermordet, ein übermächtiger Führer war in der kleingliedrigen Herrschaftskultur der Germanen nicht vorgesehen.

Der militärische Konflikt ist das eine, die daraus resultierenden Konsequenzen das andere. Zwischen dem freien Germanien und den römischen Provinzen westlich des Rheins und südlich der Donau entwickelte sich ein »ungeheurer Zivilisationsabstand« (Adolf Lehmann). Während im Barbaricum noch 1000 Jahre lang keine richtige Stadt gegründet werden sollte, existierten in Köln, Trier, Mainz oder Regensburg bereits moderne Kulturen mit Theatern, Märkten, Bädern und schönen Bürgervillen. Römisches Recht sorgte für Sicherheit, der Handel auf dem ausgebauten Straßennetz florierte, und Latein als *Lingua franca* brachte Menschen unterschiedlicher Herkunft zusammen. Oft gefallen sich feuilletonistische Lebemenschen in der Klage, dass den Römern die Unterwerfung der humorlosen und luxusabgewandten Germanen einfach nicht gelingen wollte: als gäbe es keine Kultur da oben in Dunkeldeutschland!

Die germanische Expansion

Herkömmlich beginnt die Völkerwanderung mit dem Einfall der Hunnen im Jahr 375 und endet mit der Eroberung Italiens durch die Langobarden im Jahr 568. Diese scharfe Datierung wird heute nicht mehr gelehrt, denn Migration hatte schon vorher stattgefunden. Schon im 3. Jahrhundert waren die Goten bis nach Griechenland und Kleinasien gekommen und die Franken bis nach Spanien. Der Limes, ab 98 erbaut als militärischer Verteidigungswall gegen die germanischen Stämme, war von Franken und Alemannen mehrfach durchbrochen worden. Grund für ihre neue Wucht war der Umstand, dass aus der kleinteiligen germanischen Stammeswelt zur Zeit des Tacitus inzwischen große Verbände entstanden waren, deren Geschlossenheit, Kampfkraft und Durchsetzungsvermögen Rom vor immer größere Probleme stellten. Die Franken (»freie Männer«) vom Niederrhein wurden zum wichtigsten neuen Volk, sie umfassten schließlich auch andere Stämme wie die Salier und Chattuarier.

Schon vor 375 waren die römischen Grenzgebiete voller Germanen, die Handel trieben oder sich manchmal sogar auf römischem Gebiet niederlassen durften, sei es in Form kleiner Gruppen *(laeti)* unter römischer Obhut oder als Bündnispartner, die sich selbst verwalten durften *(foederati)*. Römische Kaiser hielten sich germanische Leibwachen, römisches Militär bestand zunehmend aus germanischen Kriegern, die bis in die Generalsränge aufsteigen konnten. Der kulturelle Sog des reichen Südens auf die Nordvölker war unwiderstehlich, die armen, kinderreichen und migrationswilligen Germanen strebten nach Teilhabe an einem Gesellschaftssystem, das Wohlstand und Frieden versprach. Und Rom war ja auch immer aufnahmebereit, fremdenfreundlich gewesen – solange man tüchtige Menschen bekam. Rom war keine ethnisch einheitliche Volksgemeinschaft – das ging schon aufgrund der unermesslichen Größe des Imperiums nicht –, sondern eine kulturelle Rechtsgemeinschaft römischer Bürger. Man hatte die Einbürgerung von Germanen also mehr oder weniger aktiv betrieben, der Druck auf die Grenzen hatte aber dennoch nie ganz nachgelassen.

Die Hunnen müssen mit einer unglaublichen Wucht und Geschwindigkeit und Fremdheit in Osteuropa aufgetaucht sein, sonst hätten sie nicht Hunderttausende so jäh verjagen können. Die große Migration ab 375 folgte nun einem Dominoeffekt, die Menschen wurden wie angestoßene Steine in Bewegung gesetzt. In der ersten, entscheidenden Welle befanden sich östliche Gruppen, Goten und Vandalen, ab Mitte des 5. Jahrhunderts folgten Franken, Sachsen und Langobarden. 376 erbaten vor den Hunnen geflohene Westgoten friedliche Aufnahme ins Römische Reich, die asiatischen Steppenkrieger hätten die Ostgoten am Schwarzen Meer besiegt. Nach einiger Diskussion im Kronrat ließ man die Goten rein, man konnte ja Söldner und Steuerzahler brauchen. Doch dann kamen immer mehr von ihnen über die Donau, zahllos wie die Funken des Ätnas, wie der Chronist Ammianus Marcellinus schrieb. Irgendwann war die römische Verwaltung dem unablässigen Zustrom germanischer Gruppen nicht mehr gewachsen. Es kam zu Konflikten, und 378 schlugen die Goten bei Adrianopel (Edirne) in der heutigen Türkei ein oströmisches Heer unter Kaiser Valens. Die Völkerwanderung war nun nicht mehr aufzuhalten. 395 wurde das Römische Reich geteilt, mit einem Kaiser in Westrom und einem in Ostrom (Byzanz). 406 überquerten Vandalen und Sueben die Rheingrenze, 407 verließen die Römer Britannien, 410 eroberten die Westgoten unter ihrem König Alarich Rom. 476 wurde der letzte römische Kaiser, Romulus Augustulus, vom römischen Offizier Odoaker (der Germane war!) abgesetzt. Westeuropa war von römischer in germanische Hand übergegangen.

In Bezug auf den Triumph der Germanen hat der Historiker Friedrich Prinz einmal von den »lernfähigen Barbaren« gesprochen: Die in die römische Kultur eingedrungenen und (schein-)integrierten Germanen fügten sich in die römische Ordnung und gingen daraus als Sieger hervor. Das eindrücklichste Beispiel hierfür ist ihr Kriegswesen, das sie sozusagen unter römischer Anleitung immer mehr hatten verfeinern können, bis sie es gegen ihre Lehrer einsetzen konnten. Expansiv, klug, auf das Wesentliche fokussiert – das waren die Germanen, anders als die Kelten …

Der Völkerwanderung als einem Epoche machenden Umsturz des Weströmischen Reiches war schon seit rund 200 Jahren eine unablässige Migration vorausgegangen, die auf der Vielgestaltigkeit römisch-germanischer Beziehungen beruhte. Eine satt gewordene römische Gesellschaft, in der der Einzelne nur mehr seinen persönlichen Wohlstand im Blick hatte, konnte den hungrigen, vitalen Neuankömmlingen nichts mehr entgegensetzen.

Die Franken waren die lernfähigsten Barbaren von allen. Nachdem sie um 455 Trier und Köln verwüstet hatten, stillten die Römer ihre Eroberungslust mit der Zuweisung linksrheinischer Gebiete. Sie durften gegen Militärdienst Land behalten. Klugerweise haben die Franken die Romanen nicht unterjocht, sondern im Gegenteil deren Kultur adaptiert. Ihrem König Chlodwig gelang es, die verschiedenen Stammesgruppen zu einem einheitlichen Königreich zu vereinen, vom Rhein bis zur Loire. Zum Zeitpunkt seines Todes 511 hatten die Franken die galloromanische Bevölkerungsmehrheit unterworfen, wobei sie deren Sprache und den katholischen Glauben übernahmen. Chlodwig hatte nämlich in der Entscheidungsschlacht von Zülpich gegen die Alemannen geschworen, sich bei einem Sieg zum Christentum zu bekehren – was er in Reims am Weihnachtstag 497 auch tat, und mit ihm gleich 3000 fränkische Krieger. Mit der Verbindung von Romanen und Germanen unter dem mächtigen, einigenden Dach der Kirche begann die Erfolgsgeschichte der Merowinger, der Vorfahren der Karolinger. Hätten die Alemannen Zülpich übrigens für sich entschieden und wären sie die Herren Galliens geworden, würde Frankreich heute womöglich Allemagne heißen und Deutschland Frankreich (diese kontrafaktische Anekdote sei hier erlaubt).

Die Nord- und Ostgermanen waren auf ungleich größere Wanderschaft gegangen. Von den Angeln und Sachsen, die von Dänemark aus nach Britannien ausgriffen und dort schließlich ein angelsächsisches Königreich schufen, haben wir schon gehört. Burgunden, Vandalen und Goten verließen spätestens mit dem Einfall der Hunnen ihre Heimat im Nordosten Europas. Die Burgunden legten den kürzesten Weg zurück und gründeten 413 als Föderaten der Römer ihr eigenes Reich mit den Zentren Worms, Straßburg und Speyer. Später wurden sie von den Franken unterworfen und akkulturierten mit der romanischen Bevölkerung. Die Vandalen setzten 429 nach Nordafrika über und eroberten Karthago. 455 plünderten sie als Piraten Rom, wobei ihr Überfall von einer derartigen Rabiatheit gewesen sein muss, dass ihnen Bischof Henri Grégoire 1794 das schmeichelhafte Etikett »Vandalismus« anheftete, was sich kurioserweise in deutschen Versicherungstexten der Neuzeit niedergeschlagen hat. Nach ihrer Niederlage gegen ein

Die Germanen

Woher wir kommen – wer wir sind

Eine Trouvaille im ländlichen Südwesten Frankreichs: ein historischer Friedhof der Westgoten in Villarzel-Cabardès bei Carcassonne (7. Jahrhundert).

byzantinisches Heer 533 verlieren sich die Spuren der Vandalen.

Ost- und Westgoten haben die schillerndsten Geschichten geschrieben, was mit ihrer abenteuerlichen Odyssee und ihrem dramatischen Untergang zu tun haben dürfte. 489 eroberten die Ostgoten mit Ravenna das Herzstück des ehemaligen Römischen Reiches. Ihr Herrscher Theoderich darf als der erste Deutsche, pardon Germane, mit einer ausgesprochenen Italienliebe angesehen werden. Er bewunderte die römische Kunst, ließ antike Bauwerke restaurieren und neue errichten und sorgte 30 Jahre lang für eine blühende Zivilisation und Wirtschaft. Der Chronist Prokopios schrieb: »Die Goten und die Italer liebten und verehrten ihn ohne Unterschied.« Theoderich der Große ist der prominenteste Name in der ansonsten recht gesichtslosen Herrschergilde der Völkerwanderungszeit. Als er 526 an Ruhr starb, konnte sich das italienische Ostgotenreich gegen Byzanz nicht mehr halten. 552 unterlag der letzte Ostgotenkönig Teja dem oströmischen Feldherrn Narses, danach verschwanden die Ostgoten aus der Geschichte. Das ostgotische Reich in Italien war eine für germanische Verhältnisse glanzvolle Königskultur und steht für das römischste aller Barbarenreiche.

Die Westgoten haben den längsten Weg aller Germanen zurückgelegt. Von Italien aus landeten sie 418 in Südwestfrankreich, wo sie ihr Tolosanisches Königreich gründeten. 451 hatten sie entscheidenden Anteil an dem Sieg einer römisch-germanischen Allianz über die Hunnen auf den Katalaunischen Feldern. Doch auch sie wurden 507 von den unerbittlich expandierenden Franken unter Chlodwig geschlagen, und so zogen sie mit einem gewaltigen Menschenstrom über die Pyrenäen nach Spanien. Unter Augustus hatten die Römer die gesamte Iberische Halbinsel unter ihre Herrschaft gebracht und mit modernen Strukturen überzogen, in Spanien waren Wein und Öl zu Hause, Gold und Silber. Die Westgoten errichteten nun in Toledo, dem römischen *Toletum*, ein erstaunlich fortschrittliches Königreich. Die in der Nähe errichtete Königsstadt Reccopolis ist die einzige jemals von Germanen erbaute Stadt. Besonders unter ihrem König Reccared erreichte das westgotische Königreich eine einzigartige kulturelle Blüte. Nach seiner Bekehrung zum katholischen Glauben konnte das Reich, bestehend aus einheimischen katholischen Hispaniern und andersgläubigen Germanen, im Jahr 589 religionspolitisch geeint werden. Das dritte Konzil zu Toledo pries Reccared als »allerheiligsten Fürsten« und als »vom göttlichen Geist« erfüllt. Damit ging Reccared den Weg Chlodwigs. Die jüngere Forschung hat das spanische Westgotenreich zum vollkommensten Nachfolgestaat des Römischen Reiches gekürt, es in gewisser Weise über Theoderich gestellt. Das Geistesleben übertraf dasjenige anderer barbarischer Staaten. Hier wurde viel und selbstverständlich Latein gesprochen, Goten und Hispanier waren rechtlich gleichgestellt, Mischehen zwischen ihnen erlaubt. Damit steuerten die Westgoten auf eine offene Gesellschaft und politische Einheit hin, auf eine Nation, in der viele Kulturen aufgehen sollten. Aus Völkerwanderung wurde Völkerverständigung. Doch auch das Reich der Westgoten hatte keinen endgültigen Bestand, und so unerwartet kann Geschichte sein: Mit den Arabern des frühen Mittelalters bricht plötzlich eine neue Macht in die europäische Mittelmeerkultur ein. Im Sommer 711 schlug ein maurisches Heer bei Jerez de la Frontera die Westgoten. Mit der arabisch-islamischen Besatzung ging das westgotische Spanien seinem Ende entgegen, der größte Teil der Halbinsel wurde ein arabisches Reich.

Die Völkerwanderung ist ein zutiefst europäisches Thema, das die Geschichte vieler Nationen miteinander verbindet: In Franzosen und Engländern stecken Kelten und Germanen, auch haben Italien und Spanien eine germanische Biografie. Selbst Tunesien und Algerien hatten kurz mit den Nordmenschen zu tun. Als eigenständige Völker sind die germanischen Erbauer von Königreichen zwar weitestgehend in der einheimischen Bevölkerung aufgegangen, doch haben sie insbesondere in Gestalt der Karolinger Europa an der Schwelle zum Mittelalter entscheidend geprägt. Im Jahr 800 wurde Karl der Große in Rom von Papst Leo III. zum Kaiser gekrönt und zum obersten Herrscher des Abendlands. Hiermit verlagerte sich das europäische Machtzentrum von den antiken Mittelmeerkulturen der Griechen und Römer, von denen wir in diesem Kapitel viel ge-

■ Der Königsschatz von Guarrazar, einer der bedeutendsten und kostbarsten Schätze aus der Zeit der Völkerwanderung, verrät viel über die gotische Königskultur des 7. Jahrhunderts. Im Bild die berühmten Votivkronen.

Griechische Vasenmalerei, um 585/570 v. Chr. (Paris, Musée du Louvre): Selbst angesichts des Kampfes von Herakles gegen die Hydra (auf der gegenüberliegenden Seite des Gefäßes) siegt in der Kunst des Mittelmeers die Leichtigkeit des Seins.

lesen haben, endgültig nach Nordwesteuropa. Der belgische Historiker Henri Pirenne spricht daher in seinem berühmten Wort von der »historischen Achsendrehung« nach Norden. Dieser Umstand ist von zentraler europäischer Bedeutung und steht nicht zufällig am Ende des Kapitels.

Diese Konstellation ist auch in der Gegenwart wirksam, es gibt immer noch (oder wieder?) ein Nord-Süd-Stereotyp. Deutschland, die Angelsachsen und Skandinavier sind die politisch-wirtschaftlichen Hauptakteure Europas, deren unternehmerische Vitalität von Frankreich, Italien, Spanien, Portugal und Griechenland teils kritisch beäugt wird. Indirekt hinein passen die USA, deren gesellschaftliche Elite von den so genannten WASPs, den *White Anglo-Saxon Protestants*, gebildet wird. Der germanisch protestantische Norden steht für Moderne, Industrialisierung und eine strenge Arbeitsethik, während sich der romanisch katholische Süden neoliberalen Haltungen eher entzieht. Auch wenn sich der Süden als Verlierer der Moderne sehen mag, schaut er augenzwinkernd auf seine Fähigkeit zum Lebensgenuss und bewahrt in seiner »Verlustererfahrung seinen Stolz, umso mehr, als er in sich die Erinnerung trägt, dass die Kernelemente der europäischen Zivilisation ihren Ursprung im Süden haben, während im Norden traditionell die Barbaren beheimatet sind« (Wolf Lepenies). Die Nord-Süd-Spannung mag einer genauen Analyse nicht unbedingt standhalten, nahe an Klischees sein, sie ist aber dennoch in den Köpfen und Gemütern der Menschen wirksam. Nicht allen mehr ist die unbeirrbare Zweckrationalität des Nordens sympathisch, wie im jüngsten Streit um die Schuldenpolitik in der EU klar wurde. Auch in der deutschen Öffentlichkeit ist das Verständnis gegenüber den Griechen zulasten des rigide anmutenden deutschen Finanzministers gewachsen. Aber den meisten ist doch klar – und so muss es sein –, wie unendlich diese beiden Kulturen insbesondere mit all dem, was sie voneinander unterscheidet, Europa bereichern.

WAS UNS EINT – WAS UNS TEILT

VIER WEGE, EUROPA ZU VEREINEN

Der Gedanke, dass Europa eine Einheit darstellt, nahm im Lauf der Jahrhunderte Gestalt an. Es gab vier Ansätze, Europa zusammenzubringen, zu ordnen, zu beherrschen, auch solche, die in die Spaltung führten:

1. Gewalt oder Hegemoniestreben, vor allem dort, wo Mächte danach trachteten, über andere zu regieren und ein europäisches Reich zu schaffen.
2. Die Suche nach Gleichgewicht in der Annahme, dass auch ein Europa der Rivalen zur Balance finden kann.
3. Abgrenzung oder Druck von außen, wenn gemeinsame Gegner für den Zusammenhalt erforderlich waren.
4. Und schließlich die Bildung einer Gemeinschaft, ein Miteinander statt ein Gegeneinander – mit dem Ziel einer Union.

Daraus ergeben sich vier Wege durch die Geschichte, die dorthin führen, wo Europa heute steht.

EINHEIT DURCH HEGEMONIE

Ein Reich, ein Herrscher, ein Glaube – oder eine Idee! Diese Verbindung erwies sich in den vergangenen zwei Jahrtausenden immer wieder als treibende Kraft hegemonialer Ansprüche. Versuche, Europa von einem Machtzentrum aus zu dominieren oder zu vereinen, prägten die geschichtlichen Epochen bis zur Mitte des 20. Jahrhunderts. Mal gaben grenzenlose Gewalt und Despotie den Ausschlag, mal Toleranz und der Wille zur Zugehörigkeit, wenn es darum ging, neue Imperien zu schaffen. Aus einem übergreifenden Herrschaftssystem konnte eine anerkannte Rechts- und Friedensordnung hervorgehen, aber auch ein Hort der Tyrannei. Wer auf die Geschichte blickt, erkennt darin eine Abfolge von europäischen Reichen, die sich von der Antike bis zur Diktatur Hitlers erstreckt. Mal entstanden Fundamente für ein gemeinsames Europa, mal wurden sie zerstört.

Das Römische Imperium

Römische Imperatoren schufen die ersten Herrschaftsräume in Europa, die eine kontinentale Dimension erlangten. Eine Region nach der anderen verleibten sich die Eroberer aus Italien ein, machten sie zu ihren Provinzen. Ihr Vielvölkerreich erstreckte sich zunächst nur rund um das Mittelmeer, doch die Ausweitung ins Landesinnere, die unter Caesar begonnen hatte, setzte sich unter Augustus und seinen Nachfolgern fort, bis das Reich unter Trajan seine größte Ausdehnung erreichen sollte: Es umfasste dann neben Gallien und Teilen Germaniens auch Spanien und Britannien sowie viele weitere Gebiete. Dass manche Imperatoren mehr als nur die Eroberung und Ausbeutung von Provinzen im Sinn hatten, führt beispielhaft das Prinzipat des Augustus vor Augen. Die Vision von einer inter-

■ Was unter Caesar begann, setzten seine Nachfolger fort: die Errichtung eines europäischen Reiches. Kaiser Augustus galt als Eroberer und Friedensbringer – Statue aus dem Jahr 14 n. Chr.

nationalen Friedensordnung nahm Formen an, die *Pax Romana* – die auf der Überzeugung beruhte, dass einheitliche Strukturen und Lebensgrundlagen verschiedene Völker und Reichsteile zu einem Gemeinwesen zusammenführen können.

So weit das Imperium der Römer reichte, versuchten diese, ihrem Rechtsverständnis Geltung zu verschaffen – aber auch Verwaltung, Handel, Kultur, Infrastruktur und Architektur prägten sie ihren Stempel auf. Noch heute sind die Spuren zu sehen. Die lateinische Sprache, ein gut ausgebautes Wegenetz, ein stabiles Münzwesen und Währungssystem, Aquädukte, Foren, Paläste, Thermen, Basiliken – alle im gleichen Baustil – setzten gemeinsame Maßstäbe und bildeten Mosaiksteine für das künftige Profil Europas. Die römischen Kaiser verstanden sich aber sicher nicht als Europapolitiker, ihr Reich war universal angelegt, es ragte in mehrere Weltteile hinein, und doch hinterließ ihr Wirken einheitliche Prägungen.

Die Verknüpfung der römischen Staatsidee mit dem Christentum markierte eine

Was uns eint – was uns teilt

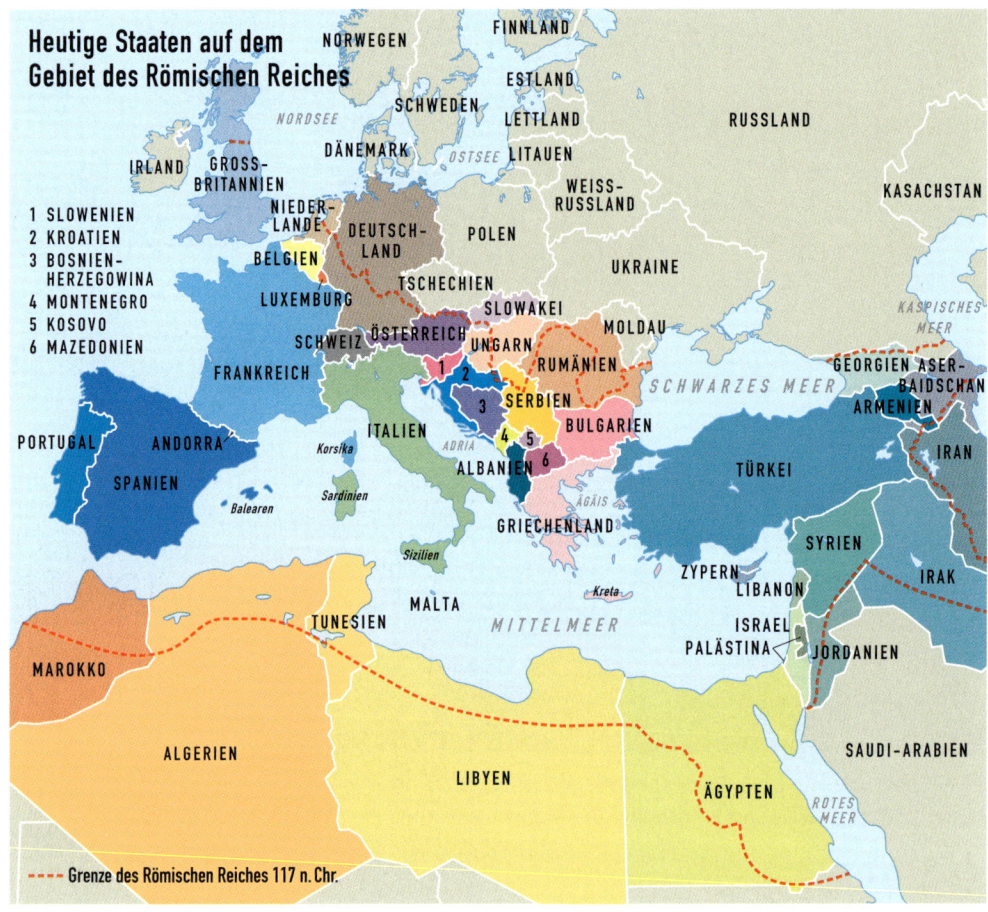

Staaten heute, die ganz oder zum Teil auf dem Boden des einstigen Imperium Romanum entstanden sind (in seiner größten Ausdehnung im Jahr 117 n. Chr.).

besondere Zeitenwende, Kaiser Theodosius hatte es im Jahr 380 zur Staatsreligion erhoben. Obwohl sich die Christenheit später auch politisch mehrfach aufspalten sollte – am Ende des 4. Jahrhunderts zunächst in West und Ost –, entstand aus dem Zusammenhalt im Zeichen des Kreuzes doch eine europäische Integrationsidee.

Das Aufbegehren der im Römischen Imperium zunächst als Hilfstruppen angesiedelten Germanen und die Völkerwanderung fegten schließlich über das alte Rom hinweg. Die Plünderung durch die Vandalen (455) und die Absetzung des letzten weströmischen Kaisers Romulus Augustulus durch den germanischen Heerführer Odoaker (476) bereiteten dem Westreich ein unrühmliches Ende. Während Ostrom,

Byzanz, noch weitere 1000 Jahre fortbestand, versank die Metropole am Tiber in den Ruinen vergangener Größe.

Die Germanen hatten jedoch bald genügend Kräfte gesammelt, um eigene Reiche zu bilden. Mit der Taufe Chlodwigs in Reims ging die christliche Königswürde auf die fränkischen Merowinger über. Der Gedanke »Ein Reich, ein Herrscher, ein Glaube« konnte neue Konturen gewinnen.

Karl der Große

Der Potentat, der an das christlich-römische Erbe ein Vierteljahrtausend später anknüpfte, war Karl der Große. Ihn trieb die Vorstellung an, als Herrscher eines im Glauben geeinten Imperiums in die Geschichte einzugehen. Schritt für Schritt erweiterte er seinen Machtbereich mit Feuer und Schwert und brachte die germanischen Festlandstämme unter ein Dach, ob sie es wollten oder nicht. Und sie mussten Christen werden, notfalls mit Gewalt. Doch obwohl Karls »Schwertmission« vielerorts Angst und Schrecken verbreitete, vermochte seine Kirchenpolitik das wachsende Reich doch zu festigen; die Gläubigen bildeten nach und nach eine bekennende Gemeinschaft in Europa. Zur Einigung trug auch bei, dass der Monarch ständig kreuz und quer durch sein Reich reiste, von Pfalz zu Pfalz, mit bewaffneten Truppen, Priestern, Mönchen, Händlern, Frauen und Kindern im Gefolge – manchmal ein Tross von mehreren Hundert Menschen. Sogenannte Pfalzgerichte sprachen

■ Albrecht Dürers Gemälde ist das wohl berühmteste Bildnis Karls des Großen, die Wappen mit Reichsadler und Lilien weisen ihn als Vater der Deutschen und der Franzosen aus.

Recht; die Residenzen waren groß genug, um dort weltliche und geistliche Würdenträger zu versammeln. Des Weiteren gab es eine klare und verbriefte gesetzliche Ordnung, die in sogenannten Kapitularien festgehalten war. Karl nahm aber auch die Stammesrechte in seinem Vielvölkerreich

Was uns eint – was uns teilt

■ Karl der Große dehnte sein Frankenreich nicht nur geografisch aus, er verband es auch durch einen gemeinsamen Glauben, anerkannte Regeln und kulturelle Leistungen.

ernst. Die daraus resultierenden Widersprüche mochten vielleicht schon einen Ausblick auf das künftige Europa geben.

Der Frankenkönig griff tief in die Truhe des römischen Erbes. Als er am Weihnachtstag des Jahres 800 vom Papst in Rom zum Kaiser gekrönt wurde, nahm er die Tradition der glorreichen Imperatoren in der Antike wieder auf. Die sogenannte *Translatio Imperii* (Übertragung des Reiches) verlieh ihm eine Würde, die ihn über andere Monarchen in Europa erhob, auch weil das Kaisertum mit einem göttlichen Auftrag verbunden war, nämlich Rom, den Papst und das abendländische Christentum zu beschützen. Der gekrönte und ge-

DER REICHSBEGRIFF

Mit dem geistesgeschichtlichen Begriff »Reich« verbindet sich im Allgemeinen die Vorstellung von einem übernationalen, großräumigen Herrschaftsgebiet und einer die Herrschaft legitimierenden, ihren Machtanspruch rechtfertigenden, oft universal ausgerichteten Idee. Der europäisch-abendländische Reichsgedanke fand seine Ausprägung in der Ideenwelt des frühchristlichen Imperium Romanum.

Kirchenväter des 4. und 5. Jahrhunderts bezeichneten den Verlauf der Geschichte als eine Abfolge von Reichen, wobei das Reich Gottes den eschatologischen Zielpunkt des göttlichen Weltheilsplans darstelle. Man glaubte damals, dass es vier Weltreiche gebe, bevor die Welt untergehen und das Jüngste Gericht über die Menschheit hereinbrechen würde: die Reiche der Babylonier, der Perser, der Griechen und schließlich der Römer. Indem Karl zum römischen Kaiser gekrönt worden war, wurde nach diesem teleologischen Geschichtsverständnis der Untergang der Welt hinausgezögert. Das Römische Reich wurde in dieser Lehre als Vorstufe zum *Imperium Christianum* betrachtet. Römisches und christliches Reichsbewusstsein gingen ineinander über und wurden nun von fränkischen, später von deutschen Monarchen weitergetragen.

salbte Monarch galt nun – neben dem Pontifex Maximus – als Oberhaupt der Kirche. Die römisch-christliche Kaiser- und Reichsidee ging auf das fränkische Herrscherhaus über, das dadurch in eine europäische Schlüsselrolle gelangte. Später knüpften deutsche Dynastien daran an.

Je mehr das Christentum und der Europa-Begriff verbunden wurden, desto größer war die Neigung, den Anführer der Christenheit als Herrscher über den Kontinent zu betrachten. Wohl auch deshalb wurde Karl der Große in zeitgenössischen Quellen des Öfteren »Vater« oder »erhabener Leuchtturm« Europas genannt. Ob er sich selbst so sah, darf bezweifelt werden; vielmehr verstand er sich wohl als universales Oberhaupt der lateinischen Christenheit, wo auch immer sie anzutreffen war.

Wie seine römischen Vorbilder verordnete der Frankenherrscher seinem Reich eine einheitliche Verwaltung, Schrift und Währung. Der Kaiser startete eine Kultur- und Bildungsoffensive, die man später nicht ohne Grund »karolingische Renaissance« nannte. Wieder erfolgten die Maßnahmen großräumig, schufen Gemeinsamkeiten und Verbindungen. So ist es vielleicht nicht nur Zufall, dass sich die Ausdehnung der ersten Europäischen Gemeinschaften (Montanunion/EWG) rund 1200 Jahre später in etwa mit der des damaligen Frankenreichs deckte. Am Ende der Ära Karls reichte es von der Nordsee bis Mittelitalien, von den

Was uns eint – was uns teilt

Der Sieg Ottos des Großen gegen die Ungarn auf dem Lechfeld (955) verschaffte ihm Anerkennung in ganz Europa. Das heroisierende Gemälde von Michael Echter entstand im 19. Jahrhundert.

Grenzgebieten Spaniens bis nach Ungarn. Doch würde sein Imperium auch weiterhin bestehen?

Das römisch-deutsche Reich

Unter den Nachfahren Karls zerfiel das Territorium in ein West-, Mittel- und Ostreich. Aus Westfranken und Lothringen gingen später einmal Frankreich und die Benelux-Staaten hervor, Ostfranken wurde zur Urzelle des Gebietes, das man später das »diutsche lant« nannte, das Land der Deutschen; im Süden sollte eines Tages das geeinte Italien entstehen. Trotz der Aufspaltung blieben die Nachfolgestaaten einander zugeordnet: Die Schrift, das Lehnswesen, das Kirchen- und Verwaltungssystem wirkten sogar über die karolingische Welt hinaus, bis nach Spanien, England und Dänemark.

Mitte des 10. Jahrhunderts war es ausgerechnet ein Nachfahre der einst von Karl unterworfenen Sachsen, der Macht, Willen und Einfluss besaß, das christlich-römische Imperium in eine neue Epoche zu führen. Otto I. (912–973), Herrscher des ostfränkischen Reiches, besiegte die Sla-

Einheit durch Hegemonie

Otto der Große und seine Frau Editha – auch familiäre Bande machten die Ottonen zu europäischen Herrschern. Statuen im Magdeburger Dom.

wen, annektierte weitere Gebiete Mitteleuropas und wehrte äußere Gegner ab, die auch die Nachbarn in Angst und Schrecken versetzt hatten. Das machte ihn zum mächtigsten Monarchen seiner Zeit. Nachdem Otto im August 936 in der Aachener Pfalzkapelle – nach der Wahl durch die deutschen Fürsten – zunächst zum ostfränkischen König gekrönt worden war, setzte er sich demonstrativ auf den Karlsthron, mit dem Anspruch seinem legendären Vorbild als Kaiser nachzufolgen.

In der Schlacht auf dem Lechfeld bei Augsburg (955) erfocht Otto einen triumphalen Sieg über die Ungarn, die immer wieder räuberische Streifzüge bis in die Mitte Europas unternommen hatten. Der Sachse konnte sich nun zu den großen Bezwingern der »Heiden« zählen, zumal sich die Magyaren nach ihrer Niederlage zum Christentum bekehrten.

Als ihm Papst Johannes XII. in Rom schließlich die Kaiserkrone aufs Haupt setzte, fand im Verständnis der Zeit wieder eine symbolträchtige Übernahme statt; das ostfränkische (später deutsche) Königtum wurde Träger der christlich-römischen Reichsidee. Nun konnte sich Otto berufen fühlen, Europas Gemeinschaft im Zeichen des Kreuzes zu führen und zu stärken.

Sein Herrschaftsbereich expandierte, er trieb die Christianisierung voran, vor allem im Osten, wo neue Grenzmarken und Bistümer entstanden. Entscheidend aber war Ottos Italienpolitik, die auf dem Weg zum Kaisertum einen wichtigen Schritt darstellte. Am Anfang stand der Hilferuf der Witwe des langobardischen Königs, Adelheids von Burgund, die sich von Anwärtern auf den Thron bedrängt sah. Der Monarch aus dem Norden ergriff die Gelegenheit beim Schopfe und zog über die Alpen, heiratete Adelheid und nahm die italienische Krone an. Ein zweiter Hilferuf ereilte Otto vom Papst, der sich ebenfalls mächtiger Gegner zu erwehren hatte. Otto bezwang die Widersacher und erwarb als soeben erprobter Beschützer des Heiligen Stuhls die römische Kaiserkrone, die nur der Papst verleihen konnte. So verband er das Reich der Deutschen mit Italien, schuf damit die

Grundlage für die römisch-deutsche Tradition. Die familiären Bande reichten über seine zweite Ehefrau auch nach Burgund und durch seine erste Ehe mit Editha bis ins angelsächsische Königshaus, die Handelsbeziehungen bis ins nördliche Dänemark. Ottos Sohn wurde (972) mit einer Patentochter des byzantinischen Kaiserhauses, der legendären Theophanu, vermählt; so kam es zum Brückenschlag zwischen Orient und Okzident.

Das europäische Kräftespiel der kommenden Jahrhunderte aber sollte sich wesentlich um die Frage drehen, wie stark das römisch-deutsche Kaisertum auf die Gestaltung des Kontinents einwirken würde und welche Mächte seine Autorität anerkennen würden und welche nicht. Letztlich lag es am Kaiser selbst, welchen Einfluss er sich und seinem Herrscherhaus verschaffte, durch militärische Siege, eine starke Hausmacht, geschickte Heiratspolitik, die Mehrung eigener Ländereien und Güter, durch eine treue Gefolgschaft oder durch Bewunderung und Respekt, den er sich als Heerführer der Christenheit verdienen konnte. Otto der Große jedenfalls fand Akzeptanz in vielen Ländern, Zeitgenossen sahen in ihm sogar den Retter und Kaiser ganz Europas.

Auf die Ottonen folgten andere deutsche Geschlechter, deren Häupter die römisch-deutsche Reichskrone zierte, zunächst die Salier, Staufer und Luxemburger. Auch ihnen verlieh die höchste Würde keine Regierungsgewalt über andere Nationen und keinen festen Regierungssitz. Die Monarchen reisten weiter von einer Pfalz zur anderen, stützten sich dabei auf die eigene Hausmacht, ihre Territorien und Besitztümer. Doch in Belangen, die das Christentum betrafen, betonte der Kaiser seinen Führungsanspruch. Friedrich Barbarossa etwa unterstrich sein Machtverständnis nicht nur dadurch, dass er verweigerte Gefolgschaft, wie im Fall Heinrichs des Löwen, abstrafte, sondern er verstand sich auch als Oberhaupt eines »Heiligen Römischen Reiches« (das später um den Titel »Deutscher Nation« ergänzt wurde). Der Staufer lud zum »größten Fest« ein, »das es jemals in deutschen Landen gab« und das zu einem europäischen Super-Event gedieh. Seinem Ruf folgten damals Fürsten aus allen Himmelsrichtungen, etwa 20 000 Gäste, fast ein Drittel von ihnen waren Ritter. Der »Mainzer Hoftag« 1184 diente der Selbstdarstellung des europäischen Adels und unterstrich Friedrichs imperialen Anspruch. Doch fiel die Inszenierung buchstäblich ins Wasser, als ein fürchterliches Unwetter über der Versammlung der europäischen Ritter niederging. Vielleicht ein Menetekel, denn der Stern der Staufer war im Sinken begriffen.

Das Imperium der Habsburger

Das Streben um die Vorherrschaft im Zentrum des Kontinents rief immer wieder Rivalen in der Nachbarschaft des römisch-deutschen Reiches auf den Plan. Nachdem im Hundertjährigen Krieg Engländer und Franzosen einander regelrecht aufgerieben und die Briten sich schließlich auf ihre Insel zurückgezogen hatten, fanden die Kontrahenten zur eigenen Geschichte zurück und besannen sich auf ihre Stärke. Mächtigster Widersacher römisch-deutscher Ansprüche war – im 16. Jahrhundert – der französische König Franz I. aus einer Seitenlinie des Hauses Valois. Unter seiner Herrschaft entwickelte sich der französische Hof zu einem neuen Machtzentrum und kulturell zu einer Drehscheibe der europäischen Renaissance. Bedeutende Künstler wie Leonardo da Vinci wirkten an seinem Hof. Es war die Zeit, in der Staatsdenker wie Machiavelli (1469–1527) Europa vor allem als geistigen Begriff definierten, als Hort von Völkern gemeinsamer Geschichte und Kultur.

Frankreichs König Franz I. setzte mit Schloss Chambord ein Zeichen der Macht gegen die Dominanz der Habsburger.

Und die Machtfrage? Beispiellos war der Aufstieg der Habsburger von einem kleinen Geschlecht aus dem Aargau zu Beherrschern eines Weltreichs, das sich von Lateinamerika über Mitteleuropa bis zu den Philippinen erstrecken sollte. Fast schon verbissen rang Frankreichs König Franz I. mit ihnen um die Balance auf dem Kontinent. Seinen historischen Gegenspieler fand er in Kaiser Karl V. (1500–1558). Der Habsburger wurde von Kindesbeinen an überhäuft mit Titeln und Ehren und gelangte keineswegs nur als römisch-deutscher Monarch zu Macht und Einfluss. Neben Spanien und den eigenen deutschen Stammlanden mit dem Kern Österreich zählten zu seinem Herrschaftsgebiet auch die Niederlande, Burgund, die Königreiche Neapel, Sizilien und Sardinien sowie die spanischen Kolonien in Amerika und Asien. In seinem Reich gehe die Sonne nicht unter, beschrieb der Monarch selbst die Ausdehnung seines Imperiums.

Der Schlüssel zur Expansion des Herrscherhauses aber lag wohl in dessen kluger Familienpolitik getreu dem Motto: »Krieg mögen andere führen, du – glückliches Österreich – heirate!« So knüpften die Habsburger ein weites Netz aus verwandtschaftlichen Beziehungen in fast alle Teile Europas. Frankreich sah sich von dem wachsenden Familienimperium zusehends umzingelt. Die Franzosen paktierten sogar mit den Osmanen, um ein Gegengewicht herzustellen, obwohl diese keine Christen waren und als Feinde des Abendlands galten.

Was uns eint – was uns teilt

Ein Reich, in dem die Sonne nicht untergehe. Das Rubens-Gemälde zeigt Kaiser Karl V. als Weltherrscher.

Luther, umringt von anderen Geistesgrößen des 16. Jahrhunderts, darunter Philipp Melanchthon und Erasmus von Rotterdam; Gemälde von Lucas Cranach dem Jüngeren.

Karl V. hingegen verstand sich im Sinne der traditionellen Reichsidee geradezu als Verteidiger der römisch-christlichen Welt. So bekämpfte er neben den Franzosen die türkischen Eroberer im Südosten Europas auch als Verfechter des »wahren Glaubens«. Wien stand 1529 kurz vor der Erstürmung durch die Osmanen, doch wurden diese zurückgeschlagen.

Unter der Herrschaft Karls V. schien die alte Idee »Ein Reich, ein Herrscher, ein Glaube« zunächst wieder aufzuleben. Doch dann kam Anfechtung von einer Seite, mit der niemand gerechnet hatte: Die Reformation drohte die abendländische Christenheit zu spalten.

Am Anfang war Luther nur ein rebellischer Mönch, der vor allem gegen den Ablasshandel wetterte. Doch dann focht er die römische Amtskirche an, betonte, dass keine Macht der Welt zwischen Gott und dem Menschen stehe und dass allein der Herr im Himmel Gnade spenden könne. Damit legte er – wohl ohne dies zu beabsichtigen – die Axt an die bestehende Herrschaftsordnung. Der treue Katholik Karl V. sah keine andere Wahl, als den »Ketzer« aus Wittenberg zum Schweigen zu bringen: Er verhängte die Reichsacht über ihn – praktisch ein Todesurteil.

Doch Luther stand unter dem Schutz seines sächsischen Landesherrn, Friedrichs des Weisen, in dessen Machtbereich er Zuflucht fand, auf der Wartburg bei Eisenach. Die Reformation nahm ihren Lauf und war fortan nicht mehr aufzuhalten. Viele Fürsten und Städte schlossen sich

KIRCHENSPALTUNG UND EUROPA

In ganz Europa entstanden evangelisch-protestantische Gemeinden und Kirchen, die sich zum Teil stark von Luthers Lehre unterschieden. Das Luthertum verbreitete sich nicht nur im Reich der Deutschen, sondern auch in Skandinavien und im Baltikum. Calvinisten gewannen von der Schweiz aus in Frankreich, den Niederlanden, in Polen, Ungarn sowie im angelsächsischen Raum Einfluss. In England bildete sich wiederum nach dem Bruch Heinrichs VIII. mit dem Papst die Anglikanische Kirche. Nach einer Zeit der Toleranz ließ der französische König die protestantischen Hugenotten vertreiben, Frankreich und Spanien blieben katholisch. Von einem im Glauben geeinten Kontinent konnte aber nicht mehr die Rede sein.

an, weil es in ihrem Interesse lag, sich von Rom, dem Reich und dem Kaiser zu emanzipieren. So war es nur eine Frage der Zeit, bis der Glaubenskampf auch militärisch eskalierte. Obwohl Karl im Schmalkaldischen Krieg die Oberhand gewann, war der Konflikt nur durch einen Kompromiss zu lösen. Der Augsburger Religionsfriede (1555) schuf einen Ausgleich zwischen den katholischen und den protestantischen Mächten im Reich – getreu dem Prinzip *Cuius regio, eius religio*. So hatte sich die Konfession der Untertanen künftig nach dem Bekenntnis des jeweiligen Landesherrn zu richten. Was blieb da noch von der Idee »Ein Reich, ein Herrscher, ein Glaube«? Dem christlich-europäischen Imperium drohte das gemeinsame Fundament abhandenzukommen.

Auch die Nachfolger Karls versuchten das Rad der Geschichte anzuhalten, wenn nicht zurückzudrehen. Der Vorstoß des Habsburgers Ferdinand II., den Protestantismus wieder zu verdrängen, eskalierte im Dreißigjährigen Krieg. Das schier endlose Schlachten verwüstete das Zentrum des Kontinents. Nur ein gesamteuropäischer Friedenskongress unter gleichberechtigter Einbeziehung der Konfessionen – es war der erste seiner Art – versprach eine Lösung. Die Unterzeichner einigten sich 1648 auf eine Teilung der Macht in der Mitte Europas, schlossen einen Religionsfrieden und besiegelten damit das Ende jeglichen Ansinnens, Europa im Sinne eines christlichen Imperiums zu dominieren.

Das Sonnenkönigtum

Als Garantiemacht des Westfälischen Friedens konnte Frankreich für Jahrzehnte die Führungsrolle auf dem Kontinent übernehmen. Und es galt schon bald als Vorbild: Mit dem Absolutismus drängte ein neues Herrschaftsmodell in die europäische Geschichte, von Ludwig XIV., dem so-

Was uns eint – was uns teilt

»Ein König, ein Glaube, ein Gesetz«. Sonnenkönig Ludwig XIV. war der mächtigste europäische Herrscher seiner Zeit. Gemälde von Claude Lefèvre, nach 1670.

genannten Sonnenkönig, unverwechselbar verkörpert. Der Monarch aus der Dynastie der Bourbonen sah sich als Mittelpunkt nicht nur des eigenen Staates, sondern auch des gesamten Universums, auch wenn ihm der Ausspruch *L'état, c'est moi* – »der Staat bin ich« – wohl eher fälschlich zugeschrieben wird. Der Bourbone verstand sich jedenfalls als Stellvertreter Gottes auf Erden und wies es deshalb weit von sich, irgendjemandem Rechenschaft schuldig zu sein: »Ein König, ein Glaube, ein Gesetz« – nach dieser Devise handelte er. Ludwig ließ Versailles zu einem Prunkschloss ausbauen, das seinem Anspruch auf Hegemonie sinnfälligen Ausdruck verlieh. Ein venezianischer Gesandter berichtete aus Paris, es bestehe kein Zweifel, »dass Frankreich von Gott zu Eroberung und Herrschaft in Europa vorbestimmt« sei. Ludwigs Feldzüge, zum Beispiel im Pfälzischen Erbfolgekrieg, kannten keine Rücksicht, provozierten aber auch massive Gegenwehr anderer europäischer Mächte.

Der Regierungsstil des Sonnenkönigs hingegen fand bei vielen Monarchen Nachahmer, ebenso sein Lebensstil. Die Förderung von Handel und Industrie steigerte die Wirtschaftskraft Frankreichs erheblich; dies ermöglichte den Aufbau der stärksten Heeresmacht in Europa. Sie belief sich unter Ludwig XIV. selbst in Friedenszeiten auf 170 000 bis 200 000 Mann – die Voraussetzung für seine ambitionierte Expansionspolitik. Kolonialbesitztümer und Handelsniederlassungen, etwa in Nordamerika und Indien, bildeten ein weltweites Netz.

Europa hatte wieder eine Leitfigur hervorgebracht, die eine Epoche dominierte und zudem einen Weltrekord im Regieren aufstellte. 72 Jahre saß Ludwig XIV. auf dem Thron, den er schon als Vierjähriger bestiegen hatte. Seine Nachfahren trieben die Prunk- und Verschwendungssucht allerdings so weit, dass ihre Untertanen mit wenig Essen und viel Wut im Bauch auf die Barrikaden gingen.

Das führte zum Epochenwandel. Frankreichs Revolution von 1789 katapultierte den Kontinent in ein neues Zeitalter. Was aber hieß das für die Geschichte imperialer Vorherrschaft?

Die Monarchen auf Europas Thronen wurden von ihrer adligen Verwandtschaft in Frankreich bestürmt, dem revolutionären Treiben in Paris ein Ende zu setzen. Als hätten Frankreichs Revolutionäre nur darauf gewartet, gingen sie von sich aus in die Offensive. Der Ruf erscholl nach einer großen Mission: Die Heimat sollte sich nicht nur der Reaktion erwehren, es galt auch den Völkern Europas die Freiheit zu bringen. *Levée en masse* hieß die Parole. Die Rekruten waren nicht mehr »Söldner«, sie gehörten einem Volksheer an. Frankreichs Bürgersoldaten hielten sogar den Preußen stand, bei der legendären Kanonade von Valmy. »Von hier und heute geht eine neue Epoche der Weltgeschichte aus«, meinte Dichterfürst Goethe. Die sogenannten Koalitionskriege bescherten dem adligen Europa nicht nur weitere Niederlagen, sondern boten auch die Kulisse für die wohl atemberaubendste Karriere des 19. Jahrhunderts: Napoleons Aufstieg.

Napoleons Europa

Jeder große Revolutionskrieg erschaffe einen neuen Caesar, meinte Erzjakobiner Robespierre, der 1794 der Guillotine zum Opfer fiel. Bonaparte dürfte der Vergleich mit antiken Feldherren geschmeichelt haben. Nach triumphalen Siegen und inneren Wirren schwang er sich mit dem Rückenwind seiner Nation zum Alleinherrscher auf. »Ich bin die Revolution«, hatte er einst gesagt. Nun überwand er diese und führte der Welt vor Augen, dass sich darauf auch ein erbliches Kaisertum begründen ließ. Der nächste Imperator Europas war geboren. Die feierliche Zeremonie in der Kathedrale Notre-Dame am 2. Dezember 1804 symbolisierte im sprichwörtlichen Sinn die Krönung seiner eigenwilligen Karriere. Zehntausend Gäste wurden Zeugen, als Napoleon – in purpurroter Robe mit Hermelinbesatz – dem Papst das Diadem mit goldenen Lorbeerblättern aus der Hand nahm. Er setzte es sich selbst auf den Kopf und kürte sich damit eigenhändig zum »Kaiser der Franzosen«. Papst Pius VII. durfte ihn lediglich salben und den religiösen Teil der Zeremonie beisteuern. Napoleon wollte damit vor allem eines klarstellen: Er trat das karolingische Erbe an und wollte an den Nimbus des glorreichen Franken anknüpfen. So schrieb er selbstherrlich an den Papst: »Ich bin jetzt Karl der Große.« Ein Reich, ein Herrscher und der Glaube an den Fortschritt, das war die moderne Ausprägung des imperialen Gedankens. Bonaparte brachte 1806 das römisch-deutsche Kaisertum endgültig zu Fall. Franz II., ein Habsburger, dankte ab. Der Kaiser der Franzosen rückte jedoch nicht einfach an seine Stelle, er wollte sich in Europa ein eigenes Imperium erschaffen.

■ »Ich bin jetzt Karl der Große«: Napoleon krönte sich eigenhändig zum Kaiser der Franzosen, wobei er dem anwesenden Papst demonstrierte, dass keine Macht mehr über ihm stehe. Gemälde von Jacques-Louis David, 1806.

Napoleon entfesselte Eroberungs- und Machtkriege. Hauptgegner waren Österreich, Preußen, Russland und England. In einer Art Blitzkrieg führte der General sein Volksheer von Sieg zu Sieg, in der Drei-Kaiser-Schlacht bei Austerlitz bezwang er Österreich und Russland. Preußen erlebte bei Jena und Auerstedt (1806) sein Inferno. Von Frankreich annektierte Gebiete gingen als neue Départements im frisch gegründeten Kaiserreich auf. Die Staaten des unter Napoleons Regie entstandenen Rheinbundes mussten Tribut entrichten und Kriegsdienste leisten. Er formte aber auch neue Staaten und setzte dort Familienmitglieder auf den Thron. Größere besiegte Mächte wie Österreich und Preußen nötigte Bonaparte in sein Militärbündnis und zwang sie zur Heeresfolge. Die maritime Vorherrschaft der Briten aber konnte Napoleon nicht brechen, sie fügten ihm in der Seeschlacht vor Trafalgar eine empfindliche Niederlage zu. Mit dem Angriff auf Russland (1812) verhob sich der korsische Emporkömmling völlig. Nach dem Brand von Moskau wurde die napoleonische Armee auf dem Rückzug nahezu aufgerieben.

Wollte Bonaparte den Kontinent nur unter seine Kontrolle bringen, ihn lediglich beherrschen oder ihm auch seinen Stempel aufprägen? Rigoros räumte er mit der Kleinstaaterei in der Mitte Europas auf, schuf sich mit dem Rheinbund einen Gürtel willfähriger Staaten und Bündnispartner und übte auf die besiegten Großmächte Druck aus. Wie Kaiser Augustus schwebte jedoch auch ihm eine europäische Friedensordnung vor – von seinen Gnaden. Hinweise auf Napoleons Motive finden sich in seinen Memoiren, die Emmanuel de Las Cases auf Sankt Helena – nach Diktat – niederschrieb. Demnach hatte der Imperator angeblich ein europäisches System vor Augen, das durch die Einheitlichkeit von Gesetzwesen, Währung und Maßen verbunden sein sollte.

Von einem solchen Europa-Entwurf ist allerdings aus den Jahren seines politischen Wirkens nichts überliefert, alles deutet eher auf einen Imperialismus französischer Ausprägung hin. In den Köpfen zeitgenössischer Publizisten hingegen trieben die Europa-Visionen mannigfaltige Blüten. Sie wünschten sich unter Bonaparte ein Wiederaufleben des karolingischen Erbes, ein Reich wie »unter Karl dem Großen, zusammengesetzt aus Italien, Frankreich und Deutschland«, andere sahen die Zeit für eine europäische Republik, für ein »französisch-deutsches Europa« gekommen. Der Dichter Jean Paul erhoffte eine Wiedergeburt des karolingischen Abendlands in einer höheren »gallisch-germanischen Einheit«.

Vielleicht verklärte Bonaparte auf Sankt Helena bewusst sein Vorgehen zu einer europäischen Mission, um nicht als bloßer Imperialist vor der Geschichte dazustehen. Und immerhin: Ob geplant oder nicht, hat auch er – wie seine Vorbilder – einiges zur Vereinheitlichung auf europäischem Boden beigetragen. Nicht nur, indem er das territoriale Staatenpuzzle des Alten Reiches beseitigte, sondern auch, indem er größere Wirtschafts- und Verwaltungsräume schuf. Nachhaltig wirkte vor allem sein *Code Civil*. Mit diesem epochalen Werk erhielten die eroberten Gebiete ihr erstes bürgerliches Gesetzbuch und kamen in den Genuss der Errungenschaften von Revolution und Aufklärung: Abschaffung des Feudalismus

■ Napoleon sah im *Code Civil* sein großes Gesetzeswerk für das neue Europa; er wollte sich damit ein Denkmal setzen.

Was uns eint – was uns teilt

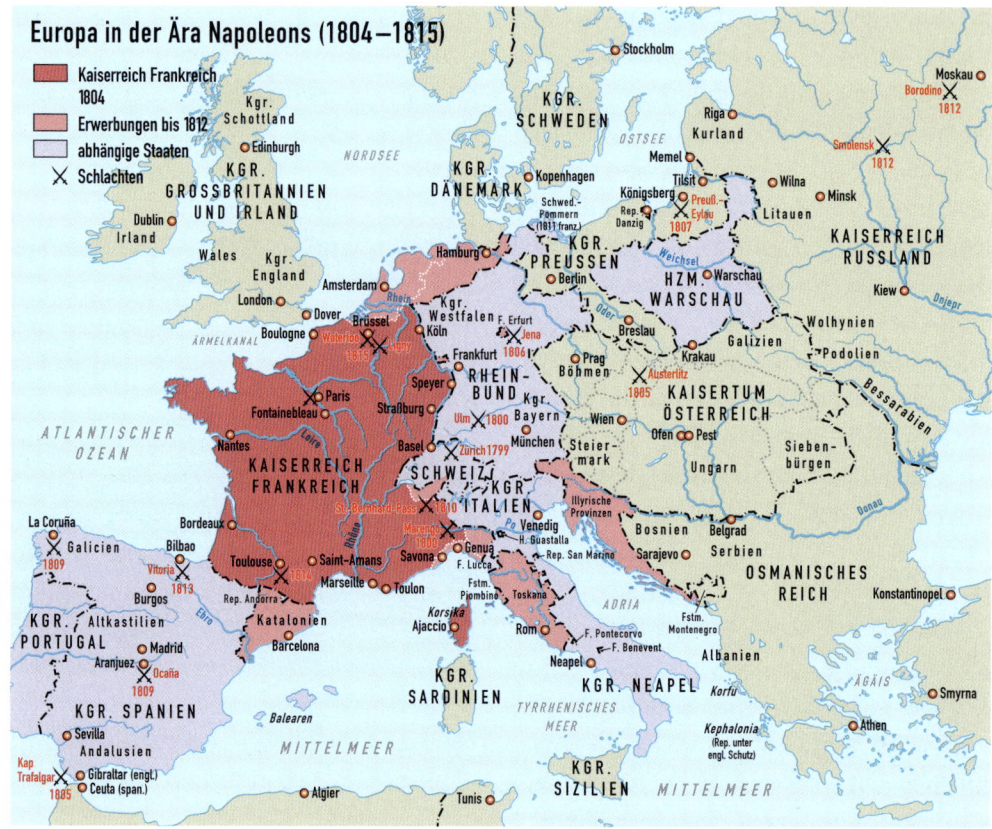

Eroberungen und ein Gürtel abhängiger Staaten sicherten Napoleon die Vorherrschaft über Europa, besiegte Großmächte mussten Tribut zahlen und Kriegsdienst leisten.

und der Ständegesellschaft, Reform von Justiz und Verwaltung, Gleichheit vor dem Gesetz, Freizügigkeit, Mitbestimmungs- und Wahlrechte, Berufs- und Gewerbefreiheit, Trennung von Staat und Kirche, Einführung der Zivilehe, Gleichberechtigung der Juden. Auch die Erbuntertänigkeit der Bauern wurde abgeschafft. Straßen wurden gebaut, Maßeinheiten wie Meter und Kilogramm eingeführt – viele Regelungen, die heute noch gelten.

Wenngleich die Maßnahmen in den verschiedenen Machtsphären Bonapartes sehr unterschiedlich griffen, hatten sie doch eine bindende Wirkung. »Entweder muss die Regierungsform der uns umgebenden Staaten sich der unseren annähern, oder unsere politischen Institutionen müssen in größerer Harmonie mit den ihrigen stehen«, hatte Napoleon konstatiert.

Die Kehrseite seiner Reformpolitik aber war der von ihm entfesselte Dauerkrieg.

Maßlosigkeit, Unterdrückung und Größenwahn spalteten den Kontinent in Freund und Feind. Ausbeutung und Despotie weckten bei einigen Völkern Nationalismus und den Drang zu freier Selbstbestimmung. Millionen starben auf den Schlachtfeldern. Nach der Katastrophe des Russlandfeldzugs stand das von Napoleon mit Gewalt zusammengeschmiedete System vor dem Zusammenbruch. Bei Leipzig kam es im Oktober 1813 schließlich zur Entscheidung. Mehr als ein Dutzend »Völker« – über eine halbe Million Menschen – gaben der »Völkerschlacht« ihren Namen; bis zum Beginn des Ersten Weltkriegs sollte es die größte der Weltgeschichte bleiben. Die Allianz gegen Napoleon – Österreich, Preußen, Russland und Schweden – bot insgesamt mehr als 300 000 Mann auf, gegenüber 200 000 Franzosen, Polen und Soldaten aus den Rheinbundstaaten. Frankreichs Kaiser und seine »Grande Armée« unterlagen dieser Übermacht; im Frühjahr 1814 standen die verbündeten Streitkräfte vor Paris. Mit Napoleons endgültiger Niederlage bei Waterloo ein Jahr später ging der mehr als 20-jährige Dauerkrieg zu Ende.

Die Epoche hinterließ ein zwiespältiges Bild. Napoleon selbst verlieh der Hoffnung Ausdruck, nicht seine Siege würden seinen Ruhm in der Nachwelt begründen, sondern seine Reformen: »Was nichts zerstören wird, was ewig leben wird, ist mein *Code Civil*.« Manches sprach dafür. Dieses bürgerliche Gesetzbuch von 1804 konnte in Frankreich sowie in Abwandlungen auch in Belgien und Luxemburg seine Geltung bewahren; in den Niederlanden, der Schweiz und in Italien wurde es Vorbild. Das Gleiche galt für deutsche Landesverfassungen. »Mag der gewesene Kaiser Napoleon als Welterschütterer einem Dschingis Khan … oder Attila zur Seite stehen«, als Gesetzgeber aber dürfe er »immer mit den größten Männern verglichen werden«, urteilte ein Landgerichtsdirektor aus Aachen, Freiherr von Fürth, im Jahr 1827. Napoleon hatte Europa erneuert, ein Stück weit auch geeint, aber um den Preis von Millionen Opfern. Sein imperiales System war mit Gewalt geschaffen, hatte letztlich keinen Bestand und war nun dem Zerfall preisgegeben.

Hitlers Wahn

War damit das Streben nach Hegemonie in Europa aus der Welt? Nationalismus, Kolonialismus und Imperialismus verschärften im späten 19. Jahrhundert die Rivalität unter den Mächten. Sie führten den Kontinent in den Ersten Weltkrieg, aus dem ein anderes Europa hervorging. An die Stelle von Monarchen traten Demokraten, aber auch Autokraten und schließlich Diktatoren. In einigen Ländern Europas drängten faschistische oder autoritäre Bewegungen an die Macht. Mussolini mit seinen Schwarzhemden in Italien, Salazar in Portugal, die Action Française in Frankreich, Codreanu mit der Eisernen Garde in Rumänien, Piłsudski in Polen. In Spanien kam es zum Bürgerkrieg: Francos Falange gegen die Republik. Eine Art faschistische

Nach der Niederlage Frankreichs besuchte Hitler Ende Juni 1940 Napoleons Grab im Invalidendom.

nernen Koloss«. Es war die Ausgeburt einer kruden Rassenideologie, einer totalitären Diktatur, getragen von der Parole »Ein Volk – ein Reich – ein Führer«.

1933 kam Hitler an die Macht. Knüpfte er bewusst an imperiale Vorbilder an? Es wurde darüber spekuliert, was den »Führer« bewegt haben mag, als er nach dem Sieg über Frankreich im Juni 1940 Paris besuchte und am Grab von Napoleon im Invalidendom für einen Moment innehielt. Manche erblickten in dem offiziellen Foto, das Hitler mitsamt Entourage auf dem Balkon über dem Sarkophag zeigt, so etwas wie eine Hommage an den großen Feldherrn. Er ließ auch den Sarg von Napoleons Sohn nach Paris zurückbringen – aus reiner Ehrerbietung? Der französische Historiker Jean Tulard bezweifelt das, Hitler habe seinen Triumph eben auch an der Ruhestätte des großen Eroberers auskosten wollen. Zudem sei es ihm darum gegangen, die besiegten Franzosen kollaborationswillig zu stimmen.

Wenn schon nicht Napoleon, so wurde zumindest Karl der Große zum Opfer propagandistischer Vereinnahmung durch die Nationalsozialisten: In Lehrbüchern standen Sätze wie, der Frankenkönig habe »die Sicherung des germanischen Europas als das große politische Ziel seines Lebens« erkannt, gar sei es ihm um die Vorherrschaft über ein »germanisches Einheitsreich« gegangen. Solche Geschichtsklitterung lag ganz im Sinne der NS-Ideologie, die sich vornehmlich um »Volk, Rasse und Raum« drehte. Doch nicht nur dafür mussten die

Internationale bahnte sich an. Demokratische Länder wie Frankreich oder die parlamentarischen Monarchien Großbritanniens und Skandinaviens erschienen da fast schon als Ausnahme.

Der Kontinent fand keinen Frieden. Aus der Krise Ende der 1920er-Jahre ging ein Usurpator hervor, der Napoleon als Feldherrn offenbar noch übertreffen wollte, als er sich in den Wahn verstieg, das russische Riesenreich zu zerschlagen wie einen »tö-

Einheit durch Hegemonie

- Durch Eroberung, Besatzung, Unterwerfung und Bündnisse sicherte sich Hitler während des Krieges die Vorherrschaft auf dem Kontinent.

Karolinger herhalten; die Nazis erklärten sie auch zu Vorbildern im »Endkampf« zur Rettung des Abendlands: »Das Reich Karls des Großen / das seine Enkel teilten / im Jahr 843 / verteidigt Adolf Hitler / gemeinsam mit allen Völkern Europas / im Jahr 1943«, lautete die Inschrift eines vom NS-Führer gestifteten Sèvres-Porzellantellers mit einem Konterfei des Frankenkaisers. Hitler stilisierte sich zum Schutzherrn eines Europa, das er in Wirklichkeit selbst zerstörte: Der nationalsozialistische Rassenwahn setzte sich über alles hinweg, was das christliche Abendland hervorgebracht hatte, reduzierte das Dasein auf einen Überlebenskampf der Völker auf Leben und Tod.

Es ging den Nazis um die Herrschaft der »arischen Rasse« unter der Führung der Deutschen. »Jedes Wesen strebt nach Expansion, und jedes Volk strebt nach der Weltherrschaft. Nur wer dieses letzte Ziel im Auge behält, gerät auf den richtigen Weg«, so Hitler. Alles andere sei Selbstaufgabe. Nur ein genügend großer Raum auf dieser Erde sichere einem Volk die Freiheit des Daseins. In diesem Weltbild fochten die Völker den Kampf um Aufstieg oder Untergang. Dieser Prämisse folgte das NS-Regime vom Anfang bis zum bitteren Ende. Damit zertrümmerte Hitler alles, was Europa bislang auszeichnete: die Vielfalt der Völker und Kulturen, die Idee der Freiheit und der Toleranz. Seine Europa-Projektion zielte auf Unterwerfung und Vernichtung von allem angeblich »Undeutschen«. Die Folge war ein unbeschreiblicher Bruch mit der Zivilisation, ein beispielloser Krieg mit beispiellosen Verbrechen, die im Mord an sechs Millionen Juden gipfelten. Es war aber auch das radikale Ende jeder Vorstellung von imperialer Vorherrschaft über Europa. Nach Hitler begann erneut die Suche nach einer Lösung, bei der sich widerstrebende Kräfte auf dem Kontinent künftig die Waage halten sollten.

EINIGUNG DURCH GLEICHGEWICHT

Dem Drang, die Einigung Europas durch Hegemonie zu erzwingen, stand das Streben nach Balance entgegen. Kein Staat sollte demnach so viel Macht erlangen, dass andere diese nicht aufwiegen konnten. Statt zentraler Gewalt geteilte Herrschaft. Rivalität ja – aber möglichst eingebettet in ein europäisches Konzert. Immer wieder gab es Anläufe, dem gerecht zu werden, durch Koalitionen, Bündnissysteme, gemeinsam geschaffene Institutionen. Große Friedenskonferenzen stehen für die historisch bedeutungsvollen Bemühungen, Europa nach dem Prinzip des Gleichgewichts zu ordnen. Ob zur Beilegung der Konflikte am Ende des Dreißigjährigen Krieges, nach der napoleonischen Ära oder nach den beiden Weltkriegen des 20. Jahrhunderts – in all den genannten Fällen war das europäische Gefüge grundlegend erschüttert worden. In den Nachkriegsordnungen spiegelte sich der Wille der Mächte, den Kontinent neu zu ordnen, ihn wieder in eine Balance zu bringen.

Der Westfälische Friede

»Will sich die tolle Welt zum Frieden nicht begeben /
so soll die schwere Straff ob ihrem Rucken schweben /
Schwerdt / Hunger / Pestilentz soll ihr Belohnung sein /
Und das viel schwerer ist / die Noth der Höllen pein«,

ruft ein Engel auf einem Flugblatt aus dem Jahr 1646 den Gesandten auf dem Westfälischen Friedenskongress zu. Der Himmelsbote brachte die sehnlichsten Wünsche zum Ausdruck, dem Schlachten ein Ende zu bereiten. Die Mitte Europas war nicht nur zum Trümmerfeld, sondern auch zum Massengrab geworden. Gewalt, Krankheit und Hunger verheerten das Land, dezimierten die Bevölkerung. Kaum eine europäische Macht war nicht involviert in den andauernden Kampf. Ob das römisch-deutsche Reich, Schweden, Frankreich oder Dänemark in Aktion traten – immer wieder fand sich ein Vorwand, den Krieg zu verlängern. Erst als klar wurde, dass ein militärischer Sieg für keinen der Kontrahenten mehr zu erzwingen war, reifte der Entschluss, die Waffen endlich ruhen zu lassen. Von 1645 an machten sich Abgesandte aller Kriegsparteien auf den Weg, Hunderte von hohen und niederen Würdenträgern, Diplomaten und Gesandten aus ganz Europa fanden sich in Westfalen ein, um die Interessen von Dynastien, Konfessionen, Staaten und Ständen zu vertreten. Es war der erste europäische Friedenskongress der Geschichte. Drei Jahre sollten die Friedensverhandlungen in den vom Krieg verschonten Städten Münster und Osnabrück dauern. Bis zuletzt rangen die Delegierten um eine Lösung – in der Gewissheit, dass nur ein Ausgleich zwischen den Mächten und den Konfessionen Frieden bringen werde.

Die Friedensvereinbarungen, welche die Bevollmächtigten erarbeiteten, waren beispiellos und gelten noch heute als Meisterwerk der Diplomatie. Sie schrieben die Machtverteilung in Mitteleuropa für die nächsten 150 Jahre prinzipiell fest. Am 24. Oktober 1648 wurde der Westfälische Friede im Rathaus von Münster unterzeichnet. Es war ein europäischer Vertrag, auch wenn die Regelungen vor allem das Zentrum des Kontinents betrafen. Um die Balance zu halten, wollten die Mächte zu einer geschwächten, geteilten, zu keinem Angriffskrieg fähigen europäischen Mitte gelangen, welche die stärkeren Staaten der Peripherie voneinander trennte. Das Heilige Römische Reich Deutscher Nation blieb in mehr als 300 staatliche Gebilde aufgesplittert, die nicht einmal zusammenhängend waren, sodass sein Erscheinungsbild wie ein Flickenteppich anmutete. Der römisch-deutsche Kaiser verfügte nur noch über wenige Rechte, die ihn über die Fürsten erhoben. Er und der Papst waren die Verlierer, die Territorialherrscher die Gewinner auf dem Boden des Reiches. Im europäischen Gefüge gingen die »Garantiemächte« Frankreich und Schweden praktisch als Sieger aus der Neuordnung hervor.

Was uns eint – was uns teilt

■ Mit dem Westfälischen Frieden gelang den Delegierten ein Meisterwerk der Diplomatie, die Balance der Mächte in Europa wurde vertraglich geregelt. Gemälde von Gerard ter Borch, 1648.

Die größte Herausforderung aber lag in der Beilegung der konfessionellen Streitigkeiten. Keine Glaubensrichtung sollte mehr die andere dominieren können. Die konfessionellen Grenzen schrieb man nach dem Stand von 1624 fest, dem sogenannten »Normaljahr«, in dem man die konfessionellen Bedingungen, Rechte und Besitzstände in einem Verhältnis zueinander sah, das kompromissfähig erschien. Der Calvinismus wurde zudem eine anerkannte Konfession, im Gegensatz zur Regelung im Augsburger Frieden 1555.

»Hier wird zum ersten Mal eine Friedensordnung, die eine Rechtsordnung und eine Gleichstellung der einzelnen Länder Europas bedeutete, etabliert«, resümiert der Historiker Heinz Schilling. »Die Kriege sind damit nicht beseitigt, aber zu einem fundamentalistischen Krieg wie dem Dreißigjährigen kam es danach nicht mehr.« Der Westfälische Friede schuf eine Balance, die bis zur Ära Napoleons weitgehend Bestand haben sollte. Er stellte Regeln für die internationale Konfliktbewältigung auf. Hier liegen auch die Wurzeln des modernen Völkerrechts, wie es noch heute gilt.

Als die Urkunden im Herbst 1648 unterzeichnet waren, läuteten in vielen Teilen Europas die Glocken. Die Menschen feierten das Ende des großen Krieges mit Dankgottesdiensten und Feuerwerken.

Wie lange aber würde das Gleichgewicht nach dem Westfälischen Frieden halten? Einige Mächte sollten die Ordnung bald stören, doch wer würde sie zu Fall bringen? Zuletzt waren es die Französische Revolution und ihr General, die Europa grundlegend erschüttern sollten. Wieder mündete imperialer Größenwahn in einen lang andauernden Krieg. Nur eine mächtige Allianz aus Russland, Österreich, Preußen und England vermochte Bonaparte zu stoppen. Wieder begann nach einer Ära der Umwälzungen die Suche nach der Balance.

Das Konzert der Mächte

In Wien begann im September 1814 ein Kongress, der in seiner Dimension und Bedeutung durchaus mit den westfälischen Verhandlungen vergleichbar war. Fürst Clemens von Metternich für Österreich, Zar Alexander II. für Russland, der britische Außenminister Castlereagh, Preußens Staatskanzler Fürst von Hardenberg und der von Napoleon wegen »verräterischer Umtriebe« geschasste Ex-Außenminister Talleyrand spielten die Hauptrollen. Letzterem gelang es, mit Geschick das besiegte Frankreich in eine nahezu gleichberechtigte Position zu manövrieren. Zwar sollte der nach Elba verbannte Bonaparte den Kontinent noch einmal 100 Tage lang in Schrecken versetzen – doch besiegelte die Niederlage von Waterloo 1815 endgültig das Schicksal des gestürzten Kaisers der Franzosen. Von seinem zweiten Exil auf Sankt Helena gab es keine Wiederkehr.

»Der Kongress tanzt« lautete ein geflügeltes Wort, kein Wunder bei Hunderten festlichen Bällen in nur wenigen Wochen. Ansonsten ging es auf den Parketten vor allem um große Politik: Man wollte Deutschland nicht zu sehr stärken, Frankreich nicht zu sehr schwächen. So favorisierten die

DIE GEBURTSSTUNDE DES VÖLKERRECHTS

»Der verheerende, allgemeine Krieg hatte die Staaten Europas davon überzeugt, dass nur eine Ordnung, in die alle eingebunden waren, den Kontinent auf Dauer vom Kampf aller gegen alle erlösen konnte. Mit dem Westfälischen Frieden gab sich die europäische Staatengemeinschaft eine Art Grundgesetz – verbindliche Rechtsnormen, die zum Ausgangspunkt für ein europäisches Völkerrecht wurden, für ein Staatensystem, das trotz aller Störungen und Kriege jahrhundertelang seine Balance behielt. Noch die gegenwärtige europäische Integrationspolitik, erwachsen aus den verheerenden Erfahrungen zweier Weltkriege, steht in der Tradition des Friedensschlusses von Münster und Osnabrück«, so der Historiker Hagen Schulze.

Mächte für die Mitte Europas einen eher losen Staatenbund. Der alte Dualismus Preußen – Österreich sollte ebenfalls zur Balance beitragen, das neue Gebilde einen Puffer darstellen zwischen dem Zarenreich im Osten und dem französischen Nationalstaat sowie der englischen Monarchie im Westen. Ein sogenanntes Kongresspolen wurde konstruiert und dem russischen Zaren unterstellt. Preußen rückte durch Gebietserweiterung nach Westen, Österreich behielt seinen Einfluss auf dem Balkan und in Mittelitalien, ein Vereintes Königreich der Niederlande wurde geschaffen. Das wichtigste Ergebnis der Wiener Konferenz aber war die Gründung des »Deutschen Bundes« – eines Staatenvereins auf völkerrechtlicher Grundlage, mit Österreich als Führungsmacht. Ihm gehörten 35 Königreiche, Fürsten- und Herzogtümer sowie vier Freie Städte an. Aus all dem sollte ein Ensemble entstehen, das die Kräfte auf dem Kontinent künftig im Gleichgewicht hielt.

Ein anderes Motto der Stunde lautete »Restauration«. Die Dynastien wollten an ihrer Macht festhalten. Die Völker Europas fungierten eher als Objekt der Verhandlungen, obwohl sie in der historischen Schlacht bei Leipzig geblutet hatten. Die Herrscherhäuser sahen sich als Garanten der europäischen Ordnung und verbaten sich jede Einmischung der Untertanen. Napoleon hatte durch seine Besatzungspolitik in manchen Völkern den Drang nach Freiheit und Selbstbestimmung geweckt, nun wollte man die nationalen und liberalen Kräfte wieder eindämmen, um die Souveränität der Fürsten zu sichern. Ein Vielvölkergebilde wie Österreich etwa konnte durch Einigungsbestrebungen darin eingebundener Völker ebenso aus den Fugen geraten wie das russische Reich.

So bildete sich eine Pentarchie der führenden Mächte in Europa. Dazu zählten Österreich, Großbritannien, Russland und Preußen und wenig später auch Frankreich. Erklärtes Ziel war es, Kriege untereinander künftig zu vermeiden. Zudem nahmen sich die Großmächte heraus, für ganz Europa zu sprechen und das Schicksal der mittleren und kleineren Staaten gleich mitzubestimmen. Polen blieb unter russischer Herrschaft – und damit Opfer eines Systems, in dem sich die Vormächte arrangiert hatten.

■ Das Völkerschlachtdenkmal bei Leipzig. Mehr als eine halbe Million Soldaten aus ganz Europa kämpften 1813 in der bis dahin größten Schlacht der Geschichte.

Einigung durch Gleichgewicht

■ Ein Gemälde der Schlacht von Alma im Krimkrieg (1853–1856). Britische Truppen stürmen einen von Russen verteidigten Höhenzug.

Zu einer erheblichen Dissonanz im europäischen Konzert kam es erst Jahrzehnte später durch einen Konflikt an den Rändern des Kontinents, im sogenannten Krimkrieg. Russland griff 1853 das Osmanische Reich an, um über türkisches Gebiet Zugang zum Mittelmeer zu erlangen. England und Frankreich sahen damit das Gleichgewicht im Orient gefährdet und schickten Truppen zur Unterstützung der osmanischen Armee. Um die Festung Sewastopol tobten heftige Kämpfe. Österreich und Preußen blieben weitgehend neutral, sodass Russland sich isoliert sah. Seine Niederlage in dem Konflikt hat das Zarenreich nie richtig verschmerzt, zumal das Osmanische Reich anschließend im Konzert der Mächte als Mitspieler aufgenommen wurde.

Zum gefährlichsten Sprengstoff der Pentarchie aber gerieten die nationalen Einigungskriege. Die Einheit Italiens wurde mit der Hilfe Frankreichs gegen die Habsburger durchgesetzt. Die Einigung Deutschlands resultierte aus dem preußisch-österreichischen (1866) und dem deutsch-fran-

Was uns eint – was uns teilt

In Wien entschieden die alten Mächte über die Zukunft Europas, sie suchten ein Gleichgewicht ohne Mitsprache der Völker.

zösischen Krieg (1870/71). Das auf dem Wiener Kongress geschaffene System gehörte damit der Vergangenheit an. Im Januar 1871, nach der für Frankreich demütigenden Niederlage, hob Bismarck den deutschen Nationalstaat unter preußischer Führung aus der Taufe – im Schloss von Versailles. Er hatte die Hohenzollern-Dynastie vor den Karren der Einheit gespannt.

Die deutsche Einigung markierte eine historische Zäsur. Bisher galt als Maxime europäischer Politik, die Mitte so zu gestalten, dass sie nicht zu mächtig würde und die Flügel ein starkes Gegengewicht bilden konnten. Insofern stellte die Reichsgründung – mit der Einigung Italiens – eine europäische Revolution dar. Das Gefüge des Kontinents verschob sich. Doch Bismarck hörte nicht auf zu beschwichtigen: das Deutsche Reich sei saturiert. Für ihn war Deutschland gerade groß genug, um neben Frankreich, das wegen der deutschen Annexion von Elsass-Lothringen auf Revanche sann, nicht noch andere Mächte herauszufordern. Die Außen- und Bündnispolitik des Reichskanzlers ist ein Paradebeispiel für den Umgang mit der sensiblen deutschen Mittellage. Bismarck schlüpfte in eine Mittlerrolle, jonglierte mit mehreren Bällen und löste das Problem der potenziellen Umklammerung auch durch widersprüchliche Bündniszusagen. Geheimdiplomatie machte dies möglich, es durfte nur nicht zum Schwur kommen.

Doch arbeitete die Zeit gegen die Balanceakte des umtriebigen Reichsgründers. Der Boom der Gründerjahre ließ im Deutschen Reich Rufe nach kolonialer Expansion laut werden. Vom Wettlauf um neue Märkte sollte auch Deutschland profitieren. Doch hatten Briten und Franzosen den Erdball schon weitgehend unter sich aufgeteilt und genossen den gewaltigen Vorsprung, was die Nachzügler, vor allem Deutschland, provozierte. Hieß es noch unter Bismarck, das Reich genüge sich selbst, bestand Kaiser Wilhelm II. darauf,

Einigung durch Gleichgewicht

■ Am Ende einer Ära: Gemälde Anton von Werners (1893) zur Eröffnung des Reichstags im Berliner Schloss im Juni 1888. Nach der Thronbesteigung Wilhelms II. waren die Tage Otto von Bismarcks (beide Mitte) gezählt.

dass Deutschland Weltmacht werden müsse.

Dass es unter den imperialen Mächten irgendwann zu einem Kräftemessen kommen könnte, lag in der Luft. Das Säbelrasseln hatte Tradition – seit Jahren schon gab es ein Wettrüsten zwischen Großbritannien, Frankreich, Russland und Deutschland. Doch der deutsche Kaiser ging noch einen Schritt weiter, wollte den Briten mit einer starken Flotte Paroli bieten und forderte sie heraus. So schloss sich der Ring potenzieller Gegner. Frankreich paktierte seit 1892 mit Russland und bereinigte mit England seine kolonialen Rivalitäten. Österreich, das mit dem Deutschen Reich verbündet war, geriet in Konflikt mit russischen Interessen auf dem Balkan, sodass den deutschsprachigen Mittelmächten an zwei »Fronten« eine Allianz gegenüberstand.

Der Erste Weltkrieg

Zwar waren die führenden Monarchien Europas untereinander verwandt, zudem hatten dynastische Beziehungen in der Vergangenheit so manche Streitigkeiten ausgeglichen, doch waren die Herrscher längst auch Getriebene ihrer Nationen. Zur Hochzeit der Kaisertochter Viktoria Luise 1913 trafen auch Zar Nikolaus II. und der

Was uns eint – was uns teilt

NATION – STAAT – NATIONALISMUS

Der Nationalstaat prägt seit der zweiten Hälfte des 19. Jahrhunderts die politische Ordnung Europas. Er löste dynastisch oder religiös geprägte Staatengebilde ab und rückte spätestens nach dem Ersten Weltkrieg an die Stelle der großen Vielvölkerreiche, etwa der Habsburger, der Osmanen und in Osteuropa auch von Russland. Die Gründung eines eigenständigen Polen, Ungarns, die Unabhängigkeit der baltischen Staaten 1919 sind dafür ein Beispiel. Der Ursprung aber liegt in der Französischen Revolution, als sich die Franzosen im Zuge des Umsturzes zu einer selbstbestimmten Nation erklärten.

Die Unterdrückung durch Napoleon weckte bei manchen Völkern Widerstand und den Willen, es Frankreich nachzutun. Das hieß: Ein Volk braucht einen Staat in festen Grenzen, um selbst über sich bestimmen zu können. England hatte es schon früher vorgemacht. Während sich die Franzosen innerhalb eines fest umrissenen Territoriums zur Nation erheben konnten, musste sich die Staatenbildung in Deutschland und in anderen Teilen Europas, etwa in Italien, gegen die bestehende territoriale Ordnung durchsetzen. Hier bildete sich ein von Grenzziehungen unabhängiges Nationenverständnis heraus, in dem Sprache, Kultur, ethnische Zugehörigkeit zum Maßstab wurden. Das führte zu Nationalismus und Konkurrenz unter den Völkern gerade in den Gebieten, die sie sich teilten. So wurde der Nationalstaat nicht nur zur entscheidenden politischen Größe, sondern barg auch das Potenzial für Konflikte.

britische König Georg V. in Berlin ein. Eine Eskalation erschien trotz der Rivalitäten mit Wilhelm II. keineswegs zwangsläufig – bis zu jenem Attentat Ende Juni 1914: Nur wenige Wochen nach dem Anschlag von Sarajevo auf den österreichischen Thronfolger stand der Kontinent in Flammen. War der Zug in die »Urkatastrophe des 20. Jahrhunderts« nicht mehr zu stoppen? Wer hätte sie verhindern können?

Keine der Mächte wollte als Aggressor dastehen, darin waren sich die Regierungen in Berlin, St. Petersburg, Wien, Paris und London einig. Die Kampfhandlungen begannen mit dem Angriff der deutschen Armeen im Westen, nachdem auch in anderen Ländern die Mobilmachung befohlen worden war.

In den letzten Jahrzehnten galt noch als eindeutig, dass das wilhelminische Reich die Hauptschuld am Ausbruch des Ersten Weltkriegs trug. Doch relativieren neuere Forschungen diese Sicht. So etwa die des australischen Historikers Christopher Clark, der mit seinem Buch *Die Schlafwandler. Wie Europa in den Ersten Weltkrieg zog* die Debatte darüber anstieß, ob nicht sämtliche beteiligten Mächte in völli-

Einigung durch Gleichgewicht

■ Hunderttausende Deutsche und Franzosen fielen in der Schlacht bei Verdun im Jahr 1916. Das Beinhaus von Douaumont bewahrt Zehntausende Gebeine von nicht identifizierbaren Gefallenen beider Seiten auf.

ger Verkennung der Risiken gemeinsam in die Katastrophe getaumelt seien.

Die Juli-Krise 1914 erscheint in der Rückschau wie eine verhängnisvolle Kettenreaktion. Die Mächte erkannten die Gefahr der Eskalation, aber keiner verhinderte sie. Alle künftigen Kriegsparteien erklärten sich zu Angegriffenen, niemand sah sich als Angreifer. Euphorisch begrüßten Menschen in einigen Hauptstädten den Ausbruch des Krieges, von dem noch niemand ahnte, wie mörderisch er wirklich werden würde und dass er das Ende des alten Europa bedeuten sollte. Den Herrscherhäusern gelang es nicht mehr, ihre aufgestauten Rivalitäten im Zaum zu halten.

Der Erste Weltkrieg war auch der Ausgangspunkt für den Einsatz moderner Massenvernichtungswaffen, deren Zerstörungskraft die »Urkatastrophe des 20. Jahrhunderts« noch verheerender gestaltete. Wer heute historische Schlachtfelder wie das Gelände um Verdun oder an der Somme in Augenschein nimmt, stellt sich unweigerlich vor, was die Generation junger Soldaten, die dort kämpfen mussten, zu erleiden hatte, welchem apokalyptischen Feuer sie in den Laufgräben und Kratern, in den geborstenen Festungen und Stellungen ausgesetzt waren. Je nach Schätzung forderte der Weltkrieg an den Fronten und in der Heimat zwischen 17 und 20 Millionen Tote.

113

Man möchte meinen, all das hätte zur Einsicht führen müssen, sich in Europa künftig zu verständigen, einen Weg zu friedlicher Koexistenz zu finden. Und es gab auch Stimmen, die nach dem Weltenbrand die Stunde für eine Einigung Europas gekommen sahen, doch die waren nicht ausschlaggebend. Unter den Mächtigen zählte Sicherheit voreinander mehr als Frieden miteinander.

Der Vertrag von Versailles

Wieder wurde Versailles zum historischen Schauplatz. Wieder lag die Herausforderung darin, nach einem großen Krieg die Verhältnisse in Europa neu zu ordnen. Wieder versammelten sich die Mächte zu einer großen Friedenskonferenz, auf der Suche nach einer Balance auf dem Kontinent. Und das Ergebnis? Eher altes Denken war beim Versailler Vertrag federführend. In den Augen der Sieger galt es zunächst, die Kriegsverursacher zu isolieren und ihnen Wiedergutmachung abzuverlangen – was insofern nachvollziehbar ist, als ganze Regionen im Osten Frankreichs nur noch ein Bild der Verwüstung boten, während das Deutsche Reich, das den Krieg begonnen hatte, davon weitgehend verschont geblieben war.

Doch wurde Deutschlands junger Demokratie durch den Vertrag eine Last aufgebürdet, die sie kaum tragen konnte und

■ Foto von einer Sitzung im Hotel Trianon während der Pariser Friedenskonferenz (Januar bis Juni 1919), die Deutschen blieben von den mündlichen Verhandlungen zum Versailler Vertrag ausgeschlossen.

Einigung durch Gleichgewicht

■ Europa vor und nach dem Ersten Weltkrieg. Aus Teilen früherer Reiche (der Habsburger, der Osmanen, der Romanows) und abgetrennten Gebieten werden neue Staaten.

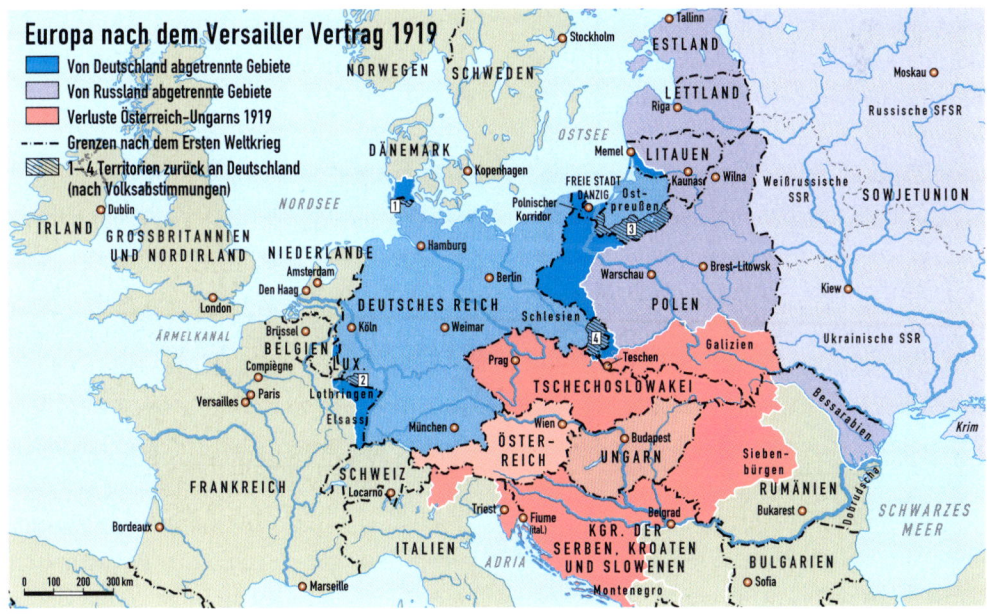

wollte: Das Deutsche Reich musste die alleinige Kriegsschuld eingestehen, auf ein Siebtel seines Gebiets verzichten, hohe Reparationen zahlen und militärisch auf ein Minimum abrüsten.

Es war nicht der einzige Absturz. Das Habsburgerreich zerfiel, ebenso das Osmanische Imperium, Russland befand sich nach der roten Revolution im Bürgerkrieg. Dafür entstanden neue Länder, ein selbstständiges Polen, die Tschechoslowakei. Jugoslawien wurde aus der Taufe gehoben, die baltischen Staaten erlangten ihre Unabhängigkeit, Ungarn löste sich von Österreich.

Dieser Vielfalt neuer Mitspieler mit unterschiedlichen Interessen und Nöten hatte jeder Versuch, Europa in eine neue Balance zu bringen, Rechnung zu tragen. In einigen der neu gebildeten Staaten lebten große Minderheiten, manche Völker fühlten sich übergangen. Die Kriegsschuldfrage blieb umstritten, teilte den Kontinent in Gewinner und Verlierer, die auf Revision und Revanche sannen. Europa blieb gespalten.

Als Hitler 1933 an die Macht kam, hatte er ein klares Ziel: das System von Versailles zu sprengen. Der Versuch der ehemaligen Sieger Frankreich, Italien, Großbritannien, noch einmal im Sinne des früheren europäischen Konzerts tätig zu werden, scheiterte. Auf der Münchner Konferenz 1938 versuchten sie, den Diktator durch Zugeständnisse zu beschwichtigen, stimmten der »Heimholung« sudetendeutscher Gebiete »ins Reich« sogar zu, auf Kosten der Tschechoslowakei (Österreich war schon angeschlossen). Jedoch zögerte die Abmachung den Krieg allenfalls hinaus, verhinderte ihn aber nicht. Schon ein Jahr später überfiel Nazi-Deutschland Polen und stürzte die Menschheit in den zweiten Weltenbrand. In der Rückschau erscheint die Epoche wie ein Dreißigjähriger Krieg des 20. Jahrhunderts – auf dessen Trümmern es abermals zu einem Ringen um die gemeinsame Zukunft Europas kam.

Das geteilte Europa

Am 17. Juli 1945 fuhren die drei Delegationen der Siegermächte vor dem Portal von Schloss Cecilienhof vor. Auf dem üblichen Gruppenbild für Wochenschau und Presse trugen Kreml-Chef Stalin, der britische Premier Churchill und US-Präsident Truman noch Einmütigkeit zur Schau. Doch der Moment täuschte darüber hinweg, mit welch unterschiedlichen Erwartungen und Zielen die drei Mächte zur Potsdamer Konferenz gekommen waren. Es ging um nichts Geringeres als die Nachkriegsordnung Deutschlands und Europas nach dem verheerendsten Krieg der Menschheit. Eines war schon jetzt klar: Es war vorbei mit der Vormachtstellung des Alten Kontinents. Moskau und Washington gaben jetzt den Ton an. Zunächst galt es, Deutschland als Risiko für den Frieden ein für alle Mal auszuschalten, sämtliche militärischen und nationalsozialistischen Einrichtungen abzubauen oder zu zerstören, Kriegsverbrecher vor Gericht zu stellen und eine Wiedergutmachung der verursachten

Konferenz der Siegermächte in Potsdam, Schloss Cecilienhof (17. Juli – 2. August 1945): der britische Premier Churchill, US-Präsident Truman und Sowjetführer Stalin.

Schäden anzustreben – darin waren sich die Sieger zunächst einig.

Doch bald zeigte sich, was es hieß, dass Hitler eine Allianz gegen Deutschland aufgebracht hatte, deren weltanschaulicher Gegensatz sich nun auf den gesamten Kontinent übertrug. Dieser Krieg sei nicht wie frühere, meinte Stalin, die Sieger würden den Gebieten, die sie besetzten, auch ihr eigenes System aufprägen. Und er ließ keinen Zweifel daran, wie ernst er es meinte. Für Deutschland und Europa bedeutete das Spaltung. Vorabsprachen auf den Kriegskonferenzen von Teheran und Jalta hatten die Einteilung des Kontinents in Machtsphären im Prinzip schon vorweggenommen. Hinzu kamen territoriale Veränderungen. Polen, das gemäß gemeinsamen Vereinbarungen der Sieger nach Westen verschoben wurde, zählte künftig ebenso zum Einflussbereich der Sowjetunion wie die Tschechoslowakei, Rumänien, Bulgarien und Ostdeutschland. Der Eiserne Vorhang, wie Churchill die Trennlinie nannte, prägte die künftige Architektur Europas.

Die Frage nach dem Gleichgewicht stellte sich nun unter völlig anderen Vorzeichen. Europa und die Welt blieben für Jahrzehnte in Ost und West geteilt. Die Entscheidungszentren lagen künftig außerhalb der »alten Mächte« des Kontinents, in Washington und Moskau, bei den Vormächten der beiden Blöcke der bipolaren Welt.

Im Osten schuf die Sowjetunion einen Ring sozialistischer Satellitenstaaten um sich, die durch den Warschauer Pakt militärisch und durch den Rat für gegensei-

Was uns eint – was uns teilt

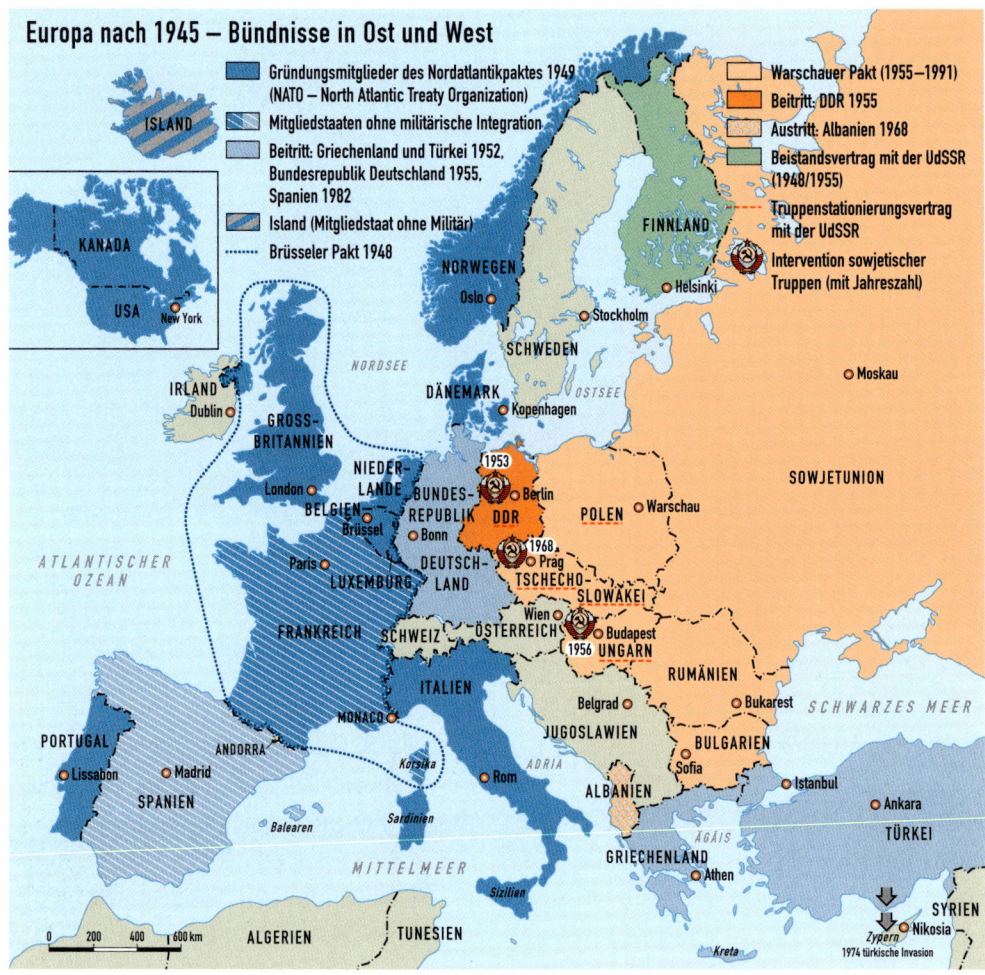

■ Mit der NATO und dem Warschauer Pakt standen sich in Europa zwei hochgerüstete Bündnisse gegenüber. Gegenseitige Abschreckung sollte die Balance herstellen.

tige Wirtschaftshilfe (RGW) ökonomisch an ihre Hauptmacht gebunden waren. Dem stand Westeuropa mit einer wachsenden Europäischen Gemeinschaft (EG) und seiner Einbindung in die NATO gegenüber. Und eines lag auf der Hand: Europas Teilung durch den Eisernen Vorhang würde erst dann hinfällig werden, wenn sich der Systemgegensatz eines Tages durch das Nachgeben einer der beiden Seiten erübrigen sollte.

Jahrzehntelang sprach man im Angesicht der Rüstungsspirale auch von einem »Gleichgewicht des Schreckens«. Die als bedrohlich empfundene Sowjetunion diente dabei als Ferment für das westliche Bündnis und seine europäischen Partner. Ein Verhaltensmuster, das nicht neu war.

EINIGKEIT DURCH ABGRENZUNG

Man müsse Stalin ein Denkmal setzen, meint der niederländische Schriftsteller Geert Mak, »denn er hat auf beispiellose Weise die europäischen Länder zusammengetrieben, hat allen einen Riesenschrecken eingejagt, und das eint auch«. In allen Epochen gab es Versuche, sich europäischer Identität durch Abgrenzung zu vergewissern. Der Begriff »Europa« bilde sich »aus einem Gegensatz zu etwas, was nicht Europa ist«, meinte der italienische Historiker Federico Chabod. Dabei diente oft eine angebliche oder tatsächliche Bedrohung von außen als Motiv, den Kontinent im politischen, ideellen oder militärischen Sinne als eigene Größe darzustellen oder zu mobilisieren.

Schon in der griechischen Antike, im 5. vorchristlichen Jahrhundert, trafen Gelehrte entsprechende Unterscheidungen. Die Perser als Kriegsgegner etwa galten nicht nur als Feinde, sondern auch als wesensfremde Macht. Die Frage, ob man zu den Völkern des Westens oder des Ostens gehört, erfuhr eine erste normative Aufladung. Herodot unterschied durchaus wertend zwischen der europäischen Herkunft der Griechen und der asiatischen der Perser. Hippokrates wurde konkreter: Europäer stützten sich auf Gesetze, bei den Asiaten hingegen herrsche Despotie. Aristoteles sah im Osten eine Sphäre der Knechtschaft, für die Europäer hingegen zähle Selbstverantwortung und Freiheit. »Der politische Gegensatz … war damit konstituiert und blieb auch in der Folgezeit lebendig«, resümiert der Althistoriker Dietmar Kienast.

Christen und Muslime

In der Spätantike gewann – nach der Erhebung des Christentums zur römischen Staatsreligion – die Idee vom Europa der

■ Unter der Führung des Bischofs Adhemar von Le Puy erobern die Kreuzritter im Jahr 1098 Antiochia, in Jerusalem sollten sie später ein Blutbad anrichten.

DER VORSPRUNG DER MUSLIME

Im Mittelalter verfügten die Muslime über mehr Wissen als ihre christlichen Widersacher aus Westeuropa. Im weltoffenen Klima mancher Metropolen, etwa im muslimischen Teil Spaniens, gediehen herausragende literarische, künstlerische und philosophische Werke. So ist zum Beispiel die Große Moschee von Córdoba Zeugnis einer Hochkultur, die auch nach Zentraleuropa ausstrahlte. Die Stadt, in der eine halbe Million Menschen lebten, war die größte in Europa überhaupt – mit 600 Moscheen, 300 Bädern, 50 Hospitälern. Im Vergleich dazu waren Aachen, Köln oder Paris »Entwicklungsstädte«, vor allem was Hygiene, Krankenversorgung, Schulen oder Bibliotheken anbelangte.

Die lateinischen Christen galten seinerzeit eher als derb und verroht. Doch gerade der Einfluss des Orients vermochte dies zu ändern. Der kulturelle Vorsprung des Morgenlands hat das Abendland befruchtet und wirkt in den südlichen Teilen Europas bis heute nach.

Christenheit Gestalt. Von der *res publica Christiana* war die Rede, in Abgrenzung von Ungläubigen und Andersgläubigen. Einigkeit herrschte vor allem dann, wenn von heidnischer oder muslimischer Seite Gefahr drohte, etwa nach Überfällen durch Ungarn, Slawen, Mongolen oder in der Auseinandersetzung mit dem Islam. Seit dem 7. Jahrhundert breitete sich der Glaube an Allah mit rasender Geschwindigkeit aus und trat im arabischen, nordafrikanischen, später auch im asiatischen Raum einen beispiellosen Siegeszug an. Der Zusammenprall mit dem europäischen Christentum war nur eine Frage der Zeit; die Bereitschaft, aggressiv zu expandieren, gab es wechselseitig. Wie in einer Pendelbewegung vergrößerte mal die eine, mal die andere Seite ihren Machtbereich auf Kosten der anderen: ob bei der frühen Ausbreitung des Islam, die bis nach Südfrankreich reichte, zur Zeit der christlichen Kreuzzüge ins »Heilige Land«, bei dessen Rückeroberung durch die Muslime, während der osmanischen Expansion in der Frühen Neuzeit oder in der Epoche des Kolonialismus und der Weltkriege.

Muslimische Krieger setzten im Jahr 711 von Marokko nach Spanien über. In nur zwei Generationen entstand ein islamisches Reich, das sich von Innerasien bis an die Pyrenäen erstreckte. Mit ihrem weiteren Vordringen nach Norden stießen die Araber an die Pforte des christlichen Abendlands und wurden schließlich von den Franken und deren Anführer Karl Martell in der Schlacht von Tours und Poitiers (732) gestoppt. Dies galt als großer Sieg des abendländischen Europa und wurde zum großen Symbolmoment im

Einigkeit durch Abgrenzung

La Mezquita im andalusischen Córdoba, ein Gotteshaus im Wandel der Zeiten. Als Moschee erbaut, wurde es im Zuge der Reconquista nach 1236 zur christlichen Kathedrale, hier der Blick in den Gebetssaal.

welthistorischen Schlagabtausch von Islam und Christentum stilisiert.

Dies schuf Identität durch Abgrenzung: »Europenses« nannte eine Chronik die Streiter im Heer des fränkischen Feldherrn, in bewusster Unterscheidung zu den muslimischen Eindringlingen. Aus dieser Sicht gehörte der Islam nicht zu Europa. Dabei sahen die Zeitgenossen den Konflikt weit weniger dramatisch und schon gar nicht als Machtkampf zweier Sphären. Es gab genügend Verbindungen, die auf die religiöse Herkunft keine Rücksicht nahmen, Karl der Große (der Enkel Karl Martells) und der Kalif von Bagdad, Harun al-Raschid, beispielsweise bekundeten einander höchsten Respekt.

Der Gegensatz der Welten wurde erneut spürbar, als im 11. Jahrhundert Kreuzritter ins »Heilige Land« aufbrachen, nachdem türkische Seldschuken christlichen Pilgern den Weg nach Jerusalem versperrt hatten. Zwei Jahrhunderte währte der Kampf um die heiligen Stätten. Einige Denker damals, wie der Kirchenrechtler Pierre Dubois, dem ein vereintes Europa als christliche (Bundes-)Republik vorschwebte, schlossen daraus, die Länder Europas müssten eine Art föderale Ordnung bilden, um gegen den Islam gewappnet zu sein. Die Kreuzzugspropaganda dämonisierte die andere Welt, obwohl in Wirklichkeit abendländische Ritter das schlimmste Massaker jener Ära in Jerusalem angerichtet hatten.

Doch es gab auch Offenheit und Toleranz, etwa in Süditalien. Dort regierte ein Herrscher von wirklich europäischem Format: Kaiser Friedrich II. aus der Dynastie der Staufer. Sein Reich erstreckte sich von der Nordsee bis nach Sizilien. In seinen Palästen wirkten zahlreiche Dichter, Erfinder und Künstler, auch muslimische Gelehrte und Wissenschaftler. Der römisch-deutsche Monarch beendete seinen Kreuzzug nach Jerusalem erfolgreich durch Verhandlungen. Kein Wunder, dass ihn die Nachwelt zu einem Multikulti-Kaiser stilisierte.

Ansonsten wurden die Gemeinsamkeiten eher negiert, obwohl der Einfluss des Islam gerade in Südwest- und Südosteuropa nicht zu unterschätzen war. Er ging vom muslimischen Spanien und von den osmanisch besetzten Gebieten aus. Der daraus resultierende wirtschaftliche und kulturelle Austausch wirkte jahrhundertlang bis ins Zentrum des Kontinents hinein.

Zu den Traumata des frühneuzeitlichen Europa zählt die Angst vor den »grausamen Horden« der Osmanen. Die Kirche sah in den muslimischen Türken die »Erbfeinde der Christenheit«, eine »Inkarnation des Teufels«. Mit der Eroberung Konstantinopels 1453 war das Byzantinische Reich endgültig erloschen. Nun riefen die Päpste dazu auf, eine »Heilige Liga« zu bilden, um den Feind zu stoppen. Papst Pius II. sprach von einem »Haus Europa« als Wertegemeinschaft und Heimat der Christenheit, er warnte Sultan Mehmed II., in deren Inneres einzudringen. So fanden auch ansonsten heillos zerstrittene christliche Mächte zueinander. 1683 unternahmen die Osmanen einen erneuten Versuch, nach Mitteleuropa vorzudringen, um Wien zu erobern, und scheiterten ein zweites Mal. In dieser Zeit konkretisierten sich Vorstellungen von einem geeinten Europa als wehrhaftem Staatenbund. Doch nach der Niederlage der türkischen Eroberer fielen die Mächte auf dem Kontinent wieder in ihre alten Gegensätze zurück.

Das despotische Asien

Neuzeitlichen Datums sind auch Standortbeschreibungen in Europa, die das Stereotyp vom despotischen Asien wieder aufgriffen, verwoben mit der Vorstellung von der bedrohlichen Andersartigkeit Russlands. Der Schriftsteller Lew Kopelew konstatierte, dass das Russische von europäischen Poeten, Klerikern und Gelehrten oft als Synonym für das Fremde, für Wildheit, Barbarei und Heidentum gesehen wurde. Als im Zeitraum vom 13. bis zum 15. Jahrhundert die Tataren über Russland herrschten, rissen die ohnehin dünnen wirtschaftlichen und kulturellen Bande ab. Deutsche Gelehrte berichteten vom Hof Iwans des Schrecklichen als Hort »unerhörter Tyrannei« (1582). Die Vorstellung einer Bedrohung des Abendlands durch russische Despotie beschäftigte auch Dichter und Denker des 19. Jahrhunderts. Von einem »Koloss, aus Schnee, Eis und Blut zusammengeknetet« schreibt der rheinische Publizist Joseph Görres, er rücke »wie ein Alpengletscher immer weiter vorwärts ins

KAMPF DER KULTUREN?

Ressentiments und Abgrenzungsreflexe gegenüber der muslimischen Welt belebte der islamistische Terror des 21. Jahrhunderts neu. Die Bilder des 11. September 2001 gingen um die Welt; der beispiellose Anschlag veränderte das internationale politische Gefüge. Eine tiefe Kluft zwischen der westlichen und der muslimischen Hemisphäre schien sich aufzutun. Weitere Anschläge auf europäischem Boden führten zu einer Welle auch der innereuropäischen Solidarisierung und zu Maßnahmen gemeinsamer Sicherheitspolitik bis hin zu militärischen Einsätzen. George W. Bush stand mit seiner Parole vom »Kreuzzug« jedoch allein da, in Europa waren solche Stimmen aus Regierungskreisen nicht zu vernehmen.

Schon Anfang der 1990er-Jahre hatte ein Buch von sich reden gemacht: *The Clash of Civilizations* von Samuel P. Huntington. Der Autor prophezeite den »Kampf der Kulturen«, den unausweichlichen Konflikt zwischen dem Islam und dem Westen, zwischen Morgenland und Abendland. Nachdem sich der Kommunismus als »Reich des Bösen« verabschiedet hatte, sahen Huntington und andere besorgte Skeptiker die Gefahr, dass nun fundamentalistische Muslime zum Sturm auf die Bastionen des Wohlstands, der Freiheit und der Demokratie ansetzen würden.

Doch gibt es trotz al-Qaida und IS-Terror wenige Anzeichen für einen Krieg der Welten. Die überwältigende Mehrheit der Muslime lebt mit den Regeln ihrer Religion und mit ihren Nachbarn in Frieden.

kultivierte Europa«. Im Krimkrieg entfachte Großbritannien eine regelrechte Kreuzzugstimmung. Der Waffengang gegen Russland wurde zum Kampf der Zivilisation gegen die Barbarei stilisiert. Auch Friedrich Engels stempelte das Reich im Osten zum Bollwerk der Reaktion, warnte vor einer »Unterjochung durch die Slawen«. Die deutsche Sozialdemokratie konnte 1914 auch deshalb für die Kriegskredite gewonnen werden, weil sie das Bild von der russischen Despotie vor Augen hatte.

Doch es gab auch andere Stimmen, wie die des Philosophen Leibniz, der im Osten den Stern der Erleuchtung aufgehen sah. Zar Peter der Große – leidenschaftlich bestrebt, sein Reich nach Europa hin zu öffnen – hatte dem berühmten deutschen Denker im Jahr 1711 den Auftrag erteilt, Russlands Gesetze zu reformieren. Der legendäre Monarch stieß das Fenster zum Westen weit auf, holte Lehrer, Künstler und Handwerker aus allen Teilen Europas ins Land. Die Paläste in St. Petersburg erinnern an Versailles, sie sind Ausdruck der kulturellen und dynastischen Verbindungen, die später durch Katharina die Große noch intensiviert wurden.

Auf dass Russland die »Masse von Licht, die es vom Ausland, namentlich von Deutschland, erhielt und erhält, durch ominöse Gegenwirkung erwidern werde«, schrieb der deutsche Philosoph Franz von Baader. Johann Gottfried Herder attestierte den slawischen Völkern eine ruhmreiche Vergangenheit. Preußen wurde durch den Schwenk Russlands im Siebenjährigen Krieg gerettet, da der Zar aus der Koalition gegen den Hohenzollern-Staat ausscherte. Für mehr als 100 Jahre blieben die Verbindungen beider Mächte besonders eng. Kaiser Alexander II. zählte zu den großen Befreiern in den Napoleonischen Kriegen, unter seiner Herrschaft stieg Russland nach dem Wiener Kongress zu einer Vormacht in Europa auf. Seine Zugehörigkeit zum Konzert der Mächte auf dem Kontinent stand damals außer Zweifel. Und die Kultur? Die Gemeinsamkeit von deutscher und russischer Seele ist Motiv einer literarischen Tradition, in die sich selbst Schriftsteller wie Thomas Mann einreihten.

Während der beiden Weltkriege erklärte die deutsche Kriegspropaganda Russland einmal mehr zum Reich des Bösen. »Das Abendland in Gefahr«, lautete die wiederholt bemühte Kampfparole. Je mehr Hitlers Reich in die Defensive geriet, desto eindringlicher musste zur Stärkung des Durchhaltewillens das Motiv vom bedrohlichen sowjetrussischen Koloss herhalten. »Die deutsche Wehrmacht und das deutsche Volk allein besitzen mit ihren Verbündeten die Kraft, eine grundlegende Rettung Europas aus dieser Bedrohung durchzu-

■ »Porträt Zar Peters des Großen«. Das Gemälde von Jean-Marc Nattier (1717) zeigt den legendären russischen Kaiser, der sein Riesenreich nach Europa hin öffnete.

führen«, hetzte Joseph Goebbels, als die Niederlage des NS-Reichs schon nicht mehr abzuwenden war. Es musste wie Hohn anmuten.

Nach dem Zweiten Weltkrieg, im Antagonismus der Blöcke zwischen dem freiheitlich-demokratischen und dem sozialistischen Europa, gewann der Topos von der sowjetischen Bedrohung neue Nahrung. Die Angst vor stalinistischen Expansionsgelüsten ließ die Westeuropäer zusammenrücken. Konrad Adenauer griff in der Debatte um die deutsche Wiederbewaffnung das Bild von der »asiatischen Bedrohung

Europas« mehrmals auf, um die Aufrüstung der Bundesrepublik nur wenige Jahre nach dem Krieg zu rechtfertigen. Die Niederschlagung der Aufstände in der DDR (1953), in Ungarn (1956) und in der Tschechoslowakei (1968) schien die Vorurteile zu bestätigen.

Umso befreiender wirkte die historische Wende in der zweiten Hälfte der 1980er-Jahre. *Glasnost* und *Perestroika* bewirkten eine geradezu romantische Umkehrung der Stimmungslage. Gefühlt hat Russland nie enger zu Europa gehört als in der Ära Gorbatschow. Ein neuer Völkerfrühling schien gekommen. Die Architekten des gemeinsamen europäischen Hauses sahen der Erfüllung einer historischen Vision entgegen, als gehörte sie zur finalen Bestimmung des Kontinents.

DER WEG ZUR GEMEINSCHAFT

Es ist Vorsicht geboten beim Versuch, Traditionslinien eines europäischen Gemeinschaftsbewusstseins von der Antike bis heute zu ziehen und über Epochen hinweg die Konturen eines wirtschaftlich, sozial oder kulturell einigen Europa zu erkennen. Und dennoch: Gemeinsame Bande gab es, längst bevor konkrete Entwürfe zur Einheit des Kontinents formuliert oder zur politischen Forderung erhoben wurden. Vielleicht erlebten die Europäer zunächst unbewusst ihre Gemeinsamkeiten. Unterschiede zur »heidnischen«, asiatischen, islamischen Welt waren spürbar. Der römische Rechtsraum mit seinem eigenen Staatsverständnis, die von der Mitte Europas aus gelenkten christlichen (Vielvölker-)Reiche mit ihren Königen und Kaisern, das Rittertum als internationale Adelsgemeinschaft – hier ergaben sich gemeinsame Nenner. Die Christianisierung, bei aller Gewalt und Rücksichtslosigkeit, die ihr anhaftete, verlieh dem Kontinent in Zeiten, da der Glaube vom politischen und gesellschaftlichen Leben kaum zu trennen war, ein religiöses Fundament. Nicht von ungefähr beschworen manche Chronisten des Mittelalters die Einheit von Christentum und Europa. Was nicht darüber hinwegtäuschen darf, dass es von Anfang an auch große muslimische Gemeinden gab, zunächst in Spanien und in Sizilien, später auf dem Balkan, und jüdisches Leben vor allem in den größeren Städten. »Nie sollte man über einen geschlossenen christlichen Raum sprechen«, meint der Historiker Michael Borgolte, »historisch gesehen ist die Rede vom christlichen Europa hochideologisch besetzt.« Dabei werde eine Uniformität suggeriert, die der tatsächlichen Vielfalt nicht entspreche.

Wirtschaftsbünde

Auch der Warenfluss prägte das Gesicht Europas. Wichtige Handelsplätze schlossen sich zusammen und brachten es gemeinsam zu Reichtum und Wohlstand, gründeten erste europäische Wirtschaftsbünde. Freier Handel ließ die Idee, sich über nationale Grenzen hinweg zusammenzu-

Die Handelsmetropole Venedig gewann nicht nur wirtschaftliche, sondern auch politische und militärische Bedeutung und wurde zu einem Zentrum der Renaissance. Gemälde von Joseph Heintz d.J., 17. Jahrhundert.

schließen, Gestalt annehmen. Einige Städte brachten es dabei zu besonderer Blüte – wie Lübeck im Norden und Venedig im Süden. Manche Metropolen muteten wie Großbaustellen an. Die Bauhütten firmierten schon seit dem 12. Jahrhundert als europäische Unternehmen. Architekten, Steinmetze, Zimmermänner aus vielen Ländern arbeiteten oft jahrzehntelang Hand in Hand. Vielleicht waren es die ersten Erbauer des »Hauses Europa«. Dante sprach damals in seiner Schrift *De monarchia* (1306) von einer vielfältigen Völkergemeinschaft, deren Anliegen von Gesandten, Senaten und Parlamenten zu regeln seien.

Die Kaufleute spannten mit Gleichgesinnten regelrechte Wirtschaftsnetze über den Kontinent – in alle Himmelsrichtungen. Venedig stieg nach der Eroberung von Konstantinopel durch die Osmanen (1453) zum Handelsgiganten am Mittelmeer auf. Die wirtschaftliche Freiheit zog Händler aus ganz Europa an. Am Canal Grande, an der Drehscheibe zwischen Orient und Okzident, errichteten sie ihre Handelshäuser. Begehrte Güter aus dem Morgenland – wie

Seide, Tuch und Silberarbeiten – wurden nach Frankreich, Deutschland, England und sogar bis nach Russland gehandelt. Auf dem Warenmarkt wuchs Europa ökonomisch zusammen, auch im Norden.

Dort entwickelte sich der zunächst lose Verbund der Hanse zu einer wirtschaftlichen und politischen Großmacht, prägte das Bild seiner Städte mitsamt Baustil, verband Menschen verschiedener Sprache und Kultur. Es entstand ein gemeinsamer Markt mit verbindlichen Regeln, eine frühe europäische Wirtschaftsgemeinschaft, wenn man so will. Zum europaweiten Netz der Hanse gehörten im 14. Jahrhundert über 200 Handelsplätze, und ihre Verbindungen reichten von Brügge, Bordeaux und London im Westen bis nach Köln, Nürnberg und Venedig im Süden, im Nordosten nach Nowgorod, Riga und Reval (Tallinn).

War die Hanse so etwas wie ein Vorbote des heute geeinten Europa? »Ich finde, man kann den Bund durchaus mit der Europäischen Union vergleichen«, meint der estnische Historiker Tarmo Saaret. »Mein Land bietet dafür ein gutes Beispiel. Es liegt in der Mitte zwischen Osten und Westen und ist damals wie heute ein wichtiger Transitweg für Waren. Wir bilden heute die Ostgrenze der EU und übernehmen darum in Europa eine wichtige Rolle.«

Ein Europa freier Völker

Einschlägige Europa-Denker der jüngeren Geschichte richteten ihre Entwürfe weniger auf ökonomische Ziele; vielmehr machten ihnen die ständigen Kriege auf dem Kontinent zu schaffen. In seinem *Traktat zum ewigen Frieden* verlieh der französische Abbé de Saint-Pierre im frühen 18. Jahrhundert seiner Vorstellung von einem europäischen Völkerbund Ausdruck. Der Philosoph Leibniz (1646–1716), der Herzog von Sully (1559–1641) und der Philosoph und Quäker William Penn (1644–1718) dachten in die gleiche Richtung. Die westlichen Aufklärer des 18. Jahrhunderts betrachteten den Kontinent als Prüfstand für ihr fortschrittliches Denken. So konstatierte Voltaire optimistisch und »mit Vergnügen, wie sich in Europa eine große Republik der kultivierten Geister bildet«.

Solche Gedanken kursierten zunächst eher in den Salons der Gelehrten, doch zogen sie immer weitere Kreise, richteten sich gegen die bestehende Ordnung, stellten die absolutistisch und klerikal geprägte Herrschaft des *Ancien Régime* infrage. Und die revolutionäre Energie staute sich immer weiter in den Ländern, wo Untertanen die Gier und Willkür ihrer Herrscher nicht mehr ertragen konnten oder wollten.

In Frankreich kam es 1789 mit dem Sturm auf die Bastille zur explosiven Entladung, die Bürger Frankreichs ließen sich von den Verheißungen der revolutionären Dreifaltigkeit begeistern: Freiheit, Gleichheit, Brüderlichkeit. Es war die Botschaft an das kommende Jahrhundert. Es ging um freiheitliche Verfassungen und politische Mitbestimmung, konstitutionelle Monarchie oder Republik, Gleichheit vor dem Gesetz und soziale Gerechtigkeit. Je mehr das Thema Selbstbestimmung in den Fokus rückte, desto eindringlicher stellte sich auch die Frage, ob daraus gar ein einiges Europa freier Völker erwachsen könne.

Ob Dichter und Denker oder Bürger und Bauern – in ganz Europa keimten Hoffnungen auf einen Völkerfrühling. Die Revolutionäre selbst luden Gleichgesinnte nach Paris ein. So konnte Schiller als Ehrenbürger an der fortschrittlichen Gemeinschaft teilhaben, die ganz Europa erfassen sollte. Immanuel Kant plädierte in seinem berühmten Werk *Zum ewigen Frieden* dafür, »das Völkerrecht auf einen Föderalismus freier Staaten« zu gründen.

Claude-Henri de Saint-Simon schrieb, es gelte, »die Völker Europas in einer einzigen politischen Körperschaft zusammenzufassen, ohne dass sie ihre nationale Unabhängigkeit verlieren«. Doch am Ende ver-

■ Die Französische Revolution: Volksmassen bewaffnen sich am Morgen des 14. Juli 1789 im Invalidenhaus zum Sturm auf die Bastille. Gemälde von Jean-Baptiste Lallemand.

schlang die Revolution ihre eigenen Kinder. Radikalisierung, Massenenthauptungen oder der Terror unter Robespierre schreckten nicht nur Adlige, sondern auch viele Bürger ab. Und der Überbringer des Fortschritts, Napoleon, brachte nicht nur den *Code Civil,* sondern auch Krieg über Europa. Nach dem Wiener Kongress stand es nicht besser um das Selbstbestimmungsrecht der Völker. Aus Angst vor Anarchie und Chaos unterdrückten die Mächte den Drang nach Einheit und Freiheit auf dem Kontinent. Aber ließ sich die Zeit zurückdrehen?

1830 kam es in Frankreich erneut zu einer Revolution, ebenso tobten in Deutschland, Polen und Griechenland (unter russischer Herrschaft) Aufstände. Die Forderung nach einer europäischen »Föderation der Republiken« wurde laut. Giuseppe

■ Das Hambacher Fest im Mai 1832. Die freiheitliche Massenkundgebung auf der Maxburg bei Hambach an der Weinstraße gilt als Symbolmoment in der Geschichte der deutschen und europäischen Einigung. Gemälde von Hans Mocznay (1948) nach einem zeitgenössischen Stich.

Mazzini, Verfechter der italienischen Einigung, schrieb 1831 das Manifest für ein »Junges Europa«. Auf dem Hambacher Schloss in der Pfalz forderten mehr als 30 000 Demonstranten 1832 neben bürgerlichen Freiheiten auch ein »conföderiertes republikanisches Europa«. »Mit der ganzen Menschheit ward Brüderschaft getrunken«, rühmte der Dichter Heinrich Heine das internationale Ereignis. Die Vision von einem Europa freier Völker nahm Konturen an. In Anbetracht der politischen Wirklichkeit aber waren solche Vorstellungen hochbrisant. Sie rüttelten an den Thronen der europäischen Monarchen, und diese reagierten einmal mehr mit Repression.

Die Revolution von 1848 erfasste fast ganz Europa. Von Frankreich ausgehend, griff sie auf den gesamten Kontinent über und betraf mit Ausnahme Englands und Russlands nahezu alle größeren Staaten. Die alten Mächte lenkten zunächst ein, wichen zurück.

In der Frankfurter Paulskirche nahm das erste frei gewählte gesamtdeutsche Parlament die Grußadresse der französischen Nationalversammlung gern entgegen. So wie in England und Frankreich wollten auch die Deutschen einen geeinten Staat mit einer freiheitlichen Verfassung erreichen. Doch die Suche nach Lösungen kostete viel Zeit. Die Monarchen nutzten sie, um die Macht zurückzuerobern. In vielen Ländern scheiterten die liberalen, nationalen und sozialen Aufstände an der Widerstandskraft der herrschenden Dynastien und ihrer Armeen. Ob auf deutschem Boden, in Ungarn, Polen, Italien, Österreich oder schließlich auch in Frankreich – am Ende siegte doch die Obrigkeit. Ein freiheitlicher Völkerkongress mit einer gemeinsamen Friedensmission, wie ihn der deutsche Publizist Arnold Ruge noch in der Paulskirche gefordert hatte, entpuppte sich als Illusion. Immerhin: Die Bürger der Schweiz erlangten eine neue Bundesverfassung nach amerikanischem Vorbild. Die deutsche Einheit aber kam erst mehr als zwei Jahrzehnte später, dann jedoch weniger von den Bürgern erkämpft als »von oben« durchgesetzt, in einem Fürstenbund mit einem Kaiser an der Spitze.

Noch im Sog der Revolution hatte der französische Dichter Victor Hugo 1849 eine Rede von prophetischer Qualität gehalten: »Ein Tag wird kommen, wo Ihr, Frankreich, Russland, Ihr, Italien, England, Deutschland, all Ihr Nationen des Kontinents, ohne die besonderen Eigenheiten Eurer ruhmreichen Individualität einzubüßen, Euch eng zu einer höheren Gemeinschaft zusammenschließen und die große europäische Bruderschaft begründen werdet. … Ein Tag wird kommen, wo es keine anderen Schlachtfelder mehr geben wird als die Märkte, die sich dem Handel öffnen, und die Geister, die für die Ideen geöffnet sind.« Der Redner erntete Hohn. Noch war die Zeit nicht reif für eine Gemeinschaft, wie freiheitliche Visionäre sie sich vorstellten – bis dahin sollte es noch weitere 100 Jahre dauern.

Der Weg zur Gemeinschaft

■ Internationale Sozialistische Friedenskonferenz in Stockholm, Juni 1917. Gruppenbild der deutschen Delegation, links am Tisch Friedrich Ebert (SPD), später erster Reichspräsident der Weimarer Republik.

Sozialistische Internationale

Noch eine andere Revolution erfasste Europa, mit kaum absehbaren Folgen. Die Gesellschaft spaltete sich im Lauf der Industrialisierung in zwei Klassen: Auf der einen Seite standen wenige reiche Fabrikanten, die im Besitz des Kapitals waren, auf der anderen Seite die große Masse armer Lohnarbeiter, die nichts besaßen als ihre Arbeitskraft. Aus dem Konflikt erwuchs eine immer bedeutendere politische Bewegung. Ihr wichtigster Vordenker, Karl Marx, schuf zusammen mit dem Fabrikantensohn Friedrich Engels das *Kommunistische Manifest* (1848), das ideelle Rüstzeug für eine länderübergreifende Arbeiterbewegung. Sozialdemokratische und sozialistische Parteien wurden bald zu einer festen Größe in den Parlamenten. So prägte der Denkansatz von Karl Marx, der übrigens von sich selbst behauptete, nie Marxist gewesen zu sein, die europäische Geschichte mehrfach. Die Idee von der Arbeiterklasse verband die Menschen über Grenzen hinweg zu einer Art Schicksalsgemeinschaft. Die Parole »Proletarier aller Länder, vereinigt euch!« grenzte sich vom nationalen Egoismus ab. Die »Sozialistische Internationale« schuf eine Grundlage europäischer Verständigung. Die Schattenseite zeigte

■ Das Werk von Karl Marx eröffnete verschiedene Wege zwischen Kommunismus und Sozialdemokratie. Grundsätzlich galt das Prinzip der internationalen Solidarität.

sich vor allem im 20. Jahrhundert: Da diente das Ideengut auch zur Legitimation für kommunistische Diktaturen, die dazu beitrugen, dem Zeitalter einen totalitären Stempel aufzudrücken. Auf den Zweiten Weltkrieg folgte die Zwangseinigung Ost-(mittel-)europas im Zeichen des Sowjetkommunismus, die bis zum Zerfall des sogenannten Ostblocks andauerte.

Eines aber hatte die Linke schon in der zweiten Hälfte des 19. Jahrhunderts vor Augen: Sie wollte den Frieden unter den Völkern wahren und verhindern, dass Arbeiter auf Arbeiter schießen. Ihre Bemühungen galten dem revolutionären Wandel.

Der Soziologe Pierre-Joseph Proudhon hatte schon 1863 von einer »Föderation der Föderationen« gesprochen; vier Jahre später stand im Programm der von Frédéric Passy gegründeten Internationalen Friedensliga, »dass den vereinigten Staaten von Europa eine Organisation zugrunde gelegt werden muss, welche auf volkstümlichen und demokratischen Institutionen beruht«. Der zweite Genfer Friedenskongress 1868 vertrat ähnliche Ideen. In einer Zeit nationalistischer Rivalitäten und militärischer Konflikte verhallten solche Rufe jedoch.

Auf anderen Gebieten gab es einmal mehr Annäherung durch Wirtschaft und

Handel. Die Industrialisierung beflügelte Export und Import, beides erwies sich als Motor wechselseitiger Beziehungen. Bei den Weltausstellungen, wie in Paris 1900, trafen sich die Vertreter der Völker zur internationalen Leistungsschau in aufwendig gestalteten Pavillons. Der ökonomische Aufschwung schuf die Plattform für neue Partnerschaften und Mobilität über Ländergrenzen hinweg. Die europäische Konjunktur kam auf Hochtouren. Geschäftsleute reisten ins Ausland, um Märkte zu erkunden und Filialen zu gründen. Doch auch das konnte nicht über die Gegensätze in Europa hinwegtäuschen, Misstrauen und Ignoranz ließen die führenden Wirtschaftsmächte in den Ersten Weltkrieg taumeln.

Hoffnung auf den Völkerbund

Nach jener »Urkatastrophe des 20. Jahrhunderts«, nach verheerenden Materialschlachten und sinnlosen Stellungskämpfen, die Europas junger Generation massenweise Tod und Verkrüppelung brachten, schien die Zeit 1918 reif für ein Umdenken. Der amerikanische Präsident Woodrow Wilson schlug zur künftigen Sicherung des Friedens die Bildung eines Völkerbunds vor. Europas Antlitz hatte sich grundlegend gewandelt, die Reiche der Habsburger und der Osmanen sowie die russische Monarchie waren zusammengebrochen; auf den Weltkrieg folgte die Neu- und Wiedergründung zahlreicher Staaten. So stellte ein Bund der Völker zumindest eine Perspektive dar, aus dem Gegeneinander ein Miteinander zu formen. Doch schied sich der Kontinent weiter in Sieger und Besiegte, Deutschland blieb zunächst ausgeschlossen.

Beflügelt durch die sogenannte »Paneuropa«-Idee, nahm eine Bewegung Fahrt auf, die nach der Katastrophe eine konstruktive Antwort für Europa suchte. Sie fand prominente Befürworter, wie Paul Claudel, Thomas Mann, Stefan Zweig, Sigmund Freud, Albert Einstein, die Philosophen José Ortega y Gasset und Salvador de Madariaga und den Komponisten Richard Strauss. Der Gründer der Bewegung, Graf Richard Coudenhove-Kalergi, lud 1926 zu einem Kongress nach Wien ein, wo mögliche Schritte hin zu einem wirtschaftlich, politisch und militärisch eng verbundenen Europa diskutiert werden sollten. Rund 2000 hochrangige Delegierte folgten dem Aufruf, darunter auch Heinrich Mann und Konrad Adenauer; den Ehrenvorsitz übernahm der französische Außenminister Aristide Briand. Coudenhove-Kalergi sah in einem »Paneuropa« auch einen Schritt zur Selbstbehauptung und die Chance, »gleichberechtigte Weltmacht« zu sein mit Amerika, Großbritannien, Russland und Ostasien.

Doch gab es seinerzeit unter den Regierenden nur wenige Brückenbauer. Zu diesen zählte neben Aristide Briand auch Gustav Stresemann. Er wurde deutscher Reichskanzler, als die junge Weimarer Demokratie 1923 ins Chaos stürzte: Frankreich und Belgien besetzten das Ruhrge-

■ Die bei der Konferenz von Locarno (1925) ausgehandelten Verträge wurden im Großen Saal des britischen Außenministeriums in London unterzeichnet.

biet, um Reparationen in Milliardenhöhe zu erzwingen und die Kontrolle über die wichtige Industrieregion zu gewinnen. Die Inflation erreichte ihren Höhepunkt. Kommunistische Aufstände drohten von links, die radikale Rechte forderte eine nationale Diktatur. Doch in etwas mehr als 100 Tagen traf Stresemann als Chef einer großen Koalition richtungsweisende Entscheidungen und rettete damit die Republik. Als Außenminister für weitere sechs Jahre setzte er auf Verständigung mit Frankreich und ermöglichte Deutschland die Rückkehr in die Völkergemeinschaft. Er wusste, dass sein Land nur mit und nicht gegen Europa bestehen konnte. Auf der Konferenz von Locarno wurde der Kurswechsel vom Gegeneinander zum Miteinander vor aller Welt im Oktober 1925 auch vertraglich besiegelt. Die Westgrenzen, wie sie der Versailler Vertrag festgelegt hatte, wurden von Berlin offiziell anerkannt und im Gegenzug die besetzten deutschen Gebiete früher und umfassender geräumt als bis dahin geplant.

Zudem sah der Locarno-Vertrag den Beitritt Deutschlands zum Völkerbund vor.

Sieben Jahre nach dem Krieg war es so weit, der frühere Feind wurde durch die Vollversammlung in Genf feierlich aufgenommen. Stresemann hielt im Palais Wilson historische Ansprachen, warb für ein Europa der Kooperation, nicht der Konfrontation, sprach von »Freiheit, Friede, Einigkeit« und unterstrich, dass militärische Gewalt kein Mittel der Politik mehr sein könne. Im französischen Außenminister fand er einen Partner, der Verständnis für die Lage des Nachbarn zeigte. Aristide Briand rief vor der Völkerversammlung aus: »Weg mit den Kanonen! Freie Bahn für Versöhnung!« Beide Außenminister wurden aufgrund ihres herausragenden Wirkens für die internationale Verständigung 1926 mit dem Friedensnobelpreis ausgezeichnet. Ihnen war jedoch bewusst, dass ihre Völker längst nicht so fortschrittlich dachten wie sie selbst.

Die Weltwirtschaftskrise verschärfte die Spannungen in Europa. Im Deutschen Reich ebnete sie Hitler den Weg zur Macht. Als eine seiner ersten außenpolitischen Maßnahmen betrieb er den Austritt Deutschlands aus dem Völkerbund, er schaffte die Republik ab und stürzte den Kontinent in die größte Katastrophe seiner Geschichte. Drastischer konnte die Welt nicht miterleben, wie Größenwahn, Rivalität, Militarismus und Nationalismus Europa an den Abgrund führten. Und noch während der Kriegshandlungen dachten Köpfe der Opposition gegen Hitler, aber auch Europa-Denker in den Reihen der Alliierten über die Zukunft nach.

Europäische Gemeinschaften

Doch selbst nach dem Zweiten Weltkrieg erhoben sich zunächst nur wenige Stimmen für eine Einigung Europas. General Charles de Gaulle, Frankreichs Nationalheld im Kampf gegen die Deutschen, sagte schon wenige Monate nach der Kapitulation des einstigen »Erbfeindes«: »Franzosen und Deutsche müssen einen Strich ziehen unter ihre Vergangenheit und sich bewusst sein, dass sie Europäer sind.« 1946 rief der britische Ex-Premier Winston Churchill zur Schaffung einer Art »Vereinigte Staaten von Europa« auf.

Vor allem die Politik der neuen Supermächte trug zum Sinneswandel bei. Stalins Macht wirkte derart bedrohlich, dass die USA Westeuropa so schnell wie möglich wieder aufbauen und stabilisieren wollten und auch Westdeutschland mit einbezogen. Dabei ging es vor allem um US-Mittel aus dem Marshallplan zur Wirtschaftshilfe. Bedingung für die Zuwendung war, dass die Westeuropäer miteinander kooperieren. Daraus entstand 1948 die Organisation für europäische wirtschaftliche Zusammenarbeit (OEEC) mit zunächst 16 westeuropäischen Mitgliedern. Sie bot eine Möglichkeit, gemeinsames Handeln schon einmal zu erproben. So war es nicht nur die Erfahrung zweier Weltkriege, die zum Umdenken zwang, sondern auch der aufkommende Kalte Krieg.

Konrad Adenauer, erster Kanzler der Bundesrepublik, sah in der Bindung an Europa die Chance, zumindest den westlichen Teil Deutschlands aus der Isolation herauszuführen, zurück in die Familie freier Völker. Die Bonner Demokratie ging den Weg der Westbindung mit der Aussicht, gleichberechtigter Wirtschafts- und Bündnispartner zu werden. Staatsziel blieb es, die Teilung Deutschlands und Europas friedlich zu überwinden.

Und auch andere Staatsmänner dachten über die Zukunft des Kontinents nach. Winston Churchill und Charles de Gaulle entwickelten die Vorstellung von einer »dritten Kraft«, von einem Europa, das sich möglichst gleichberechtigt neben den USA und der Sowjetunion auf dem internationalen Parkett bewegen sollte. Das war im Zeichen der sich abzeichnenden Spaltung allerdings schwierig.

So galt es, zunächst einmal ein Forum im Westen zu bilden. Dazu wurde die »Europäische Bewegung« ins Leben gerufen, mit hochrangigen Vertretern und Teilnehmern wie Winston Churchill, Léon Blum, Alcide de Gasperi, Paul Henri Spaak und Konrad Adenauer. Vier Jahre nach dem Krieg hoben zehn Gründungsmitglieder den »Europarat« aus der Taufe, um »eine engere Verbindung zwischen seinen Mitgliedern zum Schutze und zur Förderung der Ideale und Grundsätze, die ihr gemeinsames Erbe bilden, herzustellen und ihren wirtschaftlichen und sozialen Fortschritt zu fördern«. Im Mai 1949 wurde das Statut für den Europarat mit Sitz in Straßburg verabschiedet. Damit entstand eine Plattform für gemeinsame Werte, Visionen und Kultur. Aus den Beratungen gingen später richtungsweisende Beschlüsse hervor, wie die »Konvention zum Schutze der Menschenrechte und Grundfreiheiten«, die 1953 in Kraft trat. Sechs Jahre später wurde vom inzwischen erweiterten Kreis der Europaratsmitglieder der Europäische Gerichtshof für Menschenrechte (EGMR) mit Sitz in Straßburg errichtet. Wenn innerstaatliche Rechtsbehelfe erschöpft sind, können sich Bürger direkt an ihn wenden.

Der Europarat, dem heute – nach der Ostöffnung – 47 Mitglieder angehören, stellt allerdings keine institutionelle Stufe der Europäischen Gemeinschaft und Union dar, sondern blieb deren Wegbereiter und späterer Begleiter. Die Organisation blieb

■ Der Palais de l'Europe in Straßburg, Sitz des Europarats, eines Forums, dem heute 47 Staaten angehören; es hat sich besonders der Wahrung von Demokratie und der Menschenrechte verschrieben.

Der Weg zur Gemeinschaft

Am 25. März 1957 unterzeichnen die Regierungschefs von Belgien, Frankreich, Italien, Luxemburg, der Niederlande und der Bundesrepublik Deutschland die Römischen Verträge.

weiterhin zwischenstaatlich, war also nicht supranational angelegt wie EG und EU. Deren institutionelle Geschichte begann mit der Gründung der sogenannten Montanunion Anfang der 1950er-Jahre.

Frankreichs Außenminister Robert Schuman hatte den Vorschlag unterbreitet, Konrad Adenauer und Vertreter weiterer westeuropäischer Regierungen stimmten zu. Die Grundidee war, dem Frieden und dem Miteinander zu dienen, indem man die kriegswichtige Kohle- und Stahlindustrie unter ein gemeinsames Dach brachte. Ein erwünschter Nebeneffekt war die Sicherheit mit und vor Deutschland, denn auch darum ging es damals. So fanden sich 1952 sechs Gründerstaaten, Frankreich, die Bundesrepublik, Italien, Belgien, die Niederlande und Luxemburg, in der ersten europäischen Gemeinschaft, der »für Kohle und Stahl« (EGKS beziehungsweise »Montanunion«), zusammen. Adenauer verkündete: »Jetzt soll Eisen und Stahl die europäischen Völker zu einer Gemeinsamkeit des Handelns und des Denkens zusammenführen.« Schuman blickte zurück auf das Zeitalter der Kriege: »Aus dieser so teuer bezahlten Selbsterkenntnis heraus wollen wir neue Wege beschreiten, die uns hinführen zu einem geeinten und endgültig befriedeten Europa.«

Doch wollten seinerzeit nicht nur ältere Herren die Einigung Europas vorantreiben, sondern auch begeisterte Jugendliche der »Europäischen Bewegung«. Bestens platzierte Wochenschau-Kamerateams filmten die jungen Enthusiasten auf beiden Seiten der deutsch-französischen Grenze, wie sie die Schlagbäume niederrissen und ins Feuer warfen. Ihre Hoffnungen auf eine Abschaffung der Grenzkontrollen erwiesen sich allerdings als verfrüht.

Denn auf die vielversprechenden ersten Schritte der Einigung folgte schon bald Ernüchterung. Der Anlauf zur Gründung einer Europäischen Verteidigungsgemeinschaft, die wiederum die Grundlage für eine politische Vereinigung sein sollte, fand durch das Veto in der Französischen Nationalversammlung im Jahr 1954 ein unsanftes Ende.

Erst drei Jahre später ging es wieder voran. Das Europa der Sechs vollzog 1957 den nächsten entscheidenden Schritt. Dabei war einmal mehr das Kapitol in Rom der Schauplatz der Geschichte. Westdeutschland, Frankreich, Italien und die Benelux-Länder hoben die Europäische Wirtschaftsgemeinschaft (EWG) und »Euratom« (zur friedlichen gemeinsamen Nutzung der Kernenergie) aus der Taufe.

Damit war das Fundament für die Europäische Union von heute gelegt. Und so manifestierten die »Römischen Verträge« einen Epochenwandel. Nach den Jahrhunderten sogenannter Erbfeindschaften, nationaler Rivalitäten und kriegerischer Verwüstungen war es gelungen, den Hebel umzulegen. Dass nach den schlimmsten Vernichtungskriegen der Menschheitsgeschichte ehemalige Gegner den Entschluss fassten, nationale Souveränität schrittweise abzugeben, um sich einer gemeinsamen Sache zu verschreiben, markiert die historische Wende. Das Besondere daran ist, dass es sich nicht nur um eine wirtschaftliche, sondern auch um eine politische Wertegemeinschaft handeln sollte, die sich der Freiheit, dem Frieden und der sozialen Gerechtigkeit verpflichtet fühlte.

Während die Einigung erst einmal nur im Westen und eher überschaubar begann, ist die Gemeinschaft heute viele Etappen weiter; sie ist größer, wurde mehrmals erweitert, ihre Organe verfügen über mehr Kompetenzen, die demokratische Legitimation wurde gestärkt. Zugleich aber ist die EU heute herausgefordert wie nie zuvor.

Der Weg zur Union

Welche Indikatoren und Maßstäbe eignen sich, den Erfolg und Fortschritt zu messen? Ist das Glas 60 Jahre nach den Römischen Verträgen eher halb voll oder halb leer? Ein Blick auf die Entwicklung der EU, auf die Vertiefung und Vergrößerung der Gemeinschaft sowie die damit verbundenen Leitbilder lohnt sich. Auch heute drehen sich die Debatten um gemeinsame Werte, die demokratische Grundierung der Union, die Reichweite der Zuständigkeiten, die Effektivität der Entscheidungsprozesse, die Durchsetzung von EU-Recht und die Bedingungen für künftige Erweiterungen.

Was ihre Ausdehnung betrifft, so brachte es die Europäische Gemeinschaft bis zur Wende 1989 auf immerhin zwölf Mitglieder. Nach Großbritannien, Dänemark und Irland (1973) war Griechenland, das eine Militärdiktatur hinter sich hatte, 1981 zehntes Mitglied geworden. Gerade für die jungen Demokratien erwies sich der Beitritt zur demokratischen Wertegemeinschaft als ein bedeutender Schritt. Portugal und Spanien waren 1986, ebenfalls nach einer Ära autoritärer Herrschaft, beigetreten.

Doch Europa blieb weiter geteilt. Der Rüstungswettlauf machte es zum potenziellen atomaren Schlachtfeld. Die Frage nach den blockübergreifenden Beziehungen stellte sich dringlicher denn je. In der Ära des sozialdemokratischen Kanzlers Willy Brandt sorgte die neue Ostpolitik Bonns für Entspannung – im Zeichen des »Wandels durch Annäherung«. Im KSZE-Prozess ging es um Gewaltverzicht, mensch-

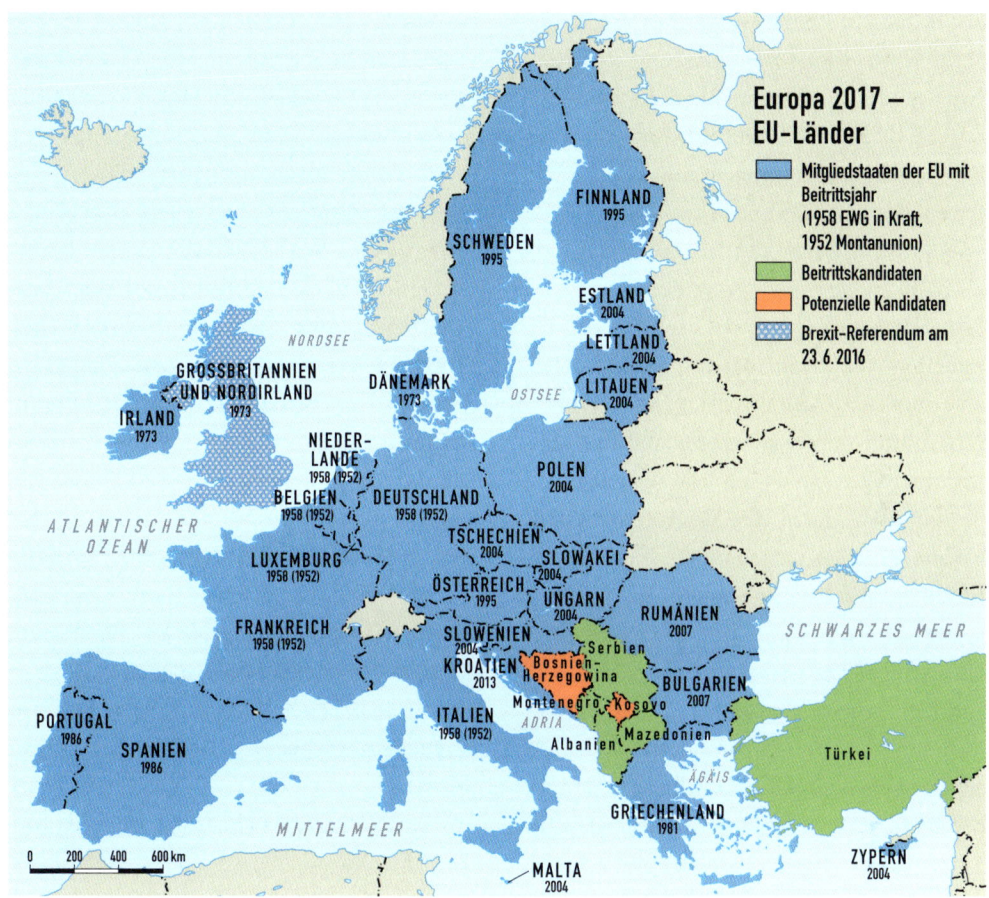

■ Die EU steht vor großen Herausforderungen: Mit dem Brexit will zum ersten Mal ein Mitglied aus der Union austreten. Durch staatliche Repressionen nach dem Putschversuch (2016) rückt ein Beitritt der Türkei in noch weitere Ferne.

liche Erleichterungen, die Einhaltung von Menschenrechten und die Fortsetzung des Dialogs. Die Unterzeichnung der Schlussakte von Helsinki (1975) setzte dafür einen wichtigen Markstein, auch wenn dies am grundsätzlichen Konflikt nichts änderte. All dies geschah neben der Fortentwicklung der Europäischen Gemeinschaft.

Nach dem Fall der Mauer kam das Thema deutsche Wiedervereinigung auf die Agenda. Manche Partner in Europa zeigten sich zunächst irritiert, befürchteten sie doch die Entstehung eines zu mächtigen Deutschland. Vor allem Paris wollte sicherstellen, dass auf die deutsche Einigung auch eine engere Einbindung und Vertiefung der Europäischen Gemeinschaft folgten. Die Einführung einer gemeinsamen Währung bot dafür eine Perspektive. Für die Regierung Kohl waren die Einigung Deutschlands und Europas ohnehin zwei Seiten einer Medaille. Die Wertegemeinschaft der EG blieb sich treu und erlaubte den Deutschen die freie Selbstbestimmung.

Der »Wind des Wandels« sorgte für die zweite große Beitrittswelle: Finnland, Schweden und Österreich traten 1995 der inzwischen in »Europäische Union« (EU) umgetauften Gemeinschaft bei. Weitere zehn mittel-, süd- und osteuropäische Staaten folgten 2004: Polen, die Tschechische Republik, Ungarn, die Slowakei, Litauen, Estland, Lettland, Slowenien, Zypern und Malta, 2007 Rumänien und Bulgarien, 2013 Kroatien. Dass diese Gemeinschaft nach Jahrzehnten Kalten Krieges auch die einstigen Kontrahenten aus dem inzwischen zusammengebrochenen Ostblock aufnahm, erfüllte den Begriff vom »gemeinsamen europäischen Haus« mit Leben, selbst wenn es innerhalb der vier Wände immer wieder zu Turbulenzen kommen sollte.

Bemerkenswert war noch eine andere Entwicklung, in ökonomischer Hinsicht, ein Mittelweg zwischen Markt und Plan, zwischen Liberalismus und Zentralismus: die soziale Marktwirtschaft, der Sozialstaat. Es ist ein europäischer Weg, der im Westen seinen Anfang nahm und nun – wenn auch in Abstufungen – zum Markenzeichen des gesamten Kontinents wurde.

Mit der nunmehr erreichten Größe stieß die Gemeinschaft allerdings an Grenzen. Das Problem, unter so vielen Partnern Übereinstimmung zu erzielen, ist unverkennbar, gerade heute, angesichts so eminenter Streitthemen wie Finanzkrise, Flüchtlingspolitik, Rechtspopulismus oder in Anbetracht der Herausforderungen durch Putins Machtansprüche und Trumps Unberechenbarkeit. Mit dem Brexit will erstmals ein Mitglied aus der Union austreten, mit für beide Seiten unabsehbaren Folgen, wenngleich auch weitere Exit-Drohungen seit den Wahlen in den Niederlanden und in Frankreich nicht mehr akut erscheinen. Der nächste in Rede stehende Schritt zur Erweiterung der EU, etwa die Aufnahme der Türkei, ist aufgrund der Einschränkung von Grundrechten im Staat am Bosporus in weitere Ferne gerückt. Prinzipiell ist die Union für alle Staaten Europas weiterhin offen, sofern sie neben wirtschaftlichen Voraussetzungen eben auch die gemeinsamen Wertvorstellungen teilen.

Gemeinsame Werte

Der Wertekanon der EU ist verbindlich festgeschrieben. Der Vertrag von Lissabon fasst ihn in Artikel 2 zusammen: »Menschenwürde, Freiheit, Demokratie, Gleichheit, Rechtsstaatlichkeit und die Wahrung der Menschenrechte einschließlich der Rechte der Personen, die Minderheiten angehören«. Diese Werte seien »allen Mitgliedstaaten in einer Gesellschaft gemeinsam, die sich durch Pluralismus, Nichtdiskriminierung, Toleranz, Gerechtigkeit, Solidarität und die Gleichheit von Frauen und Männern auszeichnet«.

Diesen Anspruch spiegelt auch die »Charta der Grundrechte der Europäischen Union«. Sie gewährleistet den Grundrechteschutz, ist völkerrechtlich verbindlich und einklagbar, ist der Maßstab, an dem sich alle EU-Mitglieder messen lassen müssen. Das bedeutet auch, Partner gegebenenfalls in die Pflicht zu nehmen, wenn – wie etwa in Polen – die Unabhängigkeit der Medien oder der Justiz infrage gestellt wird.

Wie aber steht es neben der Wertbindung um die Qualität und den Grad der »Integration«? Supranational oder intergouvernemental, gemeinschaftlich oder zwischenstaatlich? Beide Prinzipien kommen in der EU auf unterschiedlichen Ebenen zum Tragen, mal überwiegt das eine, mal das andere. Blieben der Europarat oder die UNO stets ein Forum eigenständiger Partner, so haben die Staaten in der EU wichtige Hoheitsrechte auf die Gemeinschaft und ihre Organe übertragen – das entspricht dem übernationalen Prinzip. Die Union ist inzwischen Völkerrechtssubjekt mit einer Unionsbürgerschaft ergänzend zur Staatsbürgerschaft und darf internationale Übereinkünfte im eigenen Namen aushandeln und schließen, zumindest im Rahmen der vertraglich zugewiesenen Kompetenzen. Greifen in den Bereichen Binnenmarkt, Zollunion, Außenhandel vor allem gemeinschaftliche Mechanismen, so sind es etwa auf dem Feld der Außen-, Sicherheits- und Rüstungspolitik eher zwischenstaatliche Vereinbarungen, welche die Partner zum Handeln ermächtigen.

Zuständigkeiten der EU

Das zielt auch auf die Frage der Zuständigkeiten der Union. Die EU darf nur im Rahmen der Befugnisse tätig werden, die ihr von den Mitgliedsländern durch Verträge (wie die von Rom, Maastricht, Nizza und Lissabon) zugestanden wurden. Drei Vari-

---

DER RAT FÜR GEGENSEITIGE WIRTSCHAFTSHILFE (RGW)

Im Januar 1949 gründete die Sowjetunion gemeinsam mit Polen Rumänien, Bulgarien, Ungarn und der Tschechoslowakei den RGW, auch als Antwort auf die beginnende Integration Westeuropas im Zeichen des Marshallplans. Die DDR und weitere Staaten traten später bei. Ziel war, unter der Regie der UdSSR einen unabhängigen »sozialistischen Weltmarkt« zu schaffen.

Um die nationale Produktion nach überregionalen Schwerpunkten auszurichten, erfolgte eine Abstimmung der Wirtschaftspläne unter den Mitgliedstaaten. Die arbeitsteilige wirtschaftliche Produktion setzte etwa Mitte der 1950er-Jahre ein. Im Gegensatz zur EWG gab es keine Übertragung von Hoheitsrechten, die Abstimmung erfolgte auf zwischenstaatlicher Ebene.

Das Plenum des Europäischen Parlaments in Straßburg. Seit der ersten Direktwahl 1979 hat die europäische Volksvertretung viele Befugnisse hinzugewonnen.

anten sind dabei zu unterscheiden: Zuständigkeiten, die allein in der Kompetenz der EU liegen, diejenigen, die sich die Union und die Mitgliedstaaten teilen, und jene, die den Mitgliedstaaten vorbehalten sind, aber von der Gemeinschaft unterstützt oder gefördert werden.

Grundsätzlich gilt das Prinzip der Subsidiarität. Der Arm der EU soll vor allem dorthin reichen, wo Aufgaben auf europäischer Ebene eindeutig besser zu lösen sind als auf der nationalen (oder regionalen). So kann in den Bereichen ausschließlicher Zuständigkeit allein die EU gesetzgeberisch tätig werden, etwa bei Regelungen zur Zollunion, bei Wettbewerbsfragen innerhalb des Binnenmarkts, beim Außenhandel. Für die Währungspolitik gilt dies, sofern es die Länder des Euroraums betrifft, denn mit der Einführung des Euro haben die beteiligten 19 Staaten ihre Souveränitätsrechte in Währungsfragen auf die Europäische Zentralbank übertragen, die ihren Sitz in Frankfurt am Main hat.

Geteilte Zuständigkeit im Rahmen der EU gibt es dort, wo sowohl die Gemeinschaft als auch die Mitgliedstaaten über rechtliche Befugnisse verfügen. Zu den »gemischten« Bereichen zählen unter anderem Aspekte der Sozial- und Regionalpolitik, des Umweltschutzes und der Energie, der Gesundheit und der Entwicklungshilfe. Oft berühren Politikfelder mehrere Ebenen, etwa beim Verbraucherschutz. Ein viel zitiertes Beispiel ist der Schutz der Nichtraucher. Das Verbot von Zigarettenwerbung, etwa in den elektronischen Medien, wird durch europäisches Recht geregelt, da Fernsehen überall empfangbar ist. Das Rauchverbot in den Gaststätten hingegen bleibt der nationalen Gesetzgebung überlassen, weil der blaue Dunst einer Kneipe wohl nur schwerlich über eine Staatsgrenze hinweg wabern kann.

Unterstützend und koordinierend kann die EU in fast allen Bereichen der Politik, ob Kultur, Tourismus, Bildung, Jugend, Katastrophenschutz oder Sport, tätig werden. Hin und wieder kommt es bei Kompetenzen zu Konflikten. So hat der Europäische Gerichtshof 1995 entschieden, dass Fußballprofis nach Vertragsablauf ablösefrei sein müssen. Die Richter wollten damit nicht auf das sportliche Eigenleben in den EU-Ländern einwirken, sondern hatten in diesem Fall eher die Freizügigkeit der Kicker als Beschäftigte im Blick – und dafür sahen sie sich zuständig.

Für den EU-Bürger scheint dies oft nur schwer durchschaubar. Wer ist da wofür verantwortlich? Das betrifft auch die viel bestaunte Regulierungs- und Standardisierungswut der EU in Alltagsdingen, ob es um Form und Ausmessungen von Salatgurken oder Bananen, die Beschaffenheit von Glühbirnen und Viehställen oder um Schallpegel von Rasenmähern geht. Und doch gehört all das zum Ganzen, es bleibt ein ambivalentes Erscheinungsbild.

Gemeinsame Politik

Im Lauf der Jahrzehnte hat die EU ihre Kompetenzen erweitert. Der Auftrag der Verträge von Rom 1957, die Errichtung des gemeinsamen Marktes und die Annäherung der Wirtschaftspolitiken, wurde schrittweise erfüllt. Dazu zählen die Durchsetzung der grundlegenden Freiheiten von Personen-, Waren-, Dienstleistungs- und Kapitalverkehr, die Möglichkeit der freien Niederlassung und Beschäftigung sowie Maßnahmen zur Harmonisierung der Steuersysteme.

Die Schengener Abkommen zwischen 1985 und 1990 ermöglichten den Abbau der Personenkontrollen an den gemeinsamen Grenzen. Inzwischen haben sich die Mehrheit der EU-Staaten, aber auch Länder außerhalb der Gemeinschaft wie die Schweiz angeschlossen. Die Einführung der gemeinsamen Währung war das wichtigste Vorhaben nach der Gründung der Europäischen Union, trotz der Skepsis aufgrund der unterschiedlichen ökonomischen Voraussetzungen bei den Partnern. Inzwischen zählt die EU als Wirtschafts- und Währungsraum zur Weltspitze.

Dem Ziel, das Wirtschaftsgefälle auszugleichen, gilt die Regionalpolitik der EU, die die weniger entwickelten europäischen Regionen unter anderem mithilfe des Europäischen Sozialfonds fördert. Derzeit belaufen sich die Transferleistungen auf etwa

Gruppenbild zum Vertrag von Lissabon 2007, einem Reformpaket für das Europa des 21. Jahrhunderts, das auch die demokratische Kontrolle und Beteiligung in der EU stärkt.

ein Drittel aller EU-Ausgaben. Im Zuge der Osterweiterung kamen sie vor allem den neuen deutschen Bundesländern und den früheren Ostblockstaaten zugute. Selbstverständlich gab und gibt es auch hier immer wieder Rangeleien um die Verteilung, aber der Fonds hat sich als Zuschussgeber für Entwicklungen immer wieder bewährt.

Kerngeschäft war von Beginn an auch die gemeinsame Agrarpolitik, die die Existenz der Landwirte und die Versorgung der Verbraucher mit hochwertigen Nahrungsmitteln sichern sollte. Garantieabnahmen und -zahlungen schufen dafür die Grundlage. Deren Abbau führte allerdings zu heftiger Kritik, vor allem bei den Bauernverbänden.

Umweltpolitisch setzt die EU durch Verordnungen zur Verringerung der Treibhausgasemissionen Akzente; immer wieder geht es um die Definition und Einhaltung gemeinsamer Standards. In der Atompolitik beschreiten die Partner nur zum Teil gemeinsame Wege. Bei der Nutzung der Kernenergie zeigt sich ein deutlicher Dissens zwischen den Verfechtern des Atomausstiegs und denen des Ausbaus.

In Zeiten rapide fortschreitender Globalisierung hat sich die EU zudem mehr denn je der Frage zu stellen, wie sie künftig ihre Außen- und Sicherheitspolitik zu gestalten

DIE EUROPÄISCHE SICHERHEITS- UND VERTEIDIGUNGSPOLITIK

Die Frage nach der europäischen Sicherheits- und Verteidigungspolitik stellt sich schon seit Anbeginn. Die Bildung einer europäischen Verteidigungsgemeinschaft war 1954 gescheitert, doch spannten die USA ihren Schutzschirm auch über Westeuropa. Die Osterweiterung der NATO um Polen, Ungarn und die Tschechische Republik (1999) sowie die Aufnahme von Bulgarien, Estland, Lettland, Litauen, Rumänien, Slowakischer Republik und Slowenien (2004) haben die sicherheitspolitische Achse Europas deutlich nach Osten, bis an die Grenze Russlands verschoben. Derzeit stehen der EU für militärische Operationen sogenannte Battle Groups zur Verfügung, schnelle Eingreiftruppen in meist multinationalen Verbänden von mindestens 1500 Soldaten. Sie sollen binnen zweier Wochen in einem Radius von 6000 Kilometern, von Brüssel aus gerechnet, eingesetzt werden können.

EU-Kommissionspräsident Jean-Claude Juncker sieht drei Optionen für die Zukunft: Neben einem »Weiter so wie bisher« die Schaffung einer »militärischen Macht« in Ergänzung, nicht aber in Konkurrenz zur NATO. Der dritte Weg führe in die Bereitschaft, eigenständige militärische Operationen mit gemeinsamen Truppenverbänden zu ermöglichen.

gedenkt. Symptomatisch verlief die Debatte zur Rolle des Außenbeauftragten der Union. War zunächst von einem EU-Außenminister der Rede, fand diese Bezeichnung, als es zur Entscheidung kam, nicht die Zustimmung aller Mitgliedstaaten. »Hoher Vertreter der Union für Außen- und Sicherheitspolitik« lautet nunmehr die offizielle Amtsbezeichnung, ein EU-typisches Wortungetüm. Nach wie vor handelt es sich um keine eigenständige, sondern um eine weiterhin durch die Mitgliedstaaten kontrollierte Position. Die derzeitige »Außenbeauftragte«, die Italienerin Federica Mogherini, ist gleichzeitig Vizepräsidentin der EU-Kommission und verfügt immerhin über einen eigenen Apparat, den »Auswärtigen Dienst«. Eigenständig entscheiden kann sie jedoch nicht; vielmehr bestimmen die Außenminister der Nationalstaaten über die Richtung und stecken den Rahmen ab.

Die Liste der Krisenherde, die Europa auf die Probe stellen, wird immer länger: Ex-Jugoslawien, Afghanistan, der Irak, die Ukraine, Libyen und Syrien – bei der Bewertung gab es meist Konsens in der EU, nicht jedoch im Hinblick auf zu ergreifende Maßnahmen. Beim Angriff der USA auf den Irak etwa (2003) schlossen sich einige Staaten (wie Großbritannien, Italien und Polen) der »Koalition der Willigen« an, andere EU-Mitglieder (wie Deutschland und Frankreich) lehnten das ab.

Nach wie vor verfügt die EU über keine eigene Armee, kein eigenes Bündnis und keine größeren militärischen Interventionskräfte wie etwa die USA. Washington erhöhte schon in den 1990er-Jahren den Druck auf die EU, bei der internationalen Friedenssicherung und Krisenbewältigung größere weltpolitische Verantwortung zu übernehmen. Die EU kann jedoch allenfalls – je nach Beschlusslage – auf Streitkräfte der Mitgliedstaaten zurückgreifen, welche von Fall zu Fall und eigenständig über die Bereitstellung entscheiden. In Deutschland erfordert dies die Zustimmung des Bundestags.

Seit 2009 können bei einem bewaffneten Angriff auf das Hoheitsgebiet eines Partners die anderen Mitgliedstaaten um Unterstützung gebeten werden. Sie haben dann, im Einklang mit der UN-Charta, alle in ihrer Macht stehende Hilfe und Unterstützung zu gewähren. Zum ersten Mal wurde dies von Frankreich nach den Terroranschlägen des 13. November 2015 in Anspruch genommen.

Derzeit bauen die EU-Staaten eine gemeinsame militärische Kommandozentrale für Auslandseinsätze auf. Damit werde die Sicherheits- und Verteidigungsunion konkret, so Bundesverteidigungsministerin Ursula von der Leyen (CDU). Frankreichs Ex-Präsident François Hollande sieht nach der Wahl Donald Trumps zum US-Präsidenten Handlungsbedarf: »Europa muss jede Abhängigkeit vermeiden, die uns der Unterwerfung ausliefern würde.« EU-Außenbeauftragte Mogherini versteht dies als Flankierung der nationalen Streitkräfte: »Dies ist keine europäische Armee, sondern es geht um einen effektiveren Umgang mit unserer militärischen Arbeit.«

Die Organe der Union

Wer aber bestimmt über die zu treffenden Maßnahmen? Welche Organe der EU sind dafür zuständig, und wie weit reichen ihre Befugnisse?

Höchstrangig besetzt ist der Europäische Rat, in dem die Staats- und Regierungschefs der Mitgliedstaaten zusammenkommen. Er bestimmt die Leitlinien für den europäischen Integrationsprozess, vor allem in den Bereichen Außen- und Sicherheitspolitik, aber grundsätzlich auf allen Politikfeldern. Die Ratsmitglieder wählen aus ihrem Kreis einen Präsidenten und Sprecher, seit 2014 ist es der Pole Donald Tusk.

Der Rat der Europäischen Union, auch Ministerrat genannt, mit Sitz in Brüssel, fungiert im Zusammenwirken mit dem Europäischen Parlament als Gesetzgeber der EU; er ist sozusagen das Oberhaus der Legislative. Mit je einem Mitglied pro EU-Staat im Ministerrang handelt es sich um das eigentliche Entscheidungsgremium. Entsprechend den klassischen Ressorts tagen mehrmals im Jahr jeweils der Rat der Außenminister, der Umweltminister, der Wirtschaftsminister etc. und stimmen über die Verordnungen und Richtlinien zu ihren Bereichen ab. Die Teilnehmer sind befugt, für die Regierung ihres Mitgliedstaates verbindlich zu handeln, ob es dabei um Finanzen oder Außenhandel, Sozialpolitik oder Verbraucherschutz geht, um Energie, Telekommunikation, Landwirtschaft oder Fischerei.

Der Modus der Abstimmung bestimmt wesentlich die Handlungsfähigkeit der EU: Wie viele Staaten müssen mit Ja votieren, um verbindliches europäisches Recht zu schaffen? Auch hier gibt es Fortschritte. Seit 2014 gilt das Prinzip der doppelten Mehrheit. Für eine positive Entscheidung im Rat ist ein Stimmenanteil von 55 Prozent der Mitgliedstaaten erforderlich (in der Praxis also 16 Staaten), die allerdings mindestens 65 Prozent der EU-Bevölkerung umfassen müssen. Mindestens vier Ratsmitglieder, die insgesamt mehr als 35 Prozent der EU-Bevölkerung repräsentieren, können eine Sperrminorität bilden.

Einstimmigkeit ist nur noch in wenigen, aber wichtigen Bereichen erforderlich: bei Maßnahmen der Sicherheits- und Außenpolitik etwa, in der Frage neuer EU-Mitgliedschaften, bei der Harmonisierung von Steuern, der EU-Finanzen und Sozialpolitik. Bei der Festlegung von Quoten für die Verteilung von Flüchtlingen kam es zum Streit. Der Rat der Innenminister hatte im September 2015 die Flüchtlingsquoten per Mehrheitsentscheidung festgelegt, gegen die Stimmen Ungarns, der Slowakei, Tschechiens und Rumäniens. Deren Regierungen sahen darin ein »Diktat aus Brüssel« und zweifelten die Rechtsgrundlage dieses Mehrheitsvotums an Sie zogen vor den Europäischen Gerichtshof und plädierten für eine einstimmige Entscheidung.

Die Europäische Kommission mit Sitz in Brüssel gilt als Wächterin über die Verträge. Ihr Apparat entspricht dem einer Regierung mitsamt Ministerien. Sie ist das ausführende Organ der Union mit weitreichenden Initiativ-, Gesetzgebungs-, Verwaltungs- und Kontrollbefugnissen. Die 28 Kommissare (je einer pro EU-Land) werden von den EU-Staaten nominiert und bekleiden jeweils ein Fachressort, wie Wirtschaft, Haushalt, Finanzen, Soziales, Sicherheit etc. Von den höchsten EU-Beamten werden Unabhängigkeit in den Entscheidungen und gemeinsames Handeln im Interesse der Union erwartet.

Immer wieder gibt es Kritik, dass die »Regierungsmitglieder« der EU nicht demokratisch gewählt, sondern von den Regierungen der Staaten vorgeschlagen werden. Deshalb hat man dem Parlament bei der Ernennung und Kontrolle der Kommission inzwischen erhebliche Mitspracherechte eingeräumt. Wer Kommissionspräsident werden will, braucht die Bestätigung durch die Mehrheit der Versammlung. Ein Misstrauensvotum des Parlaments kann die gesamte Kommission zum Rücktritt zwingen.

Im Mai 2014 konnten die EU-Bürger zum achten Mal das Europäische Parlament direkt wählen. Durch den Vertrag von Lissabon (2009 in Kraft getreten) erfuhr es eine deutliche Stärkung. Als demokratisch legitimiertes Repräsentativorgan mit derzeit 751 Abgeordneten, die für fünf Jahre gewählt wurden, vertritt es die Gesamtheit der EU-Bürger und ist gemeinsam mit dem Ministerrat Gesetzgeber der Union. Das Parteienspektrum erinnert an das der nationalen Parlamente. Schon früh schlossen sich Parteien aus den Ländern zu Bünden im EU-Plenum zusammen. Neben Christdemokraten (EVP), Sozialdemokraten und Liberalen bilden auch Grüne, Konservative, Linke und Rechtspopulisten (ENF: Europa der Nationen und der Freiheit) gemeinsame Fraktionen im Europäischen Parlament, das in Straßburg und Brüssel tagt.

So spiegelt sich dort auch die europäische Wirklichkeit. Zu den Erfahrungen gehört daher, dass sich selbst auf dem europäischen Forum Stimmen gegen den Euro und die Einwanderungspolitik, für Einreiseverbote und die Wiedereinführung der Grenzkontrollen erheben.

Zunächst firmierte das Parlament nur als Beratungsorgan, da ihm wesentliche Funktionen – etwa in der Gesetzgebung und dem Budgetrecht – fehlten. Dies gab der Debatte um das Demokratiedefizit der EU immer neue Nahrung. Doch seit der ersten Direktwahl 1979 hat das Europäische Parlament schrittweise Kompetenzen hinzugewonnen. Sie reichen heute – etwa beim Erlass von EU-Richtlinien und Verordnungen – von der Anhörung bis zum Vetorecht. In der Regel findet das sogenannte »gleichberechtigte Mitentscheidungsverfahren« Anwendung, in dem Parlament und Ministerrat über gleiche Rechte bei der

DER EUROPÄISCHE GERICHTSHOF

Über das Recht der Europäischen Union hat der Europäische Gerichtshof (EuGH) zu wachen. Er ist für die Auslegung und Anwendung des Gemeinschaftsrechts zuständig, vor allem dafür, dass das EU-Recht in allen Mitgliedsländern auf die gleiche Weise umgesetzt wird. Zudem entscheidet das höchste europäische Gericht auch bei Rechtsstreitigkeiten zwischen nationalen Regierungen und EU-Institutionen und annulliert gegebenenfalls EU-Rechtsakte, sollten sie gegen geltende Verträge oder Grundrechte verstoßen. Es können sich aber auch Privatpersonen, Unternehmen oder Institutionen an den Gerichtshof wenden, wenn sie ihre Rechte beeinträchtigt sehen. EU-Recht bricht in festgelegten Bereichen nationales Recht. Dabei ist zu unterscheiden zwischen Verordnungen und Richtlinien. Ersteren ist in der gesamten EU unmittelbar Geltung zu verschaffen, bei den Richtlinien handelt es sich um Weisungen an die EU-Staaten, nationale Gesetze so zu ändern, dass die von der EU angestrebten Ziele erreicht werden. So hat die EU etwa im Fall des Tabakwerbeverbots die Bundesregierung wegen Verzögerungen aufgefordert, den Nichtraucherschutz umgehend gesetzlich festzulegen. Berlin hat bald reagiert, um Sanktionen zu vermeiden.

Gesetzgebung verfügen. Dies gilt auch für die Verabschiedung des EU-Haushalts. Mit absoluter Mehrheit kann das Europäische Parlament sogar einen Gesetzesvorschlag ablehnen.

Die Debatten dauern an, ob all das zur demokratischen Legitimation der Europäischen Union genügt und der Durchsetzung der gemeinschaftlichen Interessen neue Schubkraft verleiht.

Staatenbund – Bundesstaat

Im Urteil des Bundesverfassungsgerichts, das die Vereinbarkeit des Vertrags von Lissabon mit dem Grundgesetz überprüfte, heißt es: »Die europäische Vereinigung auf der Grundlage einer Vertragsunion souveräner Staaten darf nicht so verwirklicht werden, dass in den Mitgliedstaaten kein ausreichender Raum zur politischen Gestaltung der wirtschaftlichen, kulturellen und sozialen Lebensverhältnisse mehr bleibt.« So achten die Karlsruher Richter weiterhin auf eine Balance zwischen nationalen und gemeinschaftlichen Zuständigkeiten. Das Urteil löste unterschiedliches Echo aus. Volker Kauder erklärte für die CDU/CSU-Bundestagsfraktion: »Wir begrüßen die Entscheidung des Gerichts. Das wegweisende Urteil wird seine Bedeutung in ganz Europa entfalten.« Dagegen bean-

■ »Europa«, das ist nicht nur eine namengebende Mythengestalt, es ist auch eine Frage der Gleichberechtigung. 2016 erhielt der Schüler Jonas Thie für dieses Bild eine Auszeichnung beim Europäischen Wettbewerb. Kreativ lernend Europa entdecken und mitgestalten ist das Ziel dieses Wettbewerbs, der 1953 gegründet wurde und jährlich über 85 000 Teilnehmerinnen und Teilnehmer an bundesweit rund 1200 Schulen erreicht. © Europäischer Wettbewerb / Jonas Thie.

Sie geben der stillen Mehrheit für Europa eine Stimme: die Initiative *Pulse of Europe*.

standete der frühere Bundesaußenminister Joschka Fischer (Bündnis 90 / Die Grünen): »Im Namen der Verteidigung des Demokratieprinzips ruft unser höchstes Gericht faktisch dazu auf, auf die intergouvernementale Zusammenarbeit zu setzen und die Finger von weiteren Integrationsschritten zu lassen.« Kritisch äußerte auch der langjährige Bundesaußenminister Hans-Dietrich Genscher (FDP), das Urteil verstricke sich »in fast seminaristischer Weise in die Gegenüberstellung von Staatenbund und Bundesstaat«. Die EU aber sei eine Rechtsfigur *sui generis,* ein Gebilde eigener Prägung, nämlich »die schicksalhafte Verbindung der europäischen Völker, die sich in der Dynamik des europäischen Integrationsprozesses immer stärker aufeinanderzubewegen«.

Eher Staatenbund oder Bundesstaat? Mehr Demokratie für die EU oder nicht? Neue Zuständigkeiten – ja oder nein? Die Debatte um die Leitbilder wird andauern. Aber die Zeitreise durch die europäische Geschichte zeigt, wie viel inzwischen erreicht wurde. Je größer die »Flughöhe« der historischen Betrachtung, desto deutlicher ist erkennbar, welche beachtliche Wegstrecke die Mitgliedstaaten inzwischen zurückgelegt haben; gemeinsam vollzogen sie die Kehrtwende vom Schlachtfeld zur Union. Europa hat aus seiner wechselvollen Geschichte gelernt: das Streben nach Vorherrschaft, nach Gleichgewicht unter Rivalen, die Abgrenzung und Abschottung von anderen, all das hatte keinen Bestand. Aus dem Gegeneinander und Nebeneinander wurde ein Miteinander. Dafür erhielt die EU den Friedensnobelpreis. Nach Umfragen steht die Mehrheit ihrer Bürger hinter der Union. Mit der Initiative *Pulse of Europe* beginnt die Basis, sich Gehör zu verschaffen, mit einer Kernbotschaft: Auf sich bezogene Nationalstaaten wären in den Konflikten des 21. Jahrhunderts wohl kaum in der Lage, Probleme von globaler Reichweite zu lösen. Als Union hat Europa immerhin eine Chance. So gesehen, erscheint das Glas eher halb voll als halb leer.

WORAN WIR GLAUBEN — WAS WIR DENKEN

Es sind diverse Zutaten, die das ideelle Fundament Europas ausmachen: der antike Humanismus, die griechische Demokratie, das römische Recht und das Christentum, das aus dem Judentum hervorging – in seiner römisch-katholischen, orthodoxen oder reformatorischen Ausprägung. Hinzu kommen neuzeitliche Strömungen, wie die Aufklärung, der Liberalismus, der Nationalismus, schließlich der Kapitalismus und der Kommunismus, mit ihren Variationen und extremen Übersteigerungen.

Es sind historische Ideengebilde, die von Denkern und Lenkern entworfen, von Konfessionen und Bewegungen entwickelt, aus den Verhältnissen und Zwängen der Zeiten heraus geboren wurden. Sie haben Europa gerade in ihrer Widersprüchlichkeit zu dem gemacht, was es ist: zu einem Kontinent ideeller Vielfalt und der Kontraste, aber auch der Abgründe und der ewigen Suche nach einer gemeinsamen Idee.

IDEENKOSMOS EUROPA

»Es gibt drei Hügel, von denen das Abendland seinen Ausgang genommen hat«, meinte der erste Bundespräsident Theodor Heuss im Jahr 1950: »Golgatha, die Akropolis in Athen, das Kapitol in Rom … und man darf alle drei, man muss sie als Einheit sehen.« Weitere Orte lassen sich hinzufügen, die zum Symbol wurden für die geistige Prägung Europas, für helle und dunkle Kapitel der Geschichte unseres Kontinents: Paris für die Französische Revolution, das britische Manchester für den Kapitalismus, St. Petersburg beziehungsweise Petrograd für den kommunistischen Umsturz oder das Parteitagsgelände in Nürnberg als Sammlungsort der NS-»Weltanschauung«, schließlich Auschwitz für das von Hitler-Deutschland entfesselte Menschheitsverbrechen, ein Ort, der zum Ausgangspunkt für das Streben der Völker wurde, keinen Genozid mehr zuzulassen.

Keineswegs entstanden die Glaubenslehren und Denkgebäude nur in Europa, doch entfalteten sie meist hier oder von hier aus ihre prägende Wirkung: etwa das Bild vom freien Menschen in den Bürgerversammlungen Athens, in der Hoffnung, dass die Demokratie eine Gesellschaft überlegen mache, dann die Erfahrung der Rechtsordnung des Römischen Imperiums, das viele Völker umspannte, schließlich der christliche Glaube, nachdem der Apostel Paulus die Botschaft Jesu in die Welt getragen hatte.

Der Siegeszug der Aufklärung begann im neuzeitlichen Frankreich, nahm in den USA Fahrt auf und kehrte sogleich auf den »alten Kontinent« zurück, verbunden mit der Vorstellung von unveräußerlichen Menschenrechten. Das aufgeklärte Denken bahnte sich seinen Weg von den Höfen und Salons der Aristokratie in die Mitte des Bürgertums – und am Ende auf die Straßen. Der aufgeklärte Absolutismus stand für die Reform »von oben«, die Revolution für den Umsturz »von unten«. Der Kapitalismus, in Reinform zunächst vom Mutterland Großbritannien herrührend, ist ebenso europäischer Provenienz wie die Lehre von Karl

Marx und Friedrich Engels, der Kommunismus. Es waren immer wieder krasse Gegensätze, die der Kontinent im ideellen Ringen um Antworten auf große Zeitfragen hervorbrachte, in deren Sog manchmal die ganze Welt geriet – im Guten wie im Schlechten. Doch kam es auch immer wieder zu einer Synthese zwischen den Extremen, zu typisch europäischen Erfindungen wie dem Völkerrecht, den Grundrechten, der Sozialen Marktwirtschaft, dem Föderalismus oder der Integration souveräner Staaten in einem übergeordneten Gebilde wie der Europäischen Union.

PAULUS UND DAS CHRISTENTUM

Der Begriff »christliches Abendland« ist strapaziert – und schwer zu fassen. Mal wird er als pauschale Beschreibung unserer Kultur verstanden, mal erweckt er den Anschein einer Kampfansage. Doch ohne Christentum gäbe es sicher nicht das Europa, wie wir es heute kennen. Von den rund 511 Millionen Einwohnern der EU sind laut Statistik rund 76 Prozent Christen, von der etwa Dreiviertelmilliarde Menschen, die auf dem gesamten Kontinent leben, sind es um die 500 Millionen. Unsere europäische Kultur und unser Wertesystem sind ohne das christliche Bekenntnis mitsamt seinen jüdischen Ursprüngen kaum vorstellbar. Dabei war Europa nicht die Wiege des Glaubens, es wurde vielmehr zum Christentum bekehrt.

Doch wie wurde Europa christlich? Wie gelang es einer »obskuren Sekte aus Galiläa«, so der Journalist Dirk Schümer, nicht nur die Menschen im Römischen Reich zu überzeugen, sondern auch die Wikinger im Norden, die unterschiedlichsten Germanenstämme und die Slawen im Osten? Wie ist es zur Christianisierung dieses Kontinents, diesem »Jahrtausendereignis«, gekommen? Eher durch Gewalt oder durch Überzeugung?

Von der Sekte zur Weltreligion

Die entscheidende Rolle bei der Entstehung des Christentums spielte zunächst der Religionsstifter Jesus von Nazareth. Selber von Geburt an Jude, hatte er zunächst die Erlösung der Glaubensbrüder im Blick, gefolgt von jenen, die von seinem Leben erzählten, von seinem Wirken, Sterben und Wiederauferstehen. Zu diesen gehörte Paulus von Tarsus, der mehr als nur Zeugnis ablegte; er gilt als der bahnbrechende Missionar der frühen christlichen Kirche, trug den Glauben an den gekreuzigten und auferstandenen Jesus hinaus in die Welt – und löste das Bekenntnis zu ihm aus dem jüdischen Umkreis heraus. Paulus verkündete die Botschaft, dass Jesus Erlöser für alle Menschen sei und nicht nur für eine religiöse Gemeinschaft. Das ermöglichte der »galiläischen Sekte«, sich auszubreiten. Gegenwärtig sind von den rund sieben Milliarden Weltbewohnern rund 32 Prozent Christen. Selbst die über 1,5 Milliarden Muslime erkennen Jesus als einen Propheten an, wenn auch nicht als Sohn Gottes.

Woran wir glauben – was wir denken

GEMEINSAME WURZELN DER RELIGIONEN

Wie sehr sich die drei monotheistischen Religionen Christentum, Judentum und Islam in ihren Wurzeln gleichen, gerät oft in den Hintergrund. Dass sich Abraham bedingungslos dem Willen Gottes unterwarf, macht ihn zur Schlüsselfigur für Juden, Christen und Muslime. Sie alle glauben an ein und denselben Gott als Schöpfer und Vollender des Menschen. So lautet der Name Gottes auch bei den arabischen Christen »Allah«. Religionsstifter Mohammed akzeptierte Christentum und Judentum als Buchreligionen, wenngleich er ihren Angehörigen einen rechtlich minderen Status zusprach. Der Koran nennt Jesus mit großer Ehrfurcht, wendet sich jedoch gegen die göttliche Überhöhung Christi, auch gegen die Vorstellung, dass er als Prophet gedemütigt und gekreuzigt wurde. Demnach fuhr Jesus unversehrt in den Himmel auf.

Mächtige Nationen der Welt, wie die USA, Großbritannien, Kanada, Deutschland oder Frankreich, stützen sich auch auf christliche Werte und Traditionen, selbst dort, wo die Trennung von Staat und Kirche besonders strikt erfolgte.

Vom Saulus zum Paulus

»Urmissionar« Paulus reiste viel und schrieb zum Teil beschwörende Briefe an die frühen Gemeinden. Viel Biografisches ist über den »Volksapostel«, wie er auch genannt wird, nicht bekannt. Die verfügbaren historischen Angaben stammen entweder aus eigener Überlieferung oder der Apostelgeschichte des Lukas, bei der »Darstellung von Person und Werk des Apostels …, Irdisches und Himmlisches, Geschichtliches und Legendäres … wunderbar und ununterscheidbar durcheinandergehen«, wie der Theologe Hermann Detering meint. Geboren wurde Saulus (nach seiner Bekehrung Paulus) wohl in Tarsus in Kleinasien (etwa 10 n. Chr.), das weitgehend mit der heutigen Südtürkei identisch ist. Seine Familie besaß das römische Bürgerrecht und gehörte der Glaubensrichtung der Pharisäer an, welche die Thora äußerst streng auslegten.

Saulus, der sich durch besondere Treue zum jüdischen Gesetz auszeichnete, wurde zum fanatischen Gegner der Urchristen, zum »Inquisitor der Jerusalemer Tempelpriesterschaft«. Er denunzierte, beschimpfte, verfolgte und ließ offenbar auch Gewalt zu. Er soll dabei gewesen sein, als der Jerusalemer Diakon Stephanus aufgrund seines Bekenntnisses zu Jesus zum Tod verurteilt und gesteinigt wurde. Doch als er sich im Jahr 33 auf den Weg nach Damaskus machte, um dort lebenden Christen nachzustellen, geschah das Überwältigende: »Und plötzlich umstrahlte ihn ein Licht aus

Paulus und das Christentum

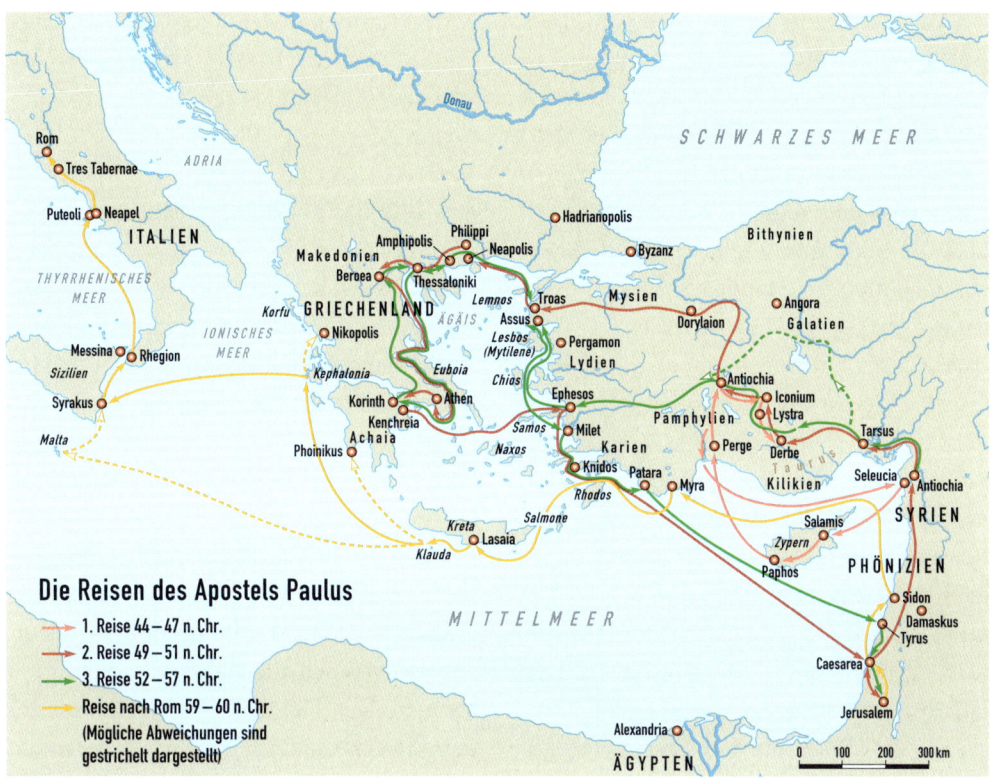

■ Mehrere Tausend Kilometer soll Paulus auf seinen Missionsreisen zurückgelegt haben. Vom Vorderen Orient über Griechenland bis nach Rom.

dem Himmel; und er fiel auf die Erde und hörte eine Stimme, die zu ihm sprach: ›Saul, Saul, was verfolgst du mich?‹ Er aber sprach: ›Wer bist du, Herr?‹ … ›Ich bin Jesus, den du verfolgst. Doch steh auf und geh in die Stadt, und es wird dir gesagt werden, was du tun sollst.‹ Als sich aber seine Augen öffneten, sah er nichts.« Da nahmen ihn seine Begleiter an der Hand und führten ihn nach Damaskus. Er konnte drei Tage nicht sehen und aß und trank nicht, so jedenfalls wird das »Damaskus-Erlebnis« in der Apostelgeschichte des Neuen Testaments geschildert. Saulus, der erbitterte Gegner der Christen, ließ sich taufen und wurde der Überlieferung nach Missionar. Danach legte er seinen alten jüdischen Namen ab und nannte sich von nun an römisch Paulus. Mit dem gleichen Eifer, mit dem er eben noch Christen verfolgt hatte, verkündete er nun die Frohe Botschaft, reiste zunächst nach Arabien und in seine Heimat Kleinasien, um auch dort von Jesus zu predigen. Schließlich lud ihn Barnabas, ein Wortführer der christlichen Gemeinde Antiochias, zu sich ein. Hier trafen Judentum und hellenistische Kultur aufeinander, vollzog Paulus »die Öffnung des werdenden Christentums für das Heidentum«. Das war damals keineswegs selbstverständlich. Die Urchristen gingen bis dahin davon aus, dass man zuerst Jude sein oder werden müsse, um Christ werden zu können.

Antiochia hinter sich lassend, brach Paulus zu weiteren Missionsreisen auf, gründete in den folgenden Jahrzehnten zahlreiche Gemeinden und brachte sie durch mahnende wie ermutigende Briefe auf Kurs. Seine Wege führten ihn immer weiter nach Westen. Das Römische Reich bot ihm – durch das gut ausgebaute Straßennetz – einen großen Wirkungsraum. Seine Lebensweise glich der eines Nomaden, ohne festen Wohnsitz, angewiesen auf Zuwendungen seiner Anhänger, die immer zahlreicher wurden. In Makedonien soll er zum ersten Mal europäischen Boden betreten haben. In den Städten Philippi, Thessaloniki, Athen und Rom entstanden dank ihm schnell wachsende Gemeinden mit großer Strahlkraft.

Aus Juden und Heiden werden Christen

Paulus taufte neue Anhänger, ohne sie zuvor auf das jüdische Gesetz zu verpflichten. Auch die Beschneidung der Männer galt für ihn nicht als Grundvoraussetzung für den Übertritt zum neuen Glauben. Deshalb kam es zu Konflikten mit jüdischen Christengemeinden. Ein sogenanntes »Apostelkonzil« (48 n. Chr.) sollte schlichten. Erst nach langen Debatten wurde eine Einigung erreicht – zu Paulus' Gunsten: Man gestattete dem Apostel, die Frohe Botschaft fortan auch zu den »Heiden« zu tragen, ohne ihnen »Lasten aufzubürden«. Auch wer unbeschnitten war, konnte Christ werden. Was heute beinahe banal wirkt, war für die Ausbreitung des Christentums jedoch entscheidend. Für Nichtjuden hätte die Beschnei-

PAULUS' WEG NACH EUROPA

Es gibt theologische Auslegungen, die im Neuen Testament einen regelrechten Missionsauftrag des Paulus für Europa erkennen. In der Apostelgeschichte, 16, 6–10, steht zu lesen, dass »ihnen vom Heiligen Geist verwehrt wurde, das Wort zu predigen in der Provinz Asia. ... Und Paulus sah eine Erscheinung bei Nacht: Ein Mann aus Makedonien stand da und bat ihn: Komm herüber nach Makedonien und hilf uns! ... Als er aber die Erscheinung gesehen hatte, da suchten wir sogleich nach Makedonien zu reisen, gewiss, dass uns Gott dahin berufen hatte, ihnen das Evangelium zu predigen.«

dung zum größten Hindernis für die Akzeptanz des neuen Glaubens werden können, zum Ausschlusskriterium. Damit trennte sich das wachsende Christentum nach und nach von seinen jüdischen Wurzeln und öffnete sich.

Auch in seinen Briefen machte Paulus deutlich, dass der Mensch nicht durch die Befolgung von Gesetzen gerecht werde, sondern allein durch den Glauben an Jesus Christus. Eine Religion, in der sich Gott den Menschen zuwendet, die niemanden ausschließt und keine Bedingungen stellt, war neu und wirkte anziehend, gerade auch in den unteren Schichten. Das Christentum, das Paulus predigte, überwand das Statusdenken der antiken Gesellschaft, es riss gesellschaftliche Schranken nieder und machte die Menschen vor Gott gleich. Es war diese Botschaft, die eine »christliche Revolution« auszulösen vermochte.

Mit bemerkenswerter Geschwindigkeit verbreitete sich das Christentum in der antiken Welt. Man schätzt, dass es im Jahr 40 n. Chr. etwa 1000 Christen weltweit gegeben hat, 60 Jahre später hatte sich diese Zahl bereits verachtfacht, und um das Jahr 150 sollen es über 40 000 Christen gewesen sein. Bis zu den heute über zwei Milliarden Christen weltweit war es aber noch ein weiter Weg, der mit Unterdrückung begann.

■ Paulus – im Bild ein Porträt von Rembrandt – gilt als »Heidenapostel«, da er das Christentum auch für Nichtjuden öffnete, ein Schritt zur Weltreligion.

Das Ende des Apostels

Paulus hat die frühe Christenverfolgung am eigenen Leib erfahren. Für seinen Glauben habe niemand so viel Mühsal ertragen wie er, behauptete er im zweiten Brief an die Korinthergemeinde und zählte Gefängnis, Prügelstrafen und Peitschenhiebe auf. Doch konnte all das den »Volksapostel« von seiner Mission nicht abbringen. Bei einem Aufenthalt in Jerusalem im Jahr 57 aber löste er offenbar einen Tumult aus und wurde verhaftet. Angeblich hatte er einen »Heiden« in den heiligen Tempelbezirk geführt – nach dem jüdischen Gesetz ein Ver-

DIE CHRISTLICHE REVOLUTION

Was machte das Christentum so umwälzend? Und wie konnte es sich so rasch ausbreiten? Trotz Verfolgung, Anfeindung, Demütigung und Spott – und ohne Waffen? Die christliche Botschaft handelt von Gnade, von Vergebung, vom Reich Gottes, das im Kommen sei und das Heil bringe. Jesus galt als dessen Vorbote, der die Gesetze dieser Welt scheinbar auf den Kopf stellte: Nicht nur Nächstenliebe, sondern auch Feindesliebe verlangte er seinen Anhängern ab, dass die Starken sich um die Schwachen kümmern, dass die Reichen den Armen helfen. Jeder Mensch war in den Augen Gottes gleich viel wert, ob Dirne, Aussätziger, Zöllner oder Kaiser, jeder konnte gleichermaßen Gnade finden durch den Glauben, unabhängig von irdischem Rang und Gut. Das klang revolutionär. Und auch das: Jesu Auferstehung verhieß die Überwindung des Todes, gab Hoffnung auf ein besseres Leben danach.

Christen sollten aber auch durch Taten überzeugen, durch Mildtätigkeit, Fürsorge, Aufopferung. So übten sie schon früh auf Menschen aller Schichten Faszination aus, auch auf Andersgläubige oder bislang Ungläubige. Für Europas politische Ideengeschichte prägend wurde die Vorstellung, dass die Würde des Menschen unantastbar ist, sie liegt für Christen schon in der Gottebenbildlichkeit begründet. Selbst wenn diese Einsicht in der Neuzeit gerade auch gegen kirchliche Machtansprüche und Traditionen durchgesetzt werden musste.

gehen, das mit dem Tod bestraft wurde. Weil Paulus jedoch Bürger Roms war, übernahmen die römischen Behörden den Fall. Zwischen 64 und 67 kam Paulus in die Hauptstadt des Römischen Reiches und verbrachte dort einige Jahre unter Hausarrest. Da die Apostelgeschichte des Lukas mit der Gefangenschaft Paulus' in Rom endet, ist über das weitere Geschehen wenig bekannt. Doch vermutlich ließ Kaiser Nero keine Gnade walten. So wurde Paulus offenbar vor den Toren der Stadt enthauptet – nicht aber gekreuzigt. Die Basilika San Paolo fuori le Mura gilt als Begräbnisstätte des umtriebigen Apostels, der bis heute als Märtyrer und Heiliger verehrt wird. »Ohne Paulus gäbe es das Christentum nicht, jedenfalls nicht in der Form, in der wir es kennen«, resümiert der Theologe Jörg Lauster.

KONSTANTIN UND DAS CHRISTENTUM

Mit dem Namen Konstantin verbindet sich der erste Schritt zum Aufstieg des Christentums zur römischen Staatsreligion. Prächtige Bauwerke der Welt gehen auf den römischen Imperator zurück, darunter die Grabeskirche in Jerusalem. Er errichtete auf

Konstantin und das Christentum

■ Der Name der Basilika *San Paolo fuori le Mura* (»Sankt Paul vor den Mauern«) leitet sich vom Standort außerhalb der Stadtmauer ab, wo der Apostel Paulus angeblich 67 n. Chr. enthauptet und bestattet worden ist.

dem alten Byzantion am Bosporus seine neue Residenz und gab ihr seinen Namen: Konstantinopel – das spätere Byzanz und heutige Istanbul.

Ob Flavius Valerius Constantinus, besser bekannt als Kaiser Konstantin, im Lauf seines Lebens wirklich jemals gläubiger Christ geworden ist, ist umstritten. Manche sehen in dem »ersten christlichen Kaiser« zunächst einen machthungrigen und rücksichtslosen Herrscher, der selbst vor Mord nicht zurückschreckte. Zweifellos sind die Spuren, die Kaiser Konstantin in der Geschichte hinterlassen hat, widersprüchlich. Kaum eine Figur des christlichen Abendlands erscheint so rätselhaft und zugleich faszinierend wie Konstantin der Große.

Doch ist der Aufstieg des Christentums von einer verfolgten Gemeinschaft zur privilegierten Religion im Römischen Reich vor allem ihm zu verdanken, auch wenn Konstantin selbst erst auf dem Sterbebett

Woran wir glauben – was wir denken

■ Istanbul heute mit seiner typischen Silhouette. Konstantin der Große errichtete die Stadt am Bosporus auf dem alten Byzantion und gab ihr seinen Namen.

die Taufe empfing. Er richtete mit der sogenannten Konstantinischen Wende die römische Religionspolitik auf das Christentum aus – einer der folgenreichsten Umbrüche in der Geschichte Europas. Konstantin war jedoch gut beraten, auch den heidnischen Kulten weiterhin ihren Raum zu lassen – schließlich hing die Mehrheit seiner Untertanen noch den alten Göttern an; nur etwa ein Zehntel der Bevölkerung im Römischen Reich war christlich.

Die Schlacht an der Milvischen Brücke

Was aber erklärt die Hinwendung Konstantins zum Christentum? »In diesem Zeichen wirst du siegen«, soll Jesus Christus dem Kaiser vor der Entscheidungsschlacht an der Milvischen Brücke im Jahr 312 in einem Traum verheißen haben. Es waren Zeiten innerer Wirren. Um 309 teilten sich im Römischen Reich gleich vier Kaiser die Macht: Im Osten regierte Galerius, im Westen herrschten Konstantin und Licinius gemeinsam und in Rom Kaiser Maxentius. Als 311 Galerius ohne Nachfolger starb, sah Konstantin seine Stunde gekommen, das

Konstantin und das Christentum

■ »In diesem Zeichen wirst du siegen«: Vor der legendären Schlacht an der Milvischen Brücke soll Kaiser Konstantin im Traum »ein Zeichen Gottes« erschienen sein.

gesamte Imperium an sich zu reißen. Er bereitete einen Feldzug gegen seinen Konkurrenten Maxentius in Rom vor, obwohl dieser sein Schwager war.

Im Oktober 312 lagerte Konstantin mit etwa 40 000 Mann an der Via Flaminia nördlich von Rom und wollte die Entscheidung herbeiführen. Maxentius hatte die Milvische Brücke, den einzigen Zugang in die Stadt von Norden her, abbrechen lassen. In der Nacht zum 28. Oktober soll es dann der Legende nach zu jenem wundersamen Ereignis gekommen sein, das Konstantin zum Sieg und dem Christentum zum Aufstieg verhalf: In einem Traum erschien dem Kaiser Jesus Christus, der ihn aufforderte, »das Zeichen Gottes am Himmel« auf den Schilden seiner Soldaten anbringen zu lassen und so in den Kampf zu ziehen. Konstantin ließ daraufhin die Schilde seiner Männer mit einem Monogramm beschriften: »CHI-RHO« – die griechischen Anfangsbuchstaben des Christusnamens. Als Maxentius überraschend angriff, gelang es Konstantins Truppen die gegnerische Streitmacht zurückzuschlagen; der Rivale ertrank im Tiber. So ging Konstantin als Sieger aus der Schlacht hervor und machte daraufhin das Zeichen der Christen zum eigenen Symbol.

Schon bei einer Schlacht zuvor hatte Konstantin angeblich himmlische Erscheinungen – da war es aber noch der römische Sonnengott Sol Invictus, den er verehrte.

■ Er ebnete dem Christentum den Weg zur Staatsreligion, ließ sich aber erst auf dem Sterbebett taufen. Kopf der Kolossalstatue Kaiser Konstantins des Großen, um 330.

Doch schien Konstantins Hinwendung zum Christentum dem eigenen Herrschaftsanspruch entgegenzukommen. Bei einem Treffen mit seinem Mitkaiser Licinius im Jahr 313 schloss er eine entscheidende Abmachung: In der sogenannten Mailänder Vereinbarung verständigten sich die Herrscher darauf, dass das Christentum mit anderen Religionen und Kulten gleichgestellt werden sollte. Konfiszierte Güter von verfolgten Christen, Gebäude oder Grundstücke, sollten zurückgegeben werden. Niemandem dürfe die Möglichkeit verweigert werden, sich der Religion, die er für sich selbst als die angemessene betrachte, zuzuwenden. »Dass Kaiser Konstantin sich für das Christentum einsetzte und es massiv privilegierte, war ein Zeichen politischer Klugheit«, sagt der Kirchenhistoriker Christoph Markschies, »es waren schon relativ viele Menschen im Reich auch in vornehmen Schichten zu Christenmenschen geworden, und so konnte er eine Religion privilegieren, die die Einheit des Reiches förderte.«

Christliche Bauwerke

Auch wenn es von Kaiser Konstantin kein Glaubensbekenntnis im eigentlichen Sinne gibt, er sich nie explizit als Christ »geoutet« hat, können die großen Kirchenbauten, die er in den folgenden Jahren errichten ließ, zumindest als »Danksagung« an den Gott verstanden werden, der ihm zum Sieg verholfen hatte. So entstanden die gewaltige fünfschiffige Lateranbasilika in Rom, die

Konstantin und das Christentum

■ Die Grabeskirche in Jerusalem: Der Legende nach entdeckte Helena, die Mutter Konstantins des Großen, bei einer Reise im Jahr 325 dort das Grab Jesu. Sie gilt als größtes Heiligtum der Christenheit.

Geburtskirche in Bethlehem sowie die Grabeskirche in Jerusalem. Wie groß der Einfluss seiner Mutter Helena auf ihn war, darüber schweigen sich die Quellen aus. Doch wurde sie schon zu ihren Lebzeiten wie eine Heilige verehrt. Erst spät holte Konstantin sie an seinen Hof, wo sie – wie Historiker vermuten – als Christin eine entscheidende Rolle einnahm. Hochbetagt reiste Helena im Jahr 325 nach Palästina, ließ dort Grabungen durchführen und entdeckte der Legende nach unter einem heidnischen Tempel in Jerusalem das Grab Christi. Die Mutter soll dem Sohn daraufhin nahegelegt haben, an dieser Stelle »das prächtigste Bauwerk der Welt« zu errichten. »Mit der Grabeskirche in Jerusalem wollte Konstantin ein markantes Zeichen für die Bedeutung des Christentums setzen, das seine Wirkung ... nicht verfehlte«, schreibt der Theologe Jörg Lauster.

Für einen christlichen Lebenswandel Konstantins konnte aber auch die fromme Mutter nicht bürgen. Konstantin, der vor politischem Mord keineswegs zurückschreckte, ließ selbst engste Familienmitglieder umbringen: 326 befahl er die Tötung seines ältesten Sohnes Crispus und wenig später auch die seiner Ehefrau Fausta. Die genauen Umstände dieser Taten sind nicht geklärt. Historiker vermuten einen Machtkampf am kaiserlichen Hof, den Konstantin der Große auf gewaltsame Art löste.

Konstantinopel, das neue Rom

Nachdem es Konstantin im Jahr 324 gelungen war, auch den Mitkaiser Licinius auszuschalten, wollte er sich als alleiniger Imperator ein Denkmal setzen. Rom als Residenz genügte ihm nicht mehr, er plante etwas gänzlich Neues. Am Bosporus, wo die alte griechische Koloniestadt Byzantion lag, entstand Konstantinopel, verkehrstechnisch günstig gelegen, an drei Seiten von Wasser umgeben. Durch Konstantins umfangreiche Baumaßnahmen – Paläste, Verwaltungsgebäude, Bäder und öffentliche Anlagen – erreichte die Stadt bald das Sechsfache ihrer ursprünglichen Ausdehnung und wurde zu einer der größten und prächtigsten Metropolen des Römischen Reiches. Hier, unter der Apostelkirche, wurde Kaiser Konstantin bestattet, als er im Jahr 337 starb.

Erst auf dem Sterbebett hatte er sich taufen lassen – vielleicht auch weil er hoffte, für seine Vergehen doch noch Vergebung zu erlangen. Oder er holte für sich selbst nach, was seine Politik längst bewirkt hatte. »Das Christentum, wie wir es kennen, ist nur denkbar durch die Bahnbrechung eines autoritären Weltenherrschers, wie Konstantin einer war«, so der Althistoriker Hartwin Brandt.

Staatsreligion per Dekret

Seine Nachfolger erklärten das Christentum schließlich zur einzig legitimen Religion des Römischen Reiches. Es war der oströmische Kaiser Theodosius, der im Februar 380 in Thessaloniki ein Dekret unterzeichnete, mit dem er den Glauben an Christus de facto zur Staatsreligion erklärte und die Ausübung heidnischer Kulte unter Strafe stellen ließ. Nun wurden die »Heiden« drangsaliert, ihre Tempel und Heiligtümer zerstört – darunter das Orakel von Delphi, die legendäre Weissagungsstätte des antiken Griechenland. Griechische und römische Kultur verbanden sich nun mit christlicher Herrschaft, die zugleich einen exklusiven und universalen Anspruch verfocht. Mit dem Dekret wurde das Christentum zum Bindeglied des Imperium Romanum.

KARL DER GROSSE UND DAS ABENDLAND

»Der König, der Vater Europas, und Leo, der oberste Hirte auf Erden, sind zusammengekommen und führen Gespräche über mancherlei Dinge.« So beginnt das Werk eines unbekannten Autors, der die Begegnung Karls des Großen mit Papst Leo III. im Jahr 799 in Paderborn beschreibt. Zum ersten Mal wird hier der große Frankenherrscher mit jenem Beinamen versehen, der bis heute gilt: »Vater Europas«. Tatsächlich prägte Karl der Große die Geschichte des Kontinents wie kaum ein Zweiter: Sein Reich, seine Eroberungen bilden das Fundament des »christlichen Abendlands«. So wollte er nicht nur Herrscher der Franken sein, sondern der gesamten Christenheit. »Ein Reich, ein Herrscher,

DAS BYZANTINISCHE ERBE

Jahrhundertlang blieb Byzanz (wie man Konstantinopel und das Oströmische Reich auch bezeichnete) das eigentliche Zentrum der Christenheit. Von dort ging später die Verbreitung des griechisch-byzantinischen Christentums in den russischen, slawischen Raum aus. Rom selbst gewann erst wieder in der Zeit der fränkischen Könige und Kaiser an Bedeutung. Ohne das christliche Byzanz wäre Europa heute geistig-kulturell ein anderes; hier wurde das antike Wissen vor dem Vergessen bewahrt, auch seine Architektur spiegelt sich in vielen prächtigen Bauwerken auf dem gesamten Kontinent. Das Oströmische Reich diente zudem als Schutzwall gegen die Muslime auf ihrem Weg nach Westen. Nach der Erstürmung von Byzanz durch die Osmanen 1453 flohen zahlreiche Gelehrte und brachten ihr gesammeltes Wissen in den Westen, Dokumente, Texte, an denen sie gearbeitet haben oder die sich in ihren Bibliotheken befanden. Nach dem Fall der Metropole schwang sich schließlich Moskau dazu auf, religiöse Hauptstadt für das orthodoxe Christentum zu werden. Galt Byzanz seit Konstantin als das zweite Rom, wurde Moskau seit dem 15. Jahrhundert als das dritte Rom bezeichnet.

ein Glaube«, diese Vision prägte nicht nur seine Regierungszeit, sondern auch die weitere Geschichte des Kontinents.

Doch wer war dieser Herrscher eigentlich? In der Rückschau gilt er nicht nur als Friedensstifter, der den Kontinent in weiten Teilen einte und Klöster wie Künste förderte, sondern auch als skrupelloser Machthaber, der womöglich seinen Bruder tötete und seine Gegner, die Sachsen, zu Tausenden niedermetzeln ließ. Wie bei Konstantin dem Großen weist auch seine Biografie Widersprüche auf. Das nahm ihm offenbar wenig von seinem Nimbus. Sowohl die Franzosen als auch die Deutschen betrachten den Frankenkaiser als ihren Stammvater. Darüber hinaus könnten ihn auch Italiener, Holländer, Belgier und

■ Das goldene »Kopfreliquiar« Karls des Großen befindet sich in der Schatzkammer des Aachener Doms.

Der fränkische König Chlodwig I. aus dem Haus der Merowinger ließ sich um das Jahr 500 in Reims taufen. Gemälde von Giuseppe Bezzuoli, 1823.

Karl wurde vermutlich 748 geboren, da stellte sich die Frage nach der nationalen Identität ohnehin nicht. Mitteleuropa war zum Teil noch unerschlossen und keineswegs vollständig christianisiert. Je weiter man nach Norden vordrang, desto häufiger begegnete man dem Glauben an die alten germanischen Gottheiten. Die Christianisierung des Kontinents hatte im 4. Jahrhundert, zunächst als »Mission von unten«, begonnen, die von wandernden Predigern, Mönchen und ihren Klöstern getragen wurde. Die Merowinger, die vom 5. Jahrhundert an das Frankenreich regierten, glaubten noch an heidnische Götter, erst allmählich wandten sie sich dem Christentum zu. Den entscheidenden Schritt machte König Chlodwig I.: Der fränkische Monarch ließ sich um 500 in Reims von Bischof Remigius taufen. Mit ihm konvertierten rund 3000 enge Gefolgsleute; damit wurde das Christentum zur verbindlichen Staatsreligion der Franken.

Karls »Schwertmission«

In den 46 Jahren seiner Herrschaft gab es nur zwei Jahre, in denen Karl der Große keinen Krieg führte. Er besiegte die Langobarden in Italien, die Bayern und die Awaren mit ihren reichen Schätzen und vergrößerte damit sein Reich vom Ebro bis zur Elbe, von der Nordsee bis nach Süditalien. Zweifellos gehört der Krieg gegen die Sachsen zu den dunkelsten Kapiteln seiner Ära. Im Sommer 772 drang der Frankenkönig völlig unerwartet auf deren

Luxemburger für sich in Anspruch nehmen. Der Zwergstaat Andorra reklamiert den europäischen Herrscher explizit für sich: »Karl der Große, mein Vater …«, heißt es in der Nationalhymne, obwohl diese erst Anfang des 20. Jahrhunderts entstand.

Karl der Große und das Abendland

■ Missionierung mit dem Schwert. Den Krieg gegen die Sachsen führte Karl der Große mit erbitterter Härte. Das Gemälde von Ary Scheffer (19. Jahrhundert) zeigt die Unterwerfung des Sachsenherzogs Widukind.

Gebiet vor und zerstörte mit seinen Truppen die »Irminsul«, das sächsische Heiligtum in der Nähe der Eresburg.

Karl war überzeugt davon, dass es sein Auftrag als christlicher Herrscher war, »Heiden« zu missionieren und den wahren Glauben notfalls mit dem Schwert zu verbreiten. Stefan Weinfurter, Historiker und Karl-Experte, nennt dies den »ersten großen Missionskrieg in der Geschichte, der von christlicher Seite ausgeht«. Größter Widersacher des Frankenherrschers war der sächsische Herzog Widukind. Er und die mit ihm verbundenen Stämme leisteten erbitterte Gegenwehr. Was dann, im Sommer 782, geschah, verurteilte Gottfried Wilhelm Leibniz später als »barbarischen Akt« Karls, der ihm »zu ewiger Schande« gereiche. Karl brach den Widerstand mit aller Gewalt; auf seine Anordnung hin wurden beim »Blutgericht von Verden« 4500 Gefangene hingerichtet. Dies trug ihm den Namen »Sachsenschlächter« ein. Im Jahr 785 gab Widukind nach langen, zähen Verhandlungen auf und ließ sich zum Weihnachtsfest taufen. Die Sachsen wurden zwangschristianisiert und mussten die alten Heiligtümer zerstören. Immerhin soll Karl dem Besiegten nach der Taufe zur Belohnung einen Schimmel übereignet haben – dessen Abbild heute angeblich das Wappen der Niedersachsen ziert. Mochte Karls Missionspolitik auch noch so grausam erscheinen, so teilen doch einige Historiker die Auffassung, dass er am Ende ein im Glauben befriedetes Reich schaffen wollte, andere sehen darin gar ein »durchdachtes Programm zur politischen Einigung des Okzidents«.

»Karolingische Renaissance«

Eroberung und Missionierung, aber auch Bildung und Verwaltung – mit diesen Leitmotiven könnte man Karls Politik charakterisieren, die ihn als Herrscher zur Legende werden ließ. Dies waren Strategien, »von denen Europapolitiker noch heute lernen können«, wie das *Handelsblatt* 2013 meinte. Der Karlsdenar als gemeinsame Währung für den gesamten Wirtschaftsraum und einheitliche Gesetze waren nur zwei von vielen Komponenten.

Obwohl Karl der Große selbst nicht schreiben konnte, war ihm Bildung ein wichtiges Anliegen. Er holte Gelehrte aus allen Teilen Europas an seinen Hof, neben einigen Franken vor allem Iren und Angelsachsen, Langobarden und Westgoten. Seine Untertanen sollten »vom Joch der Unwissenheit« befreit werden, wie es in einem Geschichtsbuch der 1950er-Jahre heißt. Dafür ließ er Kloster- und Dorfschulen einrichten. Darüber hinaus versprach

■ Viele Stadtbilder sind bis heute geprägt von Bauten Karls des Großen. Das Oktogon des Aachener Doms war einst Pfalzkapelle.

sich Karl von einer Bildungsreform auch die Verbreitung des Christentums. Immer wieder war von Kirchenmännern und -frauen zu hören, die kein Latein beherrschten und weder das Credo noch das Vaterunser fehlerfrei aufsagen konnten. So hatte etwa ein bayerischer Priester im Namen von »Vaterland, Tochter und des heiligen Geistes« getauft (»in nomine Patria et filia et spiritus sancti«). Eine verordnete Bildungsoffensive sollte die Kleriker zum klassischen Latein zurückführen, weg vom umgangssprachlichen und oft missverständlichen Volkslatein. Karl ließ in Klöstern eine neue, leserliche Schrift entwickeln, Schreiben, Lesen und Rechnen unterrichten und in den Skriptorien die antiken Klassiker kopieren, um sie der Nachwelt zu erhalten. Seine Hofbibliothek, die er in seiner Lieblingsresidenz, der Aachener Königspfalz, anlegen ließ, wurde zum Vorbild für die berühmten Klosterbibliotheken wie Sankt Gallen oder Tours. Wie nachhaltig Karls Bildungsreform war, zeigt sich unter anderem an der Computerschrift »Times New Roman«, die bis heute weltweit verwendet wird und auf Karls neue Schrift, die sogenannte karolingische Minuskel, zurückgeht.

Auch für die Architektur wurde Karls Herrschaft von großer Bedeutung; unter ihm entstanden prachtvolle sakrale Bauwerke, die noch heute das Bild vieler Orte prägen, etwa die bedeutenden Klöster Corvey bei Höxter, Fulda, Lorsch, Reichenau und Sankt Gallen. Um in seinem Großreich präsent zu sein, war Karl gezwungen, permanent zu reisen. Er ließ rund einhundert Pfalzen errichten, in denen er mit einem Tross von mehreren Hundert Menschen – darunter Familie, Berater, Militär und Gesinde – unterwegs Station machen konnte, etwa in Diedenhofen (Lothringen), in Ponthion (Ardennen) oder Soissons (Picardie), in Ingelheim am Rhein, in Nimwegen, Metz oder Paderborn. In Aachen ließ er sich – auch wegen der heißen Quellen – seine Lieblingsresidenz erbauen, wo heute noch im historischen Oktogon des Doms sein Thron steht.

Kaiser der Römer

Zu Weihnachten des Jahres 800 errang Karl die höchste Würde, als er das antike Erbe der Cäsaren antrat. Papst Leo III. krönte

■ Karls Thron war einst so berühmt, dass sich Aachen selbst »königlicher Stuhl« nannte.

ihn im Petersdom zu Rom zum »Kaiser der Römer«. Damit erfolgte eine *Translatio Imperii,* die Übertragung der römischen Reichsidee auf die Herrschaft der Franken. Da er als christlicher Kaiser den Anspruch hatte, Herrscher und Beschützer aller Christen zu sein, wurde Karl gleichzeitig über alle anderen Monarchen Europas erhoben.

Eine wichtige Rolle bei der Festigung seines Reiches kam der Kirche zu, denn sie verfügte über eine eigene Infrastruktur, die von Karl nun bewusst ausgebaut wurde, denn damit verfügte er – als weltliches Oberhaupt der Christenheit – über ein Herrschafts- und Repräsentationsinstrument. Er ließ Kirchen und Klöster bauen, errichtete Bistümer und Abteien und behielt sich dabei vor, die Bischöfe und Äbte selbst zu ernennen. Regelmäßig wurden im Beisein des Königs Synoden, Versammlungen mit den höchsten kirchlichen Würdenträgern, abgehalten, auch die sogenannten Visitationen stärkten seinen Einfluss. Die Bischöfe stammten in der Regel aus loyalen Adelsfamilien, geistliche und weltliche Macht waren eng ineinander verwoben. Von seinen Untertanen forderte Karl eine gottgefällige Lebensführung. Zur »Verchristlichung« der Gesellschaft zählte auch die Einhaltung der Zehn Gebote und der Sonntagsruhe.

Karls Lebenswandel wurde dem allenfalls in Teilen gerecht, So bangte der Reichenauer Mönch Wetti um das Seelenheil des großen Königs, nicht wegen grausamer Kriege oder mancher Bluttat, sondern wegen Karls ausschweifenden Liebeslebens, Vier, wenn nicht fünf Ehefrauen und so manche Konkubine – das erschien selbst für einen Vater Europas als zu viel des Guten für einen direkten Weg ins Paradies. Wetti bat um sühnende Gebete für den armen Sünder.

Jedenfalls stellte offenbar keine der Verfehlungen Karls Nimbus als bedeutenden christlichen Kaiser infrage. Als er am 28. Januar 814 mit 66 Jahren starb, war er bereits Legende geworden. Sein Name aber sollte im Lauf der Jahrhunderte zum Inbegriff für Herrschaft werden, im religiösen wie im weltlichen Sinn. In vielen europäischen

DER AACHENER KARLSPREIS

Der Karlspreis wird im Gedenken an Karl den Großen, dessen Lieblingspfalz in Aachen stand, an Persönlichkeiten verliehen, die sich um die Einigung Europas verdient gemacht haben. Zu den Preisträgern zählen unter anderen Winston Churchill, Konrad Adenauer, Robert Schuman, Walter Scheel, Henry Kissinger, François Mitterrand und Helmut Kohl, Königin Beatrix, Tony Blair, die Päpste Johannes Paul II. und Franziskus, Martin Schulz und Angela Merkel

Sprachen bildet »Karl« die sprachliche Wurzel für »König«, wie auf Tschechisch *král* oder Polnisch *król*. In dem verbindenden Erbe Karls des Großen liegt seine Bedeutung für das heutige Europa.

MÖNCHE UND KLÖSTER: DIE CHRISTIANISIERUNG DES KONTINENTS

Die Verbindung von Macht und Glaube wurde prägend für den Kontinent. Die Christianisierung Europas hatte im 4. Jahrhundert begonnen. Es war zunächst eine Mission von unten, die von vorbildlichen Glaubensmännern, Wanderpredigern und Klostergemeinschaften, getragen wurde.

Einen wichtigen Anteil daran hatte der im Jahr 316 geborene Sohn eines römischen Tribunen aus der Provinz Pannonien, dem heutigen Ungarn. Sein Name, Martinus, ist vom Kriegsgott Mars abgeleitet. Eine Laufbahn als Offizier in der römischen Armee war für ihn vorgezeichnet. Mit 15 wurde er zur Leibgarde des römischen Kaisers eingezogen. Erst nach Vollendung der 25-jährigen Dienstzeit, in der er gegen Alemannen und Germanen ins Feld hatte ziehen müssen, begann Martin seine Laufbahn als Missionar des Christentums.

Seine zweite Karriere hatte sich schon früher angedeutet. Zu den berühmtesten Legenden, die über den späteren Heiligen erzählt werden, gehört die Teilung seines Mantels. Damit habe er, als er in der kaiserlichen Garde im französischen Amiens Dienst tat, einem nackten Bettler zu einem wärmenden Kleidungsstück verholfen. Der halbierte Mantel des Heiligen gehörte später zum Kronschatz der fränkisch-merowingischen Könige.

Die Stadt Tours wurde zum Mittelpunkt seiner seelsorgerischen Tätigkeit. Nicht zuletzt aufgrund seiner asketischen, vorbildlichen Lebensführung war er im Jahr 372 zum Bischof von Tours geweiht worden. Es war vor allem sein Ruf als Wundertäter und Heiler, der die Wirkungsstätte Martins im Lauf der Jahrhunderte zum wichtigsten Pilgerziel Zentraleuropas machte. Chlodwig I. erhob Martin im 5. Jahrhundert zum Nationalheiligen.

Patrick und die Christianisierung

Wie aber sah es außerhalb des Römischen und des Fränkischen Reiches aus? Ausgerechnet Irland, die »Grüne Insel« am äußeren Rand Europas, sollte zu einem der wichtigsten Ausgangspunkte für die Missionierung des Kontinents werden. Irland war nie von den Römern erobert worden, doch das Christentum setzte sich auch hier nach und nach durch. Und nicht nur das: Kein anderes europäisches Land sandte – gemessen an seiner Größe – so viele Missionare in die Welt. Aus antiken Überlieferungen, christlichem Gedankengut und keltischen Wurzeln entwickelte sich eine eigenständige christliche Kultur wie nirgendwo sonst im Abendland. Alles begann im 4. Jahrhundert mit einem Mönch namens Patrick oder Patricius, Sohn eines römischen Offiziers aus Britannien. Er gilt als

Woran wir glauben – was wir denken

■ Am 17. März feiern Iren weltweit den »St. Patrick's Day«, obwohl der Heilige noch nicht einmal selber Ire war.

der Apostel Irlands, die Iren verehren ihn bis heute als ihren Nationalheiligen. Am 17. März, dem »St. Patrick's Day«, finden überall auf der Welt fröhliche Paraden statt; die Teilnehmer heften sich Kleeblätter an die Kleidung, tragen Grün und trinken jede Menge dunkles irisches Bier.

Über Patrick ist nicht viel bekannt. Geboren wurde er vermutlich um 400 an der Westküste Großbritanniens. Als Jugendlicher war er von Sklavenhändlern nach Irland entführt worden, diente jahrelang einem keltischen Stammesfürsten als Schafhirte. Später gelang ihm jedoch die Flucht mit einem Schiff. Zurück in Britannien, wurde er Priester, später sogar zum Bischof geweiht. 432 kehrte er mit 24 Gefährten auf die Grüne Insel zurück, um die heidnischen Kelten zu missionieren, die es ihm aber nicht leicht machten. Der Überlieferung nach griff Patrick daraufhin zu einem Trick: Zu Ostern 433 entzündete er auf dem Hill of Slane ein Feuer, das größer war und länger brannte als das seines heidnischen Konkurrenten auf dem gegenüberliegenden Hill of Tara, einer alten keltischen Kultstätte. Der »Brandstifter« aus Britannien machte damit großen Eindruck und konnte den Iren schließlich nach und nach die christlichen Lehren näherbringen. Dabei bediente er sich einfacher Mittel, erklärte beispielsweise mithilfe des Kleeblatts die Dreifaltigkeit Gottes. Heute ist das *shamrock* das nationale Wahrzeichen der Iren – eine Ikone wie der heilige Patrick selbst.

Mit Patrick begann in Europa eine Zeit der Synthese, bei der keltischer Naturglaube und christliche Heilslehre aufeinandertrafen und eine neue Form des Christentums bildeten. Dank Patricks Missionierung wurden in Irland zahlreiche Klöster gegründet; es gelang ihm, eine funktionierende Kirchenorganisation aufzubauen, in deren Zentrum die Mönchskirche stand. »Typisch für die städtelose Insel wurde der monastische Charakter des gesamten kirchlichen Lebens«, schreibt August Franzen in seiner *Kleinen Kirchengeschichte*. Mönche und Äbte gaben in der irisch-christlichen Kirche den Ton an, sie wurden von der Bevölkerung als spirituelle Führer und Nachfolger der Druiden angesehen. Doch während die Druiden ihr Wissen nur mündlich weitergegeben hatten, setzten die Klöster auf die Mittel der

Mönche und Klöster: die Christianisierung des Kontinents

schriftlichen Aufzeichnung, um das Wissen der Nachwelt verfügbar zu machen. So entwickelten sich die Klöster nicht nur zu spirituellen, sondern auch zu kulturellen, schulischen und wirtschaftlichen Zentren. In ihnen wurde gebetet, gelehrt, geforscht, kopiert und verziert.

Wanderschaft für Christus

Die *Peregrinatio pro Christo,* das Verlassen der Heimat für Christus, stellte eine besondere Form des irischen Mönchtums dar. Dahinter stand die Idee, für Gott heimatlos zu werden, sich auf Wanderschaft zu begeben und zu missionieren. Von Irland aus brachen Ende des 6. Jahrhundert mehrere Mönchsgruppen auf, unter ihnen auch Kolumban aus dem Kloster Bangor in Nordirland, der seine europäischen Nachbarn auf dem Festland bekehren wollte. In seinem Gefolge befanden sich elf weitere Mönche – zwölf Gefährten in Erinnerung an die zwölf Apostel. Ein grobes, einfaches Gewand, der oben gekrümmte Pilgerstab, am Gürtel die Wasserflasche, auf dem Rücken ein Ranzen mit Schriften, eine Reliquienschnur um den Hals und ein Gefäß mit Brocken von heiligem Brot – das waren die Erkennungszeichen der frommen Wanderer aus der Ferne.

Die irischen Mönche verbreiteten das

■ Die Sankt Galler Stiftsbibliothek mit ihrer einzigartigen Sammlung von kostbaren Büchern und Handschriften gehört zum UNESCO-Weltkulturerbe.

Christentum von Gallien aus bis in die heutige Schweiz, nach Italien und Galicien und später sogar nach Island bis zu den Färöern. »Ihr Einfluss auf die europäische Klosterkultur kann nicht hoch genug eingeschätzt werden«, schreibt der Theologe Jörg Lauster. Allein im Frankenreich entstanden dank Kolumban über 300 Klöster, darunter Luxeuil in Burgund und Bobbio in Norditalien, die besonders große Bedeutung erlangten. In Luxeuil verfasste der Missionar Klosterregeln, die den Alltag der Mönche bestimmten – durch Arbeit, Gebet und Askese. Ihr Lebensrhythmus prägte auch die Lebensweise in vielen Teilen Europas, nämlich die Einteilung der Woche in sechs Arbeitstage und einen Ruhetag, der dem Gottesdienst gehören sollte. Und sie brachten auch die Kirchenglocken auf den Kontinent – bis heute werden die Gläubigen mit ihrem Geläut zum Gebet gerufen. Die Mission der irischen Mönche zeigte nachhaltig Wirkung und bildete die Basis für die Christianisierung des Kontinents.

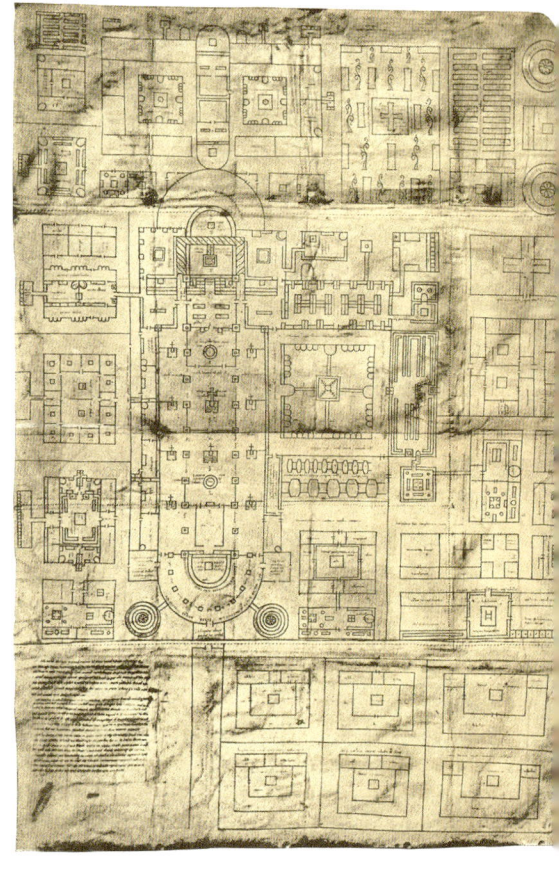

■ Der »Sankt Galler Klosterplan« aus dem ersten Drittel des 9. Jahrhunderts gilt als Vorbild für die europäische Klosterarchitektur.

Klöster – die neuen Wissenszentren

Während Kolumban über die Alpen nach Norditalien zog, ließ sich sein Begleiter Gallus in der Schweiz nieder. Doch dessen Bekehrungsbemühungen scheiterten zunächst. Beim Versuch, heidnische Kultstätten zu zerstören, wurde er von den Einheimischen angegriffen. In Arbon am Bodensee errichtete er schließlich mit seinen Anhängern eine Klause und lebte dort als Eremit. Als er 640 starb, wurde sein Grab zum Wallfahrtsort. Um 720 gründete der alemannische Priester Othmar an dieser Stelle ein Kloster, das zu einem der bedeutendsten religiösen Zentren des christlichen Abendlands und zu einer wichtigen Keimzelle von dessen Schriftkultur wurde: Sankt Gallen.

Hier wie in anderen Klöstern entwickelten sich Skriptorien, in denen auch das

Mönche und Klöster: die Christianisierung des Kontinents

Wissen der Vergangenheit, griechische und römische Schriften, kopiert und damit bewahrt wurde – und das, obwohl die Autoren der Antike aus damaliger Sicht »Heiden« waren. »Es ist nicht übertrieben«, schreibt Lauster, »von einer der großen Rettungsaktionen für das Weltkulturerbe zu sprechen.« Dabei vermischte sich das kulturelle Vermächtnis der Antike mit keltisch-christlichem Glauben. Klöster und Kirchen entwickelten sich zu Wissenszentren, wurden zu Mittelpunkten alter und neuer Städte, prägten Kunst, Wissenschaft und Architektur. Vor allem die Bibliothek Sankt Gallen wurde für ihre einzigartige Sammlung seltener Handschriften und Bücher berühmt, zählt mit dem Stiftsbezirk heute zum UNESCO-Weltkulturerbe. 170 000 Bände beherbergt die Bibliothek, darunter 2100 Handschriften, von denen etwa 400 älter sind als 1000 Jahre.

Der Patron Europas

Eine entscheidende Rolle bei den Klostergründungen des frühen Mittelalters spielt Benedikt von Nursia, der als Begründer des abendländischen Mönchtums gilt. 1964 wurde er von Papst Paul VI. zum »Patron Europas« ernannt. Um 480 in Nursia in der umbrischen Provinz Perugia geboren, wurde Benedikt von seiner Familie zur Ausbildung nach Rom geschickt. Das Leben dort jedoch missfiel dem frommen Jüngling; die alte Stadt war von Sittenlosigkeit und Verfall geprägt. Daher schloss er sich zunächst einer asketischen Glaubensgemeinschaft an, später lebte er einige Jahre als Einsiedler in der Nähe von Subiaco, östlich von Rom. Seine strenge Lebensführung machte ihn rasch zum Vorbild für viele. Mit einer Schar von Anhängern gründete er um 529 auf der heidnischen Kultstätte Montecassino ein gleichnamiges Kloster.

Hier entwickelte er jene Regeln, die zum Fundament der europäischen Ordensgeschichte werden sollten: ein Leben in Keuschheit, Askese und Armut. Der Alltag

■ Benedikt von Nursia gilt als Begründer des abendländischen Mönchtums. Gemälde von Hans Memling, um 1485 / 90.

Das Mutterkloster der Benediktiner, Montecassino, war eines der wichtigsten geistlichen Zentren des Mittelalters; es wurde mehrfach zerstört und wieder aufgebaut.

im Kloster wurde strikt von Arbeit und Gebet bestimmt: »Ora et labora« war der Leitspruch. Da die Mönche niemandem zur Last fallen sollten, entwickelte er außerdem ein System der Selbstversorgung, das auch der Bevölkerung zugutekam; des Weiteren kümmerten sich die Benediktiner, wie man sie bald nannte, um Kranke und Arme. Die Mönche halfen mit, Gebiete zu kultivieren und zu befrieden, leisteten wertvolle Entwicklungshilfe und Kulturarbeit. Die zunehmende Einbindung in die Reichsverwaltung führte zu einem enormen Machtgewinn der Konvente. Als der Ordensgründer um 547 starb, lebten seine Klosterregeln weiter und breiteten sich in ganz Mittel- und Westeuropa aus.

910 gründeten Mönche im burgundischen Cluny eine neue Benediktinerabtei, die ausdrücklich unabhängig von Bischof und weltlichen Herrschern sein sollte. Die »Cluniazenser« wollten ihre Frömmigkeit vertiefen, strikt die Regeln des heiligen Benedikt befolgen und sich von jeglichen Besitzansprüchen befreien. Die »Cluniazensische Reform« fand große Zustimmung, in den folgenden Jahrzehnten wurden mehr als 1000 Klöster nach dem Vorbild von Cluny gegründet.

Im 12. Jahrhundert entstand im französischen Cîteaux ein weiterer Orden: die Zisterzienser. Die neue Gemeinschaft hatte das Ziel, ausschließlich von eigener Arbeit und in großer Abgeschiedenheit zu leben. Es war dies die erste kirchliche »Armutsbewegung« des Mittelalters, der weitere, wie die Dominikaner und Franziskaner, folgen sollten.

Mönche und Klöster: die Christianisierung des Kontinents

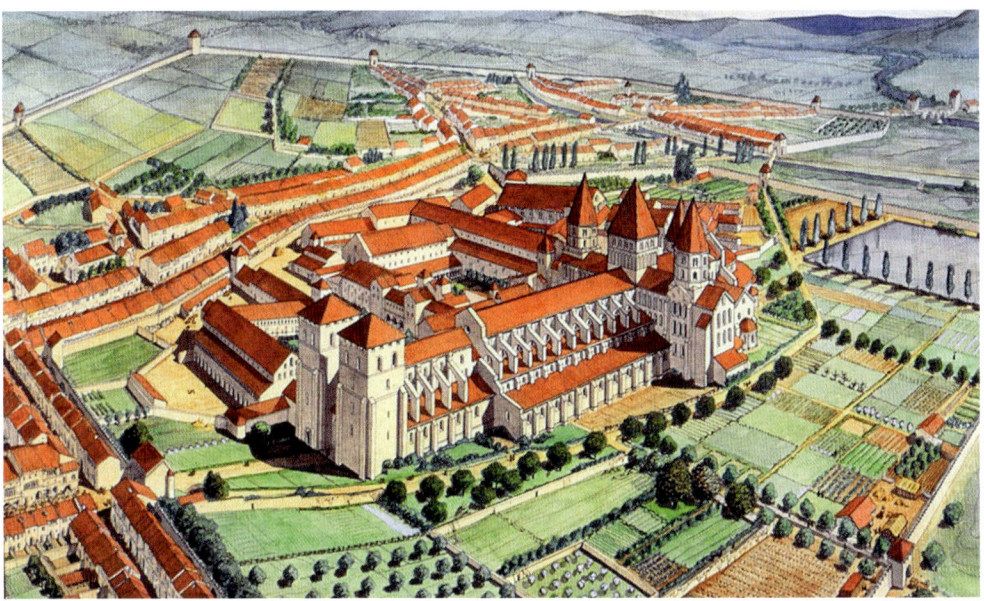

■ Das burgundische Kloster Cluny war ab dem 10. Jahrhundert Ausgangspunkt einer kirchlichen Reformbewegung.

Der »Heidenapostel«: Bonifatius

Auch Bonifatius, eigentlich Wynfreth, aus dem englischen Städtchen Essex, ging in die Geschichte ein; er trieb die Christianisierung der germanischen Stämme an der Ostgrenze des Frankenreichs entscheidend voran. Dort bekehrte er Menschen zum Christentum, gründete Klöster, weihte Kirchen und bildete Schüler aus. 716 hatte der Mönch in Friesland zu missionieren begonnen, kehrte aber schon bald erfolglos in seine Heimat zurück. Wenig später beauftragte ihn Papst Gregor II., »die wilden Völker Germaniens aufzusuchen« und das Evangelium zu verkünden. In den unzugänglichen Wäldern Hessens, Thüringens und Sachsens tat der Mönch fortan sein Werk und bereitete damit auch den Boden für spätere Eroberungen fränkischer Herrscher. Dabei ging der Missionar keinesfalls zimperlich vor: Im nordhessischen Geismar ließ er beispielsweise das berühmte germanische Heiligtum, die »Donareiche«, fällen, um dem Germanenstamm der Chatten die Ohnmacht ihrer heidnischen Gottheiten vor Augen zu führen.

Später wurde Bonifatius zum Bischof von Mainz ernannt, doch zog es den »Heidenapostel« am Ende seines Lebens noch einmal hinaus in die Welt der Ungläubigen. 753 machte er sich hochbetagt auf zur »Friesenmission« an die Nordsee, wo er bei Dokkum von Räubern überfallen wurde. Bonifatius und sein Gefolge wurden ausgeplündert und umgebracht. Sein Vermächtnis bleibt: »Für Deutschlands Geschichte

Woran wir glauben – was wir denken

»Der Apostel der Deutschen« Bonifatius bekehrte die Germanenstämme und zerstörte ihre Heiligtümer, darunter die »Donareiche« im nordhessischen Geismar. Schulwandbild von Johannes Gehrts, 1905.

[ist er] vielleicht wichtiger gewesen als Friedrich der Große und Bismarck zusammen«, schreibt der Journalist Dirk Schümer über den »Apostel der Deutschen«.

ORIENT UND OKZIDENT: KREUZ GEGEN HALBMOND

Die Bestrebungen im Mittelalter, die Missionierung voranzutreiben und das Christentum zu einen, hatten auch etwas mit dem Emporkommen einer neuen Macht zu tun, die im Zeichen ihrer Religion ähnlich wie das Christentum den Anspruch erhob, sich die gesamte Menschheit untertan zu machen. Der Siegeszug des Islam begann im 7. Jahrhundert, gleichsam aus dem Nichts. Innerhalb weniger Jahrzehnte schufen arabisch-muslimische Kämpfer ein Weltreich, das sich bald über drei Kontinente erstreckte. Beseelt vom Auftrag des »einzigen Gottes«, rief der Prophet Mohammed im 7. Jahrhundert dazu auf, die »falschen Götter« zu zerstören und den Islam in allen Erdteilen der Welt durchzusetzen. Im Vorderen Orient waren das oströmische Byzanz und das persische Sassanidenreich die ers-

Orient und Okzident: Kreuz gegen Halbmond

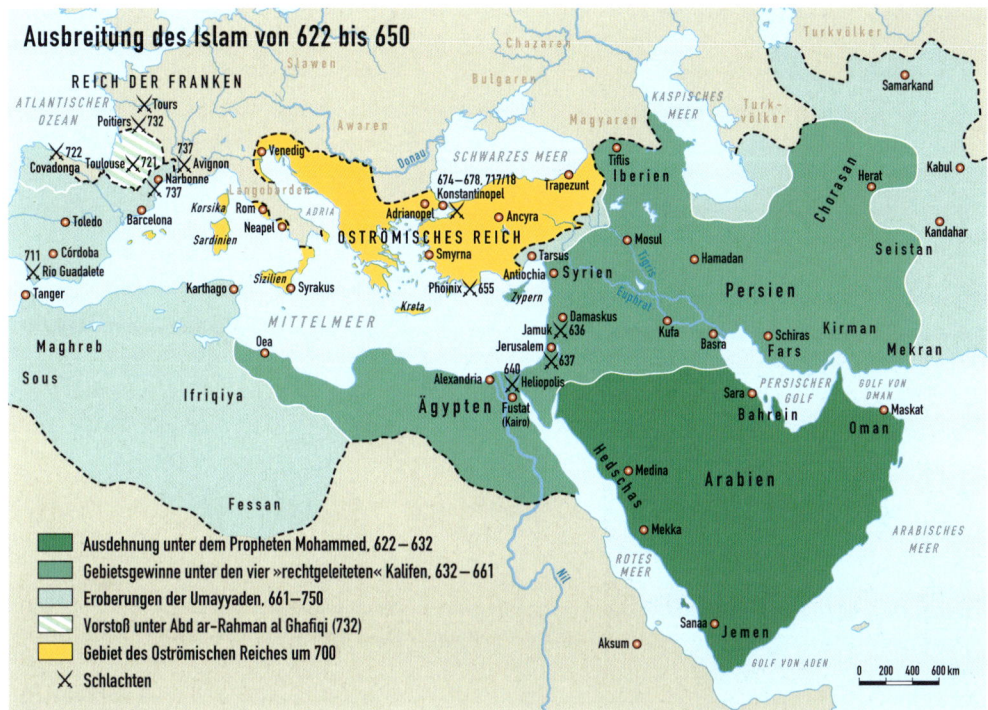

Die Ausbreitung des Islam bis 750 n. Chr.: Nach nur wenigen Jahrzehnten erstreckte er sich über Gebiete dreier Kontinente.

ten Ziele der arabisch-islamischen Vorstöße. Der Ansturm der Muslime konnte im Jahr 718 erst vor den mächtigen Mauern Konstantinopels gestoppt werden. Für mehr als 700 Jahre gelang es dem dezimierten Oströmischen Reich, dem Vormarsch des Islam standzuhalten.

Angriff auf »Europa«

Am anderen, westlichen Ende des Mittelmeeres nahm das Kräftemessen zwischen Islam und Christentum, Orient und Okzident, einen anderen Verlauf. Im Frühjahr 711 überquerte eine muslimische Expeditionsstreitmacht von Marokko aus die Meerenge von Gibraltar in Richtung Spanien. Innerhalb von acht Jahren nahmen die Muslime die gesamte Iberische Halbinsel bis auf einen schmalen Landstrich in den Bergen Galiciens ein; wenig später versuchten die Mauren über die Pyrenäen ins Zentrum des christlichen Europa vorzustoßen. Gegen die muslimischen Truppen hatte sich eine christliche Koalition gebildet: Die vereinte Streitmacht von Franken, Langobarden und Aquitaniern wollte den Vormarsch der Sarazenen, wie sie in zeit-

Woran wir glauben – was wir denken

■ In der Schlacht bei Tours und Poitiers, hier dargestellt in einem Gemälde von Charles de Steuben (19. Jahrhundert), wurde der Vormarsch der Sarazenen nach Europa gestoppt.

genössischen Chroniken genannt wurden, aufhalten. Angeführt wurde das christliche Heer von dem fränkischen Hausmeier Karl Martell, einem schlachterfahrenen Strategen. Er befehligte etwa 10 000 bis 15 000 Männer, überwiegend Fußsoldaten, während die Muslime unter dem Gouverneur von Andalusien Abd ar-Rahman ibn Abdallah al-Ghafiqi auch über berittene Bogenschützen verfügten. Über den genauen Verlauf der Schlacht bei Tours und Poitiers im Jahr 732 gibt es eher Legenden als detaillierte Berichte.

Die Muslime rückten an verschiedenen Stellen gegen die christliche Koalition vor, doch gelang ihnen kein Durchbruch. »Der Angriff auf Europa«, zu dem die Schlacht später stilisiert wurde, konnte abgewehrt werden. Karl Martell wurde als Retter der Christenheit gefeiert.

DER EUROPA-BEGRIFF

Anfang des 8. Jahrhunderts war die Bezeichnung »Europa« für den Kontinent nördlich von Afrika noch keineswegs in Gebrauch. Die Grenzen verliefen, je weiter man nach Osten blickte, im Ungefähren. Keiner der Krieger unter der Führung Karl Martells hätte sich selbst als Europäer bezeichnet, sondern bestenfalls als Franke, Aquitanier oder Langobarde. Umso erstaunlicher ist der Umstand, dass im Zusammenhang mit der Schlacht von Tours und Poitiers für genau jene Männer der lateinische Begriff »Europenses« verwendet wird: »Im Morgengrauen nach gewonnener Schlacht inspizierten die Europäer das verlassene, aber immer noch geordnete Zeltlager der Araber [Europenses Arabum temtoria ordinata].« Urplötzlich taucht der Begriff »Europäer« in einem Schriftstück des frühen Mittelalters auf, um auch gleich wieder für ein halbes Jahrhundert zu verschwinden. Erst Karl der Große, der Enkel Karl Martells, sollte 799 im Zuge seiner Erhebung zum Kaiser des Römischen Reiches wieder als »Vater Europas« – »Pater Europae« – bezeichnet werden.

Inwieweit der Vorstoß der Araber tatsächlich auf den Kern des Kontinents zielte, ist weiterhin umstritten. Aber nach den Niederlagen von 732 und auch nach dem Scheitern der Belagerung von Konstantinopel im Jahr 718 türmte sich das innere Europa vor den Muslimen wie ein kaum zu überwindendes Bollwerk auf, sodass die Hemisphären sich weiter voneinander abgrenzten.

Al-Andalus und *Convivencia*

Auf der Iberischen Halbinsel hatte mit der Invasion im Jahr 711 jene maurische Vorherrschaft begonnen, die fast 800 Jahre andauern und unter dem Namen al-Andalus in die Geschichte eingehen sollte. Bis zur Rückeroberung im Jahr 1492 – und darüber hinaus – war der Islam die politisch, religiös, sozial und kulturell bestimmende Kraft in diesem Teil Europas. Bis heute hält sich das Bild vom »Goldenen Zeitalter«, in dem ein friedlicher Multikulturalismus herrschte und sich die Künste frei entwickeln konnten, Literatur, Musik und Wissenschaften eine Blütezeit erlebten. Als Symbol dieses Goldenen Zeitalters gilt die Alhambra in Granada, die seit 1984 zum Weltkulturerbe zählt und jährlich Millionen Touristen aus aller Welt anzieht. Die religiöse Freizügigkeit in al-Andalus ermöglichte einen offenen geistigen Austausch. Zwar waren die Herrscher Sunniten, doch akzeptierten sie auch Muslime anderer Glaubensrichtungen sowie Juden und Christen.

Die religiöse Toleranz in der islamischen

■ Die Alhambra in Granada gilt als Symbol für das friedliche Zusammenleben der verschiedenen Religionsgemeinschaften auf der Iberischen Halbinsel.

Welt bedeutete jedoch stets nur Duldsamkeit nach vorheriger Unterwerfung. So mussten Juden und Christen beispielsweise höhere Steuern zahlen und wurden in einigen Bereichen des öffentlichen Lebens benachteiligt. Verfolgte Juden aus ganz Europa, Nordafrika und dem Orient kamen nach al-Andalus, weil sie sich dort ein friedliches Zusammenleben erhofften. Doch mit dem Ende des Kalifats im Jahr 1031 verschlechterte sich die *Convivencia*. In Granada kam es 1066 ganz unvermittelt zu einem Pogrom gegen die Juden, bei dem bis zu 4000 Menschen ermordet wurden. Das »Massaker von Granada« gilt als das erste Pogrom auf europäischem Boden. Der Sprachwissenschaftler Georg Bossong schreibt: »Natürlich wäre es groteske Schönfärberei, die mittelalterliche Geschichte Spaniens als ein multikulturelles Paradies immerwährenden Friedens zu interpretieren. Denn es gab viel Krieg und blutigen Streit. Aber es gab eben auch immer wieder Perioden, in denen es nicht nur kulturell, sondern auch politisch und militärisch zur Kooperation über die Religionsgrenzen hinweg kam.«

Kreuzzug nach Jerusalem

Seit dem Jahr 638 gehörte auch das einst von den byzantinischen Kaisern beherrschte Jerusalem zum Reich der Nachfolger Mohammeds. Juden, Christen und Muslime hatten dort ihre heiligen Stätten. Lange konnten die Christen auch unter

Orient und Okzident: Kreuz gegen Halbmond

■ »Gott will es!« Mit diesem Aufruf Papst Urbans II. begann 1095 das Zeitalter der Kreuzzüge, hier dargestellt in einer Buchmalerei aus dem 14. Jahrhundert.

muslimischer Herrschaft ihre Religion frei ausüben. Pilger hatten ungehinderten Zugang, doch im Jahr 1009 ging die Zeit der Toleranz zu Ende. Die christlichen Stätten in Jerusalem wurden Opfer religiöser Eiferer. Die alte Grabeskirche ging in Flammen auf, wurde geplündert, zerstört – später wiederaufgebaut. Unter den türkischen Seldschuken häuften sich im 11. Jahrhundert die Übergriffe auf Christen. Pilgerfahrten nach Jerusalem wurden behindert, Wallfahrer getötet, die heiligen Stätten immer schwerer zugänglich.

Doch dies war nicht der einzige Grund dafür, dass im 11. Jahrhundert ein mächtiges Kreuzfahrerheer ins Heilige Land aufbrach. Zu der Zeit hatte sich die Spaltung der Christenheit in die römisch-katholische und die griechisch-orthodoxe Kirche vertieft. Mit seinem Aufruf zum Kreuzzug im Jahr 1095 beabsichtigte Papst Urban, die Gläubigen unter seiner Führung wieder zu einen und erneut auf das Papsttum in Rom auszurichten. Der alte Bischofssitz Clermont in der französischen Auvergne wurde so zum Ausgangspunkt eines riesigen christlichen Heerzugs ins Heilige Land. Urban II. hatte hier 1095 zu einer Synode eingeladen, um angesichts der Bedrängnis des Oströmischen Reiches und der prekären Lage im Heiligen Land die Christenheit aufzurütteln und eine Rettungsaktion für die orientalischen Christen zu starten. Dabei malte er ein Szenario größter Bedrohung aus, verbunden mit Schilderungen schlimmster Gräuel, und verhieß jedem, der im Zeichen des Kreuzes kämpfen würde, himmlischen Lohn und die Vergebung von Sünden. »*Deus lo vult*« – »Gott will es«, verkündete er und überzeugte damit sein Publikum. Viele der Anwesenden sanken auf die Knie, beugten ihr Haupt und beteuerten laut ihre Bereitschaft zum Aufbruch ins Heilige Land. Mit Urbans Aufruf begann das Zeitalter der Kreuzzüge, ein über 200 Jahre währender Kampf um Palästina. Die Herausforderung von außen durch die islamische Welt schien die europäische Christenheit zu vereinen.

Im August 1096, am Feiertag Mariä Himmelfahrt, sollte die »bewaffnete Pilgerfahrt« beginnen, der Begriff »Kreuzzug« wurde erst später geprägt. Die Ersten, die gen Heiliges Land zogen, wollten diesen vom Papst gesetzten Termin jedoch nicht abwarten, so brach zunächst ein riesiger Volkszug auf. Der Gemeinschaft gehörten Menschen aller Stände an: Adlige, Ritter, Kirchenleute, Bauern, Männer und Frauen. Die meisten waren schlecht bewaffnet und für einen derart langen Marsch denkbar unzureichend ausgerüstet. Nicht ohne Grund spricht man vom »wilden Kreuzzug«, er war nicht von höchster Stelle autorisiert, ging der vom Papst geforderten Mission voraus. Zur Selbstversorgung plünderten und raubten die ersten Kreuzzügler Dörfer und Siedlungen aus, was vor

■ Ein verklärendes Gemälde des Malers Max Henze (um 1900). Nur ein Viertel der Ritterschaft des ersten Kreuzzugs hatte Jerusalem 1099 erreicht.

allem die Bevölkerung im Donauraum und auf dem Balkan leidvoll zu spüren bekam. Auch verheerende Pogrome begleiteten den irregulären »Kreuzzug der Armen«, wie er später genannt wurde. Der Raub von Hab und Gut ermordeter Juden diente zur Finanzierung der Reise nach Palästina. Bis zu 5000 Opfer waren zu beklagen. Das nachfolgende Ritterheer ließ sich nicht zu solchen Exzessen hinreißen – noch nicht. Fast drei Jahre brauchte ihre Schar von »Gotteskriegern«, bis sie die Mauern Jerusalems erreichte. Die Verluste waren enorm. Nur jeder vierte der Berittenen war noch am Leben, das Fußvolk auf weniger als ein Drittel dezimiert, durch Hunger, Erschöpfung, Krankheiten.

Anfang Juni 1099 erreichte das geschundene Kreuzfahrerheer sein Ziel. Nun ging es darum, die Heilige Stadt zurückzuerobern. Nach fünfwöchiger Belagerung gelang es den Christen am 15. Juli 1099, die Tore Jerusalems zu durchbrechen. Was sich nun abspielte, haben Chronisten eindringlich beschrieben: »Alle Feinde, die sie finden konnten, streckten sie mit der Schärfe ihres Schwerts nieder … ohne jemanden zu schonen, und erfüllten alles mit Blut.« Mehrere vergebliche Anläufe zur Erstürmung, die Entbehrungen, der Hang zu Fanatismus mögen dazu beigetragen haben, dass sich solche Grausamkeit entlud. Drei Tage dauerte das Gemetzel, dann folgte die Plünderung der Stadt. Die Kreuzritter empfanden keinerlei Schuldgefühle, sie erachteten ihren Sieg als Zeichen himmlischer Zustimmung.

Kampf ums Heilige Land

Die neu errungene Herrschaft der Christen im Heiligen Land sollte jedoch nicht unangefochten bleiben; für die islamische Welt bedeutete sie eine ständige Demütigung und Provokation. In einer Rückbesinnung auf den Dschihad, den Heiligen Krieg, bündelten muslimische Herrscher nach und nach ihre Kräfte, um die verlorenen Territorien wieder zurückzugewinnen. Zur legendären Figur wurde Sultan Saladin, der zum Heiligen Krieg gegen die Franken aufrief und Jerusalem 1187 für die Muslime zu-

■ In der Schlacht von Hattin (1187) fügte Saladin den Kreuzrittern ihre bis dahin schwerste Niederlage zu. Der Sultan führte den Krieg gegen die Eroberer im Zeichen des Dschihad. Gemälde von Cristofano dell'Altissimo, ca. 1590.

Woran wir glauben – was wir denken

Der Felsendom in Jerusalem. Bis heute belasten die Kreuzzüge die Beziehungen zwischen Muslimen und Christen, ist Jerusalem ein Zankapfel monotheistischer Weltreligionen.

rückeroberte. Anders als die christlichen Ritter verschonte er Zivilisten und Kriegsgefangene. Auch der römisch-deutsche Kaiser Friedrich II. suchte die Verständigung. Der Staufer erwirkte 1229 ohne einen Schwerthieb die Rückgabe Jerusalems an die Christen – durch geschicktes Verhandeln. Die Muslime durften ihre heiligen Stätten weiter ungehindert besuchen, ein historisch einmaliger Vorgang in den Beziehungen zwischen Orient und Okzident.

Bald dienten die Kreuzzüge europäischer Herrscher nicht mehr nur der Rückeroberung islamisch besetzter Territorien und der Ausbreitung des christlichen Glaubens, sondern auch der Durchsetzung eigener Machtansprüche und Handelsinteressen. So ließ Venedig unliebsame Gegner und Rivalen durch Kreuzfahrer ausschalten. Auch der mächtigste Konkurrent im Orienthandel, Konstantinopel, geriet dabei ins Visier. 1204 plünderten Kreuzritter trotz heftigen Widerspruchs des Papstes die Stadt am Bosporus und forderten ihren Tribut von Byzanz.

Der Fall von Konstantinopel

Geschwächt durch die Eroberung, Plünderung und Besatzung römischer Christen begann der Abstieg Konstantinopels; die Großmacht Byzanz schrumpfte auf die

Orient und Okzident: Kreuz gegen Halbmond

■ Im Vordergrund die Quadriga an der Fassade von San Marco – Beute der Venezianer bei der Plünderung von Konstantinopel im Jahr 1204.

Bedeutung eines regionalen Staates. Etwa 250 Jahre später bahnte sich der nächste historische Wendepunkt an: Bis zu diesem Zeitpunkt hatte die Metropole am Bosporus allen Angriffen der Osmanen standgehalten. 1453 aber rückte der ehrgeizige junge Sultan Mehmed II. mit einer gewaltigen Streitmacht vor die Mauern der Stadt. 80 000 türkische Soldaten standen nicht einmal 6000 Verteidigern gegenüber. Der byzantinische Kaiser Konstantin XI. hoffte, dass christliche Glaubensbrüder aus dem Westen den Belagerten zu Hilfe eilen würden – vergeblich. Zu weit weg lag die Stadt am Bosporus, zu tief klaffte der Graben zwischen Ost- und Westkirche. Die Hauptstadt des Byzantinischen Reiches stand allein, als am 29. Mai 1453 Mehmed II. den entscheidenden Angriff befahl, der zu ihrer blutigen Erstürmung führte. Die Nachricht vom Fall Konstantinopels und von Massakern nach der Eroberung löste in ganz Europa Entsetzen aus. Niemand hatte ernsthaft damit gerechnet, dass die riesige Festung, die schon so oft belagert und angegriffen worden war, fallen würde. Manche sahen darin den Beginn der »biblischen Endzeit«. Die Kirche half mit, diese Ängste zu befeuern. Nun galt es umso mehr, das christliche Abendland vor der »Inkarnation des Teufels«, vor den muslimischen Osmanen, zu beschützen.

DIE TÜRKEN VOR WIEN

Auf islamischer Seite gab es weitere Versuche, bis nach Mitteleuropa vorzudringen. 1529 standen die Türken zum ersten Mal vor den Toren Wiens, doch gelang es ihnen nicht, die Stadt zu erobern. 1683 starteten die Osmanen einen erneuten Versuch. Um die Türken zu stoppen, verbündeten sich die ansonsten heillos zerstrittenen christlichen Mächte. »Auff, auff, ihr Christen«, feuerte der katholische Prediger Abraham a Sancta Clara noch einmal zum Heiligen Krieg an. Rund 150 000 osmanische Krieger belagerten Wien wochenlang, aus 200 Kanonen wurde die Stadt beschossen. Doch Wien zählte zu den modernsten Festungen Europas, hielt dem heftigen Angriff stand. Schließlich erreichte ein Entsatzheer die belagerte Metropole, die Angreifer wurden »erdrückt und verbrennt«, wie es in einem Kriegstagebuch heißt. Wien konnte befreit werden. Für die Osmanen war die Niederlage ein Desaster, interne Machtkämpfe folgten und schwächten das Reich am Bosporus weiter.

Und dennoch gab es neben dem Gegeneinander immer auch ein Miteinander, einen regen wirtschaftlichen und kulturellen Austausch. Das Abendland hatte nicht nur vom kulturellen Vorsprung der Byzantiner, sondern auch vom Fortschritt in der islamischen Welt profitiert.

Nach zwei Jahrhunderten wurden die christlichen Besatzer aus dem Heiligen Land vertrieben, die Muslime aus Spanien, die Osmanen nach und nach aus Europa. Am nachhaltigsten aber wog die Erinnerung an die Gewalt der Europäer: »Die gewaltsame Seite europäischer Kultur und des Christentums wird nirgends so offensichtlich wie in den Kreuzzügen«, schreibt Jörg Lauster. »Die Kreuzzüge haben die Welt verändert – mit Folgen, die noch heute wirksam sind. Mit Blick auf die begangenen Gräuel und deren Spuren in der islamischen Erinnerungskultur waren die Kreuzzüge noch schlimmer als ihr Ruf.« Bis heute belasten sie die Beziehung zwischen Muslimen und Christen und dienen auch in der Gegenwart als Rechtfertigung islamistischen Terrors gegen Europa, gegen den Westen.

REFORMATION UND GLAUBENSKRIEGE

Immer nur vorübergehend vermochte das Feindbild Islam die europäische Christenheit zusammenzuhalten. Nach dem Bruch mit der Orthodoxie im Osten zerstritten sich die Angehörigen der römischen Kirche im Westen untereinander. Im ausgehenden 14. und beginnenden 15. Jahrhundert beanspruchten gleich drei Päpste gleichzeitig den Stuhl Petri. 1309 war der Sitz des Paps-

Reformation und Glaubenskriege

■ Anfang des 14. Jahrhunderts wurde der Sitz des Papstes ins französische Avignon verlegt – der Beginn eines jahrzehntelangen Kirchenstreits, bei dem vorübergehend gleich drei Päpste den Stuhl Petri für sich beanspruchten.

tes zunächst ins französische Avignon verlegt worden – womit der eigentlich römische Pontifex in Abhängigkeit von der französischen Krone geriet.

Beinahe 70 Jahre lang herrschten die Päpste hier in Saus und Braus, pflegten einen maßlosen Lebensstil, der Zeitgenossen wie den italienischen Dichter Petrarca dazu veranlasste, Avignon als »Lasterhöhle« zu bezeichnen, für die »eine Sintflut nötig« sei, »um sie hinwegzuspülen«. Das sogenannte Abendländische Schisma teilte die Kirche und damit Europa: Jahrzehntelang gab es kein allgemein anerkanntes Kirchenoberhaupt, nur ein Gegeneinander von Päpsten in Italien und Frankreich.

1414 wurde das Konzil von Konstanz einberufen, um den Konflikt ein für alle Mal beizulegen – es sollte vier Jahre dauern. Die Stadt am Bodensee wurde für diese Zeitspanne zum Mittelpunkt der Welt; aus allen Winkeln der Erde trafen Teilnehmer ein: aus Nowgorod und Valencia, Äthiopien und England. Erst mit der Wahl eines von allen Parteien bestätigten Papstes, Martins V., wurde das Schisma beendet.

Der Reformator vor der Reformation: Jan Hus

Für einen radikalen Theologen aber, der die misslichen Zustände der römisch-katholischen Kirche anprangerte und Reformen forderte, wurde das Konzil in Konstanz zur Falle. Jan Hus, ein böhmischer Gelehrter, hatte in Prag an der angesehenen Karls-Universität studiert und war 1400 zum Priester geweiht worden. Er hielt Vor-

Woran wir glauben – was wir denken

»Der Reformator vor der Reformation«: Jan Hus aus Prag kritisierte wie später Luther Missstände der Papstkirche.

Auf dem Konzil in Konstanz wurde Jan Hus 1415 als Häretiker zum Tod auf dem Scheiterhaufen verurteilt.

lesungen in Theologie und Philosophie und stieg zum Rektor der renommierten Universität auf. In seinen Predigten wandte er sich an das einfache Volk, lehrte in Tschechisch, nicht in Latein, und wirkte damit ähnlich sprachbildend wie einhundert Jahre später Martin Luther für das Deutsche.

Angesichts des verheerenden Zustands der Kirche geriet der Priester und Professor zum Kritiker, der Armut predigte und an den Thronen der weltlichen und geistlichen Mächte rüttelte. Seine Kritik am kirchlichen Ablasshandel, an Korruption und Verschwendung wurde in seiner böhmischen Heimat begrüßt. 1410 wurde Hus mit dem Kirchenbann belegt, im Folgejahr exkommuniziert und aus Prag verbannt, worauf es zu Unruhen kam. 1414 wurde der Kirchenkritiker zum Konstanzer Konzil eingeladen, um dort seine Thesen zu verteidigen. Man hatte Hus freies Geleit zugesichert. Unterwegs erhielt der Reformator viel Zuspruch, wurde von etlichen Gemeinden freundlich aufgenommen und als Hoffnungsträger gefeiert. Doch wenige Tage nach seiner Ankunft in Konstanz wurde er festgenommen und verhört. Da Hus ablehnte, seine Lehren zu widerrufen, wurde er am 6. Juli 1415 als Häretiker zum Tod verurteilt. Noch am selben Tag zerrte man ihn aus der Stadt und verbrannte ihn bei lebendigem Leib auf dem Scheiterhaufen. Auch seine Schriften wurden Opfer der Flammen. Doch seine Lehren wirkten vor allem im böhmischen Raum fort. Heute gilt er in Tschechien als Nationalheld.

Mönch und Revolutionär: Martin Luther

Mit seinem Aufruf zur Kirchenreform hatte Hus den Boden für die Reformation Martin Luthers bereitet, der zu Beginn des 16. Jahrhunderts die weltpolitische Bühne betrat. Eine Reise nach Rom im Auftrag seines Heimatordens führte dem Augustinermönch die ganze Macht- und Prachtentfaltung des Papsttums vor Augen. Oft wird diese Reise als Auslöser für seine reformatorische Entwicklung gedeutet. Vor allem der Umgang mit der Sündenvergebung veranlasste Luther zu Kritik: »Wer nach Rom kam und brachte Geld mit, der kriegte Vergebung der Sünden. Ich, als ein Narr, trug auch Zwiebeln nach Rom und brachte Knoblauch wieder«, schrieb er später im Rückblick. In die Heimat zurückgekehrt, wetterte der Theologe gegen den Ablasshandel, der den Gläubigen gegen Zahlung einer bestimmten Summe den Erlass von Sündenstrafen, etwa des Aufenthalts im Fegefeuer, gewährte – eine lange und lukrative Praxis in der westlichen Kirche seit dem Hochmittelalter.

»Wenn das Geld im Kasten klingt, die Seele in den Himmel springt«, lautete der dazu passende Spruch in jener Zeit. Der römisch-katholischen Kirche spülte der Ablasshandel jede Menge Geld in die Kasse – willkommene Summen, die Papst Leo X. für seine gigantischen Bauvorhaben in Rom, darunter die Errichtung des neuen Petersdoms, gut gebrauchen konnte.

Für Luther war all das ein rotes Tuch. Ende Oktober 1517 brachte er seine legen-

■ Ablassprediger machten das Ringen um das Seelenheil ihrer Gläubigen zum lukrativen Geschäft.

dären 95 Thesen in Umlauf, die Europa, ja die Welt, verändern sollten: unmissverständliche Sätze gegen das »schamlose Treiben und die lästerlichen Reden« der Ablassprediger, gegen falsches Bußverständnis und heuchlerische Reue – reinster religiöser Zündstoff.

Sein Werk *Von der Freiheit eines Christenmenschen* nannte die Prinzipien, nach denen sich die Kirche erneuern sollte: *Sola fide:* Nur durch den Glauben, nicht durch gute Werke und schon gar nicht durch

Woran wir glauben – was wir denken

■ Medici-Papst Leo X. wollte den Bau des neuen Petersdoms in Rom auch mit Einkünften aus dem Ablasshandel finanzieren. Porträt von Raffael.

Zahlungen werde dem Menschen die Gnade Gottes zuteil. *Sola gratia:* Durch diese Gnade und nicht durch Leistungen erlange der Gläubige das Heil. *Solus Christus:* Allein durch Christus, nicht etwa durch Heilige oder andere Autoritäten zwischen Gott und dem Menschen sei Erlösung von den Sünden möglich. *Sola scriptura:* Allein die Heilige Schrift sei Gradmesser für rechtes Handeln. Durch Bibellektüre sollte der Einzelne sein Gewissen bilden, und das stehe über den Dogmen und Traditionen. Für Luther bedurfte es zur Erlangung der göttlichen Gunst keiner Mittelsperson im Verhältnis zu Gott. Das bedeutete im Prinzip ein »Priestertum aller Gläubigen«, eine Lehre, die den Klerus praktisch überflüssig machte mitsamt der römischen Amtskirche. Er focht nicht nur die Unfehlbarkeit des Papstes an, sondern den Gehorsam gegenüber kirchlichen Würdenträgern überhaupt. Das entzog der bestehenden Ordnung den Boden.

Dass sich an Luthers Thesen die Welt entzündete, lag vor allem an einer medialen Revolution: dem Buchdruck. Um 1450 war es dem Mainzer Johannes Gutenberg gelungen, mit beweglichen Bleilettern und Druckformen Bücher herzustellen. Texte, die früher noch per Hand abgeschrieben wurden – eine zeitaufwendige und kostspielige Prozedur –, konnten nun schnell und relativ preisgünstig gedruckt werden. Das versetzte Luther und seine Anhänger in die Lage, Flugzettel in hoher Auflage unters Volk zu bringen, in einer Sprache, die vor allem der einfachen Bevölkerung gefiel. Er schaute dem Volk nicht nur »aufs Maul«, er blickte auch in die Herzen. Seine Traktate verbreiteten sich in rasantem Tempo, nicht allein in Deutschland. »Luthers Reformation hat Europa verändert und mit Europa die Welt«, schreibt Kirchenhistoriker Thomas Kaufmann. Die Reformation war die erste Auseinandersetzung in der Weltgeschichte, die von der Publizistik ent-

Reformation und Glaubenskriege

■ »Mit dem gnädigen Beistand Christi … werde ich keinen Buchstaben widerrufen.« Martin Luther vor dem Reichstag in Worms, hier in einem Gemälde von Anton von Werner (um 1900).

scheidend mitbestimmt wurde. Bereits 1521 soll es eine halbe Million Nachdrucke von Luthers Schriften gegeben haben.

Vor dem Reichstag in Worms

Luther traf der Bann Roms, und auf dem Wormser Reichstag sollte er Gelegenheit erhalten, vor Kaiser und Reich zu widerrufen. Dass er dies verweigerte, kam einem Aufstand gleich. Ein einfacher Mönch und Gelehrter wagte es, Karl V., dem mächtigsten Monarchen der Welt, in dessen Reich »die Sonne nie unterging«, die Stirn zu bieten.

Am 26. Mai 1521 wurde das sogenannte Wormser Edikt erlassen, in dem über Luther und seine Anhänger die Reichsacht verhängt wurde. In einer vorgetäuschten Entführung ließ ihn daraufhin sein Beschützer, der sächsische Kurfürst Friedrich der Weise, auf die Wartburg bei Eisenach in Sicherheit bringen. Luther übersetzte dort die Bibel ins Deutsche und verlieh der Reformation damit einen weiteren Schub. Der Glaube wurde demokratisiert, die Frohe Botschaft erreichte die Menschen unmittelbar. »Der Wandel war so tiefgreifend, dass er in einem Atemzug mit der Französischen Revolution zu den großen Umbrüchen des westlichen Kulturkreises gerechnet werden muss«, schreibt Jörg Lauster.

Die »Zweite Reformation«: Zwingli und Calvin

Auch in der Schweiz kam es zu umwälzenden Ereignissen. Hier bahnte sich eine »Zweite Reformation« an, die vor allem von Huldrych Zwingli und Johannes Calvin getragen wurde. Zwingli war ein Jahr jünger als Luther, er hatte in Basel Theologie studiert und dort den großen Gelehrten Erasmus von Rotterdam kennengelernt. Luthers Predigten gegen falsches Bußverständnis und den gotteslästerlichen Ablasshandel fielen bei ihm auf fruchtbaren Boden.

Nicht in allen theologischen Fragen stimmte der gebürtige Schweizer mit Luther überein, etwa beim Abendmahlverständnis. Auch in der Schweiz wurde die Reformation weiter vorangetrieben – zum Teil gewaltsam. Zwingli schwebte vor, »durch einen Bund von der Adria bis zum Belt und zum Ozean« die Welt von der Herrschaft der katholischen Habsburger zu befreien und zu reformieren. Doch sollte es dazu nicht kommen. Bei Auseinandersetzungen zwischen dem reformierten Zürich und den katholischen Kantonen Zug, Uri, Schwyz und Unterwalden starb Zwingli – nicht als Priester, sondern als Soldat auf dem Schlachtfeld.

Johannes Calvin, der 1509 in Noyon geboren worden war, kam Anfang der 1530er-Jahre mit reformatorischen Denkern in Berührung. Er war im Gegensatz zu Zwingli und Luther kein Priester, sondern hatte Jura studiert. Auch Calvin ging es um das Seelenheil des Menschen. Er glaubte, dass dessen Schicksal durch Prädestination von vornherein festgelegt sei. Gott habe vorherbestimmt, wer Erlösung erfahre und wer nicht. Dies zeige sich auch im Leben jedes Einzelnen. So wurde zum einen sichtbares gottesfürchtiges Verhalten als Zeichen dafür gedeutet, wer zu den Auserwählten zähle, zum anderen aber auch Schaffenskraft und wirtschaftlicher Erfolg. Gelebte Tugendhaftigkeit und Askese galten ebenso als Ausweis der Gnade wie effektive Arbeit und Reichtum, den man dem Ruhme Gottes widmete.

Calvin erhielt in Genf von führenden Handelsherren, die der Korruption des katholischen Klerus überdrüssig waren, eine

■ Der Reformator Huldrych Zwingli starb auf dem Schlachtfeld im Schweizer Glaubenskrieg. Porträt von Hans Asper, um 1531.

Reformation und Glaubenskriege

■ Die Lehre Johannes Calvins hatte auch Auswirkungen auf das wirtschaftliche Denken in Europa.

Auswirkungen auf die gesellschaftliche Entwicklung. Der berühmte Soziologe Max Weber sah im Calvinismus sogar eine Grundlage für die neuzeitliche Berufsethik und eine wesentliche Triebkraft der kapitalistischen Wirtschaftsordnung, hatte doch der Reformator einmal gesagt: »Es ist nicht sündhaft, reich zu sein. Sondern in Sünde fällt nur, wer sich auf seinem Vermögen ausruht und es zur Befriedigung seiner lasterhaften Begierden missbraucht.«

Die anglikanische Kirche

Weniger religiöse als dynastische Fragen trieben den englischen König Heinrich VIII. zur Loslösung von der römisch-katholischen Kirche. Aus seiner Sicht stellte sich diese seinen Nachfolgeplänen in den Weg. Katharina von Aragon, Heinrichs Frau, hatte ihm in beinahe zwanzig Jahren Ehe nur eine Tochter geboren, doch der Tudor-König wollte nicht länger warten; zur Sicherung der Dynastie war ein männlicher Thronfolger erforderlich.

Reihe von Vollmachten. Der Reformator versuchte, eine Art Tugendregime zu errichten. Damit sollte nicht nur das religiöse Leben der Gläubigen kontrolliert werden, sondern auch das alltägliche Verhalten. Der Reformator hielt Trinkgelage, Tanzvergnügen und Gesang für unsittlich und ließ all das im Geiste seiner »Kirchenzucht« verbieten. Sein rigoroses Regiment hatte am Ende keinen Bestand, aber mit dem Calvinismus griff nun, ausgehend von Genf, ein Denken um sich, das in vielen Teilen Europas und darüber hinaus, bis nach Nordamerika, Wirkung entfaltete.

Denn wo Pflichterfüllung, Sittlichkeit, Askese und harte Arbeit als Ausweis göttlicher Gnade erachtet wurden, hatte das

Seine Versuche, die Ehe mit Katharina auflösen zu lassen, scheiterten an der Weigerung Papst Clemens' VII.: »*Non possumus*« – »wir können nicht«, mit dieser lapidaren Formulierung soll Rom die Ablehnung begründet haben – und drohte mit Exkommunikation. Heinrich VIII. ließ sich das nicht bieten, zumal ihm seine Geliebte, die Hofdame Anne Boleyn, im Dezember 1532 mitgeteilt hatte, dass sie schwanger sei – was Heinrichs Hoffnungen auf einen männlichen Erben schürte. Bald darauf

Woran wir glauben – was wir denken

Die Familie Heinrichs VIII., v.l.: Tochter Maria, die spätere »Bloody Mary«, Prinz Eduard, König Heinrich VIII., Heinrichs dritte Ehefrau Jane Seymour und Tochter Elisabeth, die spätere Königin Elisabeth I.

kam es – ohne päpstliche Erlaubnis – zur Heirat, was die Trennung von der römischen Kirche manifestierte.

Unter der Herrschaft seiner Tochter Elisabeth I. (Heinrichs einziger Sohn starb im Alter von 15 Jahren), nach blutigen Machtkämpfen zwischen katholischen und protestantischen Kräften, wurde England zu einer der führenden protestantischen Mächte in Europa. Die Krone blieb Oberhaupt der anglikanischen Kirche und vereinte damit geistliche und weltliche Macht auf sich. Der Versuch der katholischen Supermacht Spanien, die Britische Insel und »die königliche Ketzerin« Elisabeth in die Knie zu zwingen, scheiterte mit dem Untergang der spanischen Armada 1588.

Cuius regio, eius religio

Im Reich der Deutschen entschied künftig die Konfession des Landesherrn über die Zugehörigkeit der Landeskinder zur römisch-katholischen oder zur protestantischen Kirche. »*Cuius regio, eius religio*«, lautete die Formel des Augsburger Religionsfriedens von 1555, eine Art Grundgesetz für die konfessionelle Koexistenz – zumindest für einige Jahrzehnte. Die skandinavischen Länder hingegen wurden protestantisch, Spanien blieb katholisch, auch in Frankreich hatte der Katholizismus Vorrang. Dort wurden die Hugenotten – deren Glaube stark vom Calvinismus geprägt war – unterdrückt und verfolgt.

Im Jahr 1570 kam es schließlich zu einem Friedensschluss. Die Anführer der franzö-

Reformation und Glaubenskriege

■ Augenzeugen berichteten über das Massaker in der Bartholomäusnacht: »Mit der Kraft der Verzweiflung wehrte sich dort eine Mutter; umsonst! Ihr Kind wurde ihr aus den Armen gerissen und vor ihren Augen an der Mauer zerschmettert …«

sischen Hugenotten glaubten an eine ehrliche Versöhnung. Da erschien es wie ein gutes Zeichen, als das französische Königshaus die Ehe der katholischen Margarete von Valois mit dem Hugenotten Heinrich von Navarra plante. Politische und militärische Anführer der Reformierten wurden zu den Hochzeitsfeierlichkeiten nach Paris eingeladen. Doch hinter der Fassade des fröhlichen Festes wartete eine tödliche Falle: Königinmutter Katharina de' Medici hatte den Plan für einen Massenmord an den Hugenotten geschmiedet. Dieser geschah in der Nacht zum 24. August 1572 – dem Gedenktag des heiligen Bartholomäus. Bis zu 3000 Menschen starben in der sogenannten Bartholomäusnacht.

Der blutige Bürgerkrieg in Frankreich ging weiter. Die französische Krone vertrieb die Hugenotten, setzte auf die katholische Kirche als Stütze der Monarchie und legte damit den Grundstein für den Absolutismus Ludwigs XIV.

Dreißig Jahre Krieg

Anfang des 17. Jahrhunderts kulminierten die fortwährenden konfessionellen Auseinandersetzungen in Europa. Einmal mehr mischten sich Fragen von Macht und Glau-

Woran wir glauben – was wir denken

Im Dreißigjährigen Krieg kannte die Gewalt keine Grenzen. Ganze Landstriche wurden entvölkert.

ben zu politischem Sprengstoff. »Der Dreißigjährige Krieg war zweifellos ein Religionskrieg – und er war es auch nicht«, urteilt der Züricher Historiker Bernd Roeck: »Es ging natürlich um einen irdischen Machtpoker.« Neben dem Gegensatz der Konfessionen ging es einmal mehr um das Kräfteverhältnis der Mächte und Dynastien Europas, von Kaisern und Fürsten, Landesherren, Städten und Ständen. Dabei war die konfessionelle Lagerbildung keineswegs konsequent. Rückten politische Machtfragen in den Vordergrund, war religiöse Zugehörigkeit oft zweitrangig. Dennoch war es auch ein Glaubenskrieg: »Die Soldaten in den Diensten der Mächtigen verstanden sich häufig als Werkzeuge eines höheren Willens, sie wussten sich in Gottes Hand, und es ging nicht um die sterblichen Leiber, sondern um die unsterblichen Seelen. Und genau deshalb wurde der Kampf bis zum Äußersten getrieben«, so Roeck.

Der Friede aller Frieden

Als nach 25 Jahren Krieg kein Ende und kein Sieger abzusehen war und jedes weitere Schlachten völlig sinnlos erschien, begannen die beteiligten Kriegsparteien mit intensiven Verhandlungen. Die Mitte Europas glich längst einem Trümmerfeld, ganze Regionen waren durch Kämpfe, Hunger und Seuchen verwüstet und entvölkert. Im katholischen Münster und im überwiegend protestantischen Osnabrück versammelten sich 1645 Hunderte von Würdenträgern, Diplomaten und Gesandten aus ganz Europa zu einem großen Friedenskongress. Das Prozedere war kompliziert; verhandelt wurde getrennt nach Kriegsparteien und Konfessionen, jeder Verhandlungspunkt musste mit den heimischen Höfen und Ständevertretern abgestimmt werden. Ganze fünf Jahre sollte es dauern, bis der sogenannte »Westfälische Friede« endlich besiegelt war. Am 24. Oktober des Jahres 1648 wurde das in zwei Teilwerken ausgehandelte Vertragswerk in beiden Städten abschließend unterzeichnet.

Das Heilige Römische Reich Deutscher Nation blieb in 300 kleinstaatliche Gebilde aufgegliedert. Die nach Unabhängigkeit strebenden Niederlande und die Schweiz wurden aus dem Reichsverband entlassen. Außerdem musste der Kaiser des Heiligen Römischen Reiches Deutscher Nation, der Habsburger Ferdinand III., seinen Anspruch aufgeben, Universalherrscher der Christenheit zu sein, so wie es seit Karl dem Großen mit dem Titel verbunden war – er wurde zum Monarchen unter anderen. Doch wie sah es mit den Religionen aus, in deren Namen der große Krieg geführt worden war?

Vor allem galt es, die Reichsverfassung der Deutschen so zu modifizieren, dass keine Glaubensrichtung mehr die andere dominieren konnte. Man schrieb die konfessionellen Grenzen fest, auch der Calvinismus wurde anerkannt. Für den Kampf der Bekenntnisse bedeutete das ein Unentschieden. Die Mitte Europas glich einem Flickenteppich der religiösen Räume. Im Fürstentum Bayreuth etwa blieb man evangelisch, im Bistum Bamberg katholisch, desgleichen in Bayern, in der Pfalz, im Rheinland und in Baden. In Württemberg hingegen war man Protestant wie auch in Hessen, Niedersachsen, Thüringen, Anhalt, Sachsen, Schleswig-Holstein, Mecklenburg und Preußen. Hinzu kam der Beschluss, die Reichsinstitutionen paritätisch zu besetzen; im Reichstag, der Ständeversammlung, gab es fortan einen zweifachen »Corpus«, den der katholischen und den der evangelischen Reichsstände. In den Reichsstädten mit gemischter Bevölkerung sollten die Ämter stets bikonfessionell besetzt werden.

Und Rom? Papst Innozenz X. beharrte noch Jahre später auf dem Standpunkt, dass sämtliche aus Sicht der katholischen Kirche nachteiligen Bestimmungen ungültig seien. Doch die Verfechter des Regelwerks ließen sich nicht beirren. Der Westfälische Friede war ein europäischer Friede, der einen europäischen Glaubenskrieg beendete und die Vernunft an die Stelle religiösen Eifers rücken ließ.

JUDEN IN EUROPA

Auch jüdische Viertel und Märkte prägen seit dem frühen Mittelalter das Bild wachsender europäischer Städte. Die Juden wurden gebraucht und angefeindet, bestaunt und verachtet. Ihr religiöser Habitus war Bestandteil des kulturellen Lebens, ihre Synagogen waren Zentren des Geistes und der Tradition. Die jüdischen Minderheiten in Europa wiesen viele Gemeinsamkeiten auf, die sich in den Jahrhunderten seit der Christianisierung entwickelt hatten. Es war das Leben in der Diaspora, das ihre kollektive Identität bestimmte und vergleichbare Merkmale ausprägte. Die jüdische Bevölkerung strebte nicht nach politischer Macht, sie unterwarf sich meist den von

Woran wir glauben – was wir denken

Die »Neue Synagoge« ist Symbolort für die Geschichte der jüdischen Bevölkerung in Berlin.

Herrschern und Staaten vorgegebenen politischen Verhältnissen, wohl wissend, dass ihr keine Abweichung verziehen wurde. Meist zog es sie in die Städte, hohe Mobilität zeichnete sie aus, nicht nur im räumlichen, sondern auch im gesellschaftlichen Sinn. Immer wieder waren Juden tödlicher Aggression und blutigen Pogromen ausgesetzt, die stets auch mit Plünderungen einhergingen. Und doch haben sie »praktisch niemals versucht, auf die gegen sie verübte Gewalt mit den Waffen ihrer Gegner zu antworten«, so der ungarisch-französische Historiker und Soziologe Victor Karady in seiner umfassenden *Sozialgeschichte der Juden in Europa*.

Die europäischen Juden stellten einst 90 Prozent der jüdischen Weltbevölkerung. Emanzipation und Ausgrenzung, Assimilation und Antisemitismus gingen oft Hand in Hand. Viele Juden bildeten Fähigkeiten heraus, die ihnen eine eigene Stellung in der Gesellschaft ermöglichten. Vor allem auf das «Abenteuer der Moderne» waren sie – so Karady – oft besser eingestellt als manche anderen Bevölkerungskreise. So hätten die soziale Ausgrenzung und die beruflichen Beschränkungen etwa im handwerklichen und produktionellen Bereich zur Ausprägung anderer Kompetenzen, etwa im Bereich von Dienstleistungen um Geld und Kapital oder in Wirtschaft und Handel, geführt. Dies waren vor allem Tätigkeiten, die für die christliche Mehrheit als nicht standesgemäß galten.

Nach dem Zerfall der alten Feudal- und Ständeordnung im Zeichen der Aufklärung stiegen die Chancen auf rechtliche Gleichstellung und Emanzipation der Juden; sie konnten nun einflussreiche Positionen erlangen. Die männlichen Erwachsenen waren nahezu durchgehend alphabetisiert und belesen und beherrschten meist mehr als eine Sprache. Das fiel vor allem dort auf, wo der allgemeine Bildungsstand niedrig war.

So wuchs der Anteil der Juden in intellektuellen Bereichen, in den Künsten, in den

Wissenschaften und in der Finanzwirtschaft, sofern sie Zugang dazu erhielten. Insgesamt ist ihr Anteil am ökonomischen, geistigen, wissenschaftlichen und kulturellen Fortschritt Europas kaum zu überschätzen. Für diese Entwicklung stehen Namen wie Moses Mendelssohn, Heinrich Heine, Karl Marx, Albert Einstein, Sigmund Freud, Martin Buber, Felix Mendelssohn Bartholdy, Gustav Mahler, Marc Chagall, die Rothschilds, um nur einige von ihnen zu nennen.

Und doch nahmen Anfeindungen nicht ab, eher sogar zu. Sie speisten sich aus diversen Quellen, aus dem klassischen Antijudaismus des Christentums, aus einem konservativen oder linken Antikapitalismus, aus dem übersteigerten völkischen Nationalismus, der Herkunft, Sprache oder Rasse in den Vordergrund stellte. In all diesen Strömungen sammelten sich Ressentiments gegen die jüdische Minderheit, die sich dagegen kaum wehren konnte und immer wieder in die Rolle des Sündenbocks geriet.

Je mehr liberales Denken, Toleranz, wirtschaftliche Offenheit in den modernen Staaten Europas Verbreitung fanden, desto seltener waren dort auch antijüdische Haltungen anzutreffen. Etwa in den Niederlanden, in Großbritannien, vor allem aber in den USA. In Russland, Rumänien und anderen östlichen Staaten dagegen waren immer wieder Tendenzen eines nationalen Antisemitismus feststellbar.

Nach Karady bedarf der Antisemitismus erfahrungsgemäß keiner objektiven Rechtfertigung oder Begründung, die Vorhaltungen seien in der Regel haltlos, wenn man sie an der gesellschaftlichen Realität messe. So werde oft all das, was eine Gesellschaft ablehne, einfach auf Minderheiten projiziert. Dabei gehe es nur um die schlichte Unterscheidung zwischen »denen« und »uns«. So sei der Antisemitismus im Grunde kein Anzeichen für Probleme der Juden, sondern der Antisemiten.

Die systematische Vernichtung der europäischen Juden durch Nazi-Deutschland ist das Menschheitsverbrechen schlechthin, mehr als sechs Millionen Juden fielen dem Massenmord zum Opfer. Und doch ist die Schoah nicht das letzte Kapitel der jüdischen Geschichte auf dem Kontinent. Auf den Holocaust folgten die Überlebens- und Wiederbelebungsanstrengungen der jüdischen Gemeinden, ob in Wien, Berlin, Warschau oder Paris. Seit seiner Gründung 1948 bietet vor allem der Staat Israel Millionen von Juden Zuflucht, Heimat und Schutz, die Möglichkeit, sich selbst zu behaupten. In Europa wird die Entfaltung jüdischen Lebens auch weiterhin davon abhängig sein, ob die Mehrheit in den Gesellschaften antisemitischen Tendenzen, die sich meist auch gegen die eigene demokratische Kultur richten, die Stirn bietet.

Nach gezielten Anschlägen durch Islamisten mit Todesopfern in Brüssel, Paris und Kopenhagen rief der israelische Ministerpräsident Benjamin Netanjahu den Juden Europas 2015 zu: »Israel ist eure Heimat und wartet mit offenen Armen auf euch.« Zehntausende sind seitdem emigriert. In einigen Ländern radikalisiert sich der Antisemitismus vor allem an den Rändern der Gesellschaft. In Deutschland etwa sind 90 Prozent aller antisemitischen Übergriffe dem rechtsradikalen Spektrum zuzuordnen. Linker Extremismus wendet sich vor allem gegen Israel. Allerdings lehne die Mehrheit der Deutschen offenen Antisemitismus heute stärker ab als in früheren Jahren, so Experten – laut Umfragen hege noch jeder fünfte Deutsche latent antijüdische Ressentiments. Solche Affekte sammeln sich in den rechtspopulistischen Kreisen und Parteien in ganz Europa und führen immer öfter zu öffentlicher Diskriminierung. Wenn junge jüdische Mitbürger heute das Gefühl haben, sie hätten in ihrer europäischen Heimat keine Zukunft mehr, dann ist das ein alarmierendes Signal.

DER SIEGESZUG DER AUFKLÄRUNG: EUROPA UND DIE REVOLUTIONEN

Wir schreiben den 6. Januar 1770. Es ist die Zeit elitärer Geistesgrößen auf der Suche nach einer durch die Vernunft bestimmten Welt. In gediegenem Ambiente wird sinniert und gespeist. Der Biss auf den im Kuchen versteckten Kern ist wie jedes Jahr der Höhepunkt des Dreikönigsabends im großbürgerlichen Salon des Barons von Holbach. Derjenige Gast, in dessen Kuchenstück eine Bohne eingebacken ist, muss als »König der Nacht« seinen »monarchischen« Pflichten nachkommen. Demzufolge erlässt der Kuchenkönig seine Verfügung – diesmal in Form eines launigen Knittelreims: »Das Motto meiner Gesetze heißt: Jeder soll nach seiner Façon selig sein. Denn das ist unser Wille. Gezeichnet Denis, ohne Land und *château* [Schloss], König von Gnaden des *gâteau* [Kuchens].«

Dieser an eine berühmte Notiz des freigeistigen Preußenkönigs Friedrich des Großen gemahnende Aufruf zu Toleranz und Gedankenfreiheit hätte auch als Wahlspruch über der Tischgesellschaft stehen können. In der Pariser Rue Royale, nicht weit vom Königsschloss Louvre entfernt, versammelten sich auf Einladung des aus der Pfalz stammenden Barons Henri Thiry d'Holbach über 25 Jahre lang jeden Donnerstag und Sonntag gut ein Dutzend ausgewählter Gäste – unter ihnen die brillantesten Köpfe ihrer Zeit. Bei Köstlichkeiten wie Taubenpastete, Kalbsspieß, Fasan, Rahmgebackenem oder eben Dreikönigskuchen, begleitet von einigen Gläsern Burgunderwein, diskutierten sie bis tief in die Nacht über Philosophie, Religion, Materialismus, Vernunft, Moral oder Erziehung.

Salons der Aufklärung

Der Regent des Dreikönigabends, Denis Diderot, war Stammgast in diesem Salon und seine Kristallisationsfigur. Als Herausgeber der *Encyclopédie* war er für die meisten der Anwesenden Auftraggeber und Inspirationsquelle zugleich. Viele seiner Autoren aus ganz Europa, wie der schottische Historiker David Hume, der italienische Ökonom Ferdinando Galiani oder die Phi-

Der Siegeszug der Aufklärung: Europa und die Revolutionen

■ In Salons trafen sich die brillantesten Köpfe der Aufklärung, hier unter anderen Rousseau, Diderot und Montesquieu bei Madame Geoffrin, einer Tragödie Voltaires lauschend.

losophen Jean-Jacques Rousseau und François-Marie Arouet, der sich Voltaire nannte, fanden sich regelmäßig an der Tafel des Barons ein. Bis zum Vorabend der Französischen Revolution hatten die rund 150 Enzyklopädisten ein stattliches Konvolut von insgesamt mehr als 70 000 Lexikonartikeln verfasst. Die *Encyclopédie*, Diderots Lebenswerk, war mehr als ein kenntnisreiches Nachschlagewerk. Sie war nichts weniger als ein Frontalangriff auf die christliche Lehrmeinung, das Primat der Kirche und die von Gott abgeleitete Macht der Könige zugleich und stellte das vorherrschende Weltbild infrage. Mehr als jede andere Publikation der Zeit sollte die Wissensreihe moralische, politische und wissenschaftliche Sprengkraft entfalten.

Schon in der Entstehungsphase wurde sie daher verfolgt und zeitweise verboten, ihr Herausgeber Diderot inhaftiert. Aus Vorsicht vor der allmächtigen Zensur verbarg sich ihre Kritik oft in dezenten Hinweisen zwischen den Zeilen, etwa der schlichte Querverweis auf »Eucharistie, Kommunion, Altar etc.« unter dem Stichwort – »Menschenfresserei«. Der Gesprächszirkel der Enzyklopädisten wurde auch »Café Europe« genannt. Ebenso grenzübergreifend wie das Denken und die Herkunft der Teilnehmer war das Phänomen der Tafelrunden selbst. Wie in Paris bildeten sich im Verlauf des 18. Jahrhunderts auch in den meisten europäischen Metropolen Tischgesellschaften, Akademien, Lesezirkel und Freimaurerlogen als Foren des geistigen und kulturellen Austauschs.

»Das Licht der Vernunft«

Getragen wurde der Diskurs von dem Anspruch, alles Bestehende, ob Autoritäten, Traditionen, Dogmen, selbst die als unantastbar geltende Botschaft der Bibel, erst einmal grundsätzlich einer freien und öffentlichen Prüfung zu unterziehen. Oder wie Diderot formulierte: »Wir brauchen das Licht der Vernunft.« Dieser Leitgedanke verbreitete sich, wenngleich in landesspezifischen Ausprägungen, über das gesamte von absolutistischen Monarchien dominierte Europa und seine sich aus der Kolonialherrschaft erhebenden Überseegebiete.

Der Königsberger Philosoph Immanuel Kant, der diese kritische Betrachtungsweise in seiner Ethik der Vernunft weiterentwickelte, nannte diese Zeit »Aufklärung« (die Entsprechungen waren in Frankreich *les Lumières*, in England *enlightenment* und in Italien *illuminismo*). Wie die Sonne durch Wolken und Nebel bricht, um das irdische Dasein zu erhellen, so sollte die Kraft des menschlichen Verstandes das Dunkel von Unwissenheit und Vorurteilen durchdringen. Die Aufklärer rückten den,

MODERNE STAATSDENKER

Zu den Forderungen der Aufklärer gehörte es, das Staatswesen vernunftgemäß zu begründen. Herrschaft sollte nicht mehr qua Geburt, Tradition, Gottesgnadentum oder durch eine angeblich »natürliche« Ordnung vorbestimmt sein, sondern durch den Beschluss freier Menschen eine neue Legitimation erfahren. Der britische Staatsdenker John Locke umriss in seiner Hauptschrift *Zwei Abhandlungen über die Regierung* (1690) seine Vorstellungen von bürgerlicher Freiheit: Widerstandsrecht, Gesellschaftsvertrag und Gewaltenteilung. Charles de Montesquieu entwickelte in seinem Hauptwerk *Vom Geist der Gesetze* (1748) eine Theorie, die eine Trennung von Legislative, Exekutive und Judikative im Staat vorsah. Für Jean-Jacques Rousseau sollte ein Gesellschaftsvertrag die Grundlage des Gemeinwesens bilden, es gelte, den Einzelwillen mit dem Gemeinwohl zusammenzubringen. Dabei ging er von einer *Volonté Générale* aus, die sich in einer direkten Demokratie per Abstimmung aus dem Willen des Volkes ergebe. Ein repräsentatives System lehnte Rousseau ab.

in Kants Worten, »aus seiner selbst verschuldeten Unmündigkeit befreiten Menschen« in den Mittelpunkt ihrer Weltdeutung und wiesen ihm die Aufgabe zu, seinen Verstand zu gebrauchen, um seine irdische Glückseligkeit zu verwirklichen.

Wegbereiter waren die Freidenker des 17. Jahrhunderts, wie Baruch de Spinoza, René Descartes, Pierre Bayle, John Locke oder Thomas Hobbes, die kirchliche Dogmen infrage stellten, und Forscher wie Gottfried Wilhelm Leibniz, Adam Smith, Robert Boyle oder Isaac Newton, die die Grundfesten des bestehenden Wissenschaftsgebäudes erschütterten. »Natur und Naturgesetz lagen verborgen im Dunkel«, rühmte der zeitgenössische Dichter Alexander Pope, »da sprach Gott: Newton sei! Und es ward Licht!« Von der Mikroskopie bis zur Kosmologie hatten wissenschaftliche Instrumente neue Horizonte erschlossen. Die Entdeckung der Elektrizität, die Muskeln zucken und Herzen schlagen lassen konnte, versprach neue Einsichten in das Wesen des Lebens selbst.

■ »Alle Menschen sind gleich; nicht die Geburt, nur die Tüchtigkeit macht einen Unterschied.« Voltaire.

Gegen Kirchenmacht und Aberglauben

Im Licht ihrer Erkenntnisse wandten sich radikale Philosophen wie Denis Diderot einer materialistischen Weltbetrachtung zu. Von England ausgehend, setzten »Deisten« der kirchlichen Offenbarung ihre »Vernunftreligion« entgegen. In hitzigen Debatten arbeiteten sich Aufklärer an Fragen von Ethik, Tugend und Moral ab. Und doch führten sie keinen Feldzug gegen Religion an sich. Konfessionelle Toleranz war ihr Credo. Allerdings kritisierten sie vehement die Rolle der Kirche, das bestehende Machtgefüge zu festigen, indem sie die Gläubigen unter Androhung ewiger Verdammnis in stetiger Angst halte – flankiert von einer bisweilen noch mittelalterlich anmutenden Gerichtsbarkeit.

Die bestehenden Gewalten gingen indes nicht ohne Grund gegen subversives Gedankengut vor. Sobald das Monopol der Glaubensbelehrung in Zweifel gezogen wurde, geriet auch die als »gottgegeben« legitimierte Herrschaft der kirchlichen und weltlichen Würdenträger ins Wanken. Auf den Kern der hierarchischen Ständegesellschaft zielten die Forderungen nach bürgerlicher Gleichberechtigung: Der Wert

Woran wir glauben – was wir denken

Anstoß zur Französischen Revolution: Am 20. Juni 1789 schworen die Vertreter des »Dritten Standes« im Ballhaus von Versailles, nicht vor der Ausarbeitung einer neuen Verfassung auseinanderzugehen.

des Menschen sollte nicht (mehr) gemäß ererbter Würde, sondern an individueller Leistung und Tüchtigkeit ermessen werden, an die Stelle von Willkür und Despotie eine per Verfassung festgeschriebene Staatsordnung mit einem Kanon unveräußerlicher Menschenrechte treten. Aufklärerische Schriften, namentlich von Voltaire, Rousseau und vor ihnen Montesquieu oder Locke, enthielten das theoretische Rüstzeug zur Überwindung des herrschenden Absolutismus.

Greifbare Früchte trugen diese Ideen auf einem entfernten und doch eng verbundenen Kontinent. 1787 gaben sich die Vereinigten Staaten von Amerika eine weitgehend demokratische Verfassung, die – von der damals noch legitimierten Sklavenhaltung abgesehen – auf Menschenrechten und Gewaltenteilung basierte.

Revolutionsherd Frankreich – seit 1789

Dieses fundamental neue Staatsverständnis fand seinen Weg wieder zurück an seinen Ausgangspunkt. Angeheizt durch grassierende Not infolge von Überbevölkerung und Missernten, geschürt durch weitreichende Privilegien von Adel und Klerus, wurde in Frankreich aus den Ideen der Aufklärung praktische Politik. Im Mai 1789 kam es zu einem Aufstand. Eigentlich hatte Ludwig XVI. die Generalstände zur Absegnung seiner Steuerausgaben einberufen. Doch nun erklärten sich die Vertreter des »Dritten Standes«, der Bevölkerungsmehrheit, die aber in diesem Gremium unterrepräsentiert war und durch Überläufer aus den Reihen des adligen und klerikalen Standes verstärkt wurde, kurzerhand zur verfassunggebenden Nationalversammlung. Ihr entschiedenes Eintreten für Freiheit und Gleichheit in einem Akt revolutionärer Eintracht war der Auftakt zur Ablösung des *Ancien Régime*.

Die ausweichende Reaktion des Königs auf die Revolte der Volksvertretung wie auch seine Marschbefehle an die Truppen mobilisierten das von der katastrophalen Ernährungslage zermürbte Volk in den Straßen von Paris. Ursprünglich auf der Suche nach Waffen und Pulver zur Erstürmung städtischer Getreidespeicher, setzten die Aufrührer mit dem Sturm auf die königliche Gefängnisfestung Bastille am 14. Juli 1789 ein Fanal für Aufstände im ganzen Land.

Aufgebrachte Bauernscharen stürmten Schlösser, Klöster und Archive ihrer Grundherren, deren Rechts- und Besitztitel sie in Freudenfeuern verbrannten. Adel und Geistlichkeit verloren ihre Feudalrechte und Privilegien. Die Königsfamilie wurde von einer Volksmenge unter Führung von Fischhändlerinnen aus ihrem Versailler Prunkschloss nach Paris eskortiert und damit in die Hände der nunmehr bürgerlichen Machthaber gegeben. Diese schickten Ludwig XVI., der sich formal der neuen Verfassung unterwarf, gleichzeitig jedoch heimlich mit Nachbardynastien Verbindung hielt, drei Jahre später zusammen mit seiner Gemahlin Marie-Antoinette aufs Schafott.

In umwerfender Geschwindigkeit wandelte sich das absolutistische Königreich in einen bürgerlich dominierten Verfassungsstaat mit neu strukturierter Verwaltung, (anfangs) unabhängiger Justiz, gewaltiger Umschichtung des Kirchen- und Adelsbesitzes und, zumindest zu Beginn, garantierten Grundrechten. In der revolutionären Trias »Freiheit, Gleichheit, Brüderlichkeit«, bis heute die Kernformel der französischen Nation, spiegelten sich Prinzipien der Aufklärung.

Sieg der Aufklärung auf den Barrikaden?

War die Philosophie der Vernunft Wirklichkeit geworden? Als ihr Wort Gestalt anzunehmen schien, waren die meisten der prominenten und radikalen Aufklärer schon tot. Es ist nicht anzunehmen, dass alle Vordenker zufrieden mit dem Verlauf der Erhebung gewesen wären. Nach einer ruhigen Zwischenphase mündete die Revolution, bedrängt von äußeren Feinden und getrieben von internen Rivalitäten, in eine blutige Terrorherrschaft, die mit Mitteln der Verleumdung, Denunziation, seelischen Verwüstung, mit Intrige, Mord und

Massenhinrichtungen dem Rechtsstaat ein rasches Ende setzte.

Wer den neu verfügten revolutionären Normen und Ansprüchen vermeintlich nicht genügte, wurde mit Gewalt aus der Gemeinschaft verstoßen. Der »Wohlfahrtsausschuss«, zentrale Schaltstelle der Revolution und am Ende Massenzulieferer der Guillotine, verstand sich als ein Exekutivorgan der von Rousseau ausgerufenen *Volonté Générale*, des für allgemeingültig erklärten »Volkswillens«. Die *Encyclopédie* wurde, zumindest von ihren Gegnern, zur ideellen »Kriegsmaschine der Revolution« erklärt.

Spätestens mit Napoleon Bonapartes Machtübernahme Ende des Jahrhunderts waren viele Errungenschaften, die die Aufständischen einst angestrebt hatten, vorerst passé. Auf demokratische Mitsprache oder die Verwirklichung von Freiheit, Gleichheit, Brüderlichkeit bestand in dem von ihm geschaffenen Kaiserreich kaum noch Aussicht.

Und dennoch wirkte die Französische Revolution im europäischen Bewusstsein weiter, wie ein Urknall des gesellschaftlichen und weltanschaulichen Aufbegehrens gegen den absolutistischen Herrschaftsanspruch von »Gottes Gnaden«. Die von neuzeitlichen Ideen getragene Erhebung hatte die festgefügte Allianz aus Königtum und Kirche zerschlagen, eine bleibende Umschichtung der Gesellschaft zugunsten des Bürgertums und eine Zeitenwende ausgelöst. Auch in den Nachbarländern mobilisierte der gallische Weckruf Hoffnungen und Fortschrittsglauben. Mit Napoleons Feldzug durch Europa wurden nicht nur normierte Maßeinheiten, sondern auch ein auf Gleichheit bedachtes Schul- und Rechtssystem, konfessionelle Toleranz und die Auflösung bestehender Ständeschranken in weite Teile Mitteleuropas verbreitet. Zugleich brachte der Widerstand gegen seine Besatzung freiheitliche Bestrebungen hervor.

(Nur) die Gedanken sind frei

Selbst als nach Napoleons Unterwerfung und Verbannung das 1815 auf dem Wiener Kongress neu geordnete Europa weitgehend in einen restaurativen Dämmerzustand zurückfiel, ließ sich das Rad der Geschichte nicht mehr zurückdrehen. In Frankreich, politisch auf dem Kontinent noch immer wegweisend, wurde die Monarchie zu Meinungs-, Presse- und Religionsfreiheit verpflichtet. Errungenschaften wie die Verstaatlichung von einst privilegiertem Besitz, die modernisierte Verwaltung oder die Rechtsordnung des *Code Napoléon* waren nun verewigt.

Auch die Idee nationaler Selbstbestimmung war zu Beginn des 19. Jahrhunderts ein populärer Exportartikel, gerade für Völker, die nicht über einen eigenen Staat verfügten, etwa im russischen Riesenreich oder im Habsburger Vielvölkerimperium, das sich weit nach Osteuropa, auf den Balkan und nach Italien erstreckte. In Neapel, Piemont und Spanien kam es zu Aufständen. Nach langjährigen Freiheitskämpfen

Der Siegeszug der Aufklärung: Europa und die Revolutionen

wurden Griechenland und Serbien zu Nationalstaaten. Belgien wandelte sich nach einer Volkserhebung zur parlamentarischen Monarchie, die Schweiz vom losen Staatenbund zum demokratisch beeideten Bundesstaat. Das Epizentrum revolutionärer Umwälzungen lag weiterhin in Paris, wo im Juli 1830 ein erneutes revolutionäres Beben die restaurierte Monarchie zu Fall und einen demokratisch legitimierten »Bürgerkönig« an die Macht brachte. Wenig später erhob sich in Polen ein von neuem Nationalbewusstsein getragener Volksaufstand, den die russische Besatzungsmacht mit preußischem Beistand jedoch niederschlug.

Bleibende Nachwirkungen zeitigten diese Umbrüche gerade in den politisch vergleichsweise rückständigen 38 deutschen Ländern, die unter Führung von Preußen und Österreich lose im »Deutschen Bund« zusammengefügt waren. Wie in früheren Zeiten herrschten dort selbstherrliche Provinzfürsten über kleinere und mittelgroße Reiche. Mitbestimmung der Bürger, garantierte Rechte oder freie Meinungsäußerung muteten wie Fremdworte an. Frei waren nur die Gedanken, die in Turn-, Gesangs- und »Redeübungs«-Vereinen heimlich verbreitet wurden. Hinter den Mauern polizeistaatlich verordneter Friedhofsruhe in der später so genannten Biedermeierzeit gediehen liberale Ideen wie unsichtbare Schattengewächse für eine spätere Ernte.

■ Auswanderung war gerade für die verarmte Landbevölkerung oft der letzte Ausweg. Allein rund 740 000 Deutsche verließen bis Mitte des 19. Jahrhunderts ihre Heimat. Gemälde von Antonie Volkmar, 1860.

209

Freiheitskampf und Heimatflucht

Erste Blüten trieb dieses freiheitliche Gedankengut in der Pfalz. Ungeachtet strenger Verbote forderten im Mai 1832 auf dem Hambacher Schloss mehr als 30 000, teils von weit her gereiste Demonstranten die Achtung der Bürgerrechte, die deutsche Einigung und die Neuordnung Europas als Gemeinschaft souveräner Völker. Erstmals schwenkten fortschrittlich gesinnte Burschenschafter eine aus dem Befreiungskampf gegen Napoleon herrührende Trikolore in den Farben Schwarz, Rot und Gold.

Für die Hüter der alten Ordnung war diese Bewegung ein rotes Tuch. Die Freiheitsfreunde galten mitsamt ihren Fahnen, Liedern, Appellen und Flugblättern als »aufrührerisch« und »demagogisch«. In einer Hinsicht wuchs Europa indes mit spürbaren Fortschritten zusammen. Die reaktionären Polizeistaaten kooperierten effizient und trieben somit politische Emigranten in liberalere Gefilde, nach Paris, Brüssel, London oder in die Schweiz.

Doch die Hauptursache für den massenhaften Exodus in jenen Jahren war die blanke materielle Not. Die Bevölkerungsexplosion, die Nahrungsmittelknappheit, besonders nach Missernten, eine ungerechte Verteilung des Bodens sowie der Preisverfall für Handwerks- und Heimarbeitsware durch industriell gefertigte Billigprodukte hatten ganze Bevölkerungsschichten, besonders auf dem Land, verarmen lassen. Allein rund 740 000 Deutsche verließen zwischen 1820 und 1850 ihre Heimat – die meisten in Richtung Amerika.

Europas Völkerfrühling 1848

Noch einmal sollte sich der revolutionäre Funke westlich des Rheins entzünden. Im Februar 1848 erhob sich die aufmüpfige Bevölkerung von Paris erneut gegen die französische Monarchie. Nach zweitägigen Barrikadenkämpfen sah Bürgerkönig Louis Philippe sich gezwungen abzudanken. Die Kunde von der siegreichen Revolution frischte den Mythos auf, der in ganz Europa seit 1789 von Frankreich ausging, und ver-

■ Der Revolutionär Giuseppe Garibaldi, Symbolfigur für die Befreiung und Einigung Italiens.

breitete sich dank Eisenbahn und moderner Nachrichtentechnik in Windeseile. Nun schien auch in den Nachbarländern die Vision vom europäischen Völkerfrühling greifbar zu werden. Ein revolutionärer Flächenbrand fegte über den gesamten Kontinent, besonders über Deutschland, Polen, Italien, Ungarn und den Balkan.

Auf dem Gebiet des Deutschen Bundes sprang das Feuer zuerst in den französisch geprägten Südwesten über. Bürgerliche Delegationen stellten den fürstlichen Potentaten ihre »März-Forderungen«, die meist den Ruf nach frei gewählten Parlamenten, Pressefreiheit, Schwurgerichten und Volksbewaffnung beinhalteten. Drohpotenzial erhielt der Aufruhr durch den lange aufgestauten Druck der Straße, der sich vehement entlud. Bauern verbrannten Grundbücher, um wieder in den Besitz des von ihnen bewirtschafteten Landes zu gelangen. Gesellen stürmten neuartige Maschinen, Handwerker verlangten die alte Zunftordnung zurück, Tagelöhner rebellierten gegen ihre Ausbeutung. In den Städten verschanzten sich aufstandsbereite Kleinbürger, Handwerker oder Studenten hinter rasch errichteten Barrikaden. Kämpfe mit Soldaten, die zum Schutz der Landesherren aufmarschierten, entbrannten. Zurück blieben Tote, Verwundete, zerstörte Gebäude.

Oft getrieben von der Furcht vor unkontrollierter Gewalt, lenkten Fürsten und Könige ein. Einen historischen Moment lang war es den Deutschen gelungen, der Obrigkeit Bürgerrechte, eine Beschränkung der Adelsprivilegien und demokratische Mitsprache abzutrotzen und ihre zerrissene Nation zu einen.

Am 18. Mai 1848 versammelte sich in der Frankfurter Paulskirche erstmals eine frei gewählte Volksvertretung, um eine einheitliche Verfassung mit Grundrechten und demokratischer Mitbestimmung auszuarbeiten. Die meisten Parlamentarier verfochten liberale und aufgeklärte Prinzipien, nur wenige radikale Stimmen waren zu vernehmen. Ihre politische Tendenz wurde entsprechend ihrer Sitzposition, vom Rednerpult aus gesehen, fortan in links oder rechts unterschieden.

In ihrer Mehrheit suchte die Paulskirche, auch in der Einsicht ihrer begrenzten Möglichkeiten, ein Auskommen mit den monarchischen Mächten, die ihre Herrschaft trotz immer wieder aufflammender Gegenwehr Stück für Stück zurückeroberten. Denn die Allianz basierte nicht auf Gegenseitigkeit. Als der preußische König im April 1849 die ihm vom Parlament angetragene Kaiserwürde – als »Lumpenkrone der Nazionalversammlung«, wie er sie einem General gegenüber bezeichnete – zurückwies, war das Experiment einer demokratisch geeinten Nation gescheitert. Am 18. Juni 1848 besiegten monarchietreue Truppen die letzten Aufständischen und trieben die verbliebenen Volksvertreter mit Gewalt auseinander. Die Gegenrevolution hatte auf der ganzen Linie gesiegt.

Woran wir glauben – was wir denken

Wie ein Flächenbrand verbreitete sich die revolutionäre Welle 1848, von Paris ausgehend, in Windeseile über ganz Europa.

Ende eines europaweiten Traums

Ähnlich fiel die Bilanz in den übrigen Brennpunkten Europas aus. Nach wechselvollen Auseinandersetzungen war in Frankreich ein Neffe Napoleons in das Präsidentenamt gewählt worden, das er zu einer quasidiktatorischen Alleinherrschaft ausbaute. In Polen und Tschechien waren die Aufstände noch 1848 militärisch niedergeschlagen worden. Die italienische Nationalbewegung unter Giuseppe Garibaldi wurde von einer Allianz aus Österreich, Frankreich, Spanien und dem Kirchenstaat bis August 1849 zerschlagen. Am längsten hielten die ungarischen Rebellen stand, bis österreichisch-ungarische Truppen mit russischer Schützenhilfe die Verfechter der Demokratie im Oktober 1849 einem blutigen Strafgericht unterwarfen.

Mit dem kaiserlich-königlichen Habsburgerreich war die politische Landkarte der Restauration in Europa wiederhergestellt. Ein erneuter Exodus der »1848er« ins schweizerische, englische oder amerikanische Asyl war die Folge. Und dennoch blieb der rasch beendete Völkerfrühling der Jahre 1848/49 nicht ohne Wirkung. Aus der Aufklärung herrührende Prinzipien wie das Recht auf Freiheit und Mitsprache oder der Schutz vor staatlicher Willkür waren aus dem Grundbestand der Verfassungen künftig nicht mehr zu tilgen, aus dem kollektiven Bewusstsein schon gar nicht. Die demokratische Teilhabe hatte ihre Praxistauglichkeit bewiesen. Nationalpatriotische Gefühle und Freiheitsträume gehörten fortan zur Volkskultur. Die Ideen des Fortschritts, von aufklärerischen Vordenkern ersonnen, von aufrechten Volkstribunen – zumindest phasenweise – in die Tat umgesetzt, nahmen an allen Schauplätzen der Auseinandersetzung früher oder später reale Gestalt an. Bis heute haben sie ihren Wert bewahrt – und auch ihre Zerbrechlichkeit.

DIE TOTALITÄREN IDEOLOGIEN

Der Chefredakteur, Karl Marx, hatte es so angeordnet. Die letzte Ausgabe der *Neuen Rheinischen Zeitung* in Köln erschien Mitte Mai 1849 in blutroten Lettern – der Farbe der Revolution, einer zu diesem Zeitpunkt gescheiterten Revolution. »Noch im Sterben rufend: ›Die Rebellion!‹«, widmete die republikanische Zeitung ihr einen Nekrolog: »So bin ich mit Ehren erlegen.« Nach dem Verbot durch die wiedererstarkte preußische Monarchie, die die Hälfte der regierungskritischen Redaktion des Landes verwies, war dies ihr Schlusswort.

Ein Jahr lang hatte sich der 31-jährige Zeitungsmacher Karl Marx in seinem »Organ der Demokratie« nach Kräften dafür eingesetzt, der gesamtdeutschen demokratischen Republik gegen die feudale Hofstaaterei zum Durchbruch zu verhelfen. In der Konsequenz hieß das: Er wollte dazu beitragen, das aufstrebende Finanz- und Industriekapital an die Macht zu bringen. Wie bitte? Karl Marx, der erst im Vorjahr zusammen mit seinem Gesinnungsgenossen Friedrich Engels im *Manifest der*

HISTORISCHER MATERIALISMUS

Marx und Engels sehen den Fortgang in der Geschichte als eine Abfolge von Konflikten, die getreu dem dialektischen Prinzip These, Antithese, Synthese aufeinander aufbauen: »Freier und Sklave, Patrizier und Plebejer, Baron und Leibeigner, Zunftbürger und Gesell, kurz: Unterdrücker und Unterdrückte standen im steten Gegensatz zueinander, führten einen ununterbrochenen Kampf, der jedes Mal mit einer revolutionären Umgestaltung der ganzen Gesellschaft endete.« Diejenige Klasse, die über die besten Produktionsmittel verfüge und daher die wirtschaftlich Schwächeren ausbeute, sitze auch an den Schalthebeln der Macht. Die Klassengegensätze prallten unweigerlich aufeinander. In der Geschichte der Menschheit führe diese Entwicklung von der Urgesellschaft über die verschiedenen dialektischen Stufen, die Sklavenhaltergesellschaft, den Feudalismus, den Kapitalismus, schließlich in den Sozialismus und auf höchster Entwicklungsstufe in den Kommunismus, die klassenlose Gesellschaft, die sämtliche Gegensätze aufheben würde.

Kommunistischen Partei proklamiert hatte: »Proletarier aller Länder, vereinigt euch!«?

Für die Vordenker des Kommunismus lag darin indes kein Widerspruch. Alles zu seiner Zeit. Erst musste das kapitalistisch erstarkende Bürgertum die privilegierte Macht des Adels brechen, um später vom »Proletariat«, der verarmten »Arbeiterklasse«, die sich im »Klassenkampf« gegen Elend und Ausbeutung zur Wehr setzen und damit eine neue, gerechtere Gesellschaft hervorbringen würde, selbst bezwungen zu werden.

Europäische Gedankengebäude
So weit die Theorie. In der nüchternen Realität folgte auf den ersten Schritt in Richtung einer bürgerlich-liberalen Demokratie in Deutschland erst einmal wieder eine Kehrtwende, die schrittweise Rücknahme der errungenen Freiheiten und Rechte, begleitet von der konzertierten Verfolgung ihrer Verfechter. Karl Marx musste mit seiner Familie die Heimat auf Dauer verlassen. Im Londoner Exil widmete sich der Theoretiker, soweit es die prekären Umstände zuließen, seinem Lebenswerk, eine wissenschaftliche Grundlage für die Befreiung der Arbeiter zu erarbeiten. Mit ideeller und maßgeblich auch materieller Unterstützung durch den Fabrikantensohn Friedrich Engels betrachtete es der promovierte Philosoph als seine Aufgabe, der sich formierenden Arbeiterbewegung mit den Erträgen seiner Forschung zum Durchbruch zu verhelfen.

In etlichen Schriften und besonders in

seinem *Opus magnum*, dem *Kapital*, entwarf Marx ein Gedankengebäude mit weitreichender Wirkung, fußend auf der Grundlage des europäischen Geistes- und Forschungswesens seiner Zeit. Vom Philosophen Georg Wilhelm Friedrich Hegel rührte das dialektische Prinzip her, nach dem Gegensätze und Widersprüche Antriebskraft jeder Weiterentwicklung sind. Materialistische Weltbeschreibung und Religionskritik speisten sich aus Thesen des Philosophen Ludwig Feuerbach. Frühe sozialistische Vordenker wie die Franzosen François Noël Babeuf, Henri de Saint-Simon, Pierre-Joseph Proudhon oder der britische Unternehmer Robert Owen, sein Kölner Mentor Moses Hess und nicht zuletzt sein Gesinnungsgenosse Friedrich Engels verwiesen Marx auf die Bedeutung der sozialen Frage, die durch ungerechte Eigentums- und Arbeitsverhältnisse im Zeitalter der beginnenden Industrialisierung immer drängender aufgeworfen wurde. Die großen britischen Ökonomen wie Thomas Malthus, Adam Smith oder David Ricardo beeinflussten maßgeblich seine Betrachtung der weltwirtschaftlichen Zusammenhänge. Die Marx'sche Gedankenwelt war geprägt von den führenden Geistesgrößen Europas.

Auch der Forschungsgegenstand entwickelte sich ständig weiter. Maschinelle Fertigung, rasanter technischer Fortschritt und, damit verbunden, sich beschleunigende und vervielfachende Warenströme schufen ein europa- und auch schon weltweit wucherndes Wirtschaftsgeflecht. Gewachsene und überschaubare Strukturen der Ständegesellschaft lösten sich auf. Hersteller begannen bereits damals die Produktion an Standorte zu verlagern, an denen maschinelle Fertigung, niedrige Löhne und oft genug miserable Arbeitsbedingungen die Gewinnaussichten erhöhten. »Das Bedürfnis nach einem stets ausgedehnteren Absatz für ihre Produkte jagt die Bourgeoisie über die ganze Erdkugel«, hatte Marx bereits 1848 im *Manifest der Kommunistischen Partei* prophezeit.

Als Antwort darauf sah Marx das »Proletariat« als Hauptleidtragenden dieser Entwicklung dazu auserkoren, seine Interessen über Nationen hinweg durchzusetzen. Als treibende Kraft der »Internationalen Arbeiterassoziation«, eines Netzwerks verschiedener Arbeiterbünde und Parteien aus allen Teilen Europas, versuchte der Initiator später selbst, seine Prämisse in die Tat umzusetzen. Heftig rügten Marx und Engels die Fixierung der entstehenden So-

■ Das *Manifest der Kommunistischen Partei* von Karl Marx und Friedrich Engels wurde zur Bibel des Sozialismus.

zialdemokratie im deutschen Kaiserreich auf den nationalen Staat.

Grundsätzlich begleiteten sie jedoch das Ringen der sich in vielen europäischen Ländern aus kleinen Anfängen zu kraftvollen Organisationen entwickelnden Arbeiterbewegung um soziale Verbesserungen und politische Freiheiten mit Wohlwollen, wenngleich ihnen die Umsetzung aus der Warte ihres demokratisch deutlich fortgeschritteneren Exillandes selten konsequent und radikal genug vorangehen konnte.

Die Ausbeutung und Verarmung der Massen werde mit geschichtlicher Notwendigkeit zu einer umwälzenden Ablösung der herrschenden Klasse führen, hatten die Künder des Kommunismus frühzeitig postuliert, und daran hielten sie bis zuletzt fest. Dass diese Umwälzung nicht ohne Konflikte und Turbulenzen abgehen würde, schien für sie auf der Hand zu liegen. Dennoch hinterließen Marx und Engels, gerade in ihren späten Jahren, der Nachwelt keineswegs eine Handlungsanleitung zu revolutionärer Gewalt oder diktatorischer Unterdrückung. Am Ende ihrer Tage wirkten sie eher wie Säulenheilige einer Bewegung, die von ihnen inspiriert, teils initiiert, nun aber mit wachsendem Zulauf und einem häufig eher pragmatischen Reformkurs an ihnen vorüberzuziehen schien. Obrigkeitsstaatliche Befriedungsmaßnahmen wie etwa Bismarcks Sozialversicherungen im deutschen Kaiserreich trugen dazu bei, die schlimmsten Auswüchse der Industrialisierung aufzufangen und somit die »Klassengegensätze« sozial abzufedern.

»Diktatur des Proletariats«

Es erscheint wie eine eigenwillige Volte der Weltgeschichte, dass die Theorien von Marx und Engels, die sich ganz wesentlich aus der Wissenschafts- und Fortschrittsgläubigkeit des 19. Jahrhunderts erklären ließen, mit anachronistischer Verspätung im 20. Jahrhundert zur wirkmächtigsten Weltanschauung erwachsen sollten. Der Urknall geschah dort, wo die Gegebenheiten ihn am wenigsten erwarten ließen. Im russischen Agrarland putschte 1917 eine radikalkommunistische Kadertruppe, die sich dennoch kühn Bolschewiki (»Mehrheitler«) nannte, im Machtvakuum, das der vorausgegangene Sturz des Zarenregimes hinterlassen hatte. Ihr Anführer, der selbst ernannte »Berufsrevolutionär« Wladimir Iljitsch Uljanow, genannt Lenin, orientierte sich an den Schriften von Marx und Engels, die damals jedoch erst zum geringeren Teil zugänglich waren – in einer eigenwilligen Interpretation.

So erklärte Lenin seine Partei zur »Vorhut« der Arbeiterklasse, welche in dem industriell eher rückständigen Reich selbst noch kein ausreichendes »Klassenbewusstsein« entwickelt habe. Die revolutionäre Avantgarde betrachtete es als ihre Aufgabe, eine »Diktatur des Proletariats« zu errichten mit dem Ziel, die Massen reif für den Kommunismus zu machen. Dieser »Erziehung« diente bald schon das gesamte Instrumentarium polizeistaatlichen Terrors: Denunziation, Einschüchterung, Diskreditierung, Verfolgung, Vernichtung. Statt »abzusterben«, wie Marx einst prophezeit

Die totalitären Ideologien

■ Von den kommunistischen Regimen des 20. Jahrhunderts wurden Karl Marx und Friedrich Engels als Vordenker vereinnahmt, hier auf einem sowjetischen Propagandaplakat mit dem russischen Revolutionsführer Lenin.

hatte, wurde der Staat zur zentralen Instanz, dirigiert von der zunehmend selbstherrlichen Einheitspartei. Die »Sowjets«, ursprünglich Arbeiter- und Soldatenräte, dienten ohne reale Macht als Staffage und Erfüllungsorgane. Allerdings blieb den neuen Machthabern zunächst auch wenig Freiraum für die Errichtung eines demokratischen Gemeinwesens, Krieg und Bürgerkrieg schufen von Beginn an äußere Zwänge. Das Sowjetreich wurde auf Kosten von Millionen Toten durchgesetzt. Lenins Nachfolger Josef Stalin pervertierte das kommunistische Experiment vollends. Leichenberge säumten seine Vernichtungsfeldzüge gegen Widersacher wie Weggefährten und den Weg zur rücksichtslosen Zwangskollektivierung des Riesenreichs.

Mit den Ursprungsideen von Marx und Engels hatten diese Auswüchse kaum etwas gemein, auch wenn diese als ideologische Ahnherren herhalten mussten. Umgekehrt lässt sich der Versuch, ihre Theorien in Machtpolitik zu übersetzen, auch nicht vollständig von den Urhebern trennen. Aus ihrer unklar umrissenen Utopie einer »klas-

Woran wir glauben – was wir denken

Italiens »Duce« Mussolini war Vorbild für den ungleich radikaleren NS-Führer Hitler.

krieg prägten Kommunisten die Politik ihrer Länder mit, in Parlamenten, Massenorganisationen, auf der Straße, in bisweilen bürgerkriegsartigen Auseinandersetzungen, und gewannen mal mehr, mal weniger politischen Einfluss.

Bolschewismus und Faschismus

Seit seiner Errichtung übte das sowjetische Modell, demagogisch wie eine neue Staatsreligion in Szene gesetzt, große Faszination auf politisch links orientierte Zeitgenossen der Epoche aus. Der reisende Schriftsteller Lion Feuchtwanger etwa schrieb: »Die Verehrung Stalins ist nichts Künstliches. Das Volk ist Stalin dankbar für Brot und Fleisch und Ordnung und Bildung.«

Der Nimbus eines Hoffnungsträgers erwuchs Stalin aus der Sicht seiner Anhänger auch durch seine Rolle als politischer und ideologischer Widerpart zu der aufkeimenden Gegenmacht in Europa, die, angelehnt an seine frühe Ausprägungsform in Italien, unter dem Sammelbegriff »Faschismus« firmiert. In bewusster Abwehrrhetorik gegen die »bolschewistische Gefahr« gewannen in vielen europäischen Ländern nationalistische Strömungen rapide an Bedeutung, wobei sie sich besonders im Bürgertum verbreitete Ängste vor Umsturz, Revolution und »rotem Terror« zunutze machten. In den Staaten, die zu den Verlierern des Ersten Weltkriegs zählten, wie Deutschland, Österreich oder Ungarn, verband sich die antibolschewistische Attitüde mit der Forderung nach Revanche für die

senlosen Gesellschaft« ließen sich eben durchaus Ansätze von Zwangsbeglückung und Unterdrückung Andersdenkender herauslesen.

Ungeachtet der verborgenen oder verdrängten Schattenseiten wurde das Mutterland des Sowjetsystems zum »Gelobten Land« für kommunistische Parteien im restlichen Europa, die sehr häufig aus dem linken Flügel der Sozialdemokratie hervorgegangen waren. Nach dem Ersten Welt-

Die totalitären Ideologien

■ So uniformiert wie das Erscheinungsbild ihrer Fußtruppen, so totalitär war das Weltbild der Nationalsozialisten, die mit ihrem Herrschaftsanspruch die Welt in eine Katastrophe führten.

als demütigend empfundene Niederlage und ihre Folgelasten. Der deutsche Nationalsozialismus, die maßgeblich von Adolf Hitler geprägte radikalste und folgenschwerste Ausformung faschistischen Gedankenguts, zimmerte aus Versatzstücken der Darwin'schen Evolutionstheorie eine krude Hierarchieordnung der Rassen, die in ihrer Lesart Herrenmenschentum, Gewalt und Krieg rechtfertigte.

Europa und der Rassenwahn

Die völkisch-chauvinistischen Weltanschauungen erhoben zwar explizit die jeweils eigene Nation zum alleingültigen, anderen Völkern überlegenen Maßstab. Gleichwohl speiste sich ihr Theoriesud aus europäischen Quellen. Mochten auch Fahnen und Uniformen unterschiedliche Farben tragen, so waren sie doch Ausdruck eines grenzübergreifenden Ideenkonglomerats. Rassenlehren wie die des französischen Grafen Arthur de Gobineau aus dem 19. Jahrhundert, der antisemitische Verfolgungswahn des in England geborenen Schriftstellers Houston Steward Chamberlain oder die Untersuchungen des französischen Sozialpsychologen Gustave Le Bon zur Verführbarkeit der Massen bestimmten das politische Bewusstsein über Schlagbäume hinweg. Europaweite Verbreitung fanden auch das militarisierte Erscheinungsbild der nationalistischen Marschformationen, ihr Kampf gegen demokratische, liberale und »marxistische« Gesellschaftsmodelle und die gnadenlose Verfolgung, schließlich auch Ermordung der als »Feinde des Volkes« gebrandmarkten Angehörigen von Minderheiten.

Wenngleich die Weltanschauungen am rechten Rand nicht die innere Geschlossenheit der Ideologien am anderen Ende des politischen Spektrums aufwiesen und stärker als diese von Widersprüchen und Wechselhaftigkeit geprägt waren, gab es doch, entgegen aller Rhetorik, unverkennbar Überschneidungen – nicht nur in der plakativen Agitation. Hier wie dort beriefen sich die radikal antidemokratischen Parteien auf die Interessen der Arbeiter, des »Volkes«, gegen die Macht von Konzernen und Finanzkapitalismus, nur eben von den Nationalsozialisten entsprechend ihrem Weltbild antisemitisch aufgeladen. In Zeiten wirtschaftlicher und politischer Krisen ernteten solche Parolen massenhaft Zuspruch und führten in Ländern wie Deutschland, Italien, Österreich oder Spanien zur Erosion der oft noch jungen, unentschlossenen Demokratien.

Die totalitäre Epoche

Mit der Eroberung staatlicher Regierungsgewalt und Militärmacht wurden aus Weltanschauungen totalitäre Herrschaftsinstrumente, die mithilfe massiver Propaganda, obrigkeitsstaatlicher Bürokratie und legalisierten Terrors sämtliche Lebensbereiche der Menschen durchdrangen. Ihr aggressiver Alleingeltungsanspruch und besonders der militante Expansionsdrang der auf Hitler eingeschworenen Nationalsozialisten trieben Europa in der ersten Hälfte des 20. Jahrhunderts in eine unüberwindbare Zerreißprobe antagonistischer Ideologieblöcke und die Menschheit schließlich in die Katastrophe des Zweiten Weltkriegs.

Mit lange nachwirkenden Folgen: Der gemeinsam von West und Ost errungene Sieg über Hitler-Deutschland 1945 bot dessen ideologisiertem Weltmacht- und Massenvernichtungswahn Einhalt. Für den Sowjetblock, der als Ergebnis des Krieges bis weit in die Mitte Europas vorgerückt war, bedeutete Stalins Tod 1953 eine Zäsur. Die von ihm verantworteten Verbrechen wurden öffentlich, die extremen Exzesse in der Folge revidiert. In der Epoche des Kalten Krieges, in der sich freilich rund um den Globus immer wieder auch »heiße« Kriege entzündeten, vertiefte sich die Spaltung zwischen Ost und West noch. Besonders spürbar wurde die Realität der Teilung in Europa, wo mitten durch den Kontinent die Nahtstelle der Blöcke verlief. Noch bis zu ihrer schrittweisen Überwindung Ende der 1980er-Jahre blieb sie Ausdruck eines Zeitalters totalitärer Ideologien, die ihren Ausgangspunkt in Deutschland hatten, von Theorien und Strömungen aus ganz Europa geprägt wurden und die gesamte Welt in die gravierendste Krise der Neuzeit stürzten. Die Nachwirkungen sind spürbar bis heute.

WAS UNS ANTREIBT — WAS WIR UNS NEHMEN

DIE EPOCHENWENDE – AUFBRUCH IN DIE NEUE ZEIT

Es gibt ein Zauberwort an Europas Schulen, es heißt: Studienjahr im Ausland! Oder für die Schüler, die nicht so lange von daheim wegkönnen: Vielleicht ein Sprachkurs? Oder zwei Wochen Erfahrungen sammeln in einer europäischen Partnerschule? Heute wird alles dafür getan, dass Schüler und Studenten einmal über den nationalen Tellerrand hinausblicken können. Inwiefern ein solcher Auslandstrip auch nützlich ist, darüber hat jeder Student seine eigene Meinung. Eines aber liegt auf der Hand: Wer als Student oder Schüler einmal gelernt hat, sich im Ausland zu behaupten, den wird auch daheim weniger schrecken.

Auf dieses Interesse am Neuen und anderen, an Sprachen, Geografie, Wissenschaft und *way of life* der Nachbarnationen legt man heute in Europa viel Wert. Dabei knüpft man an eine alte, aber vitale Tradition an, die knapp eintausend Jahre ins europäische Hochmittelalter zurückreicht. Damals begannen die Menschen, sich für Sprache, Geografie, Literatur der anderen zu interessieren. Diese Neugier und geistige Wachheit mündeten in die große Bewegung des Humanismus und ließen das Selbstbewusstsein der Renaissance entstehen. Im Zusammenleben, in der Wissenschaft und Kunst kam es dabei zu grundsätzlichen Neuorientierungen, die diese Jahrhunderte zu einer Epoche des Aufbruchs werden ließen.

Die Universität: eine europäische Institution

Die ersten Universitäten wurden ab dem 11. Jahrhundert in Bologna, Paris und Oxford gegründet. Sie gingen aus ganz unterschiedlichen Schulen hervor, standen noch unter dem Einfluss von Papst und Kaiser, aber eines war neu an ihnen: Ihre Türen waren offen für Studenten aus anderen Ländern. Sie durften Abschlüsse und Titel vergeben, die man noch heute in ganz Europa kennt – und anerkennt. Es begann mit dem einfachen Bakkalaureat, dann kam das Lizenziat. Magister und Doktor waren die Spitzen der akademischen Ausbildung; all diese Titel stehen heute noch auf der ganzen Welt für die jahrhundertelange Praxis der Universitäten.

Dabei setzte der Bildungsschub nördlich der Alpen zwei Jahrhunderte später ein; erst ab etwa 1350 wurden die Universitäten in Prag, Wien und Heidelberg gegründet. Damals wurde noch auf Latein gelehrt, denn das war die europäische Wissenschaftssprache. Vier Jahre dauerte der Abschluss in den Fakultäten Theologie, Medizin, Recht und Freie Künste (Musik). Natürlich war die Universität noch weit davon entfernt, für jedermann geöffnet zu sein. Aber die Studenten und Lehrer, die gefördert wurden oder wohlhabend genug waren, um dabei zu sein, zeichneten sich durch hohe Mobilität und geistige Unabhängigkeit aus. Das damalige Interesse am »Studienjahr im Ausland« muss riesig gewesen sein. Die akademischen Schulen waren so weltoffen, dass sich die Studenten nach Nationen einschrieben und organisierten – so behielt das Rektorat einigermaßen den Überblick über die Klientel aus ganz Europa.

Wer ist besser, größer, schöner? Stadt und Handel erblühen

Im 12. Jahrhundert wurde Norditalien zum Schrittmacher der europäischen Wirtschaft und Kultur. Hier lösten sich die Städte aus dem Reichsverbund und betraten als illustre Stadtstaaten die Weltbühne. Das geschah in erbitterten Kämpfen gegen den Kaiser und in blutigen Auseinandersetzungen untereinander. Besondere Bedeutung hatten Mailand und Bologna, aber auch die Seerepubliken Venedig, Genua, Pisa und Amalfi traten als Akteure hervor und ließen sich keine Einmischung mehr gefallen. Erstmals seit den Zeiten des Römischen Reiches wurden die Städte wieder zu Magneten und wetteiferten um ihren guten Ruf. Jetzt entstand ein städtisches Bürgertum mit Handwerkerschaft und kommerziellen Strukturen, denn Städter wollten wohlhabend sein. Wenn sich die neuen Stadtrepubliken nicht untereinander befehdeten, rangen konkurrierende Adelsfamilien in erbitterten Auseinandersetzungen um die Vorherrschaft – so zum Beispiel die unversöhnlichen Capulets und Montagues mit ihren unglücklichen Kindern Romeo und Julia in Verona. Zwei Jahrhunderte lang wurde die blutige Story von Wanderschauspielern durch Europa getragen, bis William Shakespeare um 1595 aus ihr mit *Ro-*

Hier traf, der Sage und Erzählung nach, Romeo seine geliebte Julia in ihrem Elternhaus der Capulets: der berühmte Balkon in Verona.

meo und Julia die wohl erfolgreichste und traurigste Liebesgeschichte aller Zeiten machte.

Als die Menschen voller Tatendrang in die attraktiven Metropolen Norditaliens strömten, profilierten sich die Städte rund 1500 Kilometer weiter nördlich auf ganz andere Weise. Mit der Gründung der Hanse schlossen sie einen Wirtschaftsbund, der allen Vorteile bot. Die Kaufleute konnten nun den Handel ausweiten und ihre Waren in großem Stil in Umlauf bringen. Dieser

Was uns antreibt – was wir uns nehmen

Kirchen und Türme der Hansestadt Lübeck, nach einem Kupferstich von Christian Riegel, um 1690.

Handelsbund wurde um 1400 sogar zu einem Städtebund, dem mitunter bis zu 300 »Hansestädte« angehörten. So fuhr man Bier und Getreide aus deutschen Landen nach Skandinavien, von dort Stockfisch und Holz nach England, aus England Wolle nach Flandern und von Flandern schließlich Tuch nach Deutschland. Das Einzugsgebiet der Hanse war riesig, es reichte von den Niederlanden bis nach Estland, im Norden bis nach Norwegen und im Süden bis nach Österreich. Die Landwege Europas wurden mit den Seewegen verbunden – das war ein Erfolgsgeheimnis der Hanse. Diese neue Logistik brachte den Städten Reichtum, den man noch heute an prachtvollen norddeutschen Stadtbildern nachvollziehen kann. Die Hanse, die Wirtschaftsblockaden zu errichten und sogar Kriege zu führen vermochte, gilt heute als Vorläufer der Europäischen Union.

In Nordeuropa sicherte der Hansebund den Fortschritt, südlich der Alpen war es die Konkurrenz: Jede Stadt in Norditalien wollte wohlhabender, schöner, einflussreicher sein als ihre Rivalin. Schnell herrschten hier vorkapitalistische Produktionsverhältnisse; immer mehr Landwirtschaft wurde aufgegeben, die städtische Produktion von Metallwaren, Keramik oder Tuch sorgte für Umsatz. Der Handel brauchte Kapital, und das besorgten Geldhäuser, die ersten Banken Europas. Ab 1500 wird von den ersten Aktiengesellschaften und Versicherungen berichtet: Jetzt war genug flüssiges Geld da, das Unternehmertum und mitunter schnellen Reichtum möglich machte. Der Kapitalismus hatte begonnen.

Die Epochenwende – Aufbruch in die neue Zeit

■ Unbekümmert im Paradies von Natur und Amor: das neue Menschenbild der Renaissance im Gemälde »Frühling« von Sandro Botticelli, ca. 1482, Florenz, Galerie der Uffizien.

Das waren epochale Neuerungen, die freilich nur durch eine geistige Neuorientierung möglich wurden. Die Persönlichkeiten dieser Zeit waren aus dem festgezurrten Menschenbild und Gemeinschaftsdenken des Mittelalters herausgetreten. Sie hatten etwas Unerhörtes entdeckt: das Individuum, das zu eigenem Urteil und Handeln fähig war.

Dieser Perspektivwechsel hin zum Menschen als Mittelpunkt des Weltgeschehens deutete sich bereits in der Literatur und Kunst des 14. Jahrhunderts an. Die großen Autoren dieser Zeit sind Francesco Petrarca und Giovanni Boccaccio. Sie widmeten ihre Existenz der Kunst und der Literatur; sie verfassten leidenschaftliche Liebeslyrik und verzehrten sich in Entwürfen einer idealen Geliebten. Als der 23-jährige Petrarca im Jahr 1327 erstmals die gerade verheiratete Laura de Noves sah, verliebte er sich so heftig in sie, dass die Unerreichbare über Jahrzehnte Quelle seiner künstlerischen Eingebung wurde. Diese individuelle Kreativität war neu, ebenso die Begeisterung der Autoren für die antike Literatur

225

der Römer und Griechen. Damit stießen sie die Bildungsbewegung ihrer Zeit an, den »Humanismus«. Das war die Rückbesinnung auf die antike römische Kultur in ihrer Überlieferung durch Vergil, Cicero, Ovid und andere; auch die klassischen griechischen Autoren wurden nun wiederentdeckt. Denn die Antike und ihre Denker waren ein erzieherisches Ideal; man studierte die geschichtlichen Exempel, die großen Persönlichkeiten dieser Epoche und wollte daraus lernen. Zum Beispiel von Lukrez und seinem Werk *De rerum natura* (*Über die Natur der Dinge*). Dieser römische Dichter feierte eine Welt, die ohne Götter zurechtkam. Staunend berichtet er, wie die Natur sich aus den Elementen erschafft und nicht aus der Hand Gottes. Deshalb, so Lukrez, könnten wir auf Erden auch ohne Götter vollkommen glücklich sein. Dieses neue, unbeschwerte Lebensgefühl wurde typisch für die »Renaissance«, die »Wiedergeburt der Antike«, die als Kunststil für diese neue Zeit steht.

Allerdings war die große Erzählung, die alle kannten, immer noch die Bibel; sie war gleichsam ein europaweiter Erfahrungsschatz der Generationen. Priester und Mönche brachten sie unters Volk, in der Messe wurde sie verlesen, und ihre Figuren traten den Menschen in Skulpturen und Gemälden entgegen: Jesus, Maria, die Jünger, und über allem Gottvater. Die Geschichten aus der Bibel waren immer gegenwärtig, obwohl nur wenige die lateinische Bibel lesen – und verstehen! – konnten. Spannender als die Bibel waren natürlich die Geschichten, die in den Landessprachen erzählt wurden, die alten Sagen vielleicht um Hildebrand, Siegfried, Roland oder Charlemagne. Das Ende dieser Welt wurde im 15. Jahrhundert mit der Erfindung des Buchdrucks eingeläutet. Johannes Gutenberg (ca. 1400–1468) hatte im Jahr 1450 sein Meisterstück konstruiert: die Druckpresse mit Tausenden beweglichen Lettern. Innerhalb weniger Jahrzehnte sorgte jetzt diese Medienrevolution für neues Geistesleben quer durch Europa.

Der Softwarepionier Bill Gates, der gut 500 Jahre später einer derjenigen war, die die nächste Medienrevolution einleiteten, hat das Geheimnis dieser Erfindung einmal so beschrieben: »Wie wir Information in Bits und Bytes aufteilen, so hat Gutenberg die Sprache in Buchstaben aufgeteilt. Unsere Erfindungen sind sich vom Prinzip her ganz ähnlich!«

Was hat Gutenberg zu dieser Leistung angetrieben? Es gibt kein persönliches Zeugnis von ihm, auch den Zeitgenossen blieb er als Mensch fremd. Er war vielseitig ausgebildet, mit glänzenden Lateinkenntnissen, örtlich ungebunden und ohne großen Besitz, ein »einfallsreicher Unternehmer und Techniker«, so der Buchwissenschaftler Stephan Füssel. Und er hatte eine zwingende Vision: Er glaubte an seine Maschine und konnte Geldgeber davon überzeugen, ihren Bau zu finanzieren. Das Ergebnis war die Gutenberg-Revolution, eine Zeitenwende in der Weltgeschichte.

Viele deutsche Drucker heuerten im Ausland an – es ist überliefert, dass einige

Die Epochenwende – Aufbruch in die neue Zeit

GUTENBERGS DRUCKMASCHINE

Der weit gereiste Goldschmied Johannes Gutenberg hat in seiner Erfindung das technische Wissen seiner Zeit zusammengeführt. Ein typisch deutscher Tüftler wurde er später genannt. Wer die Bestandteile seiner Erfindung beschreibt, kommt leicht auf über 40 Gewerke, von der Schmiedekunst über die Gießerei und das Färberhandwerk bis zum Weinbau – denn wo, wenn nicht bei der Weinkelter, wird er sich das Bauprinzip seines Druckstocks wohl abgeschaut haben?

Das wichtigste Teil seiner Erfindung ist das Gießinstrument. Mit dieser handgroßen Maschine konnte eine unbegrenzte Anzahl beliebiger Lettern hergestellt werden. Auf der Originalmatrize von Kupferlettern wurden die spiegelverkehrten Lettern für den Druck gegossen. Auch die Bleilegierung war echte Pionierarbeit; sie musste schnell erkalten, nicht zu hart, aber dennoch widerstandsfähig sein und Druckerschwärze halten können. Jetzt war das massenhafte Setzen von Texten mit wiederverwendbaren Lettern möglich – die Basis der Medienrevolution. Dazu kam die Druckerschwärze aus Ruß, Firnis und Eiweiß – tiefschwarz, dekorativ und Hunderte von Jahren haltbar. Der Buchdruck, eine schwarze Kunst! Dann die letzte Erfindung: der Druckstock, in den das Papier eingespannt, zugeklappt und kräftig angezogen wurde. Gutenbergs Konstruktion verbreitete sich in Europa rasend schnell. Und ihr Schöpfer wurde 1999 von einer internationalen Jury zum »Mann des Jahrtausends« gewählt.

aus Mainz zur Gründung der Universitätsdruckerei der Sorbonne nach Paris kamen. Und dann gibt es die großartige Geschichte des Buchdruckers Johannes Numeister, der mit seiner Wanderdruckerei ab 1470 durch Europa tourte. Dieser Enthusiast wurde zum Multiplikator des Humanismus, in Italien druckte er nicht nur Cicero, sondern auch die Erstausgabe von Dantes *Göttlicher Komödie*.

Der Kulturaustausch sorgte für einen Erdrutsch in der Wahrnehmung Nordeuropas durch »gebildete« Nachbarnationen wie Italien und Frankreich. Denn dieses raue Germanien jenseits der Alpen war in den Augen der italienischen Städter ungehobelt und sprachlich verkümmert. Mit gedruckten Büchern sollte sich das jetzt ändern. Humanismus war Fortschritt, und an diesem Fortschritt konnten nun die Nordeuropäer teilhaben. Der Poet, Reisende und Universitätslehrer Conrad Celtis (1459–1508) hat diesen Wunsch in einer berühmten Ode formuliert. Er ersehne sich auch in Germanien den italienischen Humanismus: »Komm, so beten wir, auch zu unseren Küsten, wie Italiens Lande du einst besuchtest: mag Barbarensprache dann flieh'n und alles Dunkel verschwinden.« Denn nun habe der Buchdruck es auch den Nichtitalienern ermöglicht, den Anschluss an die Größe der Antike, an die Zivilisation zu finden.

Auch andere Humanisten wie der niederländische Theologe Erasmus von Rotterdam erkannten sofort die Bedeutung des Buchdrucks für den Fortschritt. Und der kam erst einmal in Form der lateinischen Klassiker. Dann erschienen ab 1470 Übersetzungen und volkssprachliche Bücher aller Art. Ab 1500 explodierte der Buchmarkt förmlich, und Frankfurt wurde zum Zentrum des europaweiten Buchhandels. Innerhalb von 50 Jahren war das Druckereigewerbe zu einem europäischen Massenmarkt geworden, auf dem es Bestseller aller Art zu kaufen gab: natürlich die großen Heldensagen und Fabeln für jede Nation und den ewigen Longseller, die Bibel, die ersten Jahrzehnte allerdings nur auf Lateinisch. Ein literarischer Bestseller war aber auch Sebastian Brants *Narrenschiff*, ein unterhaltsames Gedicht über menschliche Schwächen, das 1494 in Basel gedruckt wurde und sich rasch in vielen Übersetzungen verbreitete. Gebrauchstexte waren, wie heute, eine sichere Sache für den Drucker: Kräuterbücher und Bücher über Anatomie, Hygiene, Schwangerschaft und Geburt, illustriert mit anschaulichen Holzschnitten. Erstmals in der Geschichte war Wissen jetzt für den Laien erhältlich, und das in rasch steigenden Auflagenzahlen. In den Städten entstand eine wissenshungrige Öffentlichkeit, die Neuzeit konnte beginnen.

DIE ENTDECKUNG DER NEUEN WELT

Entdeckungen sind ein Kind des Zufalls! Diese Erkenntnis gilt auch für die Umstände, die zur Entdeckung der »Neuen Welt« führten. Denn als die Europäer vor mehr als 1000 Jahren begannen, nach Westen zu segeln, kamen sie mehrmals dort an, wo sie gar nicht hinwollten, und schlugen dennoch mit ihrer Irrfahrt ein neues Kapitel der Weltgeschichte auf. Kolumbus wollte nach China und Indien – doch er fand die Inseln der Karibik. Diese folgenreiche Pointe kennt jeder. Was allerdings 500 Jahre vor ihm die Wikinger dazu trieb, in Neufundland anzulanden, hatte ganz simple Gründe: Die Seeleute hatten sich wohl verfahren. Das war für diese Norweger gar nichts Ungewöhnliches; das Nordmeer war schließlich ihre Heimat, die sie wie eine Rennstrecke auf ihren Langbooten befuhren. Denn in diesen nördlichen Breiten sind zwischen den beiden Kontinenten einschließlich der »Zwischenstationen« Färöer-Inseln, Island und Grönland jeweils nur wenige Hundert Kilometer zu überwinden. Zuletzt hatten die Seefahrer blühende Siedlungen in Island gegründet, ja sogar eine Niederlassung in Grönland, wo man damals aufgrund einer Wärmeperiode am südlichen Küstenzipfel grünes Weideland und im europäischen Handel begehrte Waren wie Fell und Walrosszähne fand. Wenn der Kapitän auf so einer Fahrt sein Ziel Grönland verpasste, landete er zwei Tage später zwangsläufig in Amerika.

Das ist wohl um das Jahr 1000 Leif Eriks-

Die Entdeckung der Neuen Welt

son und seinem Geschwader aus Seeleuten, Händlern und Familien passiert. Deren großartige Heldengeschichte ist in den »Sagen« der Wikinger überliefert, die zuerst mündlich weitergegeben und dann von Mönchen aufgeschrieben wurden. Labrador war diesen Europäern zu unwirtlich, schließlich fanden sie ein schönes Plätzchen an der Nordspitze Neufundlands, bauten ihre grünen Grassodenhäuser (für die sie abgetragene Grasschichten zu Wand und Dach stapelten) und nannten ihren neuen Außenposten »Vinland«. Denn offenbar gab es auf dem einladenden Landzipfel auch wilden Wein – was für ein schönes Handelsobjekt! Die Siedlungsspuren wurden erst 1961 bei L'Anse aux Meadows auf Neufundland entdeckt, sie sind das früheste Zeugnis europäischer Migration nach Amerika.

Spätestens hier, wenn nicht schon in Grönland, trafen die Seefahrer auf die Ureinwohner. Zuerst begegnete man den »Skraeglingen« mit Erstaunen. Schnell betrachtete man sie aber als Feinde und tötete sie, wenn es sich ergab. Im Kleinen zeigt sich hier schon das später immer wiederkehrende gewaltsame Muster der Landnahme durch die Europäer: Landgang, Siedlungsgründung, Krieg – gefolgt von

■ L'Anse aux Meadows auf Neufundland. Hier siedelten die ersten Europäer in Amerika.

dem Versuch, das neue Land als Kolonie zu halten und in den europäischen Wirtschaftsverkehr einzugliedern.

Offenbar wohnten über mehrere Generationen Hunderte von Wikingern in Vinland und bewegten sich auch südwärts über die ganze Insel. Allerdings – es waren zu wenige. Als der Handel nachließ, blieb auch der Nachschub aus Europa aus. Die Sage überliefert uns zwar eine brutale Geschichte von Familienzwist und Brudermord – die Wahrheit wird jedoch gewesen sein, dass sie sich im unwirtlichen Land zerstreuten und zugrunde gingen. Die Entdeckung Amerikas durch die Wikinger blieb für Europa folgenlos.

Marco Polo und der Traum vom reichen Osten

Im Mittelalter war der Blick der Menschen vor allem nach Osten gerichtet: Mit Indien wurde über Land Handel getrieben, dann geriet China immer mehr in den Fokus. Man weiß von regem Reiseverkehr auf der Seidenstraße ab dem 13. Jahrhundert, und einer der Reisenden brachte es zu Weltruhm: der Venezianer Marco Polo. Sein detaillierter Bericht *Il Milione* über die mehrjährige Reise an den Hof Kublai Khans und seine Rückfahrt zur See wurde in der Niederschrift durch einen Romanautor zum ersten Bestseller Europas. Seitdem wusste man beispielsweise von der Pracht des Kaiserhofs der mongolischen Herrscher, von ihrer Regierungsweise, ihrem Wirtschaftswesen – und der Inselwelt vor China. Besonders Japan, von ihm Cipangu genannt, hatte es ihm angetan. Das war in den Schilderungen der Zeit ein geradezu paradiesischer Ort, an dem es Gold und Perlen ohne Ende gab.

Der so wirkungsvollen Rezeption des Reiseberichts folgte 100 Jahre später der Niedergang des Asienverkehrs. Gründe waren die in ganz Europa wütende Pest und das Vordringen der Osmanen, die schließlich mit der Eroberung von Konstantinopel 1453 die Zugangswege zum Asienhandel unter ihre Kontrolle brachten.

Also musste Asien auf dem Seeweg erreicht werden. Spanier und Portugiesen wetteiferten um den Vorsprung bei der Erkundung des Seewegs nach Indien und heuerten dazu gern Seefahrer aus Italien an. Für die portugiesische Krone war die Erkundung der Westküste Afrikas geradezu ein Staatsziel. 1487 umrundete Bartolomeu Diaz das Kap der Guten Hoffnung, wenig später erforschte er den Seeweg ins indische Calicut. Nicht endender Streit zwischen Portugal und Spanien um die neuen Inseln und Länder wurde 1494 im Vertrag von Tordesillas beigelegt: Unter päpstlicher Vermittlung trafen sich Gesandte der beiden Seemächte im spanischen Tordesillas und einigten sich auf den 46. Längengrad als Grenze für zukünftige Landnahmen – bis ans Ende aller Zeiten. Die Welt westlich der Kapverdischen Inseln war nun die der Spanier, die östliche die der Portugiesen. Die Europäer hatten damit begonnen, die Welt unter sich aufzuteilen.

Die Entdeckung der Neuen Welt

ZHENG HE UND DIE SEEMACHT CHINA

Warum eigentlich konnten die Europäer die Welt erobern – und nicht die Chinesen? Die Geschichte der Neuzeit wäre wohl ganz anders verlaufen, wenn im 15. Jahrhundert die Chinesen an ihrer Flotte festgehalten und ihre maritimen Expeditionen fortgesetzt hätten. Denn unter dem Großadmiral Zheng He war China die bedeutendste Seemacht der Welt geworden. Der Eunuch hatte im Auftrag der Ming-Kaiser die Drachenflotte aufgebaut: 300 hochseetaugliche, unsinkbare Dschunken, vom wendigen Schlachtschiff über große, bis zu 120 Meter lange und 50 Meter breite Truppentransporter (da waren die spanischen Karavellen Winzlinge dagegen) bis hin zu Versorgungsschiffen, auf denen zur Bekämpfung von Skorbut Sojabohnen angebaut wurden. In sieben Expeditionen hatte die damals größte Flotte der Welt bis zu 30 000 Soldaten an Bord. Von Nanking aus segelten die chinesischen Schiffe nach Singapur, Indien und Calicut, von wo aus es nur noch eine kleine Etappe nach Arabien und zur ostafrikanischen Küste war, an der entlang sie einige Tausend Kilometer nach Süden fuhren.

Was war das Ziel dieser gewaltigen Flotte? Sie bekämpfte die Seeräuberei und machte Länder dem Kaiser tributpflichtig – das war die Bedingung für Handelsbeziehungen mit dem Reich der Mitte. Aufsehen erregte vor einigen Jahren die These, Zheng He habe auch den Pazifik bis nach Amerika überquert – Siedlungsfunde im heutigen kanadischen British Columbia könnten darauf hindeuten. Bereits damals also hätten die Chinesen Nordamerika besiedeln können, rund einhundert Jahre vor den Europäern.

Im Jahr 1426 jedoch untersagte der Ming-Kaiser jede weitere Expedition und ließ die Flotte in Nanking einmotten. Man wolle sich dem friedlichen »Ackerbau und den Studien« widmen – so würde es weder Krieg noch Leid geben, und entfernte Völker würden sich freiwillig unterwerfen. Das Reich der Mitte war sich selbst genug. So blieb es auch für die nächsten 400 Jahre. Doch in dieser Zeit teilten die Europäer die Welt unter sich auf und machten in ihrem Eroberungsstreben auch vor China nicht halt.

Der aus Genua stammende Christoph Kolumbus hatte jahrelang in Portugal und Spanien um Unterstützung für seinen Plan geworben, über den Atlantik auf der anderen Seite der Weltkugel in China und Indien anzulanden. Immer wieder waren Zweifel an der Durchführbarkeit seines Vorhabens geäußert worden, keiner wollte die finanziellen Risiken eines Totalverlusts der Flotte tragen. Schließlich wusste Kolumbus die Rivalitäten zwischen Portugal und Spanien für sich zu nutzen und handelte äußerst attraktive Bedingungen für den Fall des Erfolgs seiner Reise aus. Dafür hatte das spanische Königshaus die »Kapitulationen« aufsetzen lassen: eine Regierungsvereinbarung, welche die Kompetenzen und Machtbefugnisse des Untertanen Christoph Kolumbus genau regelte. Der Seefahrer wurde sehr großzügig mit enormen Privilegien ausgestattet: Er erhielt den Rang eines Admirals, sollte das neue Land als Vizekönig und Gouverneur in Besitz nehmen dürfen und zehn Prozent der Beute erhalten. Man kann sich gut vorstellen, welche Dynamik für die Expedition diese weitreichenden Zugeständnisse entfachten und mit welch ungeheurer Machtfülle Kolumbus (und später seine Nachfolger, die Konquistadoren) auftreten konnte.

Übrigens kennt man auch die genaue Zusammensetzung der Mannschaft dieser Reise, sie unterstreicht den offiziösen Charakter dieser Mission. An Bord waren auch zwei königliche Beamte und ein offizieller Schreiber, sie sollten die Landnahme beglaubigen und die Rechte der Krone vertreten. Ein Geistlicher fehlte – dafür war ein konvertierter Jude dabei, des Arabischen mächtig. Dazu kamen ein Arzt und eine Riege von Handwerkern.

Was jetzt folgte, ist europäische Folklore und zugleich Geschichte des Zeitalters der Entdeckungen. Die kleine Flotte, bestehend aus den Schiffen »Santa Maria«, »Pinta« und »Niña«, stach am 3. August 1492 vom andalusischen Palos de la Frontera aus in See und nahm Kurs auf die Kanaren. Dort zogen sich Reparaturarbeiten an den Schiffen einen Monat lang hin, schließlich verließ Kolumbus am 6. September die Alte Welt endgültig und segelte westwärts. Fünf Wochen später, am 12. Oktober 1492, erscholl der Ruf »*Tierra!*« (»Land«) vom Ausguck der »Santa Maria«. Gemeint war eine Insel, die in der Sprache ihrer Bewohner, der Aruak, Guanahani hieß. Kolumbus nannte die Insel San Salvador, bis heute ist die Identität der Insel nicht restlos geklärt – sicher ist nur, dass es sich um eine Insel der heutigen Bahamas handelte. Kolumbus ging mit den beiden Kapitänen und den Beamten an Land und nahm es offiziell für

■ Ein epochaler Schritt, eine große Abenteuergeschichte: Kolumbus verabschiedet sich von König Ferdinand und Königin Isabella. Aus dem *Book of Discovery*, 1912.

Die Entdeckung der Neuen Welt

Kolumbus nahm einige Inselbewohner an Bord und segelte weiter nach Südwest. Der Admiral wähnte sich in einer Inselwelt vor dem chinesischen Festland, für ihn waren die Inseln Vorposten von Cipangu – wie man damals Japan bezeichnete – mit seinem sagenhaften Goldreichtum. Auf der Weiterfahrt nach Süden stieß Kolumbus auf eine Insel der Großen Antillen, die er »Hispaniola« nannte (und die sich heute die beiden Staaten Haiti und Dominikanische Republik teilen). Kolumbus war fest davon überzeugt, in Asien gelandet zu sein. Diese Fehleinschätzung, an der er bis zum Ende seines Lebens festhielt, wurde ihm regelrecht zum Mantra: Auf seiner nächsten Reise hierher ließ er seine Getreuen sogar schwören, in China unterwegs zu sein.

So sollte schließlich einem anderen Europäer die Ehre zuteilwerden, dass man den neuen Kontinent nach ihm benannte. Der italienische Kaufmann und Navigator Amerigo Vespucci hatte ab 1497 an vier Expeditionen teilgenommen, teils unter fremdem Kommando, teils als Schiffsführer. Seine Expeditionen führten ihn an Brasiliens Küste entlang bis nach Patagonien. Und diese lange Küste konnte nach Vespuccis Überzeugung unmöglich zu Asien gehören, sondern dahinter musste sich ein eigener Erdteil verbergen, eben »Novus Mundus«, die »Neue Welt«, wie er seinen Reisebericht benannte. Vespuccis Buch mit knalligen Schilderungen von Ausschweifungen und Kannibalismus der Ureinwohner wurde in Europa sehr populär und ließ ihn als den eigentlichen Entdecker eines

■ Landung auf Hispaniola. Diese Illustration aus dem Brief des Kolumbus zeigt eines der ersten Zusammentreffen mit Indianern und ist die älteste europäische Darstellung der Neuen Welt.

die spanische Krone in Besitz. Die Einwohner waren sofort zugegen und beobachteten die Szene mit Zurückhaltung. Dieses erste Zusammentreffen verlief friedlich; in Literatur und Kunst Europas wurde es zur Gründungsszene des europäischen Amerika stilisiert und entwickelte sich zu einem Stereotyp der Historienmalerei.

Was uns antreibt – was wir uns nehmen

■ Prachtvolle Verklärung: Kolumbus, mit spanischer Königsfahne und Schwert, kniet nieder, dahinter die Kapitäne und ein Mönch mit Kreuz – und alle blicken gen Himmel.

neuen Kontinents erscheinen – schließlich hatte er behauptet, bereits 1497 das Festland des neuen Kontinents betreten zu haben (noch vor Kolumbus, dem dies erst auf seiner vierten Reise 1502 gelang). Dies bewog den badischen Kartografen Martin Waldseemüller, den Kontinent auf seiner Weltkarte von 1507 nach dem latinisierten Vornamen (Americus) Vespuccis zu benennen: »Amerika«.

Zurück zu Kolumbus: Zu Weihnachten 1492 errichtete der Genueser auf Hispaniola einen Stützpunkt. In der »Villa de la Navidad« ließ er, als er zur Rückfahrt nach Europa aufbrach, Freiwillige bei den gastfreundlichen Aruak zurück – die erste europäische Siedlung auf dem amerikanischen Kontinent seit der Ankunft Leif Erikssons 500 Jahre zuvor. Doch anders als seinerzeit die Wikinger blieben die Ankömmlinge diesmal, obwohl ihre erste Siedlung bald verschwand: Die anfangs friedliche Pastorale der Begegnung zweier Kulturen endete unvermittelt in Totschlag, wohl im Streit um Frauen, Land und Gold. Ein Ablauf, der sich in der bald massiv ein-

CHRISTOPH KOLUMBUS: DER ERSTE BRIEF AUS DER NEUEN WELT

Als Kolumbus auf der Rückreise von seiner ersten Amerikafahrt bei den Azoren in einen Sturm geriet, schrieb er, quasi als sein Vermächtnis, seinen Bericht »Von der Auffindung neuer Inseln im Indischen Meer«. Das Werk bestand aus 19 kurzen Kapiteln in lateinischer Sprache und war an den Schatzmeister des spanischen Königs und damit an die Krone gerichtet. Kolumbus schildert darin seine Überfahrt, die Entdeckung der ersten Inseln und die Begegnungen mit den Ureinwohnern. Dabei zweifelt er mit keinem Wort an seiner Überzeugung, »Las Indias« entdeckt zu haben. Das Land, das er nach 33 Tagen zur See betritt, beschreibt er als grün, fruchtbar und blühend – als ideal für Menschen, die dort siedeln wollen. Die Bewohner der Inseln seien schön, nackt, furchtsam und sehr freigebig – und ließen sich auch leicht missionieren und zu Christen machen – außer dem »Stamm der Kariben, die mit allen anderen auf Kriegsfuß leben und Menschenfleisch essen«. Und er kolportiert hier auch schon den Mythos vom unendlichen Reichtum dieser Völker und raunt vom Gold, das die »Inder« offenbar »in großen Mengen vorrätig haben«.

Der Brief wurde bald nach Kolumbus' Rückkehr gedruckt und ins Lateinische und andere Landessprachen übersetzt. Der literarisch ambitionierte Bericht sollte mit seinem schnörkellosen und abwechslungsreichen Stil zum Vorbild vieler Beschreibungen nachfolgender Amerikafahrten werden und bildete die Grundlage für ein viele Jahrhunderte lang überliefertes Bild von Kolumbus als einem wagemutigen, gerechten Helden, der doch angeblich nur zeigen wollte, dass die Erde rund ist.

setzenden europäischen Besiedlung des Kontinents oft wiederholen sollte. Der Erstkontakt war vielleicht noch von Neugier und Vorsicht geprägt, bald jedoch offenbarte sich in von den Europäern provozierten kriegerischen Auseinandersetzungen, dass sich hier nicht zwei Kulturen auf Augenhöhe begegneten, sondern dass die Europäer, Reichtümer und Land im Blick, mit aggressiven Absichten eingedrungen sind. Unterwerfung und Zerstörung der indigenen Kulturen waren oft die Folge.

1492 ist nicht nur das Jahr, in dem Kolumbus zu seiner ersten Amerikareise aufbrach, sondern in diesem Jahr vertrieben die Spanier auch die letzten Muslime aus Granada. Nach 600 Jahren Reconquista, dem hartnäckigen Zurückdrängen der Araber aus Spanien, war al-Andalus wieder christlich. Dadurch fühlte sich Königin Isabella in ihrer Überzeugung bestätigt, dass Gott den Spaniern die Mission zugedacht hatte, das Christentum zu verbreiten. Und wer könnte das besser als die schlagkräftigen *Hidalgos*, die nun arbeitslos gewordenen Ritter und Kämpfer der Reconquista?

Was uns antreibt – was wir uns nehmen

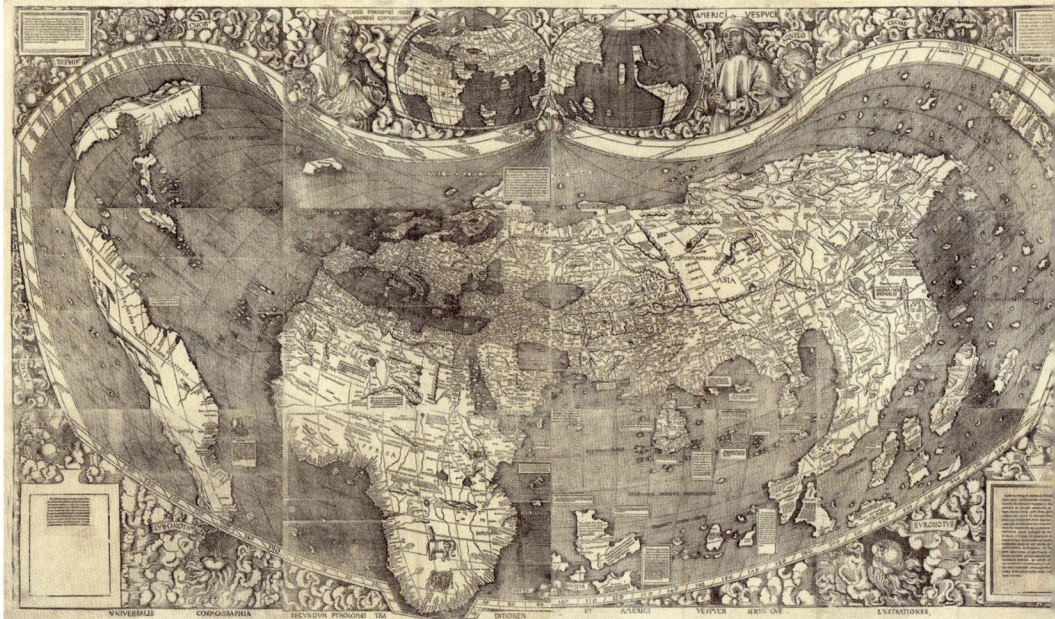

Die Weltkarte des Martin Waldseemüller verzeichnet 1507 als erste den neuen Kontinent Amerika.

Seit Generationen waren sie, im Kriegswesen gestählte Soldaten des Glaubens, den Kampf gegen Muslime gewöhnt – und Muslime hatte man ja zu bezwingen, wenn man durch »Las Indias« ins Reich des Großkhans ziehen wollte. Sie waren die Männer, die von nun an im Auftrag der Krone nach Amerika gehen und dort Konquistadoren, »Eroberer«, werden sollten.

Aus der Expeditionsflotte wird ein Invasionsheer

Das Königshaus stattete Kolumbus für seine zweite Reise großzügig aus. Er führte nun keine Expeditionsflotte mehr, sondern im Grunde eine Invasionsflotte. Er kommandierte 17 Schiffe mit 1200 Männern samt Kampfhunden und 30 gepanzerten Reitern mit Pferden. Auch Bergleute waren dabei, um das Gold ausfindig zu machen, und fünf Gottesleute zur Bekehrung der »Inder«. Kolumbus kehrte wieder zur Siedlung Navidad auf Hispaniola zurück, dort sollte es zu ersten Konflikten zwischen spanischen Truppen und den Taino, den Inselbewohnern, kommen. Die Spanier vergewaltigten die einheimischen Frauen, Kolumbus ließ Hunderte von Taino an Bord bringen und in Ketten legen. Die Eingeborenen erhoben sich gegen die Besatzer in der heute Vega Real genannten Hochebene, dem bevorzugten Siedlungsgebiet. 200 gepanzerte spanische Kämpfer wurden von Tausenden Taino angegriffen. Die hatten jedoch nicht mit der Entschlossenheit und den Waffen der Spanier gerechnet. Die Vorderlader, Kampfrosse, Bluthunde und Spieße der Eindringlinge richteten ein Blutbad an. Selbst nach der Schlacht wüteten die Spanier und massakrierten die Überlebenden.

Das Massaker von Vega Real markiert in Europa auch den Beginn der Kritik an den Eroberungszügen. Die Anklagen richten sich vor allem gegen die Vernichtungswut der Konquistadoren und die Versklavung der Einwohner. Meist waren es Priester, die die Gräueltaten niederschrieben, oder Mönche wie Bartolomé de las Casas, der die Feldzüge begleitete und an die Krone berichtete. Vehement setzten sie sich für die Rechte der Indios ein und beschwerten sich bis hin zum Kaiser – ohne großen Erfolg. Zwar wurde die Versklavung der Indios schnell verboten. Dem Vordringen der Konquistadoren allerdings konnte kein Einhalt geboten werden.

Dabei legte der Königshof größten Wert darauf, dass die Eroberer in einem notariellen Akt korrekt vom jeweiligen Land Besitz ergriffen: In Anwesenheit der Würdenträger beider Seiten wurde ein Dokument verlesen, dem zufolge – in spanischer oder lateinischer Sprache – das Land für die spanische Krone annektiert wurde. Dann wurde die autochthone Bevölkerung darüber aufgeklärt, dass sie jetzt Gelegenheit habe, sich dazu zu äußern. Natürlich verstanden die Indios nicht, was ihnen da geschah. Die Spanier aber hatten nun einen Rechtstitel, den sie, falls nötig, auch gewaltsam durchsetzen durften. Heute mutet dieser europäische Legalismus absurd an – damals wurde er als zivilisatorischer Fortschritt in dieser historisch wirklich neuen Situation betrachtet.

Die gebildeten europäischen Kreise waren sich nach der ersten der insgesamt vier Amerikareisen des Kolumbus darüber im Klaren, dass dies erst der Anfang einer Reihe umfassender Entdeckungen sein sollte. Viele Menschen wurden von einer Aufbruchsstimmung erfasst, in Windeseile verbreiteten sich die Berichte aus »Las Indias«, an europäischen Fürstenhöfen waren sie beherrschendes Thema. Kolumbus wurde nach der Rückkehr von seinen Reisen umjubelt und zum Vorbild für die Seefahrernationen der Alten Welt. Ja, es war möglich, noch den letzten Winkel des Globus zu bereisen und ihn sich untertan zu machen. Man war überzeugt, dass die Erforschung und Eroberung der Welt Hand in Hand gehen sollte mit der Verbreitung des christlichen Glaubens. Schließlich war Kolumbus in seiner christlichen Überzeugung immer standhaft geblieben, ja mehr noch: Er sah hinter allem, was geschah, die gestaltende, die belohnende oder auch strafende Hand Gottes.

Das Ende der amerikanischen Hochkulturen

Dem Expansionsdrang und christlichen Sendungsbewusstsein der Europäer hatten die Ureinwohner nichts Gleichwertiges entgegenzusetzen. Unter den Schwerthieben der Spanier nach Kolumbus versanken in Mittel- und Südamerika nacheinander die drei Staatengebilde der Azteken, der Maya und der Inka. Das Eroberungsmuster ähnelte sich jedes Mal: Die Spanier stießen in kleinen Trupps, zu Pferde, mit Feuerwaffen und in Rüstung, auf die Hauptstädte der alten Kulturen vor. Es gelang ihnen immer, Verbündete unter den tributpflichtigen, abhängigen Stämmen zu finden und mit ihrer Hilfe die alten Reiche zu destabilisieren. Am Schluss konnten Spanier stets die autochthonen Herrscher mit Wortbruch, List oder Betrug oder aber mit Gewalt beseitigen.

Als Rechtfertigung für den rücksichtslosen Vormarsch der Konquistadoren diente der Opferkult der Einheimischen. In der Tat wurden, vor allem bei den Azteken, systematisch Menschenopfer dargebracht, wenn auch die Belege dafür umstritten sind. Als besonders blutig galt die Herrschaft der Azteken in Mexiko. 1521 eroberte der Konquistador Hernán Cortés an der Stelle der heutigen Mexiko-Stadt Tenochtitlan, den Sitz des Aztekenkönigs im Texcoco-See. Nach dem Blutrausch der Spanier war das Großreich der Azteken binnen weniger Jahre untergegangen. Nur wenige Jahre später waren die Konquistadoren bereits in die Hochebenen der Anden auf dem Südteil des Doppelkontinents vorgedrungen und nahmen das Inka-Reich ins Visier. Hier spielte die nackte Gier nach Gold die entscheidende Rolle für den Konquistador Francisco Pizarro. Er machte sich Rivalitäten im Inka-Königshaus zunutze, nahm den Inka-König Atahualpa als Geisel, ließ ihn alles Gold liefern, dessen er habhaft werden konnte, nur um ihn dann, nach europäischer Tradition, 1533 mit der Garotte erwürgen zu lassen. Die darauffolgende Brandschatzung des prachtvollen Cuzco, der Hauptstadt und Residenz der Inka-Herrscher, besiegelte endgültig den Untergang ihres Imperiums. Nur wenige Jahre haben die Spanier in Mittel- und Südamerika gebraucht, um zwei über Jahrhunderte gewachsene Großreiche und Hochkulturen zu vernichten.

PARADIES UND HÖLLE – MENSCHENHANDEL

Als der Engländer Francis Drake 1564 als Matrose auf dem Schiff seines Vetters John Hawkins anheuerte, war er noch ein mittelloser Matrose, der von Reichtum träumte. Später wurde er als »Pirat der Königin« reich und weltberühmt. Doch als Jugendlicher segelte er zunächst einmal auf der »Jesus of Lubeck« mit, einem ehemaligen Transportschiff der Hanse. Das führte ihn nach Teneriffa und weiter nach Sierra Leone, wo die Mannschaft das Unterdeck mit Sklaven volllud. Manche kauften sie von lokalen Häschern, andere wurden von Händlern vermittelt, wiederum andere trieben sie eigenhändig in Dörfern zusammen und zwangen sie auf das Schiff. Im Konvoi mit drei kleineren englischen Sklaventransportern begann jetzt die *Middle Passage*, die Überfahrt in die Karibik. Die war damals noch spanisches Kolonialgebiet, deshalb war es für die Engländer lebensgefährlich, dort Handel zu treiben, und erst recht, Sklaven anzulanden. In Rio de la Hacha (Kolumbien), auf Hispaniola (heute Haiti/Dominikanische Republik) und Jamaika verkauften sie die menschliche Fracht mit Preisnachlass – und hatten dennoch Unsummen verdient. Sklavenhandel bedeutete zu dieser Zeit schnellen Reichtum: Die Zuckerrohrplantagen schossen auf den karibischen Inseln förmlich aus dem Boden, und dazu benötigte man jede Menge Menschen für die harte Erntearbeit. Nur die Piraterie war noch lukrativer.

Sündenfall der Neuzeit: die Sklaverei

Die Sklaverei in Amerika ist ein monströses Ereignis. Ihr Ausmaß ist unfassbar, ihre Folgen sind noch heute wirksam und bestimmen weiterhin ethnische Zusammensetzung, soziale Verhältnisse und Demografie des Kontinents. Zu Lebzeiten von Kolumbus und selbst 300 Jahre später noch war Sklaverei eine gesellschaftlich akzeptierte Institution, die nicht weiter hinterfragt wurde. In China war sie genauso Stütze des Wirtschaftslebens wie in den islamischen Gesellschaften, in denen der Umgang mit Sklaven und deren rechtliche Situation sogar verbindlich in der Scharia geklärt waren. Überhaupt gab es Ende des Mittelalters auch in Europa eine große Zahl gebundener, unfreier Menschen. Vor diesem Hintergrund war die Existenz eines »freien Bürgers« schon rein zahlenmäßig die Ausnahme, ganz abgesehen vom Konzept der persönlichen Freiheit, das erst viel später durch die europäische Aufklärung ins allgemeine Bewusstsein gerückt wurde. Vor diesem Hintergrund sind der Gleichmut und das rechnerische Kalkül, mit dem die Europäer seit 1500 den Sklavenhandel und die Plantagenwirtschaft planten und betrieben, wenn nicht verständlich, so doch in gewissem Maße nachvollziehbar.

Der Auslöser für den transatlantischen Sklavenhandel war die arbeitsintensive Plantagenwirtschaft, die sich zuerst in der Karibik, dann in Südamerika und im Süden der heutigen USA herausbildete und in der vorwiegend Molasse (Zucker), Baumwolle und Tabak produziert wurden. Die Portugiesen waren die eifrigsten Sklavenhändler, gefolgt von Großbritannien und Frankreich. Die Anzahl der über den Atlantik entführten Menschen lässt sich für die Zeit zwischen 1514 und 1866 dank der *Trans Atlantic Slave Trade Database,* die aufgrund neuer Forschungsergebnisse regelmäßig aktualisiert wird, annäherungsweise bestimmen. Man geht momentan von fast 40 000 Überfahrten aus, belegt ist die Zahl von über zehn Millionen in Afrika eingeschifften Sklaven. Dieser Menschenhandel war für die Hauptakteure von nationaler Bedeutung: Portugiesen, Niederländer und Franzosen unterhielten hierfür entlang der Westküste Afrikas Handelsstationen, auch die britische *Royal African Company* diente hauptsächlich diesem Zweck.

Der atlantische Sklavenhandel wurde

MIDDLE PASSAGE

Der Transport der entführten, gekauften oder eingetauschten Sklaven von Afrika über den Atlantik in die Karibik und aufs amerikanische Festland erfolgte im Zuge des sogenannten »Dreieckshandels«. Von Europa kommend, transportierten die Schiffe zunächst Handelswaren nach Afrika, zum Beispiel Textilien oder Waffen. In den Häfen Westafrikas wurden die Schiffe dann mit Sklaven beladen, die auf diese Weise nach Amerika verschleppt wurden. Dort tauschte man die menschliche Fracht gegen Rohstoffe ein, die nun zur Verarbeitung nach Europa geschafft wurden. Aus Sicht der Weißen waren die Sklaventransporte von Afrika über den Atlantik in die Karibik und aufs amerikanische Festland also die »mittlere« Station im »Dreieckshandel«, deshalb bürgerte sich für diese Etappe der Begriff *Middle Passage* ein.

Bis zu 450 Menschen wurden in die Sklavenschiffe gepfercht; die meiste Zeit während des mindestens sechswöchigen Horrortrips waren sie unter Deck aneinandergekettet. Einmal am Tag durften sie sich aufrecht auf Deck bewegen, dort gab es Essen. Ständig herrschte Angst vor Piratenangriffen, vor Hinrichtungen oder Aufständen der Gefangenen. Man schätzt, dass mindestens zwei Millionen Afrikaner auf der *Middle Passage* durch Krankheit, Übergriffe der Besatzung oder Selbstmord ihr Leben verloren. Für alle, die dieser Hölle lebend entkamen, wurde die *Middle Passage* zum Schlüsselereignis über Generationen hinweg. Die Erniedrigung dieser massenhaften zwangsweisen Verschleppung bedeutete nicht nur einen gewaltsamen Bruch in jeder individuellen Biografie, sondern wurde auch zu einem Kristallisations- und Identifikationspunkt afroamerikanischer Kultur.

von Anbeginn heftig, aber folgenlos durch den Klerus kritisiert. Erst nach 250 Jahren, im Zuge der Amerikanischen und der Französischen Revolution, nahm die Diskussion darüber jenseits und diesseits des Atlantiks an Fahrt auf: Die *Abolitionists* setzten sich mit christlichen und aufklärerischen Argumenten für ein Verbot ein. In Portugal wurde die Sklaverei 1762 verboten, in Großbritannien 1808 (in den britischen Kolonien allerdings sollte sie noch 80 weitere Jahre existieren). In den jungen USA wurde der Sklavenhandel zwar generell verboten, in den Südstaaten allerdings blieb die Institution Sklaverei erhalten. Sie abzuschaffen war Sache der Bundesstaaten; die amerikanische Verfassung schwieg zu diesem Problem. So waren die Sklaven in Neuengland bald freie Menschen (formal zumindest), während sich in den Südstaaten das Sklavenhaltersystem zementierte.

Ein historisches Ereignis spiegelte diesen Konflikt auf eindrucksvolle Weise wider: die Geschichte des Sklavenschiffs »Amis-

Paradies und Hölle – Menschenhandel

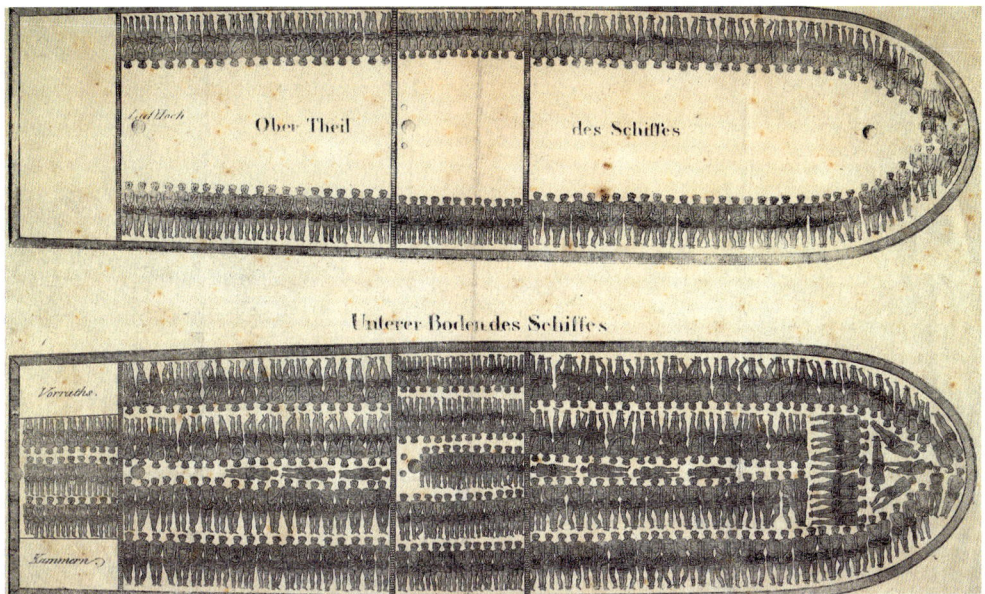
Lageplan von zwei Decks eines Sklavenschiffs.

Sklavenmarkt in den Südstaaten. Obwohl der Menschenhandel in den USA abgeschafft war, hielt sich das System der Sklaverei bis zum Bürgerkrieg 1861. Holzstich aus diesem Jahr.

tad«, die von Steven Spielberg 1997 glorios verfilmt wurde. Als das spanische Schiff »Amistad« 1839 von der US-Küstenwache aufgebracht wurde, hatten die 40 Sklaven auf ihr revoltiert und die Besatzung umgebracht. Auf dem Festland wurde ihnen ein Prozess gemacht, und alle Absurditäten des Sklavensystems kamen zur Sprache: Wem gehörten die Sklaven eigentlich? Sind sie überhaupt Eigentum, oder muss man sie wie Menschen beurteilen? Nach welchem Recht sind sie zu beurteilen – nach dem von Connecticut oder nach dem spanischen? Der ehemalige US-Präsident John Quincy Adams vertrat die Sklaven gegen die Ansprüche der Südstaaten; am Ende wurde ihr Recht auf Widerstand anerkannt, und sie wurden in Freiheit zurück nach Afrika gebracht.

Zwanzig Jahre später führte die wirtschaftliche und politische Kluft zwischen den Nord- und den Südstaaten 1861 zum amerikanischen Sezessionskrieg und der Befreiung der Sklaven. Erst seit diesem Bürgerkrieg, in dem über 700 000 Menschen im Kampf oder durch Seuchen starben, konnten die Amerikaner von ihrem Land als einer Nation sprechen.

Umwelt macht Geschichte: Der Kolumbus-Effekt

Die »Entdeckung Amerikas« wird als das folgenreichste Ereignis der Geschichte gesehen. Dies gilt vor allem in biologisch-ökologischer Hinsicht. Der Historiker Wolfgang Reinhard meint hierzu: »Mit den Fahrten des Kolumbus begann nebenher der weltweit größte biokulturelle Austausch der Weltgeschichte.« Dieser Einschnitt wird in der Ökogeschichte auch als *Columbian Exchange* bezeichnet. Die interdisziplinäre Wissenschaft erforscht, wie sich Fauna und Flora jenseits und diesseits des Atlantiks durch diesen »Kolumbus-Effekt« verändert haben (und das noch tun) – und welchen Einfluss das auf Politik und Geschichte hatte.

Mit Kolumbus kamen Nutzpflanzen nach Europa, ohne die die europäische Küche heute nur sehr armselig wäre: Tomaten, Paprika, Kürbis und der energiereiche Mais, das Grundnahrungsmittel in Nord- und Mittelamerika. Dort hatte man über Jahrtausende den wilden Mais, ähnlich wie die Kartoffelknolle, zu ertragreichen Sorten kultiviert. In Europa wurde er im Mittelmeerraum und auf dem Balkan angebaut, wanderte weiter nach Asien und sorgte, zusammen mit der Süßkartoffel, in China für einen Bevölkerungsboom. In der Gegenrichtung, von Europa nach Amerika, ist der Weg der Flora nicht weniger erstaunlich: Die Europäer brachten ihr Getreide (Reis, Weizen, Gerste, Roggen), dazu Rüben, Zuckerrohr und Trauben in die Neue Welt.

Der Export der europäischen Tierwelt nach Amerika sollte die Fauna des Kontinents binnen weniger Jahrzehnte einschneidend verändern. Kolumbus und seine Nachahmer hatten schon bei ihren ersten Fahrten den gesamten europäischen Haustierbestand an Bord. Pferd, Rind, Schwein, Hund und Katze waren Tiere, die in Ame-

DIE KARTOFFEL

Wird die Kartoffel nicht als »typisch deutsch« empfunden? Dabei war sie vor 1492 in Europa unbekannt. Sie gehörte, zusammen mit den Hülsenfrüchten, zur Grundnahrung in Südamerika, wo die Ureinwohner seit 13000 Jahren Hunderte von Varietäten kultivierten und Lagermöglichkeiten entwickelt hatten, die diesen Stärkelieferanten jahrelang haltbar machten.

Die »Kleine Eiszeit« in Europa führte dort vom 15. Jahrhundert bis zu Beginn des 19. Jahrhunderts immer wieder zu Hungersnöten. Zuerst konnte man hier der merkwürdigen Knolle aus Übersee nichts abgewinnen, bis man sie als Hungerstiller entdeckte und ihren Anbau sogar staatlich förderte. Friedrich der Große befahl seinen Untertanen während der Hungersnot 1744, Kartoffeln zu essen. Als in Frankreich im Vorfeld der Revolution zahlreiche Aufstände gegen Brot- und Mehlpreise das Land erschütterten, wurde die Kartoffel auch dort populär. Bald machte sie rund die Hälfte des Speiseplans in Irland, England, Holland, Deutschland und Polen aus.

Die Knolle ist ein nährstoffreicher Alleskönner: Sie liefert Kohlenhydrate und Vitamin C und war damit auch ein idealer Schutz vor Skorbut. Keine Ackerpflanze ist ertragreicher als die Kartoffel, auf gleicher Anbaufläche liefert sie zwanzigmal so viele Nährstoffe wie Weizen und zehnmal so viele wie Mais. Wurde sie in den steilen Anden auf 3000 Metern Höhe noch in kunstvoll gestaffelten Terrassen angebaut,

■ Hunderte Kartoffelsorten wurden in Südamerika kultiviert: auf dem Kartoffelfestival in Lima, Peru.

hatte sie in Mitteleuropa, wo sie Grundnahrungsmittel wurde, durch die Schaffung großflächiger Monokulturen gravierende Veränderungen der Agrarwirtschaft zur Folge. Seitdem übertreffen sich Umwelthistoriker in der Einschätzung der weltgeschichtlichen Bedeutung der Knolle. Was die Erfindung der Dampfmaschine für die industrielle Revolution bedeutete, das war die Kartoffel für den Aufstieg Europas zur Weltmacht: Nur sie konnte die rasch wachsende Bevölkerung ernähren und wurde somit zur Voraussetzung für politische Stabilität.

rika unbekannt waren und dort keine natürlichen Feinde hatten. Sie vermehrten sich hier ungehindert schnell, das Schwein begleitete die Westexpansion von Anfang an und wurde zum Überlebensgarant der Konquistadoren und Siedler. Unumkehrbar veränderten die Tiere auch den Lebensraum der Ureinwohner. Das Pferd beispielsweise wurde von Indianervölkern im Nordwesten schnell in ihren Haustierbestand übernommen und zum Teil sogar wesentlicher Bestandteil ihrer Kultur; mit dem Pferd als Zug- und Reittier konnte man große Gebiete durchstreifen. Erst seit dieser Zeit gehören Pferd und Ureinwohner zusammen, und unser Bild vom »edlen Wilden hoch zu Ross« ist eigentlich das eines europäisierten Indianers.

Bald änderten die Ureinwohner, die sich über Jahrtausende vorwiegend von Pflanzen ernährt hatten, auch ihre Essgewohnheiten und bevorzugten nun eiweiß- und fettreiche tierische Kost. Viele vormals nomadische Stämme wurden sesshaft und bewirtschafteten Farmland, wie Millionen von Einwanderern auch. Nun wurde Acker- und Weideland auf dem gesamten Kontinent zu Privatbesitz, Zaun und Stacheldraht hielten Einzug ins amerikanische Landschaftsbild. Weite Teile Nordamerikas wurden auf diese Weise ein Ebenbild der europäischen Park- und Ackerlandschaft. Der *Columbian Exchange* hatte am Ende nicht nur Flora und Fauna auf zwei Kontinenten ausgetauscht, sondern die Lebens- und Wirtschaftsweise der Menschen von Grund auf verändert.

Viren, Seuchen, Feuerwaffen: Das indigene Amerika geht zugrunde

Die verheerenden Effekte von aus Europa und später Afrika eingeschleppten Krankheiten auf die indigene Bevölkerung Amerikas werden schon in frühesten Zeugnissen geschildert. Bei Kolumbus war es die für Weiße harmlose Grippe, die 1493 für die Bewohner der Karibik zu einer tödlichen Seuche wurde. Auf dem Rückweg brachte die Mannschaft des Kolumbus dafür die Syphilis nach Europa. Diese über mehrere Schübe in Wahnsinn und Tod führende Geschlechtskrankheit konnte hier erst mit der Erfindung des Penizillins im 20. Jahrhundert gezähmt werden. In Europa blieb es bei diesem einen Import, der als »galante Krankheit« nicht nur Soldatenheere, sondern auch Herrscherhäuser und Adelsfamilien quer durch den Kontinent dezimierte.

Die von Europa nach Amerika eingeschleppten Krankheiten wüteten weitaus grausamer, indem sie große Teile der Bevölkerung entweder daran sterben ließen oder sie derart schwächten, dass ganze Siedlungen und Stammesorganisationen sich auflösten. Die von den Einwanderern und ihren Haustieren mitgebrachten Viren und Bakterien waren in Amerika völlig unbekannt, folglich konnten die indigenen Amerikaner keine Antikörper bilden. Die menschliche Katastrophe, die sich jetzt ereignete, ist nur schwer in Worte fassen. Man schätzt, dass im Zuge der Eroberung Amerikas durch Europäer aufgrund von Mangelernährung, Migrationsdruck und kriegeri-

■ Darstellung eines Syphilitikers auf einem Flugblatt, mit einer astrologischen Erklärung der Krankheit. Holzschnitt von Albrecht Dürer, 1496.

schen Auseinandersetzungen, zu einem bedeutenden Teil jedoch aufgrund von eingeschleppten Infektionskrankheiten rund 70 Millionen Menschen ihr Leben verloren. In den 150 Jahren nach dem ersten Kontakt mit Kolumbus haben eingeschleppte Krankheiten wie Pocken, Beulenpest, Typhus, Scharlach, Masern, Diphtherie, Keuchhusten, Lungenentzündung und Grippe die indigene Bevölkerung um 80 Prozent dezimiert.

Im Norden, im späteren »Neuengland«, wurden seit 1500 Krankheitserreger durch spanische Fischer eingeschleppt, die dort gern Kabeljau fingen. Und schließlich hat sich auch der Ursprungsmythos des weißen Nordamerika, die Landung der »Mayflower« und die Gründung ihrer Siedlung Plymouth südlich des heutigen Boston, auf tödlich infiziertem Boden zugetragen. Denn zwei Jahre vor der Ankunft der Weißen hatten Krankheiten beinahe alle hiesigen Ureinwohner, wie die Massachusetts und die Pokanoket, getötet. Die zuvor dicht besiedelte Atlantikküste war menschenleer, als die ersten englischen Einwanderer beschlossen, hier ihr Glück zu versuchen. Auch für sie sollte der Tod ein ständiger Begleiter sein.

DER AMERIKANISCHE TRAUM

Es dauerte 20 Jahre, bis die Spanier sich nach der Landung des Kolumbus in der Karibik nach Norden wandten und den Boden Nordamerikas betraten. Die ersten Versuche, dieses *Tierra Nueva* genannte Land zu erforschen und zu besiedeln, scheiterten allesamt. Natürlich war es auch hier die Suche nach Goldschätzen, die die Konquistadoren antrieb – was sie erwartete, waren jedoch Hunger, Krankheit und Überlebenskampf.

»Ein fremdes, böses Land«

1513 noch hatte Ponce de Leon, der erste europäische Ankömmling auf dem Festland Nordamerikas, das Land *La Florida* – »Die Blühende« – getauft. Nichtsdestotrotz sollte er bald einem vergifteten Pfeil der Ureinwohner zum Opfer fallen. Zehn Jahre später durchquerte Cabeza de Vaca das heutige Texas. Ihm bescherte das Schicksal ein ganzes Universum von grauenhaften Unfällen und Missgeschicken, bis er, schon todgeweiht, von Indianern versklavt wurde und es dann schaffte, als Wunderheiler Respekt zu erlangen. Später trat er energisch für die Rechte der Indianer ein, aber sein Urteil war klar: Das war »fremdes, böses Land«, in dem »jeder gegen jeden kämpft«. Waren das unfruchtbare Land, seine »heidnischen« Bewohner und seine todbringende Natur nicht verachtenswert und minderwertig? Dieser düstere Blick auf Amerika sollte in Europa noch lange vorherrschend bleiben; erst drei Jahrhunderte später eröffnete Alexander von Humboldt eine neue Perspektive. Seine Amerikastudien öffneten den Europäern die Augen für die so reiche Natur und Geografie des Kontinents.

Der amerikanische Traum

Die Engländer, die Anfang des 17. Jahrhunderts erstmals in nennenswerter Zahl nach Amerika kamen, hatten ein anderes Ziel als die Spanier: Sie wollten hier nicht nach Goldschätzen suchen und nur nebenbei das neue Land erkunden, sondern vielmehr eine neue Existenz gründen. Rückkehr war für sie keine Option. Es war ihnen klar, dass sie hier nur Fuß fassen konnten, wenn sie eine Gemeinschaft gründeten, Anführer wählten, Dörfer bauten und konsequent mit Indianern und Heimat Handel trieben. An diesem Punkt beginnt Nordamerikas Geschichte als Einwandererland, und der große Mythos vom »amerikanischen Traum« gründet in dieser Zeit. Das Grundmuster ist einfach beschrieben: Die Einwanderer gingen in Amerika auf eine reelle und gleichzeitig auf eine spirituelle Reise, an deren Ende sie nicht mehr wie Europäer handeln sollten, sondern Amerikaner mit ihrer eigenen Geschichte geworden waren.

Die Engländer: Sie kamen, um zu bleiben

Dabei lagen Fluch und Segen, Strafe und Belohnung nahe beieinander. In der ersten Kolonie der Engländer, in Jamestown im heutigen Virginia, verhungerten ab 1608 jeden Winter zwei Drittel der jeweils verbleibenden Kolonisten. Mit den Jahren gab man sich Gesetze und importierte Sklaven – langsam ging es voran. Dann betrat die Indianerprinzessin Pocahontas die Bühne der Geschichte. Das schöne Mädchen hatte Captain John Smith vor dem Tomahawk ihres Vaters gerettet. Sie heiratete den Bauern John Rolfe, lebte mit ihm in Jamestown und brachte einen Sohn zur Welt. In dieser Mittlerrolle zwischen den Kulturen wurde Pocahontas zur Hauptfigur des Gründungsmythos der USA. Was für eine großartige Fabel, die Indianer und Weiße vor dem Sündenfall, vor der bald einsetzenden Geschichte von Vertreibung und Gewalt zeigt! Heute erzählen Popsongs und Fernsehserien ihre Geschichte – allein vier Spielfilme, zwei Zeichentrickfilme und ein Musical machen Pocahontas, die auf einer Reise durch England starb, zur ewig jungen Lieblingsfigur der Unterhaltungsindustrie.

Rund eintausend Kilometer nördlich von Jamestown landete 1620 das Schiff »Mayflower« an der Ostküste, das die *Pilgrim Fathers* (Pilgerväter) aus dem englischen Plymouth in die Neue Welt brachte. Ihre Kolonie wurde zum Urknall für Neuengland, das englische Siedlungsgebiet zwischen Philadelphia und Boston. Hier liegt die Keimzelle der späteren Kultur der WASPs, der *White Anglo-Saxon Protestants* – das alte Geld, die teuren Schulen, der ererbte Einfluss auf Politik und Wirtschaft. Kurzum: Hier entstand der Adel der Vereinigten Staaten von Amerika.

Freilich wären sie schnell verhungert, wenn die Indianer, auf deren Land sie siedelten, ihnen nicht mit Mais und Truthahn geholfen hätten. Der Friede währte jedoch nur eine Generation, Bald kam es zu Konflikten und kriegerischen Auseinanderset-

Was uns antreibt – was wir uns nehmen

DIE PILGERVÄTER

Der Name sagt es schon: Sie waren Pilger, und ihr Ziel war das Reich Gottes. Von der englischen Amtskirche hatten sich diese radikalen Puritaner längst losgesagt, hatten lange Jahre im holländischen Leiden im Exil gelebt. Ein spirituelles Band hielt sie zusammen und ließ sie Verlust und Erniedrigung ertragen. Als der Dreißigjährige Krieg Europa verwüstete, wurde Amerika zum einzigen Ort, an dem sie ihre Gemeinde verwirklichen konnten. Ihr kleiner Ort Plymouth in der Bucht von Cape Cod, 40 Kilometer südöstlich von Boston, sollte ihr irdisches Himmelreich werden.

Die *Pilgrim Fathers* waren keine Bauern, sondern Handwerker; sie hatten viel durchlitten und nicht selten ihre Familien in Europa zurückgelassen. Der Weber William Bradford wurde ihr erster *Governor*, sein Tagebuch *Of Plymouth Plantation* ist ein Bericht über diese Gemeinschaft der Auserwählten, die trotz aller Rückschläge zur Urzelle der amerikanischen Nation werden sollte. Im »Mayflower Compact« hatten sie sich einer selbst gewählten Regierung und »gerechten und gleichen Gesetzen« verpflichtet; hier finden sich bereits die Grundmuster der späteren amerikanischen Verfassung, nämlich Gleichheit und Rechtsstaatlichkeit.

Seitdem werden Historienmaler nicht müde, Szenen aus dem mühevollen Alltag der Pilger zu zeigen: legendär der gemeinsame Kirchgang bei Schnee und Eis, die Männer mit der Flinte in der Hand (die sie auch während der Messe nicht weglegten), die Frauen mit Häubchen auf dem Kopf und der Bibel unterm Arm. Als gute Puritaner glaubten die Pilgerväter an die Vorherbestimmung; demnach war ihre Siedlung die Verwirklichung eines göttlichen Plans. Die Vorstellung, Amerika habe eine Mission zu erfüllen, und Menschen könnten auf diesem Kontinent Großes erreichen, nimmt bei den Pilgervätern in der Kolonie Plymouth ihren Anfang.

zungen mit den Indianern. Die Ökonomie der fleißigen Händler, Unternehmer, Handwerker und Bauern mitsamt Haustieren und unersättlichem Landhunger ließ sich nur schwer mit der freien Lebensform der Indianer vereinbaren. Die Indianer mussten fast immer weichen, und seitdem gehören persönlicher Besitz und individuelles Unternehmertum zu den Grundfesten der nordamerikanischen Gesellschaft.

Engländer gegen Franzosen auf amerikanischem Boden: ein erster Weltkrieg

Zur gleichen Zeit, als die Engländer um das heutige Boston herum Fuß fassten, erforschten die Franzosen das Gebiet westlich des Hudson River, natürlich auf der Suche nach Gold. Bald etablierten sich Pelzhändler in der weitläufigen, den europäischen Wäldern ganz ähnlichen Landschaft und begannen friedlichen Handel

Der amerikanische Traum

■ »Der erste Thanksgiving Day«. Die Pilgerväter sind nicht einfach nur Flüchtlinge aus England, sondern sie haben eine Mission. Gemälde von George Henry Boughton, 1867.

mit den großen Indianervölkern des Nordostens. Unter ihnen gab es auch ambitionierte Naturforscher und Geografen, und sie trieb vor allem eine Frage um: Gibt es eine Nordwestpassage – also einen Seeweg nördlich um Amerika herum –, und, falls ja: Gelingt es, darauf eine schnelle Route ins nach wie vor verlockende China zu finden, in jenes mythenumrankte Paradies voller Gold und Perlen? Die verheißungsvolle Durchfahrt fanden sie freilich nicht, dazu hätten sie noch Hunderte von Kilometern bis zur Hudson Bay zurücklegen müssen. Doch Naturforscher wie Samuel de Champlain erkundeten bei dieser Gelegenheit das Gebiet der Großen Seen und kamen dabei oft auch in Kontakt mit indianischen Ureinwohnern.

Die interessantesten Figuren dieser Zeit waren die »Waldläufer«, die keiner Seite verpflichteten Einzelgänger aus Europa. Sie pendelten zwischen der weißen und der indianischen Zivilisation. Von ihren Erfahrungen im unbekannten Land, von ihrer Vermittlerrolle zu den Indianern profitierten viele weiße Siedler. James Fenimore Cooper, einer der ersten bekannteren amerikanischen Romanautoren, setzte ihnen später im *Letzten Mohikaner* mit seiner romantisierenden, in Europa später so populären Schilderung jener Zeitenwende, in der sich das Überleben der Weißen in Nordamerika entschied, ein Denkmal.

Schon zwei Generationen nach den Gründervätern waren die Engländer nicht mehr zurückzudrängen. Allein in Neuengland lebten 60 000 von ihnen – im heutigen Kanada waren es dagegen nur 3000 Franzosen. Die Engländer waren expansionsfreudige Siedler, zielbestimmt bauten sie ihre Dörfer auf und scheuten keine Auseinandersetzung. Die französischen Siedler hingegen setzten schon mal auf Koexistenz mit den Indianern. So entwickelten sich zwei Siedlerstereotype in Nordamerika, die sich auch heute noch zum Teil argwöhnisch gegenüberstehen: die europäisch gesinnten Kanadier, insbesondere die Frankokanadier, und die auf Abgrenzung und Expansion bedachten US-Amerikaner. Bis heute sind beide Länder durchaus Konkurrenten. Konservative Kanadier befürchteten jahrhundertelang, dass das Sendungsbewusstsein der USA letztlich auf die Einverleibung Kanadas ziele. Im Siebenjährigen Krieg – er begann in Nordamerika bereits 1754 statt 1756 wie in Europa und

■ James Fenimore Coopers Romanserie um den »Letzten Mohikaner« hat unser romantisches Bild vom »edlen Wilden« geprägt. Gemälde von Carl Alexander von Heideloff, 1830.

endete 1763 – wurde dieser englisch-französische Antagonismus auch auf amerikanischem Boden kriegerisch ausgetragen. Und als die englischen Kolonien sich danach im Amerikanischen Unabhängigkeitskrieg (1775–1783) gegen ihren König erhoben, wurden sie von den Franzosen unterstützt.

Zeitenwende: die Unabhängigkeitserklärung

In der »Einstimmigen Unabhängigkeitserklärung der Dreizehn Vereinigten Staaten von Amerika« sagten sich die 13 Kolonien von Großbritannien los. Das Dokument wurde am 4. Juli 1776 von den Delegierten der Kolonien in Philadelphia unterschrieben, seine Forderungen wurden zur Grundlage der westlichen Demokratien: dass die Macht vom Volk und seinen Repräsentanten ausgeht und die Regierung dem Volk zu dienen hat.

Die ersten Worte der in weiten Teilen von dem englischen Großbauern, Sklavenhalter und späteren Präsidenten Thomas Jefferson verfassten Erklärung wurden zu Schlüsselbegriffen der Neuzeit:

»We hold these truths to be self-evident, that all men are created equal, that they are endowed by their Creator with certain unalienable Rights, that among these are Life, Liberty and the Pursuit of Happiness« – »Diese Wahrheiten halten wir für ausgemacht: dass alle Menschen gleich sind und dass sie von ihrem Schöpfer bestimmte unveräußerliche Rechte erhalten haben, worunter Leben, Freiheit und das Streben nach Glück sind.«

Damit hatten die Europäer in Amerika erstmals allgemeine Menschenrechte formuliert, was sofort auf Europa zurückstrahlte. Der Gleichheitsgedanke inspirierte die Französische Revolution; Demokratie und Menschenrechte mussten auf dem alten Kontinent erst erstritten werden. Es war ein Jahrhunderte währender Prozess.

Im Unabhängigkeitskrieg kämpften die Kolonisten unter George Washington gegen die englische Besatzung, Besteuerung und Administration und gaben sich 1787 die Verfassung der Vereinigten Staaten von Amerika. Darin wird ein Präsidialsystem etabliert, das später zum Vorbild für alle Staatsgründungen in Lateinamerika wurde. Der Präsident ist laut Verfassung gleichzeitig Staats- und Regierungsoberhaupt sowie Oberbefehlshaber. Er wird vom Volk gewählt, wenn auch nur indirekt über die in den einzelnen Bundesstaaten gewählten Wahlmänner *(Electoral College)*, und ist nur bedingt vom Parlament abhängig. Bei der Ausstattung des Präsidentenamts mit so großer politischer Macht hatten die Verfassungsväter offenbar noch die Machtfülle der europäischen Könige vor Augen. Zur Kontrolle der präsidialen Macht dient dann allerdings im Sinne einer Gewaltenteilung ein ausgeklügeltes System von *checks and balances*. So können zum Beispiel durch Urteile des höchsten Gerichts, des Supreme Court, Erlasse des Präsidenten modifiziert oder rückgängig gemacht werden, wie etwa 2017 im Fall von Präsident Donald Trump im Zusammenhang mit den von ihm verfügten Einreiseverboten für Muslime geschehen.

»Raus aus dem alten Europa!« – Amerika, das Land der Zukunft

Mit der Gründung der USA kommt die Geschichte Europas auf amerikanischem Boden nicht zu einem Abschluss, sondern gewinnt an Dynamik. Denn die »neue Nation

»Dunlap Broadside«, das erste gedruckte Exemplar der *Declaration of Independence*, 4. Juli 1776. Im Bild die Titelseite mit der berühmten Präambel.

erbt den Imperialismus der alten« (Wolfgang Reinhard). In aggressiver Manier werden die USA im 19. Jahrhundert Nordamerika in allen Richtungen besiedeln und, wenn nötig, ihre spanischen und mexikanischen Konkurrenten im Südwesten durch Einsatz von Krieg und Gewalt verdrängen. Denn die Einwandererzahlen schnellen in die Höhe, eine halbe Million sind es durchschnittlich im Jahr, in den 100 Jahren von 1815 bis 1915 emigrieren rund 50 Millionen Europäer in die USA. Darunter befanden sich vor allem Engländer, Iren, später dann auch Polen, Italiener und zwei Millionen osteuropäische Juden sowie mehr als fünf Millionen Deutsche.

Schon unmittelbar nach der Gründung der USA war den Amerikanern bewusst, dass die Westexpansion ein Wesen ihres Staates war. Thomas Jefferson, der dritte Präsident, kaufte 1803 im »Louisiana Purchase« den Franzosen das wichtige Mündungsgebiet des Mississippi ab. Jetzt konnten die europäischen Siedler bis in den Südwesten vordringen. Die nächsten großen Territoriumserweiterungen waren im Südwesten 1845 die Annexion von Texas – das zunächst Bestandteil von Mexiko und dann für wenige Jahre unabhängig war – und nach dem siegreichen Amerikanisch-Mexikanischen Krieg 1848 die Einverleibung eines knapp 1,4 Millionen Quadratkilometer großen, bis an den Pazifik reichenden Gebiets einschließlich der heutigen US-Bundesstaaten Arizona, Kalifornien, Nevada, Utah sowie Teilen von Colorado, New Mexico und Wyoming.

Nicht ganz zu Unrecht reklamieren manche Mexikaner heute gern, dass sie in den südwestlichen US-Bundesstaaten »als Erste da waren«.

Was machte die Amerikaner so gewiss, mit der Eroberung des Westens das einzig Richtige zu tun? Es war ihr unerschütterlicher Glaube an den Sendungsauftrag des amerikanischen Volkes: Sie seien auserwählt und von der Vorsehung beauftragt, das riesige Land für die ständig wachsende Bevölkerung in Besitz zu nehmen. *Manifest Destiny* nennt man diese Doktrin von einer angeblich göttlichen, »offenkundigen Bestimmung« der amerikanischen Nation zur Landnahme. Dazu gehört allerdings bis heute auch die Ausgrenzung – für die indigene Bevölkerung, für Mexikaner und Chinesen im Land gilt diese höhere Berufung eben nicht.

Dieses unerschütterliche Sendungsbewusstsein wurde auch zum geistigen Rüstzeug für die Millionen Europäer, die nach Amerika kamen, seien es politisch Verfolgte, vor Hunger und Armut Fliehende oder einfach nur diejenigen, die von einem besseren Leben träumten. *Manifest Destiny* ließ sie teilhaben an einem großen nationalen und menschlichen Abenteuer, für das im übervölkerten, durch autoritäre Könige regierten Europa nie Platz gewesen war. In der oben erwähnten ersten Passage der Unabhängigkeitserklärung stand es ja schon wie in Granit gehauen: Der *Pursuit of Happiness* – das Streben nach Glück – sollte in diesem Land für jeden möglich sein.

Dieser *American Dream* war keine Ideo-

Was uns antreibt – was wir uns nehmen

■ *Manifest Destiny:* Die Siedler folgen Columbia, der weiblichen Personifizierung der USA, die Weisheit und Telegrafendraht in den Westen bringt. Gemälde von John Gast, 1872.

logie, sondern beinhaltete für alle Siedler und Einwanderer – ob jüdische Händler aus Russland, Arbeiter aus Manchester, Glaubensflüchtlinge aus dem Schwarzwald oder Bauern aus Palermo – ein praktisches Versprechen: »Lass deine alten Gebräuche und Vorurteile zu Hause, denn als echter Amerikaner bist du eine neue Persönlichkeit mit neuen Ideen und Prinzipien! Alle, die hart arbeiten und ein Ziel verfolgen, können Wohlstand und Erfolg erreichen.« In der Tat sollte es bald Erfolgsgeschichten ohne Ende geben; der Slogan »Vom Tellerwäscher zum Millionär« bewahrheitete sich in vielen Fällen tatsächlich. Und wenn es nicht zum Millionär reichte, dann wenigstens bis zum Farmer oder Kleinunternehmer, der auf eigenen Füßen stand und unbehelligt seine Familie ernähren konnte.

Ihrem Wesen nach sind *Manifest Destiny* und *American Dream* Denkmuster, die Europa hinter sich lassen, ja sogar negativ besetzen – das schließlich machte sie zu Verheißungen für die geschundenen Einwanderer. Diese Sichtweise wirkt noch heute. Wenn der derzeitige US-Präsident Donald Trump das Motto »Make America great again« propagiert, dann ist das natürlicherweise antieuropäisch. Denn europäische Erfindungen wie der Sozialstaat würden nun einmal die Selbstheilungskräfte des amerikanischen Volkes lähmen. Auch die Außenpolitik der USA steht immer wieder in dieser Tradition: Nur eine isolationistische Politik wie im 19. Jahrhundert, so die Trump-Berater im Weißen Haus, würde Amerika wieder aufrichten und es Großes vollbringen lassen. Die viel beklagte Abkehr der Trump-Administration »von gemeinsamen Werten« ist keine neue Politik. Sie hat ihre historischen Wurzeln in der Pionierzeit, in Amerikas hergebrachter Sicht auf Europa als einen erstarrten, überlebten Kontinent.

»BRITANNIA FIRST«: DAS BRITISCHE EMPIRE UND DIE DURCHDRINGUNG DER WELT

Und die Britische Insel? »Dies gekrönte Eiland« braucht den von der Natur erbauten Schutz »vor weniger beglückter Länder Neid«. Das hatte Shakespeare in seinem Historiendrama *König Richard II.* über »dies zweite Eden« klargestellt. Und zur Insellage passte die *Splendid Isolation* als außenpolitische Maxime des Britischen Empire; bis zum Ausbruch des Ersten Weltkriegs bedeutete dies: keine dauerhaften Allianzen und wechselnde Bündnisse mit den europäischen Großmächten zur Stärkung eigener globaler Interessen.

Als nach dem Zweiten Weltkrieg mit der Montanunion der institutionelle Grundstein für die Europäische Wirtschaftsgemeinschaft gelegt wurde, übte sich Großbritannien erneut in der »wunderbaren Isolation«. Winston Churchill lehnte den britischen Beitritt in seiner zweiten Amtszeit als Premierminister ab, obwohl er in seiner vorangegangenen Phase als Oppositionsführer noch breitenwirksam die Schaffung der »Vereinigten Staaten von Europa« postuliert hatte. Dies allerdings auch unter Verweis auf den notwendigen »ersten Schritt«, den die anderen dafür machen müssten: »eine Partnerschaft zwischen Frankreich und Deutschland«. Überzeugt vom Britischen Empire, in dessen mächtigste Ära er 1874 hineingeboren worden war, sah der bedeutendste britische Staatsmann des 20. Jahrhunderts das Vereinigte Königreich dort nicht eingebunden: »Wir haben unsere eigenen Träume. Wir sind mit Europa verbunden, aber nicht in Europa eingeschlossen.« Seine Begründung dafür: »Wir Briten haben unseren eigenen Commonwealth der Nationen.« Ob er aus dieser Perspektive auch den 2017 eingeleiteten Brexit, den Austritt Großbritanniens aus der EU, befürwortet hätte, sei dahingestellt.

Eine andere Art des Austritts aus dem Commonwealth war 20 Jahre zuvor zu erleben: 1997 gab Großbritannien die Kronkolonie Hongkong in einer feierlichen Zeremonie zurück an China. London trennte sich vom letzten überseeischen Besitz mit ökonomischer Relevanz und einer Millionenbevölkerung. Das koloniale Engagement der Briten über mehr als vier Jahrhunderte in mehr als 80 Territorien weltweit und auf sämtlichen Kontinenten wurde endgültig abgewickelt. Zugleich war es nur noch der Nachklapp eines Entkolonialisierungsprozesses, der von der Aufgabe Indiens 1947 über den Rückzug aus Afrika in den 1960er-Jahren bis zur Unabhängigkeitswelle auf den Karibischen Inseln im Folgejahrzehnt kaum 30 Jahre benötigt hatte. Allerdings wurde er nicht immer und überall nur als Befreiung erlebt. Auch das rief Hongkong noch einmal in Erinnerung, als dort viele Einwohner der Wirtschaftsmetropole den Souveränitätswechsel keineswegs freudig begrüßten.

155 Jahre zuvor, in der Blütephase des Britischen Empire, hatten die chinesisch-britischen Auseinandersetzungen um den freien Opiumhandel zum »Vertrag von Nanking« geführt. Darin trat der chinesische Kaiser Hongkong Island »auf immer und ewig« an Großbritannien ab. Als Außenposten des weiter wachsenden Weltreichs entwickelte sich die kleine Fischergemeinde zu einer der reichsten Handelsmetropolen der Welt. Lebten 1841 nur 7500 Menschen am »duftenden Hafen«, stieg die Bevölkerungszahl bis 1901 auf fast 300 000. Weitere 60 Jahre später wurden bereits über drei Millionen Einwohner gezählt. Heute leben mehr als sieben Millionen Menschen in der Sonderverwaltungszone. Als dort 1997 der Union Jack, die Nationalflagge des Vereinigten Königreichs, eingeholt wurde, formulierten viele China-Skeptiker die Sorge, ob Grundrechte wie Rede- und Versammlungsfreiheit oder demokratische Errungenschaften wie freie Presse, politische Parteien und religiöse Toleranz, die in der Kolonie herrschten, dort künftig weiterexistieren könnten.

Freiheitswille ist in der Kolonialgeschichte vielfach zu erkennen, auch wenn er sich allzu oft auf die individuellen Eigentumsansprüche der entdeckungsfreudigen Europäer kaprizierte. Meist waren es Kaufleute und Militärs, die zunächst die Expansion über das Mittelmeer, den Atlantik und den Indischen Ozean vorantrieben. Mit Fortschrittsglauben und dem Gestus moralischer Überlegenheit ausgestattet, sahen sich abenteuerlustige Seefahrer und gewinnorientierte Händler, umtriebige For-

■ Der Union Jack nur noch im Hintergrund: Bei den Übergabefeierlichkeiten im Juli 1997 wird in Hongkong die chinesische Flagge gehisst.

scher und eroberungsbereite Glücksritter zum räuberischen wie brutalen »Nehmen« berechtigt. In Joseph Conrads Erzählung *Herz der Finsternis*, dem literarischen Werk des Kolonialismus, ist dazu folgende Erkenntnis von Kapitän Marlow zu lesen: »Die Eroberung der Erde, die meist nichts anderes bedeutet, als sie denen wegzunehmen, deren Haut eine andere Farbe hat oder deren Nase flacher ist als unsere eigene, ist keine schöne Sache, wenn man genau hinsieht.«

Wer genau hinsieht, muss feststellen: Ab Mitte des 19. bis in die ersten Jahrzehnte des 20. Jahrhunderts lebte ein Viertel der damaligen Weltbevölkerung im größten Kolonialreich der Geschichte – mehr als 280 Millionen Menschen. Das Britische Empire konnte – wie 400 Jahre zuvor bereits der Habsburgerkaiser Karl V. für sein spanisch dominiertes Weltreich – den globalen Expansionsnachweis führen: Im eigenen Herrschaftsgebiet »geht die Sonne niemals unter«. Es reichte von Australien bis Kanada, vom Himalaja bis in die Karibik, vom südlichen Afrika bis ins südamerikanische Britisch Guyana. Und wie im 16. Jahrhundert die Konquistadoren der Neuen Welt der spanischen Sprache zu grenzüberschreitender Bedeutung verhalfen, so setzte sich in den folgenden Jahrhunderten mit der Ausdehnung des Britischen Empire auch die englische Sprache zu Wasser und zu Land durch, ganz im Sinne von »Rule, Britannia«.

»Rule, Britannia« und der Aufschwung auf See

»Rule, Britannia« half bei der Expansion. Der schottische Schriftsteller James Thomson hatte 1740 die später oft gesungenen Liedzeilen verfasst: »Herrsche, Britannia! Britannia beherrsche die Wellen; Briten werden niemals Sklaven sein.« Seine Verse brachten den britischen Welteroberungsanspruch mit dominierender Seefahrt und exotischen Handelsposten poetisch auf den Punkt: »Dir gehört die Herrschaft über das Land / Deine Städte sollen im Glanze des Handels strahlen / Ganz dein soll sein das Meer als Untertan / und jedes Gestade dein, das es umschließt.« Aber natürlich wird bei diesem vollmundigen Streben nach Herrschaft im Fernen die zauberhafte Isolation daheim nicht vergessen: »Die Musen, noch mit Freiheit zu finden / Sollen zu deiner glücklichen Küste zurückkehren / Gesegnetes Eiland! Mit einzigartiger Schönheit gekrönt / Und mit mannhaften Herzen, die Schöne zu schützen.«

Die hymnisch verehrten Ozeanwellen weltweit zu beherrschen, gelang den Briten erst im 17. Jahrhundert mit den erfolgreichen Seekriegen gegen Spanien und die Niederlande. In der ersten Phase der kolonialen Expansion, als im ausgehenden 15. und im 16. Jahrhundert Amerika in Besitz genommen wurde, waren die Engländer vornehmlich damit beschäftigt, die Nachbarinsel Irland zu kolonisieren. Und im Elisabethanischen Zeitalter, in dem von 1558 bis 1603 *The Virgin Queen*, die jungfräuliche Königin, herrschte, standen der

Illustration zu »Rule, Britannia« für ein Buch zur Hymne.

britischen Krone keine ausreichenden finanziellen Mittel zur Verfügung, um nach aufreibenden kriegerischen Auseinandersetzungen mit Frankreich sogleich überseeische Aktivitäten zu starten. Zumal Elisabeth I., die als 25-Jährige den Thron bestieg, ihre Energien erst einmal der »Religionsregelung« widmen musste. Sie erneuerte die Suprematsakte, das vom englischen Parlament bereits 1534 erlassene Gesetz, wonach die Kirche Englands der Krone untersteht. Doch die protestantische Elisabeth I. beließ es nicht dabei, sich in Abstimmung mit dem Parlament und anstelle des Papstes als »oberster Gouverneur der Kirche von England« zu installieren. Mit dem Uniformitätsgesetz, das unter anderem den Besuch des sonntäglichen Gottesdiensts verpflichtend machte, kam die Ausgestaltung der anglikanischen Staatskirche zwischen Katholizismus und Puritanismus weiter voran. Elisabeth schuf in Zusammenarbeit mit dem Parlament die Voraussetzung dafür, dass unter staatlicher Führung stellenweise die blutige Leidenschaft aus den Religionsfragen herausgenommen werden konnte. Im Verbund mit dem parlamentarischen Regierungssystem, das immer wieder reformierbar war, zählt dies mit zu den Gründen für Englands Aufstieg im folgenden Jahrhundert. Das regelungsbedürftige Ringen um die religiöse Vormachtstellung bescherte Elisabeth posthum eine der beiden Hauptrollen in »einer der wirksamsten Tragödien der Weltliteratur« – in Friedrich Schillers *Maria Stuart*. Die gespannten Beziehungen der Königinnen von Schottland und England sowie die spätere Hinrichtung von Maria Stuart, beschlossen vom Parlament und in der Durchführung von Elisabeth I. zunächst noch verzögert, sind bis heute ein gern genutzter Stoff künstlerischer Rezeption. Die 1587 erfolgte Hinrichtung, dieses außenpolitisch heikle »Vergießen königlichen Blutes«, trug zu einem Krieg bei, der die künftige britische Vorherrschaft auf den Weltmeeren einläutete.

»Britannia first«: das Britische Empire und die Durchdringung der Welt

■ Das Armada-Porträt (hier die Version von Woburn Abbey) von Königin Elisabeth I. von England. Das George Gower zugeschriebene Gemälde von 1588 hat ikonografischen Rang – durch die Fenster im Hintergrund ist der Sieg der englischen Flotte über die spanische Armada zu sehen.

König Philipp II. von Spanien, Sohn des »Universalmonarchen« Karl V., entsandte 1588 die spanische Armada gen England, um Elisabeth I. zu stürzen und den wachsenden Protestantismus auf der Insel zurückzudrängen. Doch Stürme und Winde im Nordatlantik, die nicht der katholische Gott geschickt haben konnte, trugen zur historischen Seekriegsniederlage ebenso bei wie die manövrierfähigeren Schiffe der englischen Flotte. Diese wurde geführt von erprobten Kaperkapitänen wie Francis Drake, in Hollywood-Filmen mal als »Herr der Sieben Meere«, mal als »Pirat der Sieben Meere« verewigt. Der erste englische Weltumsegler hatte schon in der Karibik der Weltmacht Spanien beträchtlichen finanziellen Schaden zugefügt. Die mit Kolonialschätzen bestückten spanischen Schiffe zu plündern, erlaubten damals die von Elisabeth I. ausgestellten Kaperbriefe. Die Konkurrenz saß den Spaniern geradezu wört-

Was uns antreibt – was wir uns nehmen

■ Francis Drakes Angriff auf spanische Schiffe, gefüllt mit Schätzen aus den Kolonien.

lich »im Nacken« und wurde übergriffig. Und so lässt sich der gescheiterte Invasionsversuch der spanischen Armada – Höhepunkt eines englisch-spanischen Krieges, der sich am Ende des 16. und zu Beginn des 17. Jahrhunderts über fast 20 Jahre hinzog – als Signal werten, dass die Seemacht Spanien ihre Vorherrschaft verlieren könnte. Die zermürbenden kriegerischen Auseinandersetzungen mit den nach Unabhängigkeit strebenden Vereinigten Niederlanden, als Achtzigjähriger Krieg in die Geschichtsbücher eingegangen und 1648 im Westfälischen Frieden beendet, verstärkten diesen Eindruck, dass auf See ein Weltmachtwechsel bevorstand. Schließlich attackierten die Engländer in der Karibik und die Niederländer in den Gewässern der Philippinen immer auch die Handelsrouten, die finanziellen Vorsprung versprachen.

Das Elisabethanische Zeitalter eröffnete neue Perspektiven für »Britannia« – weg von wenig einträglichen Eroberungen in Frankreich und hin zur Expansion in Übersee unter ausdrücklicher Förderung des englischen Seehandels. Im 17. Jahrhundert halfen dabei die *Navigation Acts*, die englischen Schifffahrtsgesetze. Oliver Cromwell, Führer der Puritaner im Unterhaus und später Lordprotektor in der ersten Republik, für die einen »Königsmörder«, für die anderen »Freiheitsheld«, hatte 1651 das erste dieser merkantilistischen Gesetze erlassen. Waren aus Übersee durften demnach nur auf englischen Schiffen importiert werden, Waren aus Europa nur auf Schiffen aus England oder dem Erzeugerland. Das war Protektionismus in einer Form, wie sie im 19. Jahrhundert auch im Deutschen Reich und in den Vereinigten Staaten von Amerika zugunsten eines rein nationalen wirtschaftlichen Aufschwungs praktiziert wurde. »Britannia first« würde heute die politische Marketingparole dazu lauten. Mitte des 17. Jahrhunderts richteten sich die handelspolitischen Schutzmaßnahmen vor allem gegen die niederländische Frachtschifffahrt und führten zum ersten von vier englisch-niederländischen Kriegen. Auch diese Auseinandersetzungen ebneten den Weg Englands zur Weltmacht – mit der Royal Navy als künftiger Herrscherin auf den Sieben Meeren. Den Handel selbst wiederum überließ London bevorzugt dem privaten Unternehmertum: Die britische Ostindien-Kompanie hatte bereits Anfang des 17. Jahrhunderts den Freibrief dazu erhalten, den Handel zwischen dem Kap der Guten Hoffnung und der Magellanstraße profitabel zu machen. Erst 140 Jahre später erstreckten sich die wirtschaftlichen Aktivitäten in Indien dann auch auf das dortige Territorium.

Modernisierungsschübe und neue Machtkonstellationen

Bevor die territoriale Dimension den britischen Aufstieg zur Weltmacht beförderte, wirkten sich auf der expansionsbereiten Insel zunächst Modernisierungsschübe aus, die von der Geldwirtschaft – Börsen- und Bankengründung sowie die Einführung von Papiergeld – bis zu verfassungsrechtlichen und wissenschaftlichen Leistungen reichten. Thomas Hobbes' Begründung der Staatssouveränität durch einen Gesellschaftsvertrag, John Lockes Weiterführung, wonach die Regierung die Legitimation der Regierten benötigt, und Isaac Newtons *Principia Mathematica* sind hier beispielhaft zu nennen. Und in Konkurrenz zu den anderen europäischen Mächten – zunächst Spanien, gefolgt von den Niederlanden, dauerhaft Frankreich und später auch dem Deutschen Reich – brachte die Insellage den Vorteil, dass die Briten vorrangig in die Aufrüstung ihrer Flotte investieren konnten. Während die Kontinentalstaaten immer auch hochgerüstete Heere zur Herrschaftssicherung und -ausdehnung vorhalten mussten, ließen sich für England bei entsprechend flexibler Bündnispolitik die Invasionsgefahren minimieren und das eigene Heer klein halten.

Im Siebenjährigen Krieg, der 1756 begann, kämpften die Briten an der Seite Preußens und Portugals – und konzen-

Was uns antreibt – was wir uns nehmen

DIE BRITISCHE OSTINDIEN-KOMPANIE

Die Kolonialexpansion war im 17. Jahrhundert noch weitgehend der Initiative privatwirtschaftlich aktiver Kaufleute überlassen. So konnte auch die britische Ostindien-Kompanie *(East India Company)* auf dem Subkontinent lange Zeit autonom agieren. Sie wurde im Jahr 1600 gegründet, ausgestattet mit einem Freibrief von Königin Elisabeth I., der die Gesellschaft dazu berechtigte, für 15 Jahre den Handel zwischen dem Kap der Guten Hoffnung und der Magellanstraße zu betreiben.

Die britische Ostindien-Kompanie war der Vorreiter vergleichbarer Handelsgesellschaften niederländischer, dänischer, schwedischer, portugiesischer und französischer Provenienz, die im Lauf des 17. Jahrhunderts ebenfalls Gestalt annahmen. Gemeinsam hatten sie, dass sie sich zunächst vor allem auf die »Gewürzinseln« Indonesiens konzentrierten. Doch in diesem Pfeffer-Segment hatten die Niederländer schnell die Nase vorn, sodass für die britischen Händler bald Baumwolle und Seide in den Fokus rückten.

1608 konnten die Briten in Surat an der indischen Nordwestküste eine erste Handelsstation errichten. Fünf Jahre später erhielten sie einen Freibrief des Moguls, des damaligen Herrschers über weite Teile Indiens, der den Kaufleuten die Gründung einer ersten Niederlassung ermöglichte. Die erste englische Siedlung auf dem Subkontinent entstand 30 Jahre später: Fort St. George, das heutige Chennai, früher auch als Madras bekannt. Und wiederum 120 Jahre später siegte eine Armee der britischen Ostindien-Kompanie gegen die zahlenmäßig überlegenen Truppen des Herrschers von Bengalen, der zuvor das britische Fort in Kalkutta eingenommen hatte. Da zeigte sich, dass die Kompanie längst dem Status einer reinen Handelsgesellschaft entwachsen war und territoriale Interessen des Empire durchsetzte. Allerdings auch mit handelsgemäßen Mitteln: Es war das Geld der Bri-

trierten sich nur auf die Seegefechte. Für Großbritannien ging es in diesem ersten Krieg mit weltweiten Auswirkungen vor allem um die Vorherrschaft in Nordamerika und Indien. Während Friedrich der Große Frankreich zu Land bekämpfte und Preußen als fünfte Großmacht in Europa etablierte, ließ Großbritanniens Premierminister William Pitt die französischen Handelsposten angreifen: Montreal und Quebec, das afrikanische Dakar, die Handelsrouten in Ostasien. Im Pariser Frieden von 1763 trat dann Frankreich sowohl seinen amerikanischen Festlandsbesitz (die Gebiete östlich des Mississippi und um die Großen Seen sowie Kanada) als auch den Großteil seiner Niederlassungen in Indien an die britische Krone ab. Mit anderen Worten: Das von London gesteuerte Kolonialreich stabilisierte sich.

»Britannia first«: das Britische Empire und die Durchdringung der Welt

■ Malerischer Blick auf Fort St. George, das erste Festungswerk, das die Briten in Indien errichteten.

ten, das einen Großteil der bengalischen Truppen dazu brachte, sich zu ergeben. Die Krone erhielt die Steuerrechte über Bengalen, obwohl dort nominell weiter ein einheimischer Herrscher regierte. Acht Jahre später übernahm die Kompanie dort auch die Verwaltung. Und erst 1858 verloren die Händler diese »Schlüsselkompetenz« an die britische Regierung.

Allerdings hatte dieser Krieg die beteiligten Staaten auch finanziell bluten lassen, was im hoch verschuldeten England die politisch unausgewogene Idee aufbrachte, die amerikanischen Kolonien zu besteuern. »Keine Besteuerung ohne politische Vertretung«, erklang es da protestierend aus Boston zurück – der Hinweis auf das englische Prinzip, verankert in der *Petition of Rights,* wonach Steuern nur das Parlament genehmigen kann. Doch das britische Parlament verabschiedete schon bald nach Ende des Siebenjährigen Krieges und ohne Rücksicht auf die wachsenden Mitbestimmungsbedürfnisse in den nordamerikanischen Kolonien die umstrittenen Zucker- wie Stempelsteuergesetze – ein Auslöser des Amerikanischen Unabhängigkeitskriegs.

Die daraus resultierende Entstehung der Vereinigten Staaten von Amerika kann als imperialer Rückschlag für das sich ausbildende Britische Empire aufgefasst werden. Deswegen sprechen Historiker gerne vom »älteren Empire«, das 1607 mit den in Nordamerika gegründeten Kolonien begonnen habe. Doch deren Verlust trug kurioserweise zur Herausbildung des klassischen Empire erst bei. Die Krise machte den Weg frei für Verfassungsreformen und Souveränitätsstärkungen, für nationale Identität, für die Abkehr vom vorherrschenden Merkantilismus und die Hinwendung zum liberalen Freihandel – theoretisch unterfüttert von Adam Smiths wirtschaftswissenschaftlichem Hauptwerk *Der Wohlstand der Nationen*. Und all dies im Rahmen der um sich greifenden industriellen Revolution: James Watts Dampfmaschine verlangte nach Fabrikproduktion und läutete den Siegeszug des Kapitalismus ein. Großbritannien war plötzlich die »Werkstatt der Welt«. In der ersten Industrienation gab »Spinning Jenny«, die erste industrielle Spinnmaschine, den Takt vor. Auch die Verbesserung der Eisenschmelze in Hochöfen machte der rasanten Entwicklung weiter Dampf. Befeuert wurde sie zusätzlich durch die Gewinne, die das Britische Empire in den überseeischen Kolonien erzielte.

Pax Britannica und indirekte Herrschaftsformen

Die *Pax Britannica* half im 19. Jahrhundert, die gewonnene Macht zu konsolidieren. Sie lehnte sich bereits begrifflich an die *Pax Romana* an, die Friedensordnung des Römischen Reiches zu Zeiten von Kaiser Augustus. Diese machte Rechtsnormen und ethische Grundsätze auch in den fernen Randzonen des Imperiums verbindlich. Das Britische Empire, gestärkt vom wirtschaftlichen Vorsprung und den finalen Erfolgen in den Napoleonischen Kriegen, setzte nach 1815 in seinem Herrschaftsgebiet eine Ethik des freien Handels in einer befriedeten Welt nach englischem Recht durch. Dass die Briten bei der Neuordnung Europas auf dem Wiener Kongress im Artikel 118 der Kongressakte die Ächtung der Sklaverei erfolgreich einforderten, entsprach der *Pax Britannica*. Mit einer moralisch grundierten Vorreiterrolle strebte das Vereinigte Königreich nun Richtung globaler Spitzenposition. Zugleich ging es auch um die Vermeidung von Wettbewerbsnachteilen: Die Briten hatten 1807 per Gesetz den Sklavenhandel in ihrem Empire abgeschafft und mussten nun vorrangig Spanien, Portugal und Frankreich dazu drängen, ihnen in dem Verzicht auf das gewinnträchtige Geschäft nachzufolgen. Doch da vor allem die beiden ehemals führenden Kolonialmächte von der Iberischen Halbinsel nach den Napoleonischen Kriegen beim Vereinigten Königreich immense Schulden hatten, konnte auf dem Wiener Kongress die Voraussetzung für die Einstellung des Sklavenhandels geschaffen werden. In Großbritannien hatten sich zur Wende vom 18. zum 19. Jahrhundert in dieser Frage die Abolitionisten im Parlament durchgesetzt, die ihren Kampf für die Abschaffung der Sklaverei eher pietistisch

»Britannia first«: das Britische Empire und die Durchdringung der Welt

■ Sklavenhandel, dargestellt auf einem Bild von George Morland aus dem Jahr 1788.

denn aufklärerisch begründeten: Wenn alle Menschen Kinder Gottes seien, müsse dies auch für Sklaven gelten.

Diese Schlussfolgerung schmälerte aber keineswegs den überseeischen Expansionsdrang – auch nicht, als Mitte des 19. Jahrhunderts zuerst in England die Freihandelsbewegung an Einfluss gewann und Importbeschränkungen wie Cromwells Schifffahrtsgesetze aufgehoben wurden. In Indien etwa annektierten Militärs und Beamte, die nominell im Dienst der Britischen Ostindien-Kompanie standen, weitere Gebiete – gemäß dem *Men on the Spot*-Prinzip. Vor Ort gingen die Entdecker, Abenteurer, Kaufleute und Unternehmer – die *Men on the Spot* – selten nach einem Plan vor, und schon gar nicht nach Weisungen irgendeiner Staatsgewalt. Häufig waren es wissenschaftliche oder privatwirtschaftliche Interessen, die den Ausschlag zur »Expansionsfahrt« gaben: James Cook sollte beispielsweise für die *Royal Society*, die britische Gelehrtengesellschaft, die rätselhafte *Terra Australis* finden und bescherte der britischen Krone unverhofft New South Wales an der Ostküste Australiens. Die Regierung in London nutzte die

Was uns antreibt – was wir uns nehmen

■ Britische Kolonialbeamte mit Beratern des Nawab von Bahawalpur, des Abgesandten des indischen Moguls.

Entdeckung bald ganz pragmatisch: Als Amerika dafür nicht mehr zur Verfügung stand, wurde Australien als neuer Standort für Sträflingskolonien ausgewählt. Manchmal griffen auch einfach britische Glückjäger wie James Brooke zu: Ohne Unterstützung aus der Heimat half er dem Sultan von Borneo, einen Aufstand niederzuschlagen, bekam zum Dank dafür eine Region im Nordwesten der indonesischen Insel überantwortet – und wurde dort später als britischer Generalkonsul anerkannt. Zwei Jahrzehnte zuvor, 1819, hatte bereits der Abenteurer Thomas Stamford Raffles vom malaiischen Sultan die Rechte an Singapur erworben und aus dem dortigen Hafen das zentrale Drehkreuz für den Handel mit den Schätzen Südostasiens gemacht.

In seinen Kolonien etablierte das Britische Empire den eigenen Machtanspruch häufig in Form der *Indirect Rule,* das heißt, es kooperierte mit den Eliten vor Ort. Lokale, traditionelle Herrschaftsstrukturen wurden in die Kolonialverwaltung integriert oder so genutzt, dass gar keine eigene Verwaltung aufgebaut werden musste. Was die auf Sparsamkeit bedachten Parlamentarier in London freute, die für die imperialen Abenteuer die Steuerkasse keineswegs überstrapazieren wollten. Diese Effizienzorientierung passte in der Blütezeit des britischen Weltreichs zu den dann praktizierten indirekten Methoden des Freihandelsimperiums: vor allem den finanziellen Einsatz überschaubar zu halten. Ein Handlungsmuster, dem Brexit-Befürworter noch heute anhängen. Damals bedeutete es: Wenn alles läuft, muss die Zentrale nicht ständig kontrollieren – zumal das britische Heer nicht so personalstark war, dass jeweils zahlenmäßig große Abordnungen in die neuen Gebiete entsandt werden konnten. Gerade einmal 220 000 britische Soldaten und Matrosen waren in der zweiten Hälfte des 19. Jahrhunderts in den Kolonien stationiert. Die dort Verantwortlichen ließen es sich dabei nicht nehmen, die landadelige Lebensart der britischen Oberschicht auch in der Ferne zu kultivieren – mit Teezeremonien, Jagdgesellschaften und literarischen Zirkeln unter südlicher Sonne.

Königin Viktoria und die Hochphase des Empire

Die Herrschaftsformen des Vereinigten Königreichs waren so flexibel, dass sich in den eroberten Gebieten auch teilsouveräne Territorien herausbildeten wie etwa die sich selbst verwaltenden Dominions. Kanada war in dieser Hinsicht der Vorreiter, Australien, Neuseeland und Neufundland folgten auf diesem Weg. Kronkolonien wie Hongkong, Protektorate wie Ägypten und Mandatsgebiete wie Palästina stehen darüber hinaus für die organisatorische Vielfalt im britischen Weltreich. Das erlebte seine machtpolitische und ökonomische Hochphase im Viktorianischen Zeitalter, benannt nach der etwas mehr als 63 Jahre langen Regierungszeit von Königin Viktoria. Als 18-Jährige bestieg *Her Royal Majesty* 1837 den Thron und besetzte diesen bis

■ Erst als Queen Viktoria 1877 zur Kaiserin von Indien ernannt wurde, begriff sie sich auch selbst als Oberhaupt des Empire.

1901 – erst ihre Urenkelin Elisabeth II. konnte Viktorias Rekord als Britanniens Dauermonarchin 2015 einstellen und übertreffen. Der politische Einfluss Viktorias blieb im Vergleich zur Namensgeberin des einstigen Elisabethanischen Zeitalters eher gering. Oder anders gesagt: Königin Viktoria stellte sich nicht gegen den Wandel, der das 19. Jahrhundert in Europa prägte. Denn dieser verlieh Großbritannien den entscheidenden Aufschwung, um als führende industrielle Großmacht ein Viertel der Erde zu beherrschen. Gerade in der späteren Phase ihrer Regentschaft demokratisierte sich das politische System in Groß-

Was uns antreibt – was wir uns nehmen

Cecil Rhodes – hier auf seiner Veranda bei Kapstadt – griff im südlichen Afrika ungeniert zu und benannte Rhodesien nach sich selbst.

britannien durch mehrmalige Wahlrechtsreformen. Das Unterhaus des Parlaments bekam als Volksvertretung immer stärkeres Gewicht – der Weg führte von der konstitutionellen zur parlamentarischen Monarchie.

Diese soziale und politische Reformfähigkeit führte dazu, dass revolutionäre, klassenkämpferische »Gespenster«, die bereits auf dem europäischen Kontinent »umgingen«, auf der Insel nicht Fuß fassen konnten. Hier trugen stattdessen in der zweiten Hälfte des 19. Jahrhunderts liberale Initiativen in Bildung und Emanzipation dazu bei, dass die *Splendid Isolation* auch nach innen wirkte, obwohl der Begriff –

erstmals verwendet von den Premierministern Benjamin Disraeli und Robert Gascoyne-Cecil – eher als außenpolitische Formel galt. Die damit verbundene Politik der Zurückhaltung verfolgten die beiden britischen Politiker in den 1870er-Jahren, als Russland seine Interessensphären auf den Balkan ausdehnen wollte und dabei mit dem Osmanischen Reich in Konflikt geriet. Den beiden britischen Politikern kam es vor allem auf die Aufrechterhaltung des Mächtegleichgewichts in Europa an, um die überseeischen Interessen nicht zu gefährden. Diese drückten sich zu jenem Zeitpunkt auch in dem neuen Titel aus, den Königin Viktoria zur Kennzeichnung der gesicherten Weltmacht nun trug: Kaiserin von Indien.

WETTLAUF DER IMPERIALISTEN: EUROPAS WEG IN DEN ERSTEN WELTKRIEG

»Die Briten verfügen über das Geheimnis der Weltherrschaft und sind sich dessen nicht bewusst.« Das sagte Lord Curzon, bevor er 1899 zum Generalgouverneur und Vizekönig von Indien ernannt wurde. Der konservative Imperialist war fest davon überzeugt, dass das Empire seinen weltweiten Einfluss ausdehnen müsse, um zivilisatorische Weiterentwicklungen auch in randständigen Gebieten garantieren zu können. Entsprechend setzte er in Indien fortschrittliche Verwaltungsreformen um und sorgte für britische Präsenz in Tibet,

Wettlauf der Imperialisten: Europas Weg in den Ersten Weltkrieg

Persien und Afghanistan. Als er 1905 die Teilung Bengalens anordnete, schien er sich aber des Weltherrschaftsgeheimnisses selbst nicht mehr bewusst zu sein: Die verwaltungstechnische Anordnung führte zu gewalttätigen Unruhen und stärkte die indische Nationalbewegung. Dennoch veranschaulicht die Aussage des britischen Staatsmanns eine Antriebsfeder des Imperialismus: Die europäischen Nationen, die Ende des 19. und Anfang des 20. Jahrhunderts nach Weltmachtstatus dank Kolonienaneignung strebten, sahen sich sämtlich auf einem Kreuzzug im Namen ihrer als überlegen empfundenen Lebensart. Oder wie es Cecil Rhodes ausdrückte, Pionier der britischen Expansion im südlichen Afrika und Namensgeber Rhodesiens: »Wir sind die beste Rasse auf Erden, und je mehr wir von der Welt bewohnen, desto besser für das Menschengeschlecht.«

Diese Selbstüberhebung nährte auch weiterhin den Traum englischer Seemänner, auf fernen Meeren Heldentaten zu vollbringen. Zur Jahrhundertwende wurde dieser Vorstellung in einem der bekanntesten englischsprachigen Romane jenes Zeitraums bereits das moralische Versagen in den lebensentscheidenden Momenten gegenübergestellt: Joseph Conrad, dessen Erzählung *Herz der Finsternis* später als literarischer Beleg des immer wirkmächtigeren Rassismus gewürdigt wurde, legte mit *Lord Jim* ein weiteres Werk über die opferreiche und nicht immer ehrenvolle Seefahrt zwischen Afrika und Fernost vor, das Eingang in die Weltliteratur fand. Darin ist den Ausführungen des Erzählers Marlow zu entnehmen, dass Vertreter anderer europäischer Nationen den Engländern in Übersee mittlerweile vorlaut Konkurrenz machten – selbst aus dem erst seit wenigen Jahren formierten deutschen Kaiserreich. Das bemühte sich aufgrund seines langen Wegs zum Nationalstaat verspätet um einen »Platz an der Sonne«. Das zwiespältige Bild, das die »Nachzügler« dabei in den Augen ihrer europäischen Mitbewerber erzeugten, lässt sich in *Lord Jim* an zwei Romanfiguren ablesen: »Ihr verfluchten Engländer, ihr könnt machen, was ihr wollt; ich weiß, wo genug Platz für einen Mann wie mich ist«, sagt dort der brutal und grobschlächtig agierende deutsche Kapitän des aufgegebenen Pilgerschiffs. Und er schreit: »Ihr Engländer seid alle Ganoven. Wer seid ihr denn, dass ihr denkt, ihr könnt andere anbrüllen?« Der andere Deutsche in dem Roman, als vermögend und gelehrt beschrieben, macht der Hauptfigur Jim dagegen Mut: Jeder könne sich auf seine Weise Träume erfüllen, wenn er nur stark genug sei.

Überseeische Interessen und europäische Bündnispolitik

Zum Ende des 19. Jahrhunderts hin drängte es alle großen Staaten und Reiche Europas nach militärischer Stärke, zumal vielerorts der Stolz auf die eigene Nation und die Vorbehalte gegenüber den konkurrierenden Nachbarn mit dem sich ausbreitenden wirtschaftlichen Wohlstand rasant wuch-

269

Was uns antreibt – was wir uns nehmen

■ Mit Zeppelin und Kriegsschiffen wollte Kaiser Wilhelm II. den Briten mindestens ebenbürtig werden.

sen. Dass die Spannungen zwischen den europäischen Nationen in diesem Zeitraum zunahmen, veranschaulicht bereits ein Blick auf die damalige Bündnispolitik: Versprachen in den 1880er-Jahren vielschichtige vertragliche Verflechtungen noch ein machtpolitisches Ausbalancieren der gegenläufigen Interessen, so sind im Folgejahrzehnt bereits die politischen Weichenstellungen erkennbar, die später zur Frontbildung im Ersten Weltkrieg führten. Ein durchgängiges Handlungsmotiv in all diesen bündnispolitischen Vereinbarungen: mit den innereuropäischen Abkommen auch die eigenen überseeischen Interessen abzusichern. Selbst der 1882 geschlossene Dreibund zwischen dem Deutschen Reich, der österreichisch-ungarischen Doppelmonarchie und dem Königreich Italien war nicht allein ein Beistandspakt für den Verteidigungsfall. Auch er enthielt durchaus kolonialpolitische »Spurenelemente«: König Umberto I. konnte auf dieser vertraglichen Grundlage leichter das noch junge italienische Engagement in Ostafrika voranbringen. Zugleich hatte das eine innenpolitische Wirkung: Es lenkte von den Forderungen der heimischen Nationalisten ab, die mit Südtirol, Triest und Istrien noch Teile des Habsburgerreichs beanspruchten.

Auf die Eindämmung deutscher Großmachtambitionen zielte das französisch-russische Bündnis, das 1894 in Kraft trat.

Sieben Jahre zuvor hatte der deutsche Reichskanzler Otto von Bismarck noch einen defensiven Rückversicherungsvertrag mit Russland abschließen können – die Garantie für wohlwollende Neutralität, falls es zum Krieg mit einer anderen Kontinentalmacht käme. Damit wollte der preußische Staatsmann damals seiner größten außenpolitischen Sorge vorbeugen: in eine französisch-russische »Flügelzange« zu geraten. Schließlich lag Frankreichs Kriegsniederlage gegen Deutschland erst rund eineinhalb Jahrzehnte zurück. Das »Heil dir im Siegerkranz«, das am 18. Januar 1871 bei der deutschen Kaiserproklamation im Versailler Schloss bei Paris zu hören war, hallte im westrheinischen Resonanzraum antideutscher Reflexe noch ebenso nach wie der Verlust Elsass-Lothringens.

Doch das französisch-russische Abkommen trug allein noch nicht entscheidend zur bündnispolitischen Polarisierung in den zwei Jahrzehnten vor dem Ersten Weltkrieg bei. In dieser Hinsicht hatte die auf Wechselfähigkeit ausgerichtete Haltung jener Weltmacht größeres Gewicht, die noch in der Balkankrise in der zweiten Hälfte der 1870er-Jahre die Strategie der *Splendid Isolation* bevorzugte: Großbritannien stand zwar mit Frankreich in Afrika und Südasien sowie mit Russland in Zentralasien und Persien in langwierigen Interessenkonflikten, arbeitete aber Anfang des 20. Jahrhunderts – aufgrund der zunehmenden Skepsis gegenüber dem deutschen Machtzuwachs – auf ein »herzliches Einverständnis« mit den beiden Kolonialkonkurrenten hin: Die *Entente cordiale*, 1904 mit Frankreich geschlossen und 1907 zur *Triple Entente* mit Russland erweitert, schuf die Voraussetzung dafür, dass diese drei Nationen im Ersten Weltkrieg eine Allianz bildeten. Ein Auslöser für deren Annäherung nach der Jahrhundertwende: der Aufbau einer deutschen Kriegsflotte, der ab 1898 das Wettrüsten des Kaiserreichs mit Großbritannien entfachte. Kaiser Wilhelm II. gab dazu die für die Inselnation provokante Losung aus: »Unsere Zukunft liegt auf dem Wasser.« Und auch liberale deutsche Politiker wie Friedrich Naumann unterstützten die klare imperiale Ausrichtung des Monarchen: »Wer das neue industrielle Deutschland will, der muss die Flotte wollen. In diesem Punkt ist unser Kaiser ganz modern.«

Da war der erste deutsche Reichskanzler bereits seit acht Jahren entlassen und seine auf Ausgleich angelegte Bündnispolitik von seinen Nachfolgern längst einkassiert: Otto von Bismarck, vor der deutschen Reichsgründung auf eisern-aggressivem Kurs Richtung außenpolitische Erfolge, war ab 1871 der Maxime gefolgt, rivalisierende Interessen der europäischen Mächte durch wechselnde Unterstützung der kolonialpolitischen Initiativen von Großbritannien, Frankreich und Russland abzumildern. Dabei half ihm die Rolle, die er sich auf dem Berliner Kongress 1878 zur Neuordnung Südosteuropas selbst gegeben hatte: die des »ehrlichen Maklers, der das Geschäft wirklich zustande bringen will«. Im Osmanischen Reich strebten zu jenem

Was uns antreibt – was wir uns nehmen

■ Die Kongo-Konferenz unter Leitung von Reichskanzler Otto von Bismarck. Holzstich nach einer Zeichnung von Hermann Lüders.

Zeitpunkt Bulgaren, Serben, Montenegriner und andere in Südosteuropa beheimatete Volksgruppen christlicher Provenienz nach Unabhängigkeit. Russland unterstützte das aus einer panslawistischen Perspektive heraus, verfolgte aber auch handfeste strategische Interessen: Denn die nationalen Bestrebungen, die in den imperialen Vielvölkerreichen der Osmanen und der Habsburger immer schärfer Kontur annahmen, trugen das Potenzial für Grenzverschiebungen und neue Gestaltungsräume in sich.

Der »Wettlauf um Afrika« und »die Bürde des weißen Mannes«

Auch wenn das Deutsche Reich als »ehrlicher Makler« bei der Neuordnung Südosteuropas im Jahr 1878 nicht alle Beteiligten zufriedenstellen konnte, lud Bismarck sechs Jahre später erneut nach Berlin ein – und wieder ging es um Gebietsaufteilungen und Tributpflichten. Im Reichskanzlerpalais kamen Vertreter von zwölf europäischen Nationen sowie aus den USA und dem Osmanischen Reich zusammen, um die jeweiligen Ambitionen in Afrika allgemeinverträglich zu regeln. Kurz vor dieser Kongo-Konferenz hatte Bismarck seine lange gepflegte Abneigung dagegen aufgegeben, auch dem Deutschen Reich Kolonien zu sichern: Der Reichskanzler, der zugleich als sein Außenminister agierte, erklärte Kamerun, Togo und Deutsch-Südwestafrika zu deutschen »Schutzgebieten«. Die Kongo-Konferenz zur Regelung der Handelsfreiheit in Westafrika erbrachte nach mehr als drei Verhandlungsmonaten ein Schlussdokument mit Festlegungen zur Anerkennung des willkürlichen Landerwerbs und zur skrupellosen Aufteilung der Kolonien.

In geordneten Bahnen verlief der »Wettlauf um Afrika« dann keineswegs, als er im Folgejahrzehnt Tempo aufnahm. Der wirtschaftliche Aufschwung ab den 1890er-Jahren, angepeitscht von stürmischem Modernisierungswillen in allen Lebensbereichen, angetrieben von Elektrifizierung, Verbrennungsmotoren und anderen marktreifen Anwendungen wissenschaftlich-technologischer Erfindungen, verlangte nach weiterer Steigerung des imperialen Wettbewerbs um Rohstoffe und Absatzmärkte. Eine Politik des regulierenden Ausgleichs, die auf langwierigen, zähen Konferenzverhandlungen aufbaut, war da nicht mehr gefragt. Der Wettlauf wurde zum Gerangel, zum *Scramble for Africa*. Bis 1912 war die afrikanische Landnahme durch die Europäer abgeschlossen und auch die Expansion nach Asien, inklusive der Errichtung europäischer Protektorate und Einflusszonen in China, hatte ihren Zenit erreicht. Europas imperialer Siegeszug um die Welt brachte um die Jahrhundertwende allerdings auch schon schlagzeilenträchtigen Widerstand hervor. Die blutigen Prügelpraktiken des »weißen Mannes« provozierten längst Aufstände – für die deutschen Kolonien sei nur an die zahlreichen Erhebungen in Deutsch-Ostafrika oder an den Herero-Nama-Aufstand in Deutsch-Südwestafrika, dem heutigen Namibia, erinnert.

»Die Bürde des weißen Mannes« nannte dies *Dschungelbuch*-Autor Rudyard Kipling 1899 in einem Gedicht. Der populäre englische Schriftsteller, der in Indien geboren war und seine ersten Lebensjahre dort verbracht hatte, empfahl den Imperialisten in sieben Strophen, den »Tadel derer, die ihr bessert, den Hass derer, die ihr hütet, den Schrei der vielen, die ihr lockt zum Licht«, mannhaft zu ertragen. Anderswo war vom »Schweiß der Edlen« zu lesen, die »im Dienste der Menschheit« den unzivilisierten Wilden die Segnungen der europäischen Kultur und der europäischen Sitten nahebrächten. Die Kolonialisten agierten aus der sozialdarwinistischen Überzeugung heraus, dem stärkeren und kultivierteren »Herrenvolk« zu entstammen, das »Buschmänner« und »Hottentotten« in Afrika oder die *Aborigines* in Australien als niedrig stehende »Naturvölker« um des Fortschritts willen aus dem Weg räumen darf. Carl Peters, Gründer der Kolonie Deutsch-Ostafrika und von den Nationalsozialisten später als »Herrenmensch«-Vorbild gefeiert, hat seinen Spitznamen »Blutige Hand« gern mit der menschenverachtenden Begrüßungsfrage bestätigt: »Haben Sie schon einen Neger getötet?« Und Lo-

Was uns antreibt – was wir uns nehmen

Carl Peters' Konterfei wurde 1921 im Gedenken an die Kolonien auf eine Briefmarke gedruckt.

thar von Trotha, Gouverneur von Deutsch-Südwestafrika, verfügte nach der Einkesselungsschlacht am Waterberg unvermindert vernichtungsbereit: »Das Volk der Herero muss jedoch das Land verlassen. Wenn das Volk dies nicht tut, so werde ich es mit dem Groot Rohr [Geschütz] dazu zwingen.«

Rassistische Überlegenheitsgefühle und die »Urkatastrophe des 20. Jahrhunderts«

Der Völkermord als Extremform rassistischen Kolonialherrenverhaltens führte zwar damals im politischen Berlin zur Reichstagsneuwahl (»Hottentottenwahl«) und zur Neuausrichtung der deutschen Kolonialpolitik. Doch es verweist auf die fatale Verzerrung des europäischen Überlegenheitsgefühls im Zeitalter des Imperialismus. Gespeist aus dem technologischen und ökonomischen Vorsprung, den die europäischen Staaten gegenüber den alten Kulturvölkern Asiens und den afrikanischen Stammesbildungen weiter ausbauten, setzte sich in führenden europäischen Köpfen die krude Vorstellung fest, einer auserwählten Rasse anzugehören. Solche Elitevolk-Ideen trugen zu zwei Weltkriegen mit vielen Millionen Toten bei. Als im globalen, auf ferne

Landmassen ausgerichteten »Monopoly« Nationalismus und Rassismus überhandnahmen, steuerten die mächtigen Kolonialreiche auf die »Urkatastrophe des 20. Jahrhunderts« zu. So hatte zuerst der US-amerikanische Historiker und Diplomat George F. Kennan den Ersten Weltkrieg benannt – mit Blick auch auf die Oktoberrevolution 1917, auf das Ende des »langen« und veränderungsintensiven 19. Jahrhunderts und auf die Herausbildung der kapitalistisch-sozialistischen Systemkonkurrenz im 20. Jahrhundert.

Den Ersten Weltkrieg als »Urkatastrophe Deutschlands« zu definieren, oblag eher deutschen Historikern. Und dabei rückte vor allem die Kriegsschuldfrage in den Blick: Die Sieger des Ersten Weltkriegs hatten auf der Friedenskonferenz in Versailles 1919 festgehalten: »Der Krieg ist von den Zentralmächten mit Vorbedacht geplant worden.« War es der berüchtigte und viel diskutierte »Griff nach der Weltmacht«, mit dem das Deutsche Reich aus seiner europäischen Isolation ausbrechen wollte? Reichskanzler Bethmann Hollweg gab Österreich-Ungarn jedenfalls Rückendeckung, als die Doppelmonarchie infolge des Attentats von Sarajevo – dort hatte am 28. Juni 1914 ein serbischer Terrorist das österreichische Thronfolgerpaar erschossen – aggressiv gegen Serbien vorging und ein unannehmbares Ultimatum setzte. Gut einen Monat später war der »Wahnsinn einer Selbstzerfleischung der europäischen Kulturnationen« nicht mehr zu verhindern. Bilder jener Tage zeigen jubelnde Massen in vielen europäischen Städten; in Deutschland feierte man das »Augusterlebnis«. Paris bejubelte die Verteidiger der Nation. Das Vereinigte Königreich brach mit wehenden Fahnen aus seiner Insel-Isolation aus.

»Kein einziges der Anliegen, für die die Politiker von 1914 stritten, war die darauffolgende Katastrophe wert.« Das schrieb Christopher Clark in seinem Buch *Die Schlafwandler. Wie Europa in den Ersten Weltkrieg zog*. Der Krieg sei keineswegs unausweichlich gewesen, doch seien die Risiken und Folgen eigenen Handels in keinem der beteiligten Länder angemessen erkannt oder abgewogen worden. Und ebenso lässt sich sagen: Wenn sich die Entscheidungsträger in den Regierungen in Berlin, Wien, St. Petersburg, Paris und London im Juli 1914 zu einem Krisengipfel getroffen hätten, wäre die neue Dimension des Krieges zu verhindern gewesen – schließlich war der Balkan als Konfliktgebiet und Gradmesser für den drohenden Zerfall der habsburgischen und osmanischen Vielvölkerreiche ebenso seit Jahrzehnten ein Verhandlungsdauerbrenner wie die panslawistischen Interessen Russlands. Doch stattdessen folgten verlustreiche Stellungskriege, der Einsatz neuer, weiter reichender Waffen und das Ende der imperialen Epoche Europas: Die Kontinentalmächte verloren an Weltgeltung, die USA und später die UdSSR wurden im »kurzen« 20. Jahrhundert politisch maßgebend.

Was uns antreibt – was wir uns nehmen

BETHMANN HOLLWEG UND DIE KRIEGSSCHULDFRAGE

In jeder Debatte um die deutsche Schuld am Kriegsausbruch 1914 fällt auch der Name Theobald von Bethmann Hollweg. Die Rolle des letzten tatsächlich regierenden Kanzlers des deutschen Kaiserreichs bleibt umstritten. Er zählt zu denen, die Deutschland in den Ersten Weltkrieg führten; er musste zurücktreten, als der Kriegseintritt der USA das Schicksal der Mittelmacht schon besiegelt hatte.

Bethmann Hollweg galt, als er 1909 sein Amt antrat, nicht als erste Wahl Kaiser Wilhelms II. und hatte zuvor nur innenpolitische Ressorts geleitet. Doch der Verwaltungsfachmann erkannte das Primat der Außenpolitik durchaus an. Er bemühte sich um Entspannung im Verhältnis mit Großbritannien, um dessen Verbindungen mit Russland und Frankreich etwas entgegenzusetzen. Nationale Kreise warfen ihm Zaudern und mangelnde Entschlossenheit vor. Schließlich lenkte er angesichts der Flottenbau-Ambitionen des Kaisers und des Reichsmarineamts ein; so liefen weitere Schlachtschiffe und Kreuzer vom Stapel. Die Briten sahen sich dadurch provoziert. Gedanken an einen Präventivkrieg gegen Russland und Frankreich teilte der Kanzler zunächst nicht, doch die Militärs versäumten bei keiner Gelegenheit, vor einer wachsenden Überlegenheit der Entente zu warnen.

Nach dem Attentat von Sarajevo stellte Bethmann-Hollweg gemeinsam mit Kaiser Wilhelm II. den schwerwiegenden Blankoscheck an Österreich-Ungarn aus, Deutschland werde dem Habsburgerreich bei einem Angriff auf Serbien als Bündnispartner zur Seite stehen. Als durch ein Entgegenkommen Belgrads aus Wilhelms Sicht jegliche Kriegsgründe sich aufzulösen schienen, ließ der Reichskanzler sich Zeit, dies nach Wien zu melden. So erging Österreichs Kriegserklärung an die Serben, gefolgt von der russischen Mobilmachung. Damit hatte Bethmann Hollweg erreicht, was er offenbar wollte, eine möglichst augenfällige Bedrohung Deutschlands, die einen »Verteidigungskrieg« rechtfertigte – auch in der Hoffnung, Großbritannien werde neutral bleiben. In einer letzten Note an Zar Nikolaus II. ließ der Kanzler den Kaiser nochmals Friedensabsichten bekunden, wohlwissend, dass es dafür längst zu spät war. Doch auf keiner Seite fanden sich Entscheider, die den Mechanismus gegenseitiger Bündniszusagen durchbrechen wollten, um den Sturz in die Katastrophe doch noch aufzuhalten.

■ Mobilmachung 1914. Abfahrt eines Truppentransports auf einem Berliner Bahnhof am 26. August 1914.

WAS WIR ERSCHAFFEN — WAS WIR BEHERRSCHEN

DIE SÄULEN EUROPAS – ARCHITEKTUR AUS DEM GEIST DER ANTIKE

Rom im Jahr 1400: Die Kapitale eines einstigen Weltreichs war nur noch ein Schatten ihrer selbst. Vorbei der Glanz, die Geschäftigkeit, das Imperiale der Antike. Es herrschten Armut und Zerfall. Rundherum fielen die alten Bauten in sich zusammen, der Tiber schwemmte Erdreich auf, das nicht mehr abgeräumt wurde, sodass sich allmählich das Bodenniveau anhob und die antiken Straßenachsen zu verschwinden drohten. Dazwischen ragten massive Ruinen auf, Monumente einer untergegangenen Epoche. Allmählich trugen die ebenso armen wie pragmatischen Römer die alten Steine ab und bauten sich daraus ihre neuen Behausungen. In seinem Buch *Rom. Vom Mittelalter zur Renaissance* beschreibt der Historiker Arnold Esch eindrucksvoll, wie dramatisch sich die Stadt verwandelte. Die Umnutzung antiker Monumente im Mittelalter bestätige die Ansicht, so Esch, dass unausweichlich zugrunde gehe, was sich spätere Zeiten nicht aneignen.

Die frühen kunstsinnigen Humanisten empörten sich darüber, wie sorglos die Römer mit ihrem Erbe umgingen. Die Antike wurde schnöde im Ofen entsorgt, Statuen aus Marmor zu Kalk gebrannt. Mit einer nackten Venus konnte man wenig anfangen, mit dem aus ihr gewonnenen Mörtel sehr wohl mehr. Überdies schmolz man antike bronzene Reiterstandbilder ein. Überlebt hat die Gier nach Edelmetall einzig das herrliche Standbild des größten Philosophen auf dem römischen Kaiserthron; Marcus Aurelius. Ihn stellte Michelangelo Buonarroti 1538 auf den neu gestalteten Platz vor dem Kapitol. Die Stadt am Tiber verödete innerhalb der mittlerweile viel zu weit gewordenen Aurelianischen Stadtmauern. Das Grün der Campagna verwucherte mit den Resten antiker Lustgärten, und unten in der Stadt versumpfte das Land. Das Forum Romanum war noch leidlich sichtbar, darin der berühmte Triumphbogen für Kaiser Septimius Severus, dazu Tempel, die zu Kirchen umfunktioniert wurden, Treppen, Säulen, Plätze. Um 1400 hatte Rom nur noch 25 000 Einwohner und war damals kleiner als Florenz, Neapel oder Venedig.

Und dann stand da immer noch fast unversehrt ein architektonisches Meisterwerk, das alsbald zum großen Vorbild einer neuen Architekturbewegung im Geist der Antike werden sollte. Was für die antike griechische Architektur der Parthenon war, ist für die römische Klassik das Pantheon: ein kühner Kuppelbau mit lediglich einer wirkungsvollen Öffnung in der Kuppelmitte. Dieser Bau aus der Zeit um 130 n. Chr. zeugt noch heute von der Bau- und Ingenieurskunst der Römer. Unübertroffen über Jahrhunderte. Das Pantheon ist eine gewagte Konstruktion. Seine Kuppel mit 42,2 Metern Durchmesser war seinerzeit die größte der Welt. Sie wurde erst von Brunelleschis Kuppel in Florenz viele Hunderte Jahre später übertroffen. Und: Die Kuppel bauten die ingeniösen Römer aus Beton. Beton? Keineswegs eine Erfindung

Die Säulen Europas – Architektur aus dem Geist der Antike

■ Das Pantheon: das römische Meisterwerk mit der größten Kuppel der damaligen Welt.

der Neuzeit! Der Beton, entstanden aus einer Mischung aus Vulkanerde und Kalkstein und angereichert mit Füllstoffen aus Ziegelstücken, bot einzigartige Möglichkeiten, skulptural und flexibel zu bauen. Große Räume konnten ohne Stützen überspannt werden, wie eben hier im Pantheon.

Die erste Wiederentdeckung der Antike

Zu Beginn des 15. Jahrhunderts veränderte sich der Blick auf die Antike bei gebildeten und aufgeklärten Humanisten grundlegend. Rom, die Stadt der »tausend mal tausend Ruinen«, wie ein schockierter Florentiner 1443 an die Medici schrieb, war eben nicht nur versehrt und verkommen, sondern vor allem reich an Geschichte und Bedeutung. Ein neuer Zugang zu den Resten, zu den Trümmern, zu den Inschriften eröffnete sich. Besonders trat Gianfrancesco Poggio Bracciolini hervor. Der Florentiner Gelehrte schaute genau hin. Als päpstlicher Sekretär wanderte er im heißen Sommer durch Rom, sah das von Wohnbauten durchsetzte Pompeius-Theater, Mauerteile des Romulus-Tempels, die in der Kirche Santi Cosma e Damiano verbaut waren, und die Cestius-Pyramide. Er entzifferte

Was wir erschaffen – was wir beherrschen

■ Die Kathedrale von Chartres, ein Hauptbau der Gotik.

Grabinschriften und begeisterte Papst Pius II. für die malerische Ruinenlandschaft. Poggio Bracciolini war der Herold einer neuen Wahrnehmung der Antike, ein Ausgräber und vor allem ein Wiederentdecker. In der Klosterbibliothek von Sankt Gallen stieß er 1416 auf ein geheimnisvolles altes Manuskript, das zwar nicht ganz unbekannt war, aber doch weitgehend vergessen: die Texte des Römers Marcus Vitruvius Pollio, besser bekannt als Vitruv, aus dem 1. Jahrhundert n. Chr. Der Architekt und Ingenieur beschäftigte sich in seiner Abhandlung *De architectura* in zehn Büchern mit den Themen Baukunst, Stadtplanung, Hydraulik, Tempelbau und vielem mehr. Dieses Buch, das das Idealbild antiker Ästhetik zeichnete, sollte Geschichte machen. Ohne Vitruv, aber auch ohne begeisterte humanistische Gelehrte hätte es das nicht gegeben, was Europa gleich nach der Antike am meisten durchdrungen hat – die Renaissance.

Dem wieder aufgefundenen Text Vitruvs konnten die Gelehrten entnehmen, was den antiken Baumeistern Orientierung gegeben hatte. Die Architektur hatte sich an den Proportionen des Menschen zu orien-

Die Säulen Europas – Architektur aus dem Geist der Antike

EUROPAS BAUSTILE – EINE EPOCHENÜBERSICHT

So vielfältig und bunt Europa ist, so unterschiedlich sind auch die Ausprägungen der einzelnen Bau- und Kunstperioden. So vielgestaltig verliefen die Entwicklungen, so weich waren die stilistischen Übergänge, dass sich die Kunsthistoriker heute immer noch darüber streiten, wann welche Periode begonnen und geendet haben mag. Geschichtsepochen seien Konventionen, sagt der Renaissanceforscher Volker Reinhardt, »Pflöcke, die man einschlägt, um sich auf dem Weg durch die Geschichte zu verorten«. War zum Beispiel die Gotik für zwei Jahrhunderte ein gesamteuropäischer Stil, so sind Beginn und Ende der Renaissance in den einzelnen Ländern zeitlich so sehr gegeneinander verschoben, so Wilfried Koch in seinem Buch *Baustilkunde*, dass im gesamten Zeitalter der Renaissance nur eine Kernzeit von etwa 20 Jahren verbleibt, während der sie in ganz Europa gleichzeitig wirksam war.

Nach der Antike, die etwa bis in das Jahr 400 n. Chr. datiert wird, folgt die Periode des Frühchristentums zwischen 300 und 800, als in Rom die christliche Religion durchgesetzt wurde, als es erste frühchristliche Basiliken und Kuppelbauten in Byzanz gab, wie die Hagia Sophia im heutigen Istanbul. Ab etwa 800, dem Jahr, als Karl der Große in Aachen seine Pfalzkapelle erbauen ließ, bis zur Mitte des 13. Jahrhunderts wird die Romanik verortet. Es entstehen die Dome zu Worms und zu Speyer, die Abtei von Cluny und der Dom zu Pisa. Die darauf folgende Gotik umspannte die Jahre 1130 bis 1500. Die Abteikirche von Saint-Denis bei Paris gilt als erster wichtiger Sakralbau der Gotik, es folgten die großen Leitbauten wie die Kathedralen von Reims und von Chartres. Das französische Kathedralenprogramm setzte sich bald in ganz Europa durch.

Die Renaissance wird zwischen den Jahren 1420 und 1620 angesiedelt. Schließlich folgte zwischen 1600 und 1780 der Barock mit der Karlskirche in Wien, der Würzburger Residenz, dem Winterpalast in St. Petersburg oder Versailles bei Paris, dem größten Barockschloss Europas und beispielgebend für zahlreiche Residenzbauten. Für die Zeit von 1750 bis 1840 spricht man vom Klassizismus, dem der Historismus bis etwa 1900 folgte. Im 20. Jahrhundert wechselten die Stile und Moden, auch die ästhetischen Revolutionen so rasch aufeinander (Jugendstil, Art Nouveau, Bauhaus, De Stijl usw.), dass hier von einer Epocheneinteilung nicht mehr die Rede sein kann.

tieren. Bei Vitruv heißt es, wenn ein athletischer Mensch seine Arme und Beine ausstrecke, berührten die Enden der Gliedmaßen die Begrenzungslinien eines Quadrats oder eines Kreises. Leonardo da Vinci machte daraus um 1492 seine berühmte Skizze des Vitruvischen Menschen. Gefeiert wurden das Maß und die Schönheit, gesucht wurde die vollkommene, die klare geometrische Form. Säulen, Kuppeln, Bögen, Kreise, Kugeln. Die Proportionen sollten nicht nur mit dem menschlichen Körper, sondern auch mit der Kunst, der Musik und der Natur in Einklang stehen. Die gebildeten Italiener des frühen 15. Jahrhunderts waren empfänglich für alle Anregungen aus der Antike. Zugleich verbanden sie damit auch eine politische Hoffnung, nämlich nach dem Vorbild der Antike wieder so mächtig zu werden wie zur alten Römerzeit. Einstweilen aber beschränkte sich die Macht in Rom eher auf den Vatikan und die Päpste.

Florenz und die Geburt der Renaissance

Ganz anders in Florenz. Hier hatten mächtige Familien das Sagen, fürstliche Kaufleute wie die Medici, die Pitti und die Strozzi. Ihnen ist es letztlich zu verdanken, dass sich die Renaissance in ihrer Stadt so konsequent und so früh durchgesetzt hat wie nirgends sonst in Europa. Voraussetzung für die neue Epoche der Renaissance war ein umgreifender ökonomisch-sozialer Wandel. Hier in Florenz vollzog er sich in einer bürgerschaftlich verwalteten, vermögenden, weltoffenen Stadt. Ein neu etabliertes Bankwesen und unzählige Handelsrouten sorgten für gute Geschäfte. Die Medici hatten Niederlassungen in Brügge und Gent, in London und Avignon, selbstverständlich auch in Mailand und Venedig.

In dieser geschäftigen Atmosphäre machten sich junge florentinische Künstler auf die Suche nach einer neuen Architektur aus

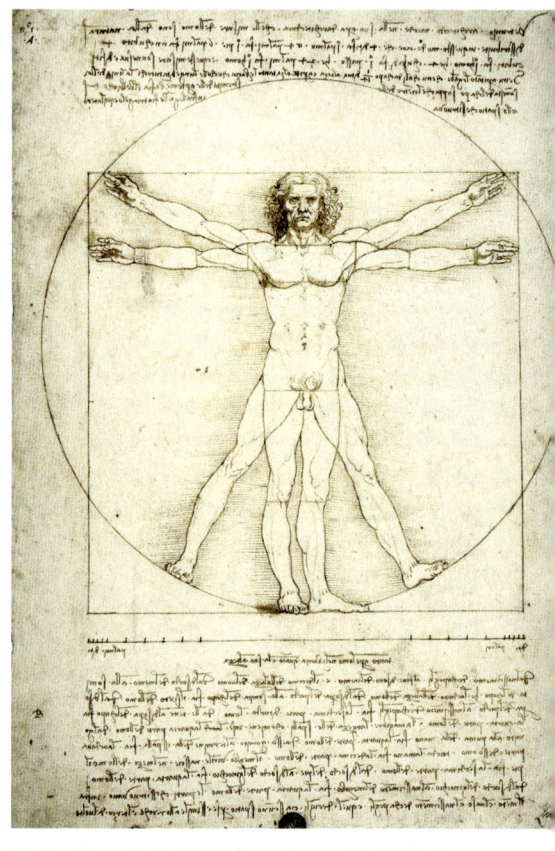

■ Der Vitruvische Mensch von Leonardo da Vinci (1492) zeigt den Menschen als das Maß aller Dinge.

dem Geist der Antike. Ihr Anführer war der Architekt und gelernte Goldschmied Filippo Brunelleschi. Seine Erfindung der Zentralperspektive war ein epochaler Geniestreich und beeinflusste das Sehen, die Künste und die Architektur tiefgreifend. Im Jahr 1420, an der Grenze zwischen Gotik und Renaissance, nahm er ein kühnes Projekt in Angriff: den Bau des Doms Santa Maria del Fiore, der Kathedrale von Florenz. Ganz unerhört war sein Vorschlag,

Die Säulen Europas – Architektur aus dem Geist der Antike

■ Florenz mit der Kuppel des Doms, dem Meisterwerk der Renaissance.

die Kirche mit einer gigantischen Kuppel zu krönen. Der mächtigste Kuppelbau sollte es werden seit dem Pantheon in Rom in der fernen Antike. Ganz ohne Außenrippen und Stützen, wie sie die gerade überall in Europa vorherrschende Gotik vorgesehen hatte. Noch unerhörter war, dass Brunelleschi die Kuppel nicht mit einem Gerüst hochziehen wollte, das starr den Bau umschloss, sondern mit einem beweglichen Klettergerüst. Schließlich überzeugte der Baumeister die zögerliche Stadtregierung. Bis zum Schluss blieb man skeptisch – unmöglich, eine so mächtige frei stehende Kuppel zu errichten. Sechzehn Jahre dauerte der Bau. Am 25. März 1436 weihte Papst Eugen IV. den vollendeten Dom zum Klang der Glocken, begleitet von den Jubelrufen der stolzen Florentiner. Ein Jahrzehnt später wurde der Grundstein für die Laterne gelegt, den dekorativen Marmoraufbau, mit dem Brunelleschi sein Meisterwerk krönte. Doch da war er schon verstorben. Mit der mächtigen Kuppel erfand Brunelleschi eine neue Pathosformel in der Architektur, das unübersehbare Ausrufezeichen einer bürgerlichen und gottesfürchtigen Macht im Staate.

Was wir erschaffen – was wir beherrschen

■ Die Entdeckung der Zentralperspektive: Idealstadt von Piero della Francesca (um 1420–1492).

Kuppeln, Künstler, Kathedralen

Nun gab es kein Halten mehr. Der Dom zu Florenz löste einen wahren Boom im Kuppelbau aus. Zuerst in Italien, dann in ganz Europa. Die berühmtesten Kuppelbauten: der Petersdom in Rom (1506–1626), auf den später noch eingegangen wird, der Invalidendom in Paris (1677–1708) von Libéral Bruant und Jules Hardouin-Mansart, der nach dem Vorbild des Petersdoms entworfen wurde, und die Saint Paul's Cathedral in London (1675–1708), das Meisterwerk von Christopher Wren. Und nicht nur Gotteshäuser krönten sich mit Kuppeln. Es war wieder einmal in Italien, wo ein weiterer Architekt Geschichte schrieb: Andrea Palladio, gelernter Steinmetz, spezialisierte sich auf profane Bauten, auf elegante Landhäuser in der Gegend um Vicenza. Sein berühmtester Bau ist die Villa Rotonda (1550–1559). Die Gene der Antike sind deutlich sichtbar: ein Kubus, dem vollkommen gleichmäßig an allen vier Seiten Säulenportiken vorgelagert sind und den

eine Kuppel schmückt, die wieder einmal dem römischen Pantheon nachempfunden ist. Begeistert nahmen sich vor allem die Architekten in England ein Beispiel an diesem Wunderbau und übertrugen ihn auf Schlösser und Herrenhäuser. Und es war Palladio, dessen Stil schließlich 200 Jahre später den Amtssitz des Präsidenten einer neuen Weltmacht inspirieren sollte: das Weiße Haus in Washington.

Kehren wir nach Florenz zurück, zu der Zeit, in der Brunelleschi nicht nur dem Dom die Krone aufsetzte. Zu den ersten Idealbauten der Renaissance gehörten die neuen Paläste der mächtigen Familien. Sie haben streng gegliederte Fassaden, wirken fast wehrhaft nach außen und sind um Innenhöfe gruppiert. Im 19. Jahrhundert nehmen sich Bankenpaläste in ganz Europa diese Bauten zum Vorbild. Der Palazzo Pitti ist, wie viele Bauwerke Brunelleschis, von der Romanik, aber vor allem von der Antike beeinflusst. Beim Palazzo Strozzi wiederum ist beispielsweise das wundervolle Kranzgesims demjenigen des Trajansforums in Rom nachgebildet. Brunelleschi und Kollegen haben aber die Antike nicht einfach kopieren wollen. Es wäre auch nahezu unmöglich gewesen, weil sich nicht nur die gesellschaftlichen Verhältnisse, sondern auch die Bauaufgaben grundsätzlich von den alten Zeiten unterschieden. Und so sollte die europäische Architektur seit der Renaissance aus Zitaten und Aneignungen bestehen, aus Collagen und Versatzstücken, bis hin zur verspielten Postmoderne der 1980er-Jahre.

Warum aber wirken die Originale, die römischen und griechischen Tempel, leichter und lebendiger als viele ihrer Epigonen? Weil die Baumeister die Perfektion aus dem Unperfekten anstrebten, etwa leichte Unregelmäßigkeiten in der Anordnung der Säulen einbauten und zuließen. So nutzten die griechischen Baumeister, zum Beispiel beim Parthenon-Tempel in Athen, eine leichte Krümmung der Tempelaußenseiten, damit das Bauwerk aufgelockerter wirkte. In späteren Hervorbringungen, vor allem autoritärer Regime, fehlten diese Abweichungen in der Regel, so der Architekturkritiker Jan Gympel, weshalb ihre Bauten starr, leblos, auch einschüchternd wirkten. Monumentale und damit auch vergröbernde Architektur hat es allerdings auch schon in antiken Zeiten gegeben, wenn man an Großbauten wie das Kolosseum denkt.

■ Palladios Villa Rotonda, eine architektonische Revolution mit Kuppel und vier gleichen Seiten.

Der Petersdom in Rom: Die Kuppel und die Westfassade stammen von Michelangelo.

Der Dom der Dome

Auch in Rom ist die Zeit nicht stehen geblieben. Im Jahr 1534 verließ der damals schon berühmte Michelangelo Buonarroti Florenz und reiste in die »Ewige Stadt«. Große Aufgaben warteten auf ihn. Von Papst Paul III. wurde er wenig später zum Oberaufseher aller päpstlichen Bauten ernannt. Er formte die Gebäude auf dem Kapitol um, respektierte die antiken Reste, drehte aber fast symbolhaft die Schauseite des Kapitols und seine neue Platzanlage weg vom darunter liegenden Forum Romanum hin zum Vatikan, zum Zentrum der christlichen Welt.

Ab 1506 sollte dort Schluss gemacht werden mit dem architektonischen Durcheinander, sollte endlich ein neuer, ein stadtbeherrschender Dom über dem Grab Petri entstehen. Nur die bedeutendsten Baumeister ihrer Zeit kamen hier zum Zuge. Donato Bramante und Raffael begannen mit dem Neubau, doch dann übernahm Michelangelo die Bauaufsicht. Er sorgte für eine strenge Neuordnung der kolossalen Westfassade und ordnete den Dom zu einem gigantischen Zentralbau mit einer Kuppel, die auf Pfeilern von bisher ungeahnt gewaltigen Dimensionen ruhte. 1546 entwarf Michelangelo die Kuppel, doch ihre Fertigstellung hat er nicht mehr erlebt. Zum Zeitpunkt seines Todes im Jahr 1564, im geradezu biblischen 89. Lebensjahr, war keines seiner Bauprojekte vollendet, seine Nachwirkung jedoch war enorm. Michelangelo, das Universalgenie, der Künstler,

Die Säulen Europas – Architektur aus dem Geist der Antike

■ Zwischen Antike und Renaissance: Piranesis Vedute des Forum Romanum mit dem Septimius-Severus-Bogen und dem Tempel der Concordia.

der allein in Rom die Fresken der Sixtinischen Kapelle hinterließ und die Pietà im Petersdom. Erst 1626 wurde der Bau des Jahrtausendbauwerks Sankt Peter mit den Kolonnaden Berninis abgeschlossen.

Die zweite Wiederentdeckung der Antike

Im Herbst des Jahres 1740 traf in Rom ein junger Künstler ein, der nun die Sicht auf die Antike und das antike Rom wie kaum ein anderer in Europa prägen sollte: der 20-jährige Giovanni Battista Piranesi aus Venedig. Der junge Mann war Architekt, doch als Kind seiner Zeit auf vielen Gebieten unterwegs. Piranesi war auch Verleger, polemischer Essayist, Restaurator, Sammler und Händler. Seine unübertroffene Meisterschaft entwickelte er jedoch auf dem Gebiet der Radierung. Noch heute sind seine römischen Ansichten, die Veduten der alten Stadt, begehrte Sammlerstücke. Piranesi zeichnete Rom in seinen Stichen ebenso malerisch wie suggestiv, dabei als gelernter Architekt so exakt wie kein Künstler vor ihm. In seinen Bildern kann man im Rom des 18. Jahrhunderts geradezu spazieren gehen. Ob Pantheon, Kolosseum oder das neue Kapitol: Piranesi zeigt die dramatischen Spuren des Gestern, zugleich aber auch die baulichen Zeichen einer neuen Zeit.

Intensiv hatte Piranesi die Antike studiert. Zu seiner Zeit wurde sie ein zweites Mal in der Geschichte wieder ganz neu entdeckt, ein wahrer Forschungs- und Ausgrabungswahn breitete sich aus. Das Fieber entzündete sich an der Entdeckung der lange vergessenen und vollkommen verschütteten Städte Herculaneum und Pompeji. Ab 1738 grub man sich durch die meterhohe Decke aus vulkanischer Asche und Bimsstein. Spanier, Franzosen und Engländer machten sich an die schwierige Arbeit und förderten Stück für Stück die faszinierende Welt des römischen Lebens, der Architektur und des Designs zutage. Es erschienen große Bildbände über die hinreißend lebendigen und farbigen Fresken, über architektonische Details, über die Zeichnungen auf den Vasen. Mit Schaudern dachte man an die unglücklichen Menschen, die vom Vulkanausbruch des Vesuvs tödlich überrascht wurden. Piranesi publizierte in diesen Jahren in Rom sein bahnbrechendes Mappenwerk *Le Antichità Romane,* das sich rasch international verbreitete. Eine neue Bauepoche brach an, der Klassizismus.

Klassisch oder klassizistisch?

Im Zeitalter der Aufklärung schien das antike Erbe zur rechten Zeit wiedergefunden worden zu sein. Die Aufklärer wünschten sich eine Herrschaft der Vernunft, die sich mit ihren hohen ethisch-moralischen Grundsätzen auch in der Architektur artikulieren sollte. Mit antiken Formen und der Dominanz rechter Winkel und gerader Linien wurden Klarheit und Reduktion in der äußeren Ansicht wie in den Grundrissen angestrebt. Streng, ruhig und erhaben sollten die neuen Bauten wirken, maßvoll und vollkommen. Ganz nach den antiken Gesetzen von Harmonie und Schönheit. In der Architektur sollte das antike Ideal der von freien Menschen getragenen Demokratie sichtbar werden. So wurde der Klassizismus – dort wurde er allerdings Neoklassizismus genannt – ab 1776 in den neu gegründeten USA gleichsam zur Staatsarchitektur. Auch die Theoretiker der Französischen Revolution gaben dem Klassizismus den Vorzug. Die römischen Bürgertugenden galten als Gegenentwurf zur höfischen Dekadenz des *Ancien Régime.*

Das Bild der klassizistischen Architektur prägten nach und nach wichtige Bauten in ganz Europa. Sie bot sich oft mit antikisierter Tempelstirnwand und Dreiecksgiebel oder Säulenportikus dar. Als sparsamer Dekor dienten neben Girlanden, Urnen und Rosetten die klassischen Palmetten. Hinzu kamen noch zarte Musterbänder, die zunehmend industriell gefertigt wurden. So stülpte man sich die Antike in neuen, bürgerlichen Zeiten über. In ganz Europa wurde so gebaut. In Paris wurde auf Befehl Napoleons die Kirche La Madeleine errichtet, eine Nachahmung des Marstempels in Rom, oder der Arc de Triomphe nach dem Vorbild des Triumphbogens des

Die Säulen Europas – Architektur aus dem Geist der Antike

■ Die klassizistische Platzanlage Royal Crescent in Bath, einer der Höhepunkte europäischer Architektur.

Septimius Severus auf dem Forum Romanum. Sir John Soane erbaute in London die protzige Bank of England, in Dänemarks Hauptstadt Kopenhagen entstand die wohl schönste klassizistische Kirche Europas, die Frauenkirche. Doch zunehmend erstarrte das antike Ideal in gleichförmigen, säulenbewehrten Repräsentationsbauten.

Elegante Plätze und moderne Bedürfnisse

Es sind denn vor allem die klassizistischen Platzanlagen, die als großes Erbe europäischer Geschichte glänzen. Wie das Royal Crescent in Bath, ein halbrundes Ensemble mit einer durchgehenden, von Säulen strukturierten Fassade. Oder die ebenmäßige, weiße Place Stanislas in Nancy, mittlerweile zum UNESCO-Welterbe erklärt. Deutschlands bedeutendster klassizistischer Baumeister, Karl Friedrich Schinkel, entwarf auf dem eleganten Gendarmenmarkt in Berlin ab 1818 das Schauspielhaus (heute: Konzerthaus), das wie ein griechischer Tempel über dem Platz thront. Nicht umsonst sprach man bald von Musentempeln. Denn überall in Europa – wir sind im 19. Jahrhundert – bauten sich die Metropolen nun keine Herrscherpaläste mehr, sondern weihevolle Stätten bürgerlicher Bildung und Unterhaltung: Museen und

Konzerthäuser von Belgrad bis Helsinki, von Wien bis Stockholm, von Paris bis Madrid. Doch nun sind wir schon in der Zeit des Historismus.

Die Bedürfnisse neuzeitlicher Lebenswelten hatten mit dem alten Rom endgültig nichts mehr zu tun. Glasfenster, Sanitäranlagen, Verwaltungsräume, Öfen, Kamine und Versorgungseinrichtungen verlangten nach immer neuen Raumorganisationen. Da blieb der Antike nur noch die mal elegante, mal steife Außenverkleidung. Und doch steckte im noblen Klassizismus und seinen sich etwas wilder aus der Baugeschichte bedienenden neoklassizistischen und historistischen Baustilen viel von einer kommenden Zeit, der Moderne. Flexible Raumaufteilung und serieller Bauschmuck mit Terrakotta-Fertigteilen wie in Schinkels Bauakademie in Berlin oder Eisenträger wie im Marmorpalais in St. Petersburg, übrigens gebaut von einem Italiener, dem Architekten Antonio Rinaldi. Nach der ausgenüchterten Zeit des Internationalen Stils im 20. Jahrhundert, nach Bauhaus und Le Corbusier, nach dem Beton-Brutalismus der 1960er- und 1970er-Jahre müssen Architekten, Stadtplaner und Investoren nun neu nachdenken. Heute, in ernsteren Zeiten des demografischen Wandels und der Globalisierung, der sozialen Brennpunkte und der Gentrifizierung, muss sich die europäische Architektur erneut dem zuwenden, was die europäische Stadt im Lauf der Jahrhunderte so auszeichnete: Sie sollte sich, wie in der Antike, wie bei Vitruv, am menschlichen Maß orientieren.

THEATER UND FEST – STÜTZEN DER GESELLSCHAFT

Die Wiege der Demokratie steht in Griechenland, die des Theaters ebenso, und das ist wohl kaum ein Zufall. Die Amphitheater der Antike waren Orte, an denen sich das ganze Volk versammelte, die freien Bürger zumindest, Männer wie Frauen. Sklaven waren ausgeschlossen. Das Theater des antiken Griechenland verband Ritual, Religion und rauschhafte Feste. Stücke wie *Antigone* von Sophokles oder *Medea* von Euripides stellten Figuren vor, die in archaischen Konflikten innerlich zerrissen wurden oder die für ihre Überzeugungen mit dem Leben bezahlen mussten. Die Staatsräson trifft auf die Gesetze der Götter, die persönliche Moral auf das gesellschaftliche Gefüge und seine Regeln. Grausame Prophezeiungen bewahrheiten sich, wie für König Ödipus, der alles versucht, seinem Schicksal zu entrinnen, und dennoch geradewegs in sein Verderben läuft. Als er feststellt, dass er seinen eigenen Vater erschlagen und seine eigene Mutter geheiratet hat, nimmt er sich das Augenlicht und geht in die selbst gewählte Verbannung. Noch haben die Götter die Macht, der Mensch ist ihrem Willen ausgeliefert. Doch gab es im antiken Theater auch genug Raum für Spott und Kritik an den so menschlichen Gottheiten der alten Griechen. Komödien, Tragödien und Satyrspiele, die den heiteren Ausklang der Tragödien-Tetralogien bildeten, verbanden sich in den Dionysien zu rauschenden antiken Theaterfestivals, die

Theater und Fest – Stützen der Gesellschaft

sich über mehrere Tage erstreckten. Theater und Fest, von Beginn an gehörten sie zusammen. Ein Fest für die Götter mit Umzügen, Musik, Gesang und vielen irdischen Genüssen.

Die Theaterstücke hingegen führten damals wie heute zu Diskussionen und Kontroversen. Das Publikum hielt sich mit seinem Urteil nicht zurück, und viele der Autoren, die selbst nach 2000 Jahren von den europäischen Theaterbühnen nicht wegzudenken sind, wie Aischylos, Sophokles und Euripides, wurden für manche ihrer Werke verhöhnt und verspottet. Das Theater war ein Ort der seelischen Reinigung. Durch das Miterleben, durch Empathie, Schauder und Schrecken kam es zur Katharsis, der Läuterung des Zuschauers. In Gemeinschaft erlebte Konflikte wurden zu Mustern, mit denen man sein eigenes Leben, sein Handeln und Tun, abgleichen konnte. Im Theater wurden und werden Gesellschaften konstituiert, gemeinsame Werte geschaffen und verworfen, die Gesetze unseres Zusammenlebens hinterfragt und bewertet. Dies galt auch noch, nachdem das aufstrebende Römische Imperium die griechischen Stadtstaaten erobert hatte. Die Römer absorbierten die Kultur der Besiegten und entwickelten sie fort – die Architektur, die religiösen Kulte und auch das Theater.

In den folgenden Jahrhunderten wird Europa in Wellen von Krieg, Krankheit und Tod überzogen. Kirche und Glaube bestimmen nun weitgehend, was uns eint und von anderen trennt. Gott und seine Gebote

■ Constanze Becker als Medea in der Inszenierung von Michael Thalheimer am Schauspiel Frankfurt, eingeladen zum Berliner Theatertreffen 2013.

sind die zentralen Themen, nicht mehr der Mensch mit seinen Lastern und Schwächen. Aus Dionysos, dem Gott des Theaters, des Rausches und der Fruchtbarkeit, ist Satan geworden. Die Darbietungen der im Volk beliebten Gauklertruppen, die mit ihren Satyrspielen an die Tradition der Antike anknüpfen, gelten als gottloses Vergnügen. Das Theater ist des Teufels. Das Mittelalter ist eine dunkle Zeit für den Kontinent und auch für die Bühnen. Dort entsteht nur wenig, was uns heute noch beschäftigt. Das Theater ist nun derb und volkstümlich, Jahrmarktsunterhaltung oder kirchliches Sing- und Weihespiel.

Was wir erschaffen – was wir beherrschen

DAS ARISTOTELISCHE DRAMA

Der griechische Philosoph Aristoteles hielt in seiner Poetik um 335 v. Chr. fest, was seit der Antike Gültigkeit besitzt und bis heute unsere Sehgewohnheiten bestimmt: ein Regelsystem, abgeleitet von den erhaltenen Dramen der drei großen Griechen Aischylos, Sophokles und Euripides. Der von Aristoteles beschriebene Dramenaufbau lässt sich in nahezu jedem Hollywood-Blockbuster wiederentdecken. Auf die Einführung der handelnden Personen und des Schauplatzes folgt die Entwicklung des Hauptkonflikts bis zu seinem Höhepunkt, der Peripetie. Doch bevor die Katastrophe eintritt, kommt das Wichtigste: ein kurzes Zögern, eine Ungewissheit oder ein Hoffnungsschimmer. Das retardierende Moment. Kurz steht noch einmal alles auf der Kippe, alle Möglichkeiten liegen auf dem Tisch. Doch wie es die Tragödie so will, es endet für die Helden im Desaster.

Dieser dramaturgische Verlauf ist uns Zusehern so in Fleisch und Blut übergegangen, dass selbst Komödien nach diesem Schema konzipiert werden, auch wenn an deren Ende natürlich nicht Tod und Verzweiflung stehen. Bestes Beispiel ist die Liebeskomödie. Eigentlich hat sich das Paar schon gefunden und ist glücklich vereint, doch dann: ein Moment des Zweifels, die Ex-Geliebte taucht auf, ein missgünstiger Freund spinnt eine Intrige. Das Paar trennt sich wieder, doch schließlich klärt sich alles auf, die Liebe ist groß und das Happy End auch. Ohne das antike Drama wären Kino, Film und Fernsehen, wie wir es heute kennen, nicht halb so schön.

Die Traumfabrik an der Themse

Um das Jahr 1600 erhebt sich das Theater dann wieder aus dem Morast der Geschichte, überall in Europa. In Spanien bricht das *Siglo de Oro,* das »Goldene Zeitalter«, an und bringt viele große Künstler hervor. Einer von ihnen ist Pedro Calderón de la Barca. Er hebt das religiöse Theater auf ein neues Niveau. Er schreibt Stücke für den spanischen Hof, in denen er die Kunst der Dramatik und die Philosophie der Zeit vereint. Doch das erzkatholische Spanien verliert zu dieser Zeit auch seine kulturelle und politische Vorherrschaft in Europa.

Zu blühen beginnt das Theater bereits wenig früher, an einem Ort, an dem man es zunächst nicht vermuten würde, fernab vom Königshof, am Ufer der Themse in London. Neben Bärenkämpfen, Hinrichtungen und Bordellen wurde das Theater nach und nach zur Lieblingsunterhaltung der Elisabethaner. Immer mehr Spielstätten entstanden, darunter eines der bekanntesten Theater überhaupt: das Globe Theatre. Schauspielhäuser versprachen Profit, und eine Vielzahl an Schreibern versuchte die wachsende Nachfrage an Stücken zu befriedigen. Innerhalb kürzester Zeit ent-

Theater und Fest – Stützen der Gesellschaft

■ Das Globe Theatre am Südufer der Themse, erbaut 1599 durch die Schauspieltruppe The Lord Chamberlain's Men.

wickelte sich das Theater von einer eher gering geschätzten und von der Kirche besonders kritisch beäugten Unterhaltungsform zu einem lukrativen Geschäft, zu einer Unterhaltungsindustrie.

Vor den Toren Londons entstand die erste Traumfabrik, und ihr wichtigster Produzent, Schauspieler und Autor war William Shakespeare. Hauptaufgabe war es damals, den Zuschauern eine Show zu bieten. Die Theater an der Themse waren Orte ausgelassener Unterhaltung und unterschieden sich doch sehr von der weihevollen und teils ernsten Ruhe, die heute meist die Zuschauerräume beherrscht. Es wurde geraucht, gegessen, getrunken, und vor allem wurde das Geschehen auf der Bühne lauthals kommentiert. Komödien um Liebesverwicklungen oder Reisen in ferne Länder standen hoch im Kurs. Doch die Stücke gerade Shakespeares waren immer auch ein Spiegel der Zeit: der Kampf um Macht, konkurrierende Königsdynastien, Intrigen, Mord, Verrat. All das wurde auf die Bühne gebracht und nicht selten von wahren Geschehnissen inspiriert. Es gab noch keine Zeitungen, kein Radio, kein Internet. Abgesehen von Predigten und königlichen

Bekanntmachungen waren Theaterstücke das einzige Medium, um sich mit politischen Themen und gesellschaftlichen Veränderungen auseinanderzusetzen.

Shakespeare lehrte seine Zuschauer, die größtenteils keine Universität besucht hatten, ja, oft nicht einmal lesen und schreiben konnten, politisch zu denken. Als Elisabeth I. noch auf dem Thron saß, handelten die Stücke einschließlich *Hamlet* auch immer von der Thronfolge. Nicht verwunderlich bei einer jungfräulichen Königin. Später standen innerlich gespaltene Königreiche im Mittelpunkt, also im übertragenen Sinn die Einheit Großbritanniens. Es waren immer Themen, an die das Publikum direkt anknüpfen konnte. Kaum ein Dramatiker wird in so konstanter Regelmäßigkeit und mit so vielen unterschiedlichen Stücken noch heute in ganz Europa und darüber hinaus auf die Bühne gebracht. Ob *Hamlet*, *Romeo und Julia* oder *Macbeth* – seine Werke sind tief im kulturellen Gedächtnis verankert, und kein Satz steht selbst für Laien so emblematisch für das Theater an sich, wie »Sein oder nicht sein, das ist hier die Frage«.

Doch das Wirken Shakespeares reicht noch viel weiter über die Theaterbühnen hinaus. Er hat uns beigebracht, filmisch zu schreiben und filmisch zu sehen. Theater wie das Globe waren Kinos, lange bevor die Bilder laufen lernten. Für Erfolgsstücke wurden von den Theaterbetreibern bei den Autoren Fortsetzungen, also Sequels, in Auftrag gegeben, so wie das bei heutigen Blockbustern auch üblich ist. Die Arbeitsweise Shakespeares und seiner Kollegen war moderner, als man vermuten würde. Autorenkollektive waren die Regel, bis zu fünf Autoren teilten sich die Arbeit an einem Stück. Vergleichbar den *Writers' Rooms* bei zeitgenössischen Serienproduktionen.

Shakespeares Dramen sind nicht nur auf den Bühnen dieser Welt zu Hause, sondern wurden auch vielfach verfilmt oder dienen als Grundlage für Serien. Berühmtestes Beispiel ist *House of Cards,* in der Kevin Spacey einen skrupellosen US-Politiker spielt, der es bis ins Präsidentenamt schafft. Gerade die ersten Staffeln nehmen Anleihen an Shakespeares Werken *Richard III.* und *Macbeth*. Der Weg zur Macht führt über Leichen, und plagen den Protagonisten Gewissensbisse, erscheint auch mal der

■ Kevin Spacey als Frank Underwood in der amerikanischen Erfolgsserie *House of Cards.*

Geist eines getöteten Rivalen. Besonderer Kniff der Serie ist jedoch die Ansprache des Publikums, nicht direkt von der Rampe in den Zuschauerraum, wie bei *Richard III.*, sondern mit Blick in die Kamera, auf den Zuschauer vor dem Bildschirm gerichtet.

Strenge und Ausschweifung

Nie mit dem Rücken zum noblen Publikum, sondern immer in Richtung der Zuschauer zu spielen, war nur eine von unzähligen Regeln für die Theatermacher der französischen Klassik. Das höfische Zeremoniell, die Art zu sprechen und sich zu kleiden waren maßgebend für das Theater Frankreichs unter Ludwig XIV. Von Versailles aus beeinflusste der absolutistische Monarch den kulturellen Geschmack des gesamten europäischen Hochadels. Im Theater sah das aristokratische Publikum eine Spiegelung seiner selbst, auch wenn die Stücke gern in der Antike oder an exotischen Orten spielten. Die *doctrine classique*, ein Regelwerk, stark angelehnt an die Poetik des Aristoteles, war oberste Maxime. Wichtigstes Prinzip war die Einhaltung der drei Einheiten: Die Handlung sollte sich bestenfalls innerhalb von 24 Stunden abspielen und keine Kulissen- oder Szenenwechsel beinhalten. Nach der Exposition folgte der Wendepunkt, die Peripetie, und schließlich löste sich der Konflikt im *dénouement* auf. Die Meister dieser strengen Form waren die Tragöden Corneille und Racine. Doch auch sie hatten unter den strengen Wächtern der Form, der *Académie française* und Kardinal Richelieu, zu leiden. Als Pierre Corneille kurz davor stand, einen der begehrten Plätze in der *Académie* zu bekommen, fiel er bei der Obrigkeit in Ungnade. Sein leidenschaftlicher und kampfesmutiger Held in *Der Cid* begeisterte das Publikum, die häufigen Szenenwechsel widersprachen aber den Regeln. Das Stück gilt heute als Corneilles Meisterwerk. Von da an verfasste er nur noch regelkonforme Stücke, und als sein Stern zu sinken begann und sein jüngerer Konkurrent Racine immer erfolgreicher wurde, hatte er sich immerhin genug Ehre beim König erworben, dass dieser ihm eine Rente aus seiner Privatschatulle zahlte.

Jean Racines Leben war von Frömmigkeit geprägt. Erzogen im Jansenismus, einer strengen Form des Katholizismus, kam

■ Sunnyi Melles als Phädra und Philipp Hauß als Hippolytus bei den Salzburger Festspielen 2010.

die Hinwendung zur Schriftstellerei und zum Theater einem Sündenfall gleich. Sich widersprechende Leidenschaften blieben Kernthema all seiner Werke. Sein Hauptwerk *Phädra*, in dem sich die athenische Königin in ihren Stiefsohn verliebt, zurückgewiesen wird und schließlich den Freitod wählt, war ein Angriff auf die damaligen Sitten und wurde stark kritisiert. Racine zog sich vom Theater zurück und widmete sich fortan der Geschichtsschreibung und biblischen Themen.

Fast wie in der griechischen Antike scheinen auch in der französischen Klassik Tragödie und Komödie klar voneinander getrennt zu sein. Auf der einen Seite der elegante, höfische Racine, auf der anderen Seite sein Kollege, Liebling und Protegé des Sonnenkönigs, der den größten Teil seiner Karriere in der Provinz mit einer wilden Theatertruppe von Dorf zu Dorf gezogen ist – und den viele für den größten französischen Dramatiker aller Zeiten halten: Jean-Baptiste Poquelin, besser bekannt als Molière. Je giftiger die Spitzen gegen die Höflinge, desto mehr Gefallen fand Ludwig XIV. an den Stücken Molières. Die Truppe erhielt eine feste Spielstätte in einem Ballsaal des Louvre, das Théâtre Petit-Bourbon. Molière war ein überaus produktiver Autor. In den letzten 15 Jahren seines Lebens verfasste er mehr als 30 Stücke, darunter Werke wie *Die Schule der Frauen*, *Tartuffe* oder *Der Geizige*, die auch heute noch zum Repertoire vieler Bühnen Europas gehören. Im Gegensatz zur strengen Form der Tragödie waren Molières Komö-

Molière, dargestellt in einer Lithografie aus dem 19. Jahrhundert von Adolf Menzel.

dien von Klamauk, Verwechslungen, Verkleidung und derben Späßen bestimmt. Nicht nur Adlige durften als Protagonisten in Erscheinung treten, sondern auch die niedrigen Stände. Und nicht selten haben die Mägde in seinen Stücken die markigsten Repliken. Er zeichnet seine Figuren nicht, wie sie sein sollen, als Idealtypen, sondern verwandelt sie in echte Charaktere.

Die Frivolität und Unverblümtheit seiner Protagonisten sowie die harsche Kritik am Adel, dem Bürgertum oder bestimmten Berufsgruppen wie den Ärzten in seinem letzten Werk *Der eingebildete Kranke* brachten konservative Kräfte, allen voran die katholische Kirche, gegen Molière auf. Doch hatte er in Ludwig XIV. einen starken Fürsprecher, der noch über den Tod hinaus seine schützende Hand über ihn hielt. Als Molière bei einer Aufführung von *Der eingebildete Kranke* zusammenbrach – er spielte fast immer die Hauptrollen in seinen Stücken selbst – und wenig später verstarb, wollte ihm die Kirche ein Begräbnis in geweihter Erde verweigern. Seine junge Frau Amande konnte jedoch über den König eine würdige Beisetzung erzwingen.

Bürgerliche Emanzipation

Vom Publikum bejubelt und gesellschaftlich verachtet: Schauspieler und Dramatiker hatten in den europäischen Gesellschaften lange keinen leichten Stand. Doch durch das Erstarken des Bürgertums und damit einhergehend das Zurückdrängen des Einflusses von Klerus und Adel verbesserte sich auch das Ansehen der »unehrenhaften« Theaterkunst. Für das aufstrebende Bürgertum waren Bildung, Wissenschaft und Kunst identitätsstiftende Momente. Durch die finanzkräftigen Bürger war es nun erstmals möglich, ein funktionierendes Theaterwesen aufrechtzuerhalten, ohne das Zutun des Adels. Das Theater erfüllte am Ende des 19. Jahrhunderts eine wichtige Funktion: Zum einen diente es der Unterhaltung und Ablenkung, zum anderen aber auch der geistig-moralischen Erbauung. Doch nicht nur das Geschehen auf der Bühne war von Bedeutung, die Gebäude selbst wurden als Ort der Begegnung zunehmend wichtiger. Theater wurde zum gesellschaftlichen Event. Die Bauten gebarten sich wie antike Tempel und überboten sich im Innern an Gold, Stuck und Marmor. Der Pomp war Teil des Erlebnisses, die Theater wurden gleichsam zu Palästen für die Bürger.

Beim Publikum überaus beliebt war die Boulevardkomödie. Erotische Eskapaden oder drohender finanzieller Ruin, der dann doch noch abgewendet werden kann, das Happy End – all das war wichtig für die gelungene Feierabendunterhaltung. Die Stücke von Eugène Labiche, Georges Courteline oder Georges Feydeau spielten in den Wohnzimmern der Bourgeoisie. Die Kulissenbühne machte realistisch eingerichteten und dekorierten Zimmern Platz. Die Klassikerinszenierungen, die genauso auf den Spielplänen standen, da sie als Teil des Bildungskanons unerlässlich waren, stagnierten in musealem Historismus.

Ausgehend von Paris und Berlin breitete sich jedoch eine neue Strömung über ganz Europa aus. Oberstes Gebot des Naturalismus war die Realitätstreue, aber seine Vorreiter verstanden darunter mehr als nur lebensnahe Bühnenbilder. Es betraf vor allem auch die Spielweise. Kein Deklamieren an der Rampe mehr, keine augenzwinkernde Ansprache ans Publikum, die bereits von Diderot beschriebene »Vierte Wand« wurde hochgezogen, und die Schauspieler sollten am besten vergessen, dass überhaupt Publikum anwesend war. Die Figuren sollten nicht länger gespielt, sondern gelebt werden. Ein perfektes *Reenactment* der Wirklichkeit, eines bestimmen Milieus, einer Klasse und der jeweiligen Probleme, Konflikte und Katastrophen. Theater erinnert im Naturalismus mehr an einen Spielfilm denn an eine Show oder ein Spektakel. Die Handlung läuft ab wie im Film, das Publikum blickt wie auf einen Bildschirm.

In ganz Europa entstehen naturalistische Theater, die sich ganz dieser Art des Spiels und dem Gegenwartsdrama verschreiben. Unter den Dramatikern ist der Norweger Henrik Ibsen der Begründer des Naturalismus. In seinen Stücken behandelt er die Probleme der gehobenen Gesellschaft und bedient sich dabei des analytischen Dramas, dessen Musterbeispiel noch aus der Antike stammt: *König Ödipus* von Sophokles. Die Schatten der Vergangenheit suchen die Hauptfigur heim, und »Jugendsünden« werden aufgedeckt. Der bürgerlichen Gesellschaft sollte der Spiegel vorgehalten werden und die stolz zur Schau gestellte Sittlichkeit als kaschierte Unmoral entlarvt werden.

Ibsen schuf große, für die damalige Zeit emanzipierte Frauenfiguren. *Nora* und *Hedda Gabler* sind bis heute beliebte Heldinnen des Theaters und häufig auf den Bühnen Europas zu sehen. Doch auch seine männlichen Helden sind gerade in den letzten Jahren verstärkt ins Rampenlicht getreten, wie Dr. Stockmann, ein Kurarzt, der in *Ein Volksfeind* die korrupte Kommunalpolitik bekämpft und dadurch seine Familie zerstört. Kaum ein anderes Stück

■ Birgit Minichmayr als Gunhild in Henrik Ibsens *John Gabriel Borkman*, inszeniert von Simon Stone am Wiener Akademietheater, eingeladen zum Berliner Theatertreffen 2016.

Ibsens ist in den letzten Jahren so häufig auf den Spielplänen zu finden. Ähnlich verhält es sich mit *John Gabriel Borkman*, dem letzten Drama Ibsens. Er beschreibt darin das Schicksal eines Bankers, der Geld veruntreut hat und nun, aus der Haft entlassen, in selbst gewählter Isolation lebt und sein großes Comeback plant, das nie kommen wird, während seine Familie auseinanderbricht. Die Themen Ibsens scheinen in Zeiten von Bankenrettung, Briefkastenfirmen und Politikverdrossenheit aktuell wie nie zuvor zu sein.

Ein Zeitgenosse Ibsens und bedeutender Vertreter des Realismus ist der Russe Anton Tschechow. Seine Werke sind heute von den Theaterbühnen nicht mehr wegzudenken. Egal ob *Iwanow*, *Platonow*, *Die Möwe*, *Drei Schwestern*, *Onkel Wanja* oder *Der Kirschgarten* – die Tschechow'sche Langsamkeit und die nicht enden wollenden Begrüßungsarien sind legendär. Häufig beginnen sie mit einer An- und enden mit einer Abreise. Dazwischen findet die Tragödie statt. Unerwiderte Liebe, Rache, Betrug, der Verlust der Existenz. »Nach Moskau«, ein Ausruf, ähnlich prägend für das Theater wie Shakespeares »Sein oder nicht sein«, drückt die Sehnsucht nicht nur nach einem anderen Ort aus, sondern vor allem nach einem besseren Leben, das immer woanders zu sein scheint als man selbst. Tschechows Figuren sind gelangweilte und verzweifelte, zutiefst melancholische Menschen, und meist bleibt am Ende ein Gefühl zwischen »irgendwie weiter« und Resignation. Dieser *Ennui*, das seelische Verdursten, obwohl man direkt an der Quelle sitzt, ist so zeitlos, so menschlich, dass Tschechows Werke auch über 100 Jahre nach ihrem Entstehen den Zuschauer immer noch im Innersten berühren und nicht veraltet wirken. Die Konflikte sind heutig und leicht auf unsere Lebensrealität am Beginn des 21. Jahrhunderts übertragbar.

Theater und Festival

Heute ist das Theater vor allem eines der Vernetzung. Produktionen werden europäisch gedacht und nicht selten von europäisch oder weltweit operierenden Spielstätten und Festivals initiiert, organisiert und finanziert. Die Kompagnien sind international und touren mit ihren Stücken von Festival zu Festival, von Spielort zu Spielort. Während die städtischen Bühnen sich zum Teil noch als Hüter der Literatur gerieren, verliert der dramatische Text im freien Theater mehr und mehr an Bedeutung.

Doch die Grenzen sind fließend: Performancegruppen gastieren an etablierten Theaterhäusern oder erarbeiten zusammen mit den dortigen Ensembles neue Stücke. Beeindruckend ist das Netz an Festivals, das unseren ganzen Kontinent umspannt, von Helsinki bis Lissabon, von Bergen bis Athen. Man könnte fast jeden Tag eine andere Stadt bereisen und ein anderes Festival besuchen. Die Stücke und Arbeiten werden auf dem *Kunstenfestivaldesarts* in Brüssel oder dem *Alkantara Festival* in Lis-

Was wir erschaffen – was wir beherrschen

■ *Gone in a heartbeat* der belgischen Choreografin Louise Vanneste und ihrer Kompanie Rising Horses beim Kunstenfestivaldesarts 2015 in Brüssel.

sabon präsentiert, in Auftrag gegeben vom HAU (Hebbel am Ufer, ein Theaterkombinat mit drei Berliner Bühnen, ohne eigenes Ensemble, eine Spielstätte für Festivals, Gastspiele und Koproduktionen), den Sophiensälen in Berlin oder dem BRUT in Wien (Spielstätte für die freie österreichische und internationale Theater-, Performance- und Tanzszene im Künstlerhaus am Karlsplatz). Die ausführenden Künstlerinnen und Künstler sind an den unterschiedlichsten europäischen Institutionen ausgebildet worden und erzählen in ihren Stücken und Performances von Themen, die uns alle gleichermaßen betreffen, von europäischen oder international relevanten Ereignissen oder gesellschaftlichen Zuständen. In einer globalisierten Welt kann es kein nationales Theater mehr geben, sondern ein Theater des »Ko«, der Koproduktion, der Koregie, der Kooperation und der Kollektive.

Theater hat schon immer dazu beigetragen die Gesellschaft zu definieren. Heute zeugen das Theater, der Tanz und die Performancekunst von einem europäischen Geist, einer europäischen Gemeinschaft, die tatsächlich gelebt wird. Ganz selbstverständlich und frei.

LIEBE UND ANDERE KATASTROPHEN – DER EUROPÄISCHE ROMAN

Was denken, was fühlen die Europäer in ihren schönsten Träumen und in ihren schlimmsten Albträumen? Der direkteste Weg, dem nachzuspüren, führt zur Literatur. Besser: zu den Romanen. Dem europäischen Roman. In diesem Kapitel werden wir einer Reihe von Schriftstellern und Schriftstellerinnen begegnen. Unser Reigen beginnt mit Miguel de Cervantes und endet mit Umberto Eco. Die Auswahl der Titel ist subjektiv, aber nicht zufällig. Titel wurden ausgewählt, die literarische Meilensteine sind, zugleich von vielen geliebt und verehrt wurden und Einfluss nahmen auf das Bewusstsein von Zeitgenossen bis hin zu den Leserinnen und Lesern von heute. Eine Vielzahl von Figuren wird auftauchen: tragische Helden, Ehebrecher und Ehebrecherinnen, Verführer und Verführte, Würdevolle und Entrechtete, Sieger und Verlierer – kurz: das große Theater des

Lebens, das die Europäer in unsterbliche Literatur verwandelt haben.

In seinem klugen und sehr persönlichen Buch *Die Kunst des Romans* hat Milan Kundera, selbst ein Großer der europäischen Literatur, zuerst einmal geklärt, warum er so leidenschaftlich vom »europäischen Roman« als eigenständiger und weltprägender Kunstform redet. Alle großen existenziellen Themen seien vom europäischen Roman in vier Jahrhunderten aufgegriffen, dargestellt und geklärt worden. Das europäische Wesen, so weit geht Kundera, liege in der Geschichte des Romans. Und dann holt er aus: Nach und nach habe der europäische Roman die verschiedenen Aspekte der Existenz entdeckt. Mit Cervantes' Zeitgenossen fragte sich der Roman, was ein Abenteuer ist, mit Samuel Richardson, so Kundera, machte sich der Roman daran, die geheimsten Gefühle aufzudecken, Gustave Flaubert drang, wie kaum ein anderer vor ihm, in die Sphäre des Alltäglichen, vor, und mit Marcel Proust lotete der Roman die Zeit aus, »den ungreifbaren vergangenen Augenblick«. Der Roman, so Kundera, »ist das Werk Europas; seine Entdeckungen, wenn auch in verschiedenen Sprachen ausgeführt, gehören ganz Europa an«.

Romane sind Lügengeschichten

Sehr schön hat der Germanist Jürgen Wertheimer, dem wir mit seinem Buch *Don Quijotes Erben – Die Kunst des europäischen Romans* wertvolle Hinweise verdanken, das Wesen des Romans beschrieben. Der Roman sei das einzige Genre, sagt er, das es sich zur Chefsache mache, »mittelmäßige, ja unwichtige und irrende Menschen, auch solche ohne großes Ziel, über fünf-, sechshundert Seiten unzensiert ins Zentrum zu rücken«. Nur die Literatur habe sich die Freiheit genommen, »unsere irdische Banalität in Gänze als Universum vorzuführen«. »Romanheldinnen« und »Romanhelden« nennen wir gern die Hauptfiguren in den Erzählungen, doch im europäischen Roman der Neuzeit ist längst keine Rede mehr von kühnen Rittern und tapferen Eroberern, sondern eher von Existenzen zwischen Leiden und Verstrickung, zwischen Hoffnungen und Versprechungen. Und Kundera ergänzt, die unersetzbare Einmaligkeit jedes Individuums sei letztlich »eine der schönsten europäischen Illusionen«. Romane sind Lügengeschichten mit Wahrheitsanspruch, meint Wertheimer, »Wissens- und Gefühlsdeponien unerhörten Ausmaßes«.

Kampf gegen Windmühlen

Es gibt diese großen Romane, denen es gelingt, bestehende Möglichkeiten zu bündeln, überraschende Konsequenzen zu ziehen und das Potenzial der Verhaltensmöglichkeiten voll zu entfalten. Zu Beginn des 17. Jahrhunderts trat eine Figur in die Geschichte ein, mit der der Beginn des europäischen Romans der Neuzeit verortet wird: Don Quijote. Er begreift die Welt nicht mehr als eine absolute und einzige Wahrheit, sondern erkennt, dass sie aus unzähligen Wahrheiten besteht. Die menschlichen Dinge lassen sich nicht mehr unter einem einzigen höheren Gesetz ordnen.

»Ohne einer Menschenseele seine Absicht mitzuteilen und ohne, dass ihn irgendjemand gesehen hat, wappnete er sich eines Morgens vor Anbruch eines besonders heißen Julitages mit all seinem Rüstzeug, bestieg Rocinante, stülpte sich den gestückelten Helm auf, packte den Lederschild, griff zur Lanze und zog durchs Pförtchen seines Hinterhofs aufs Feld hinaus.« So zieht Don Quijote, der Ritter von der traurigen Gestalt, in die Welt und wird haarsträubende Abenteuer erleben.

Don Quijote de la Mancha, ein zweibändiger Schelmenroman um den Ritter und seinen Kampf gegen die sprichwörtlich gewordenen Windmühlen dieser Welt, erschien 1605 und 1615. Und er gilt bis heute als eines der beliebtesten Bücher der Welt. Don Quijote, ein exzessiver Leser von Ritterromanen, träumt sich in einer Mischung von Kreuzritter und Minnesänger zurück in die versunkene Welt der kühnen Chevaliers. Der Fantast und Fantasiebegabte umgibt sich mit seinem legendären Pferd Rocinante und seinem treuen Begleiter Sancho Pansa. Und wie es sich für einen klassischen Erzählungsplot des Ritterromans gehört, erfindet sich Don Quijote die Dame und Gebieterin, für die man zu streiten hat: Dulcinea del Tolboso. Man merkt schnell, dass der geniale Autor Miguel de Cervantes eine Parodie sentimentaler Ritterromane geschrieben hat. Seinen Witz er-

■ Don Quijote: Kampf gegen die Windmühlen dieser Welt.

fährt der Roman dadurch, dass hier nicht idealisierte Helden agieren, sondern ein ganz alltägliches und zeitgenössisches Personal. Don Quijote, der unermüdliche Weltverbesserer, im Widerstreit mit seinem materialistischen Gegenüber Sancho Pansa – Fiktion und Realität verschwimmen in diesem Werk. Miguel de Cervantes (1547–1616) hat einen Roman geschrieben, der bis heute von jeder Generation neu gedeutet wird. Ein Text, den die Zeitgenossen als komische Ritterparodie empfanden. Die Romantiker sahen dagegen Don Quijote als tragischen Helden im Reich der Fantasie, die Spanier erkoren ihn zum Nationalheroen, und unsere Zeit erkennt in diesem Roman ein frühes postmodern-schillerndes Meisterwerk. Eine Leseentdeckung für alle Zeiten.

Fantastische Reisen und ein Selbstmord

Ähnlich fantastisch, ähnlich satirisch wie bei Don Quijote geht es in einem Roman zu, der gut ein Jahrhundert nach Cervantes erschienen ist. Schon der Titel ist Legende: *Gullivers Reisen*. Sein Autor, der Ire Jonathan Swift (1667–1745), war lange Dekan der Saint Patrick's Cathedral in Dublin, ein Kirchenmanager also, dazu Pamphletist, Politiker und Streiter für ein unabhängiges Irland. 1726 erschien sein Meisterwerk, ein Glanzstück der satirischen Fabeln, witzig, fantastisch und doch auch todernst. Diese seltsame Dichtung um Gulliver, den Wundarzt und späteren Kapitän, den es zu den Liliputanern verschlug, zu Riesen und sprechenden Pferden, war sogleich ein ungeheurer Erfolg. Und dennoch wurde die Geschichte gleich nach der ersten Auflage abgeschwächt, umgeschrieben, verharmlost. Heute verstehen wir *Gullivers Reisen* als Parabel des von der Politik und den Menschen verbitterten Swift auf die Verkommenheit einer ausbeuterischen und ungerechten Welt. Als Kinder- und Jugendbuch verkürzt und verniedlicht, konnte der Roman nicht seine ursprüngliche Wirkung erzielen. Doch Swifts *Gulliver* ist immer noch aktuell in seiner Anklage gegen die Herrschenden und Etablierten, zugleich aber auch eine hinreißend spannende Lektüre.

■ Fantastisch: Gulliver unter den Riesen. Illustration um 1850.

Im 18. Jahrhundert wurden die Romane immer populärer, immer zahlreicher wurden die Leser. Und nie zuvor schrieben sich so viele Menschen Briefe. Es dauerte nicht lange, bis die allgemeine Briefkultur litera-

Buch zum Nachleben und Nachsterben: Erstausgabe von Johann Wolfgang Goethes *Werther*.

rische Ehren erfuhr. In höchster Perfektion und Raffinesse gelang dies einem 23-jährigen Jungjuristen aus Frankfurt am Main: Johann Wolfgang Goethe (1749–1832). Mit *Die Leiden des jungen Werthers,* erschienen 1774, erlangte Goethe über Nacht Starruhm in ganz Europa. Waren dem europäischen Ausland die meisten deutschen Bücher zu verkopft, fehlte es an deftigen Liebesgeschichten und spannenden Plots, so war es an Goethe, dem späteren Nationalschriftsteller und weitsichtigen Promoter einer neuen »Weltliteratur«, international Furore zu machen. Der Stoff war so verführerisch dargeboten, dass er geradezu eine Welle der Hysterie unter den Lesern auslöste. Raffiniert hatte Goethe das traurige Schicksal Werthers, das mit dem Freitod enden sollte, in Briefform gegossen. Briefe, in denen Werther sich selbst erklärte, offen für die Gefühle der Leser, die sich als Empfänger der Briefe fühlen konnten. So direkt waren sie noch nie angesprochen worden. Vielfach brachten sich die Leser nach der Lektüre um, ein Nachleben und Nachsterben durch ein Buch, wie es bis dahin niemand für möglich gehalten hatte.

Sinnlichkeit und Horror

Etwa zur gleichen Zeit wirkten in England zwei Schriftstellerinnen, die unterschiedlicher nicht hätten sein können. Beide waren mit ihren Romanen ihrer Zeit weit voraus: Jane Austen und Mary Shelley. Austen (1775–1817) lebte in bescheidenen Verhältnissen unverheiratet auf dem Land und starb früh und weitgehend unerkannt mit 42 Jahren. Shelley (1797–1851) dagegen lebte wie im Rausch. Sie begann mit 16 Jahren eine Affäre mit dem berühmten Poeten Percy Bysshe Shelley und heiratete ihn später, sie verbrachte ihre Zeit mit Dichterstars wie Lord Byron. Als Witwe Shelleys sorgte sie später für dessen Nachruhm, doch ihr eigenes Werk überstrahlte alles andere: *Frankenstein oder Der moderne Prometheus* (1818). Längst ist die Figur Victor Frankenstein von der Kino- und Popindustrie in ständig neuen und aufwendigen Remakes zu einer globalen Größe geworden, wird quasi immer wiederbelebt. Frankenstein ist der geniale Wissenschaftler, der die Grenzen ethischer und menschlicher Vorstellungskraft überschreitet und aus Leichenteilen menschenähnliche Wesen schafft. Die Hybris der Wissenschaftsgläubigkeit verkörpert Frankenstein, der Monster entstehen lässt, die nicht mehr zu beherrschen sind. Mary Shelley ist gemeinsam mit Bram Stokers *Dracula* (1897) die Ahnherrin des Horrorgenres. Sie schrieb nicht nur einen der herrlichsten Schauerromane, sondern mit ihrer modernen Erzähltechnik, die verschiedene Stimmen und Perspektiven einnimmt, dürfen wir *Frankenstein* auch als Prototyp fortschrittskritischer Science-Fiction betrachten.

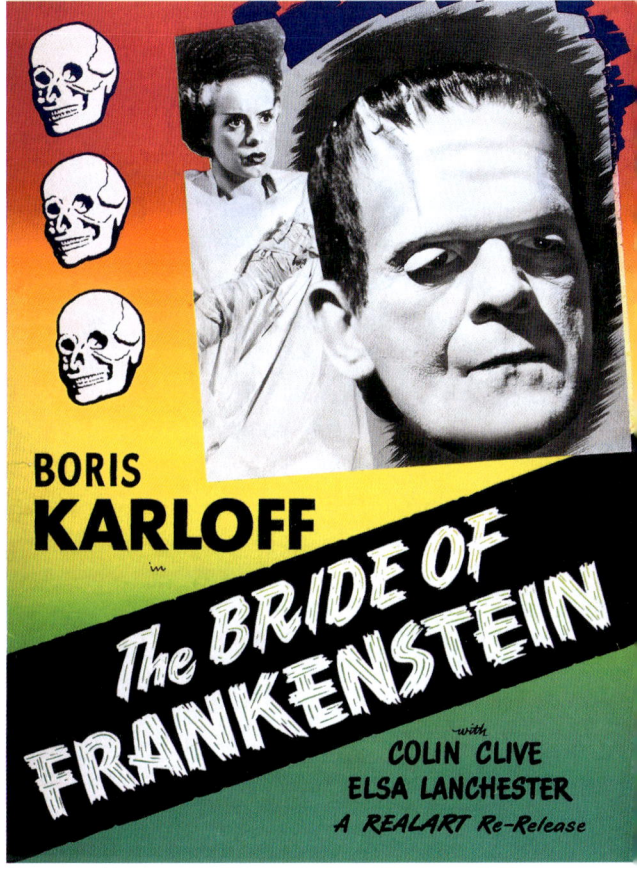

■ Von Mary Shelley geschaffener Mythos Frankenstein: Filmplakat mit Horrorstar Boris Karloff, 1935.

Während Mary Shelley den Horror in die Bücherwelt brachte, machte uns Jane Austen mit den feinen Rissen, den Abgründen ihrer Gesellschaft bekannt. Austens Geschichten spielen alle in der Welt des niedrigen englischen Landadels in der Zeit um 1800 – und doch sind sie unwiderstehlich welthaltig. Wir blicken auf die Hoffnungen und Wünsche junger Frauen im Hinblick auf Glück und Sinn im Leben, auf Standesunterschiede und Klassendenken. Austen verzichtet auf grelle Effekte, schildert mit feiner Ironie und tiefer Menschenkenntnis ihre großen Frauenfiguren: Fanny Dashwood in *Vernunft und Gefühl*, Emma Woodhouse in *Emma* oder Elizabeth Bennet in *Stolz und Vorurteil*. Ihre Liebesgeschichte mit dem wunderbaren Mr. Darcy gehört zum süchtig machenden Kosmos der Jane Austen. Kein Wunder, dass ihre Romane vielfach verfilmt wurden. Doch kein Film wird je an ihre Literatur heranreichen.

Kraftwerke der Gefühle

Mit Frauenfiguren geht es tragisch weiter. Wir befinden uns nun in der Mitte des wirklichkeitssüchtigen 19. Jahrhunderts, dem Zeitalter des Realismus und der größten Zeit des europäischen Romans. Mit harmlosen Idyllen kann man dem Publikum nun nicht mehr kommen. Jürgen Wertheimer spricht von einer neuen Erzählkultur mit eingebauten Bruchstellen. Das Scheitern, aber auch das Glück steht hinter den Figuren von Romanciers wie Alessandro Manzoni, Honoré de Balzac oder Charles Dickens. Wie wirklich kann man Wirklichkeit darstellen? Diese Frage stellen sich die großen Autoren zu dieser Zeit. Drei Romane dringen ein in das Dickicht der Beziehungen, es geht um Ehe und Ehebruch und ihre Folgen. Drei Titel, die bereits programmatisch die Namen der Heldinnen tragen: Gustave Flauberts *Madame Bovary* (1857), Leo Tolstois *Anna Karenina* (1877/78) und Theodor Fontanes *Effi Briest* (1896).

■ Gustave Flaubert: Schreiben mit klinischer Präzision.

Emma, Anna, Effi

Mit *Madame Bovary* gelang Gustave Flaubert (1821–1880) gleich in seinem ersten Roman ein Skandalerfolg. Wegen Verstoßes gegen die guten Sitten wurde er sogar vor Gericht gestellt, aber nicht verurteilt. Flaubert führte ein neuartiges narratives Verfahren ein. Der Autor tritt vollkommen hinter seinen Figuren zurück, lässt die Geschichte sich quasi selbst erzählen. Realistischer geht es kaum mehr. Emma Bovary lebt in der spießigen Enge der französischen Provinz. Ihr Zauber wirkt auf ihren Ehemann Charles, aber eben auch auf ihre Liebhaber. Es endet nicht gut. Vladimir Nabokov, auch er ein wahrhaft Großer der europäischen Literatur, hat einmal über *Madame Bovary* geschrieben: »Aber nach und nach kommt ihr Leben ins Wanken und fällt in sich zusammen wie alte Theaterkulissen.« Mit Flauberts Unterstützung, so Nabokov, macht sich das Schicksal daran, sie mit größter Präzision zu vernichten. Madame Bovary nimmt sich das Leben, und Flaubert beschreibt mit klinischer Präzision ihr qualvolles Sterben.

Tödlich geht auch Leo Tolstois Roman *Anna Karenina* aus. In einem großen Familiengeflecht blättert Tolstoi 1877 / 1878 ein adliges Gesellschaftspanorama auf. Im Mittelpunkt steht Anna Karenina. Sie verlässt Mann und Sohn für den Liebhaber Wronskij. Am Schluss des Romans wirft sie sich in scheinbar aussichtsloser Lage vor den Zug. Milan Kundera stellt sich in seinem Buch *Die Kunst des Romans* die Frage: Warum begeht Anna Karenina Selbstmord? Bei Goethes Werther, der die Frau seines besten Freundes liebte, sie aber nicht aufgeben wollte, schien der Fall klar zu sein. Kundera meint, Anna sei nicht zum Bahnhof gekommen, um sich umzubringen, eher habe der Entschluss Anna gefasst und gepackt. Tolstoi (1828–1910) hat die Kunst des inneren Monologs in einer unerhört modernen Weise eingesetzt, um das Abgleiten Annas in den Selbstmord schildern zu können. Verfasst von jenem Genie, das mit seinem Historienmonument *Krieg und Frieden* schon einmal Literaturgeschichte geschrieben hatte.

Die Orte der wahren Empfindungen, so Jürgen Wertheimer, die eigentlichen Kraftwerke der Gefühle, sind im 19. Jahrhundert öffentlich aus dem Bereich Ehe und Familie ausgeklammert. Ehebruch ist der schlimmste Tabubruch in der bürgerlichen Gesellschaft, ein Austreten aus der Wertegemeinschaft. Emma, Anna und Effi: drei Frauenfiguren, die keine Chance haben dürfen, bürgerlich weiterzuleben. Wie bei Theodor Fontane (1819–1898), dem wohl größten realistischen Romancier Deutschlands. Hier stirbt Effi Briest allerdings still und diskret. Die 17-Jährige wird mit dem ältlichen Baron Innstetten zwangsverheiratet, muss ihre Gefühle und Bedürfnisse einsperren in eine ungeliebte Ehe. Bis Major Crampas ihre Leidenschaft weckt. Doch letztendlich wird sie verstoßen und gesellschaftlich isoliert. Innstetten trennt sich von ihr und weiß, dass es für ihn ebenso unglücklich ausgeht wie für sie. Die Vorlage für die Romanfigur gab es im echten Leben: Fontane hörte von der Geschichte einer Elisabeth von Plotho, die 1873 Baron von Ardenne heiratete und später nach einer Affäre geschieden wurde. Der Unterschied zwischen Fiktion und Realität: Elisabeth von Plotho führte ein langes Leben und starb erst 1952 mit wahrhaft biblischen 98 Jahren.

Sittenbilder und Brüche

Als das 19. Jahrhundert zu Ende ging, blickte man zurück auf die wohl entscheidende Epoche des europäischen Romans. Die Russen, die Franzosen, auch die Engländer gaben den Ton an. Vater und Sohn Alexandre Dumas brillierten mit historischen Abenteuerromanen wie *Der Graf von Monte Christo* vom Senior oder *Die Kameliendame* vom Junior, Honoré de Balzac zeichnete mit seiner unübertroffen gigantischen, mehrbändigen *Menschlichen Komödie* das Sittenbild der französischen Gesellschaft. Fjodor Dostojewski tat dies ebenso, mit dem St. Petersburger Roman um den Täter Raskolnikow in *Verbrechen und Strafe* (früher *Schuld und Sühne*); Iwan Turgenjew ist zu nennen und Nikolai Gogol. Fast alle schrieben zur gleichen Zeit, so dicht beieinander lagen die Begabungen in Europa nie wieder.

Als das 20. Jahrhundert anbrach, fragten sich einige Kritiker: Ist der Roman tot? Kann er noch die Friktionen unserer beschleunigten Zeit abbilden? Auf welche Bücher könnten sich die bald tödlich zerstrittenen Europäer einigen? Ein Franzose und ein Deutscher gaben noch vor Beginn der Urkatastrophe dieses Jahrhunderts, dem Beginn des Ersten Weltkriegs, überzeugende Antworten: Marcel Proust und Thomas Mann. Ja, der Roman lebte offensichtlich munter weiter. Er wucherte geradezu. In Paris und in einem Grand Hotel in Cabourg machte sich im Jahr 1906 der Schriftsteller Marcel Proust (1871–1922) daran, ein Werk zu schreiben, das ihn bis zu seinem frühen Tod beschäftigen sollte. *Auf der Suche nach der verlorenen Zeit*, bestehend aus sieben Teilen, ist nach Balzacs *Menschlicher Komödie* das wohl größte und detailreichste europäische Romanvorhaben aller Zeiten. Die Erzählung über die Heraufbeschwörung der feinen Welt des *Fin de siècle* und deren Abgründe hat Vladimir Nabokov bewundernd beschrieben: »Das Ganze ist eine Schatzsuche, bei der der Schatz die Zeit und das Versteck die Vergangenheit ist: Das ist der tiefere Sinn des Titels *Auf der Suche nach der verlorenen Zeit*. Die Umwandlung von Wahrnehmungen in Gefühle, die Gezeiten der Erinnerung, die Wellen von Emotionen wie Begierde, Eifersucht und ästhetischer Euphorie – das ist der Stoff des ungeheuren und dennoch einzigartig leichten und durchsichtigen Werks.«

Meister des Untergangs

Mit diesen Worten hätte Nabokov ebenso Thomas Manns *Buddenbrooks* meinen können. Die Geschichte des Verfalls einer Lübecker Patrizierfamilie erschien 1901 und brachte Mann (1875–1955) den Literaturnobelpreis ein. Der Roman wurde ein Welterfolg, das norddeutsche Generationendrama eroberte die Herzen der Leser. Sie spürten in diesem Roman, dass sich

Liebe und andere Katastrophen – der europäische Roman

■ Vor Gericht: Franz Kafkas eigenhändige Zeichnung für den *Prozess*.

hier gesicherte Grenzen und Wahrnehmungen auflösten, dass sie Zeugen eines Zerfallsprozesses waren.

Nach dem Ersten Weltkrieg erhob sich eine Stimme aus Prag, die dem modernen Roman, kaum beachtet von der Mehrheit seiner Zeitgenossen, zu einer ungeahnten Erneuerung verhalf: Franz Kafka (1883–1924). »Jemand muss Josef K. verleumdet haben, denn ohne dass er etwas Böses getan hätte, wurde er eines Morgens verhaftet.« Das ist der berühmte erste Satz, mit dem sein Roman *Der Prozess* beginnt. K. erwacht, aber der Albtraum beginnt erst jetzt, nach dem Schlaf. Der anonyme Held der Geschichte wird von einem System verschlungen, von einer seelenlosen Bürokratie, die die Menschen entpersönlicht. Milan Kundera, Kafkas Landsmann, fragt: »Aber warum ist Kafka der erste Romancier gewesen, der diese Tendenzen erkennt, die doch erst nach seinem Tod in aller Deutlichkeit und Brutalität auf dem Schauplatz der Geschichte in Erscheinung getreten sind?«

Den Zweiten Weltkrieg hat Kafka nicht mehr erleben müssen, und auch nicht den Holocaust, dem viele Mitglieder seiner Familie zum Opfer fielen. Nach 1945 ordnete sich die Welt neu, auch der europäische Roman musste auf die Zeit der Selbstzerstörung moralischer Werte, der Zerlegung der bürgerlichen Zivilisation antworten. Roland Barthes, der französische Philosoph, sprach vom *degré zéro,* vom Nullpunkt der Literatur, aber es gab keine »Stunde null«. Günter Grass gab mit seinem Roman *Die Blechtrommel*, den er übrigens in Paris anfing zu schreiben, der deutschen, aber auch der europäischen Literatur einen neuen Impuls. Autoren und Autorinnen wie Ingeborg Bachmann, Per Olof Enquist oder Imre Kertész veränderten den Blick auf die Welt, ebenso wie Italo Calvino, Marguerite Duras oder Cees Nooteboom – bis hin zu Umberto Eco.

Tödliche Bücher und neue Chancen

In Ecos Roman *Der Name der Rose*, erschienen 1980, sammelten sich noch einmal die großen Erzählungen Europas. Ein Buch über Bücher in der historischen Klosterwelt und der labyrinthischen Bibliothek der Benediktiner. Umberto Eco (1932 bis 2016), der hochgelehrte Semiotikprofessor aus Bologna, setzte ein beziehungsreiches, zeichenhaftes und anspielungsreiches Drama in Szene, das nicht nur intelligent, sondern vor allem spannend erzählt ist. Alle Zutaten des europäischen Romans fließen in dieses postmoderne Geflecht ein: verborgene und offene Leidenschaften, Glaubensfehden, Anspielungen auf die chaotische Gegenwart und die Einsicht, dass es letztendlich keine Ordnung gibt. Dass Bücher buchstäblich töten können, beweist Eco mit Witz und Sinn, wenn die unglücklichen Mönche die vergifteten Seiten des angeblich allerletzten Originalexemplars des *Zweiten Buches der Poetik* von Aristoteles berühren. Ein Schmöker mit doppeltem Boden – und auch als Kinoverfilmung mit Sean Connery in der Hauptrolle ein Welterfolg.

Ist der europäische Roman nun tot? Nein, eher lebendiger denn je. In Zeiten der Globalisierung muss jedoch der Begriff der Nationalliteratur ganz neu gedacht werden. Die großen Erfolge von Weltbürgern mit außereuropäischen Wurzeln, wie Salman Rushdie, Yasmina Reza, V.S. Naipaul oder Zadie Smith, machen heute die europäische Literatur reich. Milan Kundera, unser Zeuge, sagte einmal, dass er heute zwar die europäische Kultur bedroht sehe, nämlich die Achtung vor dem Individuum und seiner Originalität des Denkens, doch dann sehe er Europa im Roman bewahrt, dann »ist diese kostbare Essenz des europäischen Geistes in der Geschichte des Romans, in der Weisheit des Romans wie in einem Silberkästchen aufgehoben«.

EUROPA WIRD FRANZÖSISCH – LUDWIG XIV., DER SONNENKÖNIG

Nach dem Westfälischen Frieden von 1648 stieg Frankreich zur führenden Nation in Europa auf. Der Dreißigjährige Krieg hatte Frankreichs Rivalen Deutschland und Spanien geschwächt, in den Friedensverhandlungen gewann die selbstbewusste französische Diplomatie die Oberhand. König Ludwig XIV. (1638–1715) wurde zum mächtigsten Monarchen Europas. Für die Zeit von 1650 bis zum Ende des 18. Jahrhunderts spricht die Forschung von einem französi-

Postmoderne Gelehrsamkeit: Sean Connery in der Verfilmung von Umberto Ecos *Der Name der Rose*.

Europa wird französisch – Ludwig XIV., der Sonnenkönig

schen Europa. Französische Sitten, Architektur und Landschaftskunst wurden stilprägend für die gesellschaftliche Elite in ganz Europa.

Frankreich war mit 18 Millionen Einwohnern das bevölkerungsreichste Land Europas, litt aber unter einem zermürbendem Regionalismus. Es war in zahlreiche Provinzen aufgespalten, mit eigenwilligen Städten, unterschiedlichen Zöllen, Rechtsvorschriften und Dialekten, und auch in der Religion waren sich Katholiken und Protestanten uneins. Daher hatten schon die Kardinäle Richelieu und Mazarin eine zentrale Verwaltung der Provinzen vorangetrieben, unter Ludwig wurde die Staatsgewalt weiter gestrafft. Der Reichtum der Krone speiste sich aus den Abgaben der verarmten Landbevölkerung – die aber nicht aufbegehrte, weil sie im absolutistischen König eine nahezu sakrale Instanz sah. Bei aller Misere war ihr König das Band, das alle zusammenhielt.

Zwar kam es mit der sogenannten *Fronde,* einem Aufstand von Adel und Gerichtshöfen gegen den königlichen Absolutismus, zwischen 1648 und 1653 zu einer gefährlichen Krise, doch konnten sich am Ende der junge König und seine Entourage behaupten. Ludwig hatte mit seinem Hof nach Saint-Germain-en-Laye im Westen von Paris fliehen müssen. Dort verbarg er sich in einem Haus ohne Fensterscheiben, schlief auf Stroh und zitterte monatelang vor der drohenden Entmachtung. Doch das Blatt wendete sich, Ludwig kehrte als alter und neuer Herrscher nach Paris zurück. Er schwor, sich nie mehr dem Druck des Hochadels zu beugen. Ab jetzt würde er alle Staatsgeschäfte vom Adel entkoppeln und Entscheidungen nur noch mit königstreuen Ministern treffen. *Rex a legibus solutus:* Dem König gebührt die höchste politische und rechtliche Autorität. Übrigens

■ Das berühmteste Ludwig-Porträt: Der König in vollem Ornat, gemalt von Hyacinthe Rigaud (um 1700). Es hängt im Versailler Schloss im Thronsaal, dem Salon d'Apollon.

stammt das geflügelte Wort *L'état, c'est moi* anscheinend nicht von ihm.

Der Sonnenkönig Ludwig XIV. und sein Schloss

Von Anfang an lässt der junge Bourbone keinen Zweifel daran, dass er die Spitzenposition in Europa anstrebt und es auf ewigen Ruhm, auf *Gloire,* abgesehen hat. Sein Vater ist früh verstorben, weshalb er eine enge Beziehung zu seinem Mentor Kardinal Mazarin unterhält, der ihn in der Kunst der Diplomatie und Staatsführung unterrichtet. Ludwig wird ein eindrucksvoller Mann mit vollem Haar und selbstbewusster Statur, wie zahllose Porträts von ihm bezeugen. Seine königliche Würde ist flankiert von einer Phalanx beeindruckender Sekundärtugenden: Er ist passionierter Reiter, liebt die Jagd, glänzt im Fechten, ist ein hervorragender Tänzer und versteht sich auf die gestalterischen Künste. Wer gemeinhin im absolutistischen Herrscher einen untätigen, von der Macht verwöhnten Autokraten sieht, liegt bei Ludwig falsch. Er ist über die aktuelle Politik bestens im Bilde, ungemein fleißig und diszipliniert und zugleich charmant und schlagfertig. Wenn es allerdings um seinen Status geht, agiert er unerbittlich, ihm ebenbürtig darf keiner sein. Er kann Menschen beobachten und hat gelernt, Gefühle zu verbergen – wie auch sich als Person, liebt er es doch,

■ Das alte Jagdschloss mit dem Marmorhof ist der Nukleus von Versailles: An seinen Seiten entstand ab 1661 in mehreren Etappen die heutige große Anlage.

hinter Masken zu schlüpfen, am liebsten hinter die des Apollon, undurchschaubar für seine Untertanen. Sein auf Selbst- und Fremdbeherrschung fokussierter Charakter sowie der Umstand, dass sich sein ganzes Leben in der Öffentlichkeit abgespielt hat – das alles wird ihn auch ungemein gefordert haben.

Ludwigs zentrale Herrschaftsidee kreist um Inszenierung und Repräsentation. Über Jahrzehnte versorgt eine gigantische königliche Armada von Imageproduzenten den Hof und das einfache Volk mit dem Bild eines alles überstrahlenden Königs: auf Möbeln, Medaillen, Gedenkmünzen, Kupferstichen, bei Hoffesten, in Gärten und auf Kutschen, überall prangen von Spezialisten ausgesuchte Motive des Königs. Das zentrale Symbol für Ludwig wird die Sonne. Sie ist das alles Leben spendende Zentralgestirn, um das die anderen kreisen, von überirdischer Kraft, nie versiegend, hell und funkelnd. Versailles ist ein Spiegelbild des Kosmos. Mit der Wahl der Sonne verbindet Ludwig nicht nur seinen Anspruch auf den Rang des Ersten im Staat, sondern auch auf den des Ersten in Europa. Als *Roi-Soleil*, als Sonnenkönig, ist er bis heute in die Geschichte und in das populäre Bewusstsein eingegangen. Welch erstaunliche Prominenz ist das für einen Herrscher des fernen 17. Jahrhunderts!

Der Mythos um den Sonnenkönig hat sich mit einem örtlichen Mythos, einem *genius loci*, zu einer geschichtsmächtigen Einheit verbunden: mit dem Schloss von Versailles. 1682 verlegte Ludwig seinen Regierungssitz von den Schlössern Louvre und Palais Royal aus Paris endgültig nach Versailles, an einen unscheinbaren Ort, 25 Kilometer nach Südwesten von der Stadt entfernt. Dort hatte er auf einem kargen Hügel eine Anlage erbauen lassen, wie sie die Welt noch nicht gesehen hatte: einen gigantischen Komplex von lang gestreckten barocken Baukörpern, an die sich eine unendlich scheinende Gartenanlage anschließt. Dass Soldaten unter Verlusten Sumpf und Wälder bebaubar gemacht hatten, Tausende Arbeiter unter prekären Bedingungen geschuftet hatten, trat hinter das Ergebnis zurück: Diese Prachtresidenz raubte den Menschen den Atem.

Das kleine Jagdschloss von Ludwigs Vater bildet den Nukleus der Anlage. Von hier spreizen sich die beiden langen Süd- und Nordflügel, wobei die gesamte Fassade zur Gartenlandschaft über einen halben Kilometer lang ist. Der Garten ist über 100 Hektar groß und bildet ein überwältigendes Ensemble aus Springbrunnen, akkurat gestalteten Büschen und Hecken (angeblich wurden etwa 75 000 Bäume kunstvoll gestutzt), Marmorskulpturen, Pavillons, Fußwegen für Flaneure und Kutschen, Labyrinthen für Kesse und Verliebte. In Verlängerung der Hauptachse, die mitten durch den Schlosskern führt, durchzieht ein Kanal den Garten, scheinbar in die Unendlichkeit hinein. Die Bewässerung der Anlage erfolgte aus einem nahe gelegenen Pumpwerk, doch war der Garten so riesig, dass oft immer nur diejenigen Fontänen und Springbrunnen Wasser führten, in de-

Was wir erschaffen – was wir beherrschen

■ Die imposante Anlage von Versailles mit Schloss und Garten aus der Vogelperspektive. Wie muss das erst vor 300 Jahren auf die Menschen gewirkt haben!

ren Nähe der König gerade weilte. Für die Bauten und den Garten hatte Ludwig avantgardistische Architekten ausgesucht, insbesondere André Le Nôtre.

Der Bau des Schlosses verschlang Unsummen, doch die Großartigkeit von Versailles entfaltete eine eminent politische Wirkung. Die gewaltige Architektur verkörperte einen gewaltigen Herrscher, und mächtige Gebäude und Symbole bewirkten damals mehr als politische Schriften. Die klare Geometrie von Schloss und Garten ließen auf einen Monarchen schließen, der einen Plan für Politik, Gesellschaft und Kultur zu haben schien – er schien ein moderner, wissender Herrscher zu sein. Ludwig hatte verstanden, was Montesquieu et-was später so formulieren würde: »Der Prunk und der Glanz, der Könige umgibt, ist Teil ihrer Macht.«

Das Leben bei Hofe

Versailles wurde für den hohen Adel *the place to be*. Wer gesellschaftlich eine Rolle spielen wollte, musste in der Gunst des Königs stehen und versuchen, auch physisch so nahe wie möglich an ihn heranzukommen. Im Schloss selbst wohnten neben der königlichen Familie rund 1000 Adlige, im Ort kamen 4000 weitere hinzu. Da Versailles Regierungssitz war, mussten sämtliche Anliegen von Bittstellern dort vorgetragen werden. Versailles wurde zum perfekten Integrationsinstrument für den Adel, das diesen einschüchterte, manipulierte, permanent beschäftigt hielt. Die Aristokratie bestand aus dem vornehmen Schwertadel der alten Familien sowie dem Amtsadel, in den sich Verwalter, Juristen oder Unternehmer hochgedient oder eingekauft hatten.

Das Leben im Schloss und dessen sichtbare Symbole waren einzig und allein auf die Verherrlichung des Königs ausgerichtet. Die besten Dekorateure, Stuckateure, Möbelbauer, Maler und Bildhauer hatten dem Schloss ein helles und weiträumiges, auch in der Gestaltung der Innenräume und Möbel geschmackvolles Gesamtbild verschafft, für das man später den Stilbegriff *Louis Quatorze* prägte. Je näher man den Zimmern des Königs kam, desto sichtbarer wurden Gold, Marmor und Brokat. Der Kunsthistoriker André Félibien schrieb 1689, dass alles im Schloss »in Beziehung zu dieser Gottheit stünde; auch alle Figuren und Verzierungen, die man da sieht, sind keineswegs beliebig aufgestellt und haben entweder zur Sonne oder zum speziellen Ort, an dem sie sich befinden, Bezug«. Ludwig mit einer Gottheit gleichzusetzen galt übrigens nicht als Blasphemie, sondern wurde als zulässiges Bild empfunden. Im Zentrum lag das Zimmer des Königs, um ihn herum logierten seine Familie und Verwandten, Mätressen und Diener, im Südflügel wohnte der hohe Adel. Rund 4000 Bedienstete, Köche, Kammerdiener und Zofen, kümmerten sich um das Wohl der hohen Herrschaften. Ob ein wohlfeiler Herzog sein Zimmer näher an den König heranrücken durfte oder vielleicht ein Gemach dazubekam, entschied der Sonnenkönig mit feinem Gespür für Gunstbezeugungen.

Das alles wurde vom sensationslüsternen Publikum mit sensiblen Antennen registriert, das Pech des anderen konnte den eigenen Karrieresprung bedeuten. Entsprechend fand die Kommunikation untereinander statt, stets mit Netz und doppeltem Boden, nach unausgesprochenen, aber bekannten Regeln. Man konnte nie wissen, ob nicht ein Spion Ludwig oder dessen Vertrauten verräterische Dinge zutrug, was womöglich das eigene gesellschaftliche Aus bedeutete. Den König durfte man nicht direkt ansprechen, sondern man musste warten, bis man von Seiner Majestät aufgefordert wurde. Antworten war nur in der dritten Person erlaubt. Je unverfänglicher die Themen, etwa die Kunst, die Mode oder die Jagd, desto geringer das persönliche Risiko, womit sich das inhaltliche Spannungspotenzial der royalen Konversation zwar in Grenzen hielt, rhetorische Finesse aber an Bedeutung gewann. Sprache und Gesprächsführung in feinen Nuancen werden in Frankreich unvermindert geschätzt. In Versailles ist zudem erfunden worden, was man bis heute Etikette nennt. Damals ein strenges Kompendium von Benimmregeln, die sich nach Alter einer Adelsdynastie, Status einer aristokratischen Dame und anderen Rangelementen richten. Diese Etikette, benannt nach den Zetteln *(étiquettes)*, die den Gästen bei höfi-

Was wir erschaffen – was wir beherrschen

■ Darstellung aus Rameaus *Grand bal du Roi*. Alles ist auf den König und den Thron ausgerichtet: Architektur, Deckenmalerei, Anordnung der Zuschauer und wartende Tänzer. Jetzt bloß keinen falschen Schritt machen!

schen Ereignissen angeheftet waren und den Status offenbarten, war entscheidendes inneres Strukturprinzip am Hof des Sonnenkönigs.

Eine besondere Emotionalität der höfischen Kultur kam den Tanzfesten zu, insbesondere dem *Grand bal*. Hieran nahm teil, wer Rang und Namen hatte, getanzt wurde nicht selten an mehreren Abenden in der Woche. In seiner Schrift *Le maître à danser* von 1725 beschrieb der Tanzchoreograf Pierre Rameau die Feinheiten der Tanzetikette. Demnach wurden die Eingeladenen in der angesehenen Zeitschrift *Mercure galant* aufgelistet, ihre Tänze und Partner genauestens festgelegt. Erwähnt war auch das Niveau der zugewiesenen Sitzgelegenheit, ob Fauteuil oder nur ein gepolsterter Stuhl, ob mit oder ohne Armlehne. Zum Tanz traf sich der Hofstaat dann im berühmten Spiegelsaal, dessen barocke Pracht im Zusammenspiel mit den Hunderten von festlich gekleideten Gästen magischen Glanz ausgestrahlt haben muss. Durch die 17 Meter hohen Fenster blickte man auf den Park, an der Gegenseite waren 357 Spiegel angebracht. Riesige Kristalllüster glitzerten von oben herab, an der Decke waren Gemälde von Charles le Brun mit den Ruhmestaten des Sonnenkönigs zu sehen, er thronte buchstäblich über den Köpfen seiner Untertanen. Ein Reisender, gebannt von dieser Atmosphäre, schrieb begeistert: »In der großen Wandelhalle des Versailler Schlosses hatte man Tausende Kerzen angezündet. Ihr Licht brach sich in den Spiegeln an den Wänden und in den Diamanten der Kavaliere und Damen. Es war heller als am Tage. Man wähnte sich in einem Traum, einem Zauberreich.«

Kam der König zur Gesellschaft hinzu und wählte bestimmte Paare für einen schwierigen Tanz aus, lagen die Freude ob der Nominierung und die Angst vor dem Scheitern eng beieinander. Ludwig war ein gestrenger Tanzmeister, und die Kombination aus fehlerfreiem Tanz, strengen Benimmregeln und gnadenlos urteilenden Zuschauern war für die Tänzer eine hohe Herausforderung.

Wobei das Leben in Versailles auch skurrile Züge trug. Von besonderer Bedeutung waren *lever* und *coucher* des Königs, sein Aufwachen und das Zubettgehen. Weil es nicht in privatem Rahmen stattfand, sondern ganz im Gegenteil öffentliches Hofzeremoniell und ein gleichsam politischer Akt war. Scharen von Adligen gesellten sich morgens zum König und sahen zu, wie aus dem Mann im Morgenrock ein Herrscher in feinster Kleidung wurde. Besonders Auserwählte durften ihm tatsächlich beim Stuhlgang assistieren (in die Sitzfläche eines besonderen Stuhls war ein Nachttopf eingelassen), wofür unter Umständen beträchtliche Summen gezahlt wurden. Je näher man am Nachttopf war, desto höher die Gunst. Vielleicht ergab sich dabei ja auch die Gelegenheit, für sich selbst ein gutes Wort einzulegen oder dem König ein paar kompromittierende Dinge über einen Gegner zuzuflüstern. Beim *petit lever* wurde der König im engsten Kreis seiner Diener gewaschen, mit Rosenwasser abgerieben,

Was wir erschaffen – was wir beherrschen

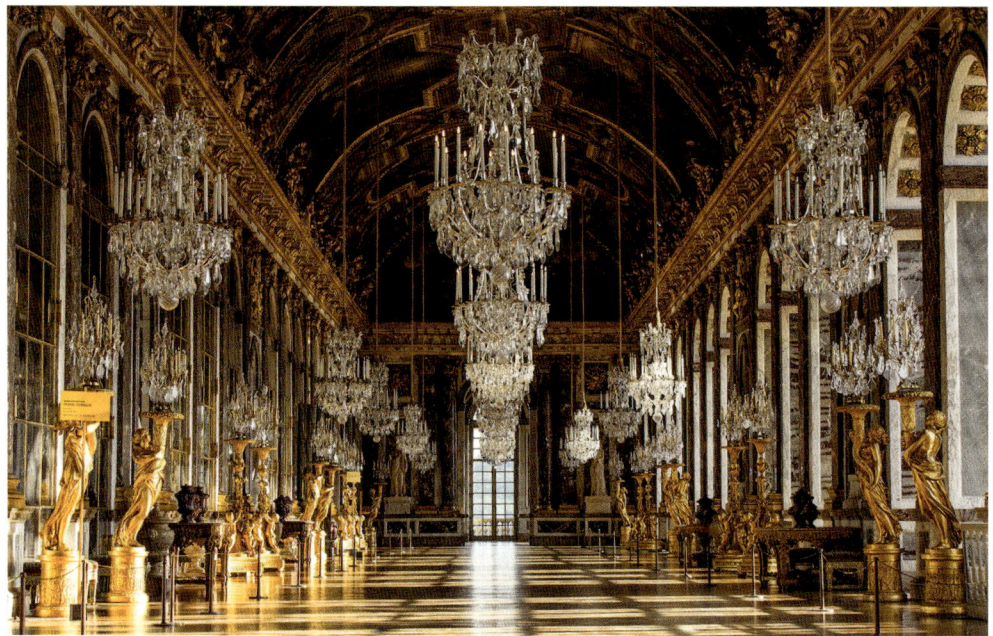

■ Einer der berühmtesten Säle der Welt, der Geschichte erlebt und geschrieben hat: der Spiegelsaal von Versailles.

beim *grand lever* schauen ihm Dutzende von Besuchern zu, wenn er in die königliche Garderobe schlüpfte. Der Begriff *Toilette* geht übrigens auf das französische *toile* für Tuch zurück, mit dem man sich abwusch.

Hygiene war umständehalber in Versailles nicht großgeschrieben. Das begann bei den schweren, langlockigen Allonge-Perücken (frz. *peruque* = Haarschopf) aus Pferdehaar, unter denen sich der Schweiß sammelte und die einen Tummelplatz für Läuse und Flöhe boten. Ansonsten hatte die Perücke auch ihre Vorteile. Sie machte einen größer, wärmte den Kopf in den kalten Schlössern, und seit Ludwig aufgrund seines schütterer werdenden Haares selbst zur Perücke greifen musste, wohnte ihr bei Hofe ein höherer Status inne. Die dicke Schminke überdeckte so manch prekäre Haut, dicker Talkumpuder machte ein blasses Gesicht, kariöse Zähne wurden geweißt. Um sich vor unangenehmen Gerüchen insbesondere im Sommer zu schützen, hielt man sich parfümierte Taschentücher vor das Gesicht. Die Geschichten von den »notdürftigen« Toilettensitten im Schloss, wonach die Adligen sich in dunklen Nischen endloser Gänge erleichterten, ungeniert an Wände und Vorhänge urinierten, sind übertrieben. Ach, und die berühmten Schönheitspflaster? Sie waren aufgeklebt

Europa wird französisch – Ludwig XIV., der Sonnenkönig

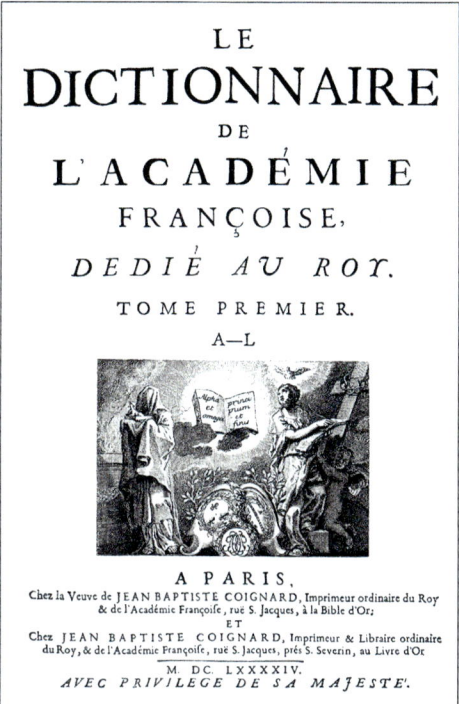

Titelseite der ersten Ausgabe des Wörterbuchs (1694) der *Académie française*, dem König gewidmet.

mien bildete. Schon 1635 war es unter der Regentschaft von Ludwig XIII. durch den Kardinal Richelieu zur Gründung der *Académie française* gekommen. Diese sollte sich um die Reinheit der französischen Sprache verdient machen. Sie verfasste ein maßgebliches Wörterbuch und eine Grammatik des Französischen. Der hohe Rang der Akademie äußert sich auch im Namen der 40 Mitglieder, die die »Unsterblichen« genannt werden. Hinter dem Bemühen um die Sprache stand die Überzeugung, dass politische Herrschaft und Sprachkompetenz eng zusammenhängen. Die Akademie hatte daher auch zum Ziel, der französischen Sprache zu europäischer Geltung zu verhelfen. Die Franzosen sind auch heute noch in Bezug auf ihre Sprache wenig kompromissbereit: Die Akademie wacht sorgsam darüber, dass nicht zu viele Anglizismen Eingang in das Französische finden, hier sind wir Deutschen erheblich gleichgültiger.

Akademieförderung hieß bei Ludwig Kulturpolitik. Aus der Förderung des Französischen wurde aktive Außenpolitik, Französisch wurde zur Sprache der internationalen Diplomatie. Überall in Europa wurde jetzt Französisch parliert, nicht nur in Politik und Kunst, sondern auch in der Wissenschaft, seit zum Beispiel mit dem Pariser *Journal des Savants* (1665) eine einflussreiche wissenschaftliche Zeitschrift erschienen war. Berühmt ist die Begeisterung des Preußenkönigs Friedrich II. für Voltaire und die französische Sprache, das Deutsche empfand der »Alte Fritz« als

und ließen sich je nach Bedeutung an anderer Stelle im Gesicht anbringen. Jede Position stand für einen anderen Code – wie zum Beispiel für den diskreten Hinweis, wer für einen Tanz oder gar ein erotisches Stelldichein zu haben war.

Académie française und Architektur – stilbildend für Europa

Neben dem mondänen Leben am Hofe entwickelte sich unter Ludwig XIV. jedoch auch eine lebendige Wissenschaftskultur, deren Kern die Etablierung von Akade-

minderwertig. Das System der Akademien zur Förderung der Künste und der Wissenschaft wurde in den 1660er-Jahren weiter ausgebaut, insbesondere durch den Finanzminister Jean-Baptiste Colbert. Die *Académie des Inscriptions* (1663) befasste sich ausschließlich mit den Inschriften auf Monumenten des Königs oder auf Medaillen, Münzen und Grafiken.

Insgesamt förderten Colbert und seine Mitstreiter wie Jean Chapelain gezielt Schriftsteller, Künstler und Publizisten, um den Ruhm des Königs und die französische Führungsrolle in Europa zu festigen. Es wurden Besoldungslisten geführt von Architekten, Musikern, Medizinern, Mathematikern und Astronomen, die zur Glorie des Königshauses beitragen konnten – von Spezialisten, die die Kulissen von Theater, Oper und Festspielen zu großen, spektakulären Events machten. Später schrieb Ludwig oder ließ schreiben, dass »Feste den eigenen Untertanen Freude bereiten und dem Ausland einen äußerst vorteilhaften Eindruck von Herrlichkeit, Macht, Reichtum und Erhabenheit geben«. Dass im

■ »Die Vergnügungen der verzauberten Insel« waren ein mehrtägiges Frühlingsfest für 600 Gäste im Garten von Versailles (1664) mit spektakulären Tieren und Fabelwesen, hier mit nachgemachten Seeungeheuern. Europas Elite war ob dieses Spektakels tief beeindruckt.

17. Jahrhundert über die heute als brotlos geltende Kunst harte Politik gemacht und Hegemonie erreicht werden konnte, ruft in musischen Lesern gewiss eine Mischung aus Sympathie und Nostalgie hervor – und sublimiert vielleicht ihr Bild vom absolutistischen Sonnenkönig.

Auch in anderen Ländern Europas entstanden jetzt nach französischem Vorbild Akademien für Kunst und Wissenschaft, wie in Spanien unter Philipp V. die *Académie espagnole*, die ein kastilisches (hochspanisches) Wörterbuch entwickelte, oder in Russland unter Peter I. die Akademie der Wissenschaften. In Preußen wurden 1696 die Akademie der Künste (ursprünglich »Academie der Mahler-, Bildhauer- und Architectur-Kunst«) und 1700 die Akademie der Wissenschaften (als »Kurfürstliche-Brandenburgische Societät der Wissenschaften«) gegründet. Es gibt heute wohl kaum ein europäisches Land, das nicht über eine Akademie der Wissenschaften und / oder der Künste verfügt.

In Deutschland war um 1700 herum insbesondere Brandenburg-Preußen der Motor für die Gründung der Akademien. Eine entscheidende Rolle spielten hierbei die Nachkommen der Hugenotten, die von Frankreich nach Preußen emigriert waren. Kurfürst Friedrich Wilhelm von Brandenburg hatte – auf der rechtlichen Grundlage des Edikts von Potsdam (1685) – die protestantischen Glaubensflüchtlinge in Preußen aufgenommen. 1720 waren diese *Réfugiés* auch Mitbegründer eines Journals mit dem Titel *Bibliothèque Germanique*, das über wissenschaftliche Entwicklungen in Theologie, Geschichte, Philosophie und Rechtswissenschaft berichtete. Die Hugenotten waren nicht nur wichtige Impulsgeber im offiziellen Kultur- und Wissenschaftsbetrieb, sondern importierten als Hauslehrer französische Kultur auch in die privaten Milieus.

Neben den Sitten, der Kultur und der Wissenschaft hat besonders die Architektur von Versailles das damalige Europa beeinflusst. Rund 100 Jahre lang haben europäische Herrscherhäuser den Versailles-Stil kopiert oder in eigene Konzepte integriert. Bei seinen spanischen Verwandten hat Ludwig XIV. selbst Einfluss auf Schlösser und Gärten genommen. Zar Peter I. engagierte für die Gartengestaltung seines Peterhofs in St. Petersburg einen Schüler von André Le Nôtre, auch die Inneneinrichtung der Paläste wurde Versailles nachempfunden. Mit der Orientierung am französischen Modell versprach sich Peter I. auch eine Einbindung des Adels und damit eine Modernisierung seines Landes nach westlicher Prägung.

Selbst die Gegner Ludwigs XIV. kamen an Versailles nicht vorbei, wie das habsburgische Österreich. Bereits die geografische Lage des Schlosses Schönbrunn außerhalb des Wiener Stadtzentrums verweist auf Versailles. Und die Sonne als Herrschaftszeichen wurde ebenfalls benutzt. Das kaiserliche Habsburg unter Leopold I. gegen den Bourbonenkönig Ludwig, das war »Symbolkampf« (Thomas Höpel) in höchster Ausprägung. Auch die deutschen Lan-

Was wir erschaffen – was wir beherrschen

■ Blühendes Barock: Das Schloss in Ludwigsburg ist Versailles in Reinkultur. Und ein Beleg dafür, dass im föderalen Deutschland die großen Kulturbauten nicht nur in den Metropolen stehen.

desherren in Brandenburg, Preußen, Sachsen oder Bayern übernahmen für ihre eigenen Barockbauten Grundstrukturen aus Versailles. Bauliche Muster, Gartendesign und Möbel verfingen dabei mehr als die von Ludwig etablierte manipulative Hofkultur, über die sich zum Beispiel Friedrich II. mokierte. Dafür aber begeisterte er sich an französischer Schlossarchitektur. Sanssouci ist wohl eine der deutlichsten Übernahmen aus französischem Vorbild, hier stand das Werk *De la distribution des maisons de plaisance et de la décoration des édifices en général* des französischen Architekten Jacques-François Blondel Pate. Aber auch viele andere Barockschlösser entstanden nach dem Vorbild von Versailles, wie neben Kassel oder Mainz besonders das Ludwigsburger Residenzschloss (ab 1704) und die Würzburger Residenz (ab 1719).

Am Ende hatte Ludwig XIV. 72 Jahre über Frankreich geherrscht, damit ist er einer der am längsten regierenden Monarchen in der europäischen Geschichte (Elisabeth II. ist 2017 seit 65 Jahren auf dem Thron …). Der Einfluss dieses absolutistischen Frankreich auf Europa setzte sich bis tief ins 18. Jahrhundert hinein fort, angefangen bei modernen Konzepten von Staat und Verwaltung über Strategien von Herrschaftsrepräsentation bis hin zur Exposition von royalem Luxus. Am nachhaltigsten wirkten wahrscheinlich französische Sprache, Kultur und Wissenschaft. Eine besonders markante Fußnote im französischen Europa jener Zeit bildet der Umstand, dass anschließend in die Fußstapfen des einen Akteurs ein anderer, diametral entgegengesetzter trat, mit der gleichen Wucht und dem gleichen Sendungsbewusstsein. Dem französischen Absolutismus folgte die französische Aufklärung, die den innersten Kern der europäischen Menschenrechtsidee geschaffen hat. Ludwig selbst ist in der Geschichtsschreibung ein herausragender Akteur geblieben, wobei Stil und Geschmack seines Versailles mehr bewirkt haben als die Feldzüge seiner Armeen. Insbesondere Voltaire (1694–1778) hat dem Bourbonenkönig mit seinem *Le siècle de Louis XIV* ein Denkmal gesetzt. Ludwigs Nachfolger Ludwig XV. und Ludwig XVI. waren als Epigonen ungeeignet, letztgenannter Monarch und seine Frau Marie-Antoinette endeten 1793 auf dem Schafott.

MUSIK LIEGT IN DER LUFT: VON BEETHOVEN ZU DEN BEATLES

Papst Gregor I. (gest. 604) war als Priester und Politiker ein einflussreicher Mann. Weil er einen so guten Ruf hatte, weil seine Predigten und Briefe in den Klöstern und Höfen Europas kursierten und weil er das (bis heute gültige) Messbuch zusammengestellt hatte, verband man später auch die große musikalische Erneuerungsbewegung der Zeit mit seinem Namen und nannte sie »Gregorianik«. Im Bereich des Pop zitieren heute zahlreiche New-Age-Musikrichtungen die klare, melodische Form des gregorianischen Chorals; das Musikprojekt »Enigma« des Produzenten Michael Cretu hat damit sogar 1990 die internationalen Charts gestürmt.

Der Sound Europas: die Gregorianik

Wenn man nach einem Beginn der europäischen Musik sucht, dann findet man ihn im gregorianischen Choral. Er ist die älteste noch heute erhaltene Musikform des Abendlands, seine Entstehung und seine Ausbreitung sind, wie fast immer bei mittelalterlicher Musik, elementar mit dem Christentum verbunden. Im karolingischen Reich wurde der gregorianische Choral zur verbindlichen Musik für Kult und Messe in Klöstern und Kirchen, also zur Grundlage der christlichen Kultur überhaupt. Seine Form ist schnell beschrieben: ein einstimmiger Gesang ohne Begleitung in lateinischer Prosa, entweder im Sprechgesang vorgetragen oder hymnisch ausgemalt. Die Melodien wurden in der Praxis der täglichen Messe überliefert; bald gab es auf dem Kontinent Choralschulen: die erste 630 in Canterbury, dann in Metz, Tours, Sankt Gallen und auf der Insel Reichenau.

Um 1100 hatte sich der Choral in ganz Europa verbreitet und wurde nun auch notiert: in der »Neumenschrift«, die keine

Längen, sondern die Höhen als Handbewegungen der Vorsänger anzeigt. Freilich brauchten nur Fremde diese Schrift – denn im täglichen Leben kannte jeder die Melodien, deren Inhalt und christliche Aussage in Europa verstanden wurden. An der Maßgeblichkeit der gregorianischen Melodik hat sich bis heute nichts geändert. Ohne sie als gregorianisch wahrzunehmen, liegt diese Musik unserem Stilempfinden zugrunde, egal, ob wir uns an einer italienischen Opernarie oder an einem Lied von Helene Fischer erfreuen.

Die Troubadoure: Beginn einer tausendjährigen Tradition

Vor rund 900 Jahren betrat in Südfrankreich der Troubadour die Bühne der Öffentlichkeit und setzte Burgdamen, Ritter und das betriebsame städtische Publikum in Erstaunen: In freiem Gesang, vielleicht begleitet durch einen Musikanten, den *Jongleur*, erzählte er von Heldentaten in fremden Ländern, vom Schicksal von Königen und auch von der Macht der Liebe. Das war etwas Neues, erstmals gab es hier »Unterhaltung«, und vor allem: Die Musik spielte nicht mehr nur in der Kirche! Die Troubadoure sangen ihre verwegenen Balladen in der Landessprache, ja sogar im Dialekt – und so begann die europäische Karriere dieser Dichtersänger. Diese ersten Popstars Europas führten ein abenteuerliches Leben – schließlich wollten sie ja selbst erfahren haben, wovon sie so dramatisch sangen! Das europäische Rittertum war verwandtschaftlich verbunden, und so führten die Troubadoure ihre »Konzerttourneen« von Burg zu Burg auch in andere Länder, von wo sie neue Lieder mitbrachten.

Das Mittelalter war eben nicht jene starre Zeit, als die wir sie vor Augen haben. So gab es zum Beispiel eine rege Reisetätigkeit. Da waren die Pilgerfahrten durch ganz Europa, wie der Jakobsweg nach Santiago de Compostela am nordwestlichen Ende Spaniens, nach Rom oder zum Mont Saint-Michel in der Normandie. Hunderttausende wanderten diese Wege entlang und brachten jede Menge Melodien und Geschichten von Wundern und Liebesabenteuern mit nach Hause. Auch die Teilnahme an den oft jahrelang währenden Kreuzzügen mit ihrem internationalen Heer und vielsprachigen Tross aus Handwerkern, Köchen, Tagedieben und Prostituierten sorgte für Inspiration aller Art. An Storys mangelte es also nicht, und ab 1300 gab es durchaus so etwas wie den *European Song*, im Alltag von Dorf zu Dorf getragen durch fahrende Spielleute.

Die Stars unter den Sängern entstammten dem europäischen Hochadel, darunter Richard I. (Löwenherz) von England, Thibault von Champagne, Adam de la Halle oder aus deutschen Landen Oswald von Wolkenstein, der letzte deutsche »Minnesänger«, dessen Abenteuerreisen ihn durch ganz Europa führten. Die Franzosen gaben allerdings den Ton an, sie sangen das *Chanson,* das in den Sammlungen der *Chansonniers* überliefert wurde. Heute gibt es Tau-

Musik liegt in der Luft: von Beethoven zu den Beatles

■ Konzert im Mittelalter: Ein Troubadour unterhält die Burggesellschaft.

sende überlieferte Beispiele, vom Revolutionschanson über das Arbeiterlied bis zum provokativen Liebessong, zum Beispiel von Serge Gainsbourg »Je t'aime … moi non plus« von 1969. Die Tradition des Chansons hat Erstaunliches bewirkt, sie inspirierte in den USA sogar Frank Sinatra und Dean Martin – und in Deutschland, ganz solide, die Liedermacherszene.

In den meisten Fällen waren jedoch die Gotteshäuser der Ort, an dem Musik erklang. Der Rahmen für die Musik war die Messe, die in Klöstern und Kirchen mehrmals am Tag gefeiert wurde. Seit frühester Zeit hatte sie eine feste Form, die mit Gesängen ausgefüllt wurde und sich bis heute nicht geändert hat. Wo auch immer auf der Welt man einen katholischen Gottesdienst besucht, erklingen das »Kyrie«, das »Gloria«, das Glaubensbekenntnis im »Credo«, dann das »Sanctus« und zur Kommunion schließlich das »Agnus Dei«. Diese geregelte, scheinbar starre Abfolge gab den Komponisten die Möglichkeit, die einzelnen Teile der Gottesdienste individuell zu gestalten. So wurde die Messe zur ältesten und erfolgreichsten Form europäischer Musik, und dazu kamen weitere liturgische Texte, die über die Jahrhunderte immer wieder kunstvoll ausgemalt, aufgeführt und weitergetragen wurden, beispielsweise Marientexte oder Ostergesänge. Sie wird allen Anlässen gerecht, den weltlichen als »Krönungsmesse«, den letzten Dingen als »Totenmesse«. Jede Epoche hat ihre großen Werke dieser Art, fast jeder Komponist sieht sich bis heute als Teil der kirchenmusikalischen Tradition Europas und trägt sein Meisterwerk bei: Bach sein Leben lang mit Hunderten liturgischen Kompositionen, Mozart das »Requiem«, Beethoven die »Missa Solemnis«, Giuseppe Verdi die »Messa da Requiem«. Kirchenmusik ist im 20. Jahrhundert in Europa unverändert attraktiv, Weltstars der Moderne wie Igor Strawinsky, Olivier Messiaen, Benjamin Britten und heute der Pole Krzysztof Penderecki leisteten dazu ihren Beitrag.

Die Haupt- und Residenzstädte waren wichtige Musikzentren. Hier fand sich das interessierte Publikum, hier waren die Schulen und die Universität – und vor allem: ein Fürsten- oder Königshof mit einem Herrscher, der kunstsinnig repräsentierte. Wollte man es als Musiker in Europa zu etwas bringen, musste man den Sound der Metropolen kennen – das war früher nicht anders als heute.

MUSIKHAUPTSTADT VENEDIG

Die Republik Venedig war eine der Metropolen, in denen der Herrscher, die einflussreichen Familien und das wachsende städtische Publikum nach immer neuer Musik verlangten. Für den Dogen, der hier herrschte, war die Musik glanzvoller Ausdruck seiner Macht, genau wie die Malerei und die Bauten, mit denen sich dieser Stadtstaat schmückte. Alles sollte Eindruck machen und dabei immer originell sein. Im Markusdom wurden für die stimmungsvollen Konzerte bis zu vier Chöre effektvoll platziert, um größte Wirkung zu erreichen. Alles Konventionelle und Mittelalterliche wollte man hinter sich lassen. Wer in Europa lernen wollte, wie moderne Musik klang, der ging nach Venedig – aus Deutschland kamen unter anderen Heinrich Schütz und Michael Praetorius. Claudio Monteverdi führte hier seine Opern und mitreißenden Madrigale auf; sein »Zefiro Torna« klingt noch heute wie ein schwärmerischer Popsong.

In der nächsten Generation betrat Antonio Vivaldi die Bühnen der Stadt. Er komponierte 500 Konzerte und wurde als Geigenvirtuose und Leiter des Mädchenorchesters des Waisenhauses *Ospedale della Pietà* zum ersten musikalischen Superstar Europas. Das war zur Blütezeit des Barock, als das Musikleben der Lagunenstadt längst zum Impuls für die Italienische Oper geworden war. Vor allem zu Karnevalszeit gab es ab elf Uhr nachts stundenlange Aufführungen. Mehrere private Opernbetriebe wetteiferten ums internationale Publikum und probierten erstmals volkstümliche Stoffe in deftiger Sprache mit mitreißenden Soli aus – Unterhaltung für alle.

Die perfekte Musik: der Barock

Die Zeit von 1600 bis 1750 bezeichnet man als Epoche des Barock; in ihr wandelte sich die Kunstwelt von Grund auf. Die Musik wurde zur Unterhaltungsform schlechthin. Natürlich fand sie noch in der Kirche statt, aber jetzt erklang sie auch zu Festen, Einweihungen und jeglichem Anlass bei Hofe. Wenn Herrscher reisten, nahmen sie ihre Musiker mit. Jetzt wurden Orchester gegründet, und Virtuosen waren gefragt, denn der Output der Komponisten an Konzerten, Tänzen und Opern war enorm.

Die Lebendigkeit und Tiefe dieser Musik waren neu. Sie wollte ein Gefühlserlebnis sein, sie wollte Affekte und Stimmungen nachempfinden und dabei die höchste Wirkung erzielen. Ein Dauererfolg wie »Die Vier Jahreszeiten« von Antonio Vivaldi verdeutlicht das Charisma dieser Musik. Die Form erscheint geradezu streng geordnet, die Musik aber ist immer wieder sinnlich einfühlsam. Sie spiegelt die Erscheinungen des Wetters: Hitze, Wind, Regen haben ihre eigenen Stimmen. Die Jagd, das Trinklied, das beschauliche Landleben

Die Oper, das moderne Großereignis. Im Teatro Argentina in Rom. Gemälde von Giovanni Paolo Pannini, 1747.

werden illustriert – diese Musik will interessant sein und den Zuhörer ergreifen! Der Anspruch der Barockmusik entsprach ganz der großen Geste der absolutistischen Herrscher Europas, an deren Höfen immer neue Werke bestellt wurden. Ludwig XIV. war das erklärte Vorbild. Begeistert wurde bei Hofe getanzt und gesungen, während das Chanson beim großen städtischen Publikum beliebt wurde.

Überall in Europa gab es jetzt Profis, die ihr Leben der Musik widmeten. Sie wurde zum Beruf. Denn wenn nicht gerade Krieg geführt wurde, war immer genug Geld in der Staatskasse vorhanden, um die besten Komponisten und Instrumentalisten anzuwerben. Die Bach-Familie ist ein eindrucksvolles Beispiel für den Aufstieg einer Musikerdynastie, die in der Geschichte musikalischer Meilensteine herausragt wie keine andere. Alles begann, als der Bäcker Veit Bach um 1570 aus dem katholischen Preßburg floh. Als Glaubensflüchtling kam er nach Wechmar im protestantischen Thüringen, 850 Kilometer von der Heimat entfernt. Er hatte seine Zister, ein Zupfinstrument, mitgebracht, und zusammen mit seinen Söhnen spielte er als Tanzkapelle auf: Caspar spielte die Zinke, eine Art Trompete, und Hans hatte seine Flöte dabei. Hans wird später »Stadtpfeifer« – der musste auf Trompete, Posaune, Geige oder Orgel zu allen Gelegenheiten aufspielen. Er ist der Urgroßvater von Johann Sebastian, der als siebtes Kind des Kunstpfeifers Johann Ambrosius Bach und seiner Frau Maria Lämmerhirt 1685 in Eisenach geboren

wird und bereits als Junge seine Eltern durch die Pest verliert. Bei seinen älteren Brüdern lernt er Musizieren, geht mit einem Armenstipendium auf die Lateinschule und tritt mit 18 Jahren seine erste Stelle als Organist in Arnstadt an. Seine weitverzweigte Verwandtschaft bestand aus Dutzenden Musikern, die in den Kleinstaaten Mitteldeutschlands das Kulturleben prägten.

Mit ihrer Begabung und einem unerschütterlichen Familiensinn haben die Bachs sich untereinander geholfen und Musik zur Profession gemacht, auch als der Dreißigjährige Krieg und immer wieder die Pest die Familie auseinanderrissen. Sie haben das Qualitätsbewusstsein der Musiker auf eine neue Stufe gehoben, nach ihnen gab es kein Dilettieren mehr. Wie in Frankreich, in England und in Italien half ihnen dabei eine breite musikalische Volksbildung.

Johann Sebastian Bachs internationaler Einfluss allerdings begann erst etwa einhundert Jahre später, als die Romantiker ihn wiederentdeckten – seitdem wird kein anderer Musiker der Welt so häufig im Gottesdienst gespielt wie er. Seine Oratorien, Kantaten, Messen haben zwischen London, Berlin und Tokio Generationen von Chorsängern und Musikern geprägt. Auch wenn man heute weiß, dass geistliche Musik für Bach keinen »höheren« Stellenwert als weltliche Musik hatte, ist er für Millionen gläubige Christen der »Fünfte Evangelist« und die »Stimme Gottes.«

Mit ihm geht um die Mitte des 18. Jahrhunderts die große Zeit der höfisch-repräsentativen Musik des glanzvollen Barock zu Ende. Der Blick verlagert sich von Italien über die Alpen nach Österreich und Deutschland – hier spielt die »Wiener Klassik«.

Der Künstler der Klassik: das freie Genie

»Mein Engel, mein Alles, mein Ich!«, schreibt der 42-jährige Ludwig van Beethoven im Sommer 1812 an die »Unsterbliche Geliebte« und schlägt ein unauffälliges Treffen in Karlsbad vor. »Kann unsere Liebe anders bestehen als durch Aufopferungen, durch nicht alles verlangen, kannst du es ändern, dass du nicht ganz mein, ich nicht ganz dein sein kann …« Schon klingt die Entsagung an, gar der Verlust der Geliebten – aber dennoch beschwört der berühmte, damals schon stark ertaubte Komponist das Ideal einer großen Liebe: »Ewig dein, ewig mein, ewig uns!«

Beethovens Brief an die »Unsterbliche Geliebte« ist ein sprechendes Beispiel für das künstlerische Selbstbild des Komponisten und Pianisten Beethoven. Der Mann offenbart sich, drückt ungeschützt seine Gefühle aus, wischt praktische Einwände von vornherein weg, obwohl er offenbar weiß: Er hat keine Chance in dieser Liebe, in der er ein nicht standesgemäßer Sonderling bleibt. Dennoch: Er will es versuchen. Wieder einmal will er »dem Schicksal in den Rachen greifen«.

Beethoven ist ein freier Künstler, der von seinen Aufträgen lebt. Damit steht er für eine neue Generation von Komponisten, wie wir sie heute kennen: Künstler, die sich autonom durchs Leben schlagen. Wolfgang Amadeus Mozart (1756–1791) war der erste von ihnen, rasch als »Wunderkind« in Italien, Frankreich, England und Polen bekannt. Mozart ließ sich von der europäischen Avantgarde inspirieren; ein Drittel seines Lebens verbrachte er auf Reisen. Seine Opern sind heute die meistgespielten der Welt, sie sind lebensnah, zeitlos unterhaltsam mit großartigen Effekten und voller Sympathie für die Menschen. Sein unermessliches, auch kirchenmusikalisches Werk schafft immer die Verbindung des höchst Kunstvollen mit dem scheinbar Leichten, geradezu Volkstümlichen.

Für Ludwig van Beethoven war Musik wie Sprache: Sie sollte unerhörte Geschichten erzählen. Es verwundert nicht, dass er der Erste ist, der selbstbewusst seine Werke nummeriert, von Opus 1 bis Opus 135. Ein Blick auf die Titel seiner Klaviersonaten zeigt, wie sehr die Kompositionen eine besondere Lebenssituation widerspiegeln, von der »Pathétique« (1799) über die »Mondscheinsonate« und »Pastorale« (1801) zu »Les Adieux – Das Lebewohl« (1809).

Sein konfuses Auftreten, sein abgerissenes Äußeres mochten manche befremden – aber er stand im Mittelpunkt des Wiener Kulturlebens. Hier gab es die innovativste Musik Europas, und die Öffentlichkeit fieberte auf immer neue Titel aus der Feder des Deutschen hin. Wie würde es ihm wohl wieder gelingen, allein mit den

Was wir erschaffen – was wir beherrschen

■ Eines der wenigen authentischen Porträts von Beethoven, fünf Jahre nach seiner Ertaubung.

Mitteln der Musik, ohne Gesang oder Schauspiel, ein spannendes Drama vorzuführen? Beethoven dosierte klug die Emotionen, die er in seiner Musik transportierte. Legendär sind die ungeraden/ geraden Zahlen seiner Symphonien. Nummer zwei, vier, sechs und acht sind die versöhnlichen, Nummer eins, drei, fünf, sieben und neun die aufbrechenden, konfliktreichen Stücke. Wichtig war ihm die große symbolische Geste, die die Nähe seiner Musik zur Welt zeigte. Und er liebte die französische Militärmusik. Er adaptierte sie für seine Zwecke, es scheppert, marschiert und knallt gewaltig in Beethovens Werken. So jedenfalls erklingt es in Beethovens größtem Erfolg, in »Wellingtons Sieg oder Die Schlacht bei Vittoria« (op. 91, 1813). Dieses mit viel Schießpulver vorgeführte Schlachtengemälde feiert die Niederlage Napoleons 1813 in Spanien. Wenn einer die großen Themen der Zeit in Musik umsetzen konnte, dann war das Beethoven.

Die Taubheit des berühmten Komponisten vervollständigt das Bild des tragisch entsagenden Helden. Die Krankheit hatte ihn bereits als Dreißigjährigen befallen – vielleicht war es eine Infektion, vielleicht auch die Bleivergiftung durch den billigen Wein, den er doch recht maßlos trank. Sein »Heiligenstädter Testament« von 1802, im Nachlass vorgefunden, hat literarischen Kultstatus ähnlich dem von Goethes *Werther*. Die Suizidgedanken sind ein qualvoller Aufschrei nach Liebe angesichts der fortschreitenden Krankheit: »Lebt wohl und vergesst mich nicht ganz im Tode, ich habe es um euch verdient, indem ich in meinem Leben oft an euch gedacht, euch glücklich zu machen …« Aber sein Leiden verschlimmerte sich, Beethoven musste ein Hörrohr benutzen. »Wellingtons Sieg« war 1818 das letzte Stück, das er selbst dirigierte. Fünf Jahre später konnte der berühmteste europäische Musiker mit der »Neunten« seine eigene Musik nicht mehr wahrnehmen.

DIE EUROPAHYMNE

In der Überlieferung ist Beethoven derjenige, der aufbegehrt, das Schicksal fordert und, auch wenn er verliert, dennoch den moralischen Sieg erringt. Die zeitgenössischen Porträts sind von diesem Aufbegehren beseelt, die späteren Skulpturen zeigen einen idealisierten Helden, kraftvoll in sich gekehrt, die Welt taxierend. Das »Dennoch!« ist die Geste, mit dem viele seiner Werke verstanden werden können. Und es ist der Schlüssel zu seiner Neunten Symphonie (op. 125). Wie jede Symphonie besteht dieses berühmteste Werk Beethovens aus vier Sätzen. Die Sätze 1 bis 3 sind der dramatischen Schilderung musikalischer Gegenwelten gewidmet, ehe sich mit der »Ode an die Freude« ein Weg aus dem Elend der Existenz anbahnt. Beethoven hat diesen Stimmungswechsel im 4. Satz selbst getextet:

»O Freunde, nicht diese Töne! Sondern lasset uns angenehmere anstimmen, und freudenvollere!« Der Anruf »Freude, schöner Götterfunken, Tochter aus Elysium« setzt sich nun durch, zuerst im Solo, dann im Chor. Die bedrückenden Mächte werden niedergerungen, mit Schillers Ode siegen die Werte der Aufklärung, »alle Menschen werden Brüder«. Als Ideenkunstwerk machte die »Neunte« schnell in ganz Europa Karriere. Daheim wurde die »Ode an die Freiheit« umgewidmet dem Kampf der deutschen Revolutionäre für die Republik, dann dem militanten Kampf für die Nation. In Frankreich wurde sie gar zur »Marseillaise der Menschheit«. Im 20. Jahrhundert nahmen auch Diktatoren die Neunte in Beschlag: als Ode an die Oktoberrevolution 1917, als »Musik für die Massen« unter Stalin. In Auschwitz mussten KZ-Häftlinge sie singen, Goebbels diente sie als Geburtstagslied für Hitler und als Durchhaltemotiv. Nach dem Krieg besann man sich auf den freiheitlichen Kern. Im Jahr 1972 wählte der Europarat die »Ode an die Freude« zur »Europahymne« – als ein Sinnbild für die Werte, die die demokratische Welt nach dem Jahrhundert der Weltkriege verbinden.

Musikalisch ist die »Ode« von der Militärmusik der Zeit inspiriert – vielleicht ist das der Grund für die Beliebtheit dieses Songs, den jeder nachpfeifen kann. Es gibt ihn in Hip-Hop- und Techno-Versionen, als Swing und Romani, aber besonders druckvoll ist die Rockversion mit der Ode als Gitarrenriff, unterlegt mit dem marschierenden Bass.

Rock und Barock

Dieser unkomplizierte Umgang des Pop mit der Klassik ist nicht selbstverständlich, denn in Europa, vor allem in Deutschland, wird eben, ganz anders als in den USA, ein Unterschied gemacht zwischen »U« und »E« – also zwischen »Unterhaltung« und »Ernst«. Dabei sind die Anleihen der Rockmusik an der europäischen Musiktradition offensichtlich. Die Rockmusik etablierte sich als neues amerikanisches Genre 1955 (Bill Haley: »Rock Around the Clock«) und

Was wir erschaffen – was wir beherrschen

Die Barden des Barock: Madrigalgesang mit Laute und Bass, 1638.

erreichte bald darauf Großbritannien. Hier traf sie auf ein begeisterungsfähiges junges Publikum, das die Schatten der Nachkriegszeit hinter sich lassen wollte; schnell wurde die neue Musik zum Ausdruck eines neuen Lebensgefühls. Die »Coverversionen« alter Bluesstücke, mit denen die ersten Bands auftraten, machten Rockmusik rasch in ganz Europa bekannt. In England traten neue Bands auf, die das amerikanische Material nicht nur weiterentwickelten, sondern es auch mit neuen Impulsen anreicherten.

Anfang der 1960er-Jahre wurden Bands wie die Yardbirds, die Kinks oder die Rolling Stones auch über Großbritannien hinaus in den USA und den europäischen Metropolen populär, in denen, nach dem Vorbild von London, eine eigene Rockmusikszene entstand. Mit den Beatles verbreitete sich ein neues Lebensgefühl in Europa. Ihre Songs, mit griffiger, lebensnaher Poesie und melodischem Gesang, wurden Hits auch in den guten Stuben des Bürgertums. Viele dieser Stücke werden heute im Musikunterricht gelehrt, weil sie ein Beispiel dafür sind, wie alte europäische Musiktraditionen zu jener Zeit in die neuen Formen der Popmusik eingeflossen sind.

1966 veröffentlichten die Beatles den Song »Nowhere Man«. Das Lied von John Lennon handelt von einer Lebenskrise – »He's a real nowhere man, sitting in his nowhere land … isn't he a bit like you and me?« – transportiert diese Selbstzweifel unbeschwert und nicht melancholisch; die vier »Pilzköpfe« performen bardenhaft und mit geschmeidigem Wohlklang. Musikhistoriker wissen: Die Beatles orientierten sich hier am *Faux Bourdon,* einer Satztechnik, die 500 Jahre zuvor in den Niederlanden entwickelt worden war. Dabei wurde die Hauptstimme von den zwei Nebenstimmen begleitet, die die gleiche Melodie eine Quart und eine Sexte tiefer sangen. Diese Kompositionstechnik schafft Wohlklang; der Gesang deklamiert in eingängigen Phrasen über dem kontinuierlichen Bass, im Gestus ganz wie in der Rockmusik. Der *Faux Bourdon,* der »falsche, sündhafte Bass«, vermittelt schmeichelnde Harmonie. Und die kommt eben im Song »Nowhere Man« von den Beatles zum Ausdruck, wenn John Lennons Gesang eingängig über dem scheppernden Beat schwebt und George Harrisons und Paul McCartneys Gesang in Quart- und Sextakkorden mitklingt. Es entsteht ein weicher Chorsatz. Würde man die elektrischen Verstärker wegnehmen: Ganz ähnlich müsste es vor 400 Jahren geklungen haben, als die ersten privaten Konzerthallen in London öffneten und der Popsong seinen Anfang nahm.

■ Die Barden des Pop: die Beatles bei einem Auftritt 1966.

Die Beatles erinnern in Form und Gestus ihrer Songs immer wieder an die kunstvollen Lieder des Barock. Da ist zum Beispiel jenes berühmte, schwärmerische Madrigal »Zefiro Torna« von Claudio Monteverdi. Verzweifelt fleht der Sänger in diesem Lied von 1632, der Westwind möge zurückkehren und die Natur verwöhnen, während er selbst niedergeschlagen über seine verlorene Liebe weint. Das ist dramatisch komponiert in der strengen Form einer Chaconne; über dem unbeirrbar treibenden Bass schlägt der Gesang immer verrücktere Figuren.

Ob John Lennon »Zefiro Torna« kannte, als er 1973 seinen Song »Mind Games« komponierte? Jede Antwort auf diese Frage wäre pure Spekulation. Sicher ist jedoch: John Lennon, die Beatles und immer wieder die Popmusik des 20. und 21. Jahrhunderts bedienen sich intuitiv der überlieferten Erfolgsrezepte der europäischen Musikgeschichte, von der Kompositionstechnik bis zu den Liedtexten. Die immer wiederkehrende Beschwörung der Liebe verbindet das Beat- und Pop-Zeitalter auch emotional mit dem des Barock: »Love is the answer«.

SCHRITTMACHER DER MODERNE: ERFINDER UND ENTDECKER IM 19. JAHRHUNDERT

Es ist ein unterhaltsames, inspirierendes Gesellschaftsspiel: gemeinsam zu überlegen und leidenschaftlich zu diskutieren, was eigentlich die größten Erfindungen der Menschheit sind. Das ZDF hatte für eine Wissenschaftsshow seine Zuschauer vor einigen Jahren vor die Wahl gestellt: Stehen diejenigen Erfindungen höher im Kurs, die ganz praktisch den Alltag erleichtern – von der Waschmaschine über den Kühlschrank bis zum Wasserklosett? Oder werden eher die Klassiker bevorzugt – vom Rad über den Buchdruck bis zur Dampfmaschine? Beim Abstimmungsergebnis fiel auf: Mit Glühbirne, Stromerzeugung, Telefon, Auto, Flugzeug und Antibiotikum waren unter den Top Ten des Rankings mehrheitlich Erfindungen platziert, die dem langen 19. Jahrhundert zugerechnet werden können. Und die zudem von Europa ihren Ausgang nahmen, auch wenn einigen Ideengebern erst im Wettlauf mit den häufig aus Europa stammenden Tüftlern in Nordamerika das sprichwörtliche Licht aufging.

Die Glühlampe steht dafür geradezu prototypisch. In deren künstlichem Licht lässt sich trefflich streiten, wer denn nun den größten Anteil an ihrer Erfindung hat: Der Schotte James Bowman Lindsay, der 1835 erstmals ein beständiges elektrisches Licht präsentierte? Der Brite Frederick de Moleyns, der sechs Jahre später ein erstes Patent auf eine mit Kohlepulver betriebene Glühlampe erhielt? Der deutsche Uhrmacher Heinrich Göbel, der als Glühwendel verkohlte Bambusfasern und als Stromquelle eine Zink-Kohle-Batterie nutzte? Oder der britische Physiker und Chemiker Joseph Wilson Swan, der mit einer brauchbaren elektrischen Glühlampe samt der nach ihm benannten Swan-Fassung in England bereits 1878 ein Patent erwarb – zwei Jahre vor dem Basispatent Nummer 223 898? Letzteres erhielt am 27. Januar 1880 der amerikanische Elektrotechniker und Mehr-als-1000-Patente-Anmelder Thomas Alva Edison, der im kollektiven Gedächtnis immer vorrangig als Erfinder der Glühlampe, des Phonographs und selbst des Telefons verhaftet blieb. Doch dieser »Steve Jobs des 19. Jahrhunderts« war vor allem ein unternehmerisch außerordentlich begabter Technologie-Anwender und eifriger

Schrittmacher der Moderne: Erfinder und Entdecker im 19. Jahrhundert

Die erste elektrische Straßenbeleuchtung am Potsdamer Platz in Berlin. Gemälde von Carl Saltzmann (1884).

Glühlampen im Kurzeinsatz und erhellten phasenweise den Tatendrang im 19. Jahrhundert: »Vorwärts!, rufen die Lichtbekenner / Lasst uns Fackeln der Wahrheit sein / Rückwärts! Heulen die Dunkelmänner / Meidet jeglichen hellen Schein.« In diesen Verszeilen der Mainzer Schriftstellerin Kathinka Zitz-Halein drückt sich das Spannungsfeld aus, in dem damals in Europa die lebensverändernden Fortschritte in Naturwissenschaft und Technik wahrgenommen wurden: Sollte die seit Menschengedenken dunkle Nacht bald wirklich industriell erleuchtet werden? Schon die flackernde Straßenbeleuchtung im Paris des Sonnenkönigs Ludwig XIV. zielte auch auf die Kontrolle der Bürger. »Haltet fest an der alten Nacht«, heißt es geradezu flehentlich im Gedicht, und ebenso: »Legt dem Fortschritt Hemmketten an.« Noch heute ein Thema für Künstlergruppen – 2014 wurde in München plakatiert: »Verschwunden: Dunkelheit im öffentlichen Raum. Suchen Sie mit!«

Die Suche nach Aufhellung war im 19. Jahrhundert stark gefragt. Es ging mit Tempo in die Moderne. Aufklärung und industrielle Revolution hatten zuvor den Boden bereitet, das Streben nach souveränen Nationalstaaten in Europa, auch gespeist vom Selbstbestimmungsrecht der Völker, beförderte den Wettbewerb nicht zuletzt auf technologischem Gebiet. Vorsprung durch Technik: Dies hatte sicher auch damit zu tun, dass die Anforderungen, die sich aus der Industrialisierung, Verstädterung und Bevölkerungsdichte, aber auch

Effektoptimierer. Denn erst infolge ausdauernder Glühfadenexperimente gelang ihm mit der neuen elektrischen Lichtquelle der Durchbruch in Form von 1000 Leuchtdauerstunden und geschickter Vermarktung seiner Elektrifizierungsprojekte – ganz im Sinne seines viel zitierten Satzes: »Genie ist 1 Prozent Inspiration und 99 Prozent Transpiration.«

Als Edison noch im flackernden Schein einer Öllampe an seiner Erfindung saß, waren in England bereits erste elektrische

immer wieder durch Kriege und verbreitete Krankheiten ergaben, auf dem boomenden Kontinent als besonders dringlich empfunden wurden. Zugleich waren die Voraussetzungen für freie Forschung und technisch orientiertes Unternehmertum besonders günstig. Im engen Wettbewerb Dutzender miteinander konkurrierender Staaten entstanden viele potenzielle Zentren der Innovation. Und die Forscher und Erfinder, die sich meist als mündige Bürger verstanden, beseelt vom Wunsch nach Privatbesitz und Gewerbefreiheit, entsprachen mit ihrer Neigung zu neuen, »befreiten« Wissenschaftsmethoden dem Wandel, dem die althergebrachten sozialen Strukturen im Europa nach der Französischen Revolution unterlagen. Eine Veränderungsdynamik, die zuvor schon die Leibeigenen ereilte, als sie vom adligen Dienstherrn direkt in die Fabriken des Industriezeitalters flohen. Die Zeitenwende im 19. Jahrhundert lässt sich nicht allein an den politischen und sozialen Entwicklungen veranschaulichen, sondern auch an Straßenbeleuchtung und Stromerzeugung, an Telefon und Motorfahrzeugen oder am medizinisch-chemischen Kampf gegen die Infektionen.

Der lange Weg zum elektrischen Strom

Die Stromerzeugung ist ein Beispiel dafür, dass manche Erkenntnisse auch durchaus schon früher Richtung technische Nutzbarkeit hätten reifen können. Doch offenbar stimmt hier der häufig verwendete Satz, wonach jede Erfindung ihre Zeit habe – und also auch bei der Elektrizität der Funke erst überspringen konnte, als sie wirklich gebraucht wurde. Denn schließlich sind schon antike Erkenntnisse überliefert: Der vorsokratische Naturphilosoph Thales von Milet soll bereits im 6. Jahrhundert v. Chr. dem Phänomen elektrischer Reibung auf die Spur gekommen sein. Der erste systematische Denker der abendländischen Tradition erkannte, dass sich Bernsteine aufladen, wenn man sie mit Stofftüchern reibt. Ihre Anziehungskraft, die sie dann auf kleine Partikel ausüben, führte lange Zeit ausschließlich zu Deutungen im Sinne des Magnetismus. Selbst die Elektrisiermaschine mit drehbarer Schwefelkugel des Magdeburger Bürgermeisters, Ingenieurs und Physikers Otto von Guericke verhalf dem elektrischen Strom im 17. Jahrhundert noch nicht zu leitender Stärke. Elektrizität diente in Europa zunächst dem Jahrmarktsvergnügen – mit hochstehenden Haaren und »Blitz«-Küssen. Erst später konnte sie den Technologien den Weg bereiten, die unser modernes Leben mitgestalten.

Mehr als 100 Jahre nach Guerickes Elektrisiermaschine und einige Jahrzehnte nach Entdeckung der hochspannungsfesten Leidener Flasche schuf eine anfangs zufällige Beobachtung des italienischen Anatomen Luigi Galvani die Grundlage für die Entwicklung der Volta'schen Säule, des Vorläufermodells heutiger Batterien, zugleich wichtige Stromquelle der folgenden Erfinderjahrzehnte: Wenn Froschschenkel mit Metall in Berührung kommen, zucken sie. Dass es sich dabei um Kontaktelektrizität handeln muss – diese Auffassung vertrat Galvanis Landsmann Alessandro Graf Volta. Mit seiner zukunftsweisenden Sicht setzte sich der Physiker im europaweiten Wissenschaftlerdisput nur langsam gegen die Anhänger der »Tierelektrizität« durch. Auch Werner von Siemens, der mit seiner Erfindung der Dynamomaschine die industrielle Verwendung von Starkstrom möglich machte, wusste von der Schwierigkeit zu berichten, zunächst einmal die eigenen Fachkollegen zu überzeugen: Als er seine Theorie der elektrostatischen Ladung geschlossener wie offener Leitungen vorstellte, fand er »selbst in naturwissenschaftlichen Kreisen anfänglich keinen rechten Glauben«, wie seiner Autobiografie zu entnehmen ist. Den Grund, den der Wegbereiter der Elektrotechnik dafür angab: Seine Theorie verstieß gegen »die in jener Zeit herrschenden Vorstellungen«.

■ Dynamomaschine mit Wasserkühlung, von Werner von Siemens 1868 erbaut.

Der »heiße Draht« ins kommunikative Morgen

Vorstellungen, die ein Zeitalter zunächst prägen, können sich aufgrund des Technologiewandels rasch verändern. Wer mittels animalischen Magnetismus schnell mal in einen 100 Jahre währenden Schlaf versetzt wird, dürfte beim Aufwachen tatsächlich erleben, dass sich alles um ihn herum verändert hat. Das ist jedenfalls die fiktive Konstellation in Edward Bellamys 1888 erschienenem Roman *Ein Rückblick aus dem Jahre 2000 auf das Jahr 1887*, der in den USA wie in Europa ein Bestseller war. In dieser Utopie wurde nicht nur die Erfindung der Kreditkarte vorweggenommen, sondern auch dem Telefon eine zentrale Zukunftsfunktion zugewiesen: Als musikalisches Telefon war es Wecker und Unterhaltungsmedium gleichermaßen. Fast möchte man dem Autor unterstellen, er habe damals bereits den Siegeszug des Smartphones Anfang des 21. Jahrhunderts vorausgesehen.

In jedem Fall muss ihn die Erfindung nachhaltig beeindruckt haben, die sich der Schotte Alexander Graham Bell 1876 in den USA patentieren ließ – der Startpunkt von 600 Patentprozessen, die der vormalige Lehrer für taubstumme Kinder durchzustehen hatte. Denn auch der Telegrafietüftler Elisha Gray und der Theatermechaniker Antonio Meucci bestanden vor Gericht darauf, das Telefon erfunden zu haben.

Zumal Bells Telefon klar auf Meuccis Fernsprechverbindungsgerät aufbaute und zudem einen Bestandteil der Gray'schen Patentschrift verwendete. Auch auf Philipp Reis' Pionierleistung setzte Bell auf: Der deutsche Mathematik- und Physiklehrer hatte 1861 im Physikalischen Verein in Frankfurt am Main seine zur Tonübertragung geeignete Telefonkonstruktion erstmals öffentlich vorgeführt – mit dem berühmt gewordenen Testsatz: »Das Pferd frisst keinen Gurkensalat.« Alltagstauglich waren dieses und die anderen Geräte noch nicht. Und auch wenn der nächste Optimierungsschritt zugunsten verständlicherer Kommunikation – Thomas Alva Edisons Kohlegrießmikrofon – erneut in den USA erfolgte, so war Europa zunächst insofern voraus, als dort die neue Technik im kleinen Rahmen einfach ausprobiert wurde – fern von Patentprozessen zwischen Bell Telephone Company und Western Union.

Im Deutschen Reich gab es zu jener Zeit noch kontroverse Diskussionen über ein einheitliches Patentrecht, das 1877 Gesetzeskraft erhielt. Im Wettlauf um den »heißen Draht« hatte die Firma Siemens & Halske für den deutschsprachigen Raum ein eigenes Telefonsystem realisieren können. Anfangs eher kleinteilige fernmündliche Versuche gab es in jenen Jahren beim Militär, in Zeitungsverlagen oder im Berliner Telegrafenamt. Das testete 1880 auch den ersten Telefonweckdienst, der in Bellamys Roman sehr breiten Raum einnimmt. In Berlin wie in Paris wurde zudem bereits

■ Graham Bell beim ersten Ferngespräch New York – Chicago, 1892.

damit experimentiert, Opernaufführungen via Telefon in die Salons der besseren Gesellschaft zu übertragen – auch da könnte der Science-Fiction-Autor Inspirationen für seine Musiktelefonprognose gewonnen haben. Übrigens war nicht zwangsläufig Euphorie mit der Telefonentwicklung verbunden: Es gab auch Stimmen, die öffentlich vor dem Spion warnten, den man sich so ins Haus hole und der womöglich noch Krankheiten übertrage und taub mache. Auch für Zauberei hielten manche Zeitgenossen diese unsichtbare Technologie, mit deren Hilfe Menschen miteinander sprechen, die gar nicht im selben Raum, in derselben Stadt, im selben Land sind. So sah auch der bis 1881 amtierende US-Präsident Rutherford B. Hayes nach der Präsentation des Bell'schen Telefons noch nicht den Weg in eine künftig wie selbstverständlich genutzte Echtzeitkommunikation vorgezeichnet: »Eine beeindruckende Erfindung, aber wer sollte so etwas jemals besitzen wollen?«

Mit Motorkraft die Welt erfahren

Bekanntlich sind Vorhersagen vorrangig Indikatoren für das Empfinden in der jeweiligen Zeit, in der die Prognose gewagt wurde. Selten erweisen sie sich als zuverlässige Gradmesser künftiger Entwicklungen. Entsprechend leicht fällt es im Rückblick, gewichtige Zeitgenossen mit kolossalen Fehleinschätzungen zu zitieren. Kaiser Wilhelm II., redselig und geltungsbedürftig, hat in dieser Hinsicht einige schillernde Statements hinterlassen. So auch dieses: »Ich glaube an das Pferd. Das Automobil ist nur eine vorübergehende Erscheinung.« Das sagte er im Jahr 1900 – zehn Jahre später hatte er 22 Kraftwagen in seinem kaiserlichen Fuhrpark stehen.

Wie die Erfindung des Telefons – noch über Telegraf und Morsesignal hinaus – exemplarisch für die Herausbildung moderner Kommunikationsformen steht, so war auch die Erfindung des Automobils in den 1870er- und 1880er-Jahren eine Verkehrsinnovation, die dem Fortschritt geräuschstarke Vorfahrt einräumte. Die mit ihr unmittelbar verbundene Motorenentwicklung erwies sich als notwendige Alternative zu den schwerfälligen Dampfmaschinen der frühen Industrialisierung, die einen extrem hohen Bedarf an fossilen Brennstoffen hatten. Der belgisch-französische Autodidakt Étienne Lenoir hielt jedenfalls die Möglichkeiten der Dampfmaschine für ausgereizt und machte sich an die Entwicklung des ersten gasbetriebenen Verbrennungsmotors, den er ab 1860 anbot – allerdings wurde die Produktion nach weniger als 500 Lenoir-Motoren eingestellt. Gas war damals noch sehr teuer, und der Motor benötigte darüber hinaus sehr viel Kühlwasser und Öl, damit nicht Überhitzung oder Kolbenfresser dem Antrieb ein Ende setzten.

Der in einem Taunusdorf geborene Nikolaus August Otto, gelernter Kaufmann und Freizeittüftler, unternahm es dann, das Treibstoffgemisch statt im Zwei- im Viertaktrhythmus zu verdichten und damit wirkungsvoller zu machen. Zusammen mit dem Ingenieur Eugen Langen gründete er in Köln die erste Motorenfabrik der Welt, N.A. Otto & Cie., die 1872 in die Gasmotorenfabrik Deutz überging. In dieser waren anfangs auch Gottlieb Daimler und Wilhelm Maybach tätig, die den leichteren, schnell laufenden Benzinmotor entwickelten. Das machte zeitgleich – und ohne Wissen voneinander – Carl Benz, der schon bald seine Lieblingsidee umsetzen konnte: »die Lokomotive auf die Straße zu stellen« und »aus ihrer Zwangsläufigkeit zu be-

Daimler-Stahlradwagen von 1889.

freien«. Am 29. Januar 1886 meldete er seinen dreirädrigen Motorwagen beim Reichspatentamt an. Auf einer Probefahrt durch Mannheim sollen seine Zeitgenossen von einer »verrückten Idee« gesprochen und angesichts der Geruchsbelastung gesagt haben: »Wenn ich einen solchen Stinkekasten hätte, würde ich zu Hause bleiben.« Aufmunternden Zuspruch erhielt dann zwei Jahre später seine resolute Frau Berta Benz, als sie ohne Carls Wissen, dafür mit dessen Söhnen, die erste »Fernfahrt« der Automobilgeschichte von Mannheim nach Pforzheim absolvierte – mit einer Höchstgeschwindigkeit von 16 Stundenkilometern! Gottlieb Daimler baute währenddessen seinen nur noch 60 Kilogramm schweren Standuhr-Motor überall ein: in einen eigens konstruierten Reitwagen (das

erste Motorrad), in ein Boot (das erste Motorboot), in eine vierrädrige Kutsche (der erste Daimler-Motorwagen). Auf der Pariser Weltausstellung von 1889 konnten Daimlers Motor und sein Stahlradwagen, der sogenannte »Motor-Quadricycle«, die Besucher nachhaltig beeindrucken.

Die Voraussetzungen waren am Ende der 1880er-Jahre dafür geschaffen, dass das Automobil im 20. Jahrhundert Mobilitätsgeschichte schreiben konnte – wie die Eisenbahn in den einhundert Jahren zuvor. Der neue Kraftwagen nahm zunächst in Frankreich wirklich Fahrt auf. Dort kam es gegen Ende des 19. Jahrhunderts zu einem Automobilboom mit mehrmonatigen Lieferfristen. Auch der halbwegs passable Zustand der Straßen lud in der schnell rennsportbegeisterten Dritten Französischen Republik mancherorts bereits zu höheren Geschwindigkeiten ein.

Dabei kündigte sich eine weitere Erfindung schon an, die das Vorankommen und die Weltwahrnehmung der Menschen erneut grundlegend verändern sollte: »Durch Flugmaschinen werden die Grenzen der Länder ihre Bedeutung verlieren«, hatte Flugpionier Otto Lilienthal 1894 geradezu beseelt verkündet. Drei Jahre zuvor war er beim ersten Flug der Menschheit zunächst 25 Meter weit gekommen, steigerte die überflogenen Distanzen aber in seinen Folgeversuchen. Als dann 1903 den Wright-Brüdern die ersten Motorflüge der Geschichte gelangen, noch in Minutenlänge, begann die Eroberung der Luft. Im Ersten Weltkrieg allerdings nicht im Sinne Otto

»WELTAUSSTELLUNGEN« VON 1851 BIS HEUTE

2017 fand die Expo erstmals in Zentralasien statt. In Astana, der Hauptstadt Kasachstans, rückte zwischen Juni und September das Thema »Energie der Zukunft – Maßnahmen für weltweite Nachhaltigkeit« ins Zentrum des Interesses. 2020 folgt die Weltausstellung in Dubai. Die Präsentationsorte der globalen technischen Leistungsschau sind heute offensichtlich nicht mehr bevorzugt in Europa und den USA zu finden. Das war im 19. Jahrhundert noch anders: Von den zehn Weltausstellungen zwischen 1851 und 1889 fanden acht in Europa und zwei in den USA statt. In dieser Startphase war London zweimal und Paris viermal der glamouröse Treffpunkt für Tüftler und Technikfreunde. Die Präsentationen der Konstrukteure und Unternehmer sollten über die Erfindungsleistungen und Produktinnovationen deutlich machen, welche Nation vorne lag – und das nicht mehr allein mit Kavallerien, Kanonen und Kolonien, sondern mit Maschinen, Motoren und Materialien.

Am 1. Mai 1851 eröffneten Queen Viktoria und ihr Ehemann Prinz Albert, damaliger Präsident der britischen *Royal Society of Arts*, die erste Weltausstellung im Hyde-Park in London. Ein 560 Meter langer und 33 Meter hoher »Kristallpalast« war für die »Great Exhibition of the Works of Industry of All Nations« errichtet worden. Das Britische Empire demonstrierte festlich – und über ein halbes Jahr lang –, wo Mitte des 19. Jahrhunderts der bedeutendste Industriestandort der Welt lag. Nationale Industrieausstellungen hatte es zuvor schon in Paris gegeben, Weltausstellungen folgten dort dann 1855, 1867, 1878 und 1889. Gerade diese letztere, mittlerweile zehnte Weltausstellung hat sichtbare Spuren hinterlassen: Bewusst 100 Jahre nach der Französischen Revolution ausgerichtet – das gefiel damals im noch monarchisch geprägten Europa den wenigsten Machthabern –, bekam sie mit dem Eiffelturm ein weltstadtprägendes Wahrzeichen. Mit Gottlieb Daimlers Motorpräsentation begann dort auch die frühe Erfolgsgeschichte der französischen Automobilindustrie.

■ Königin Viktoria eröffnet die erste Weltausstellung am 1. Mai 1851 im Kristallpalast in London. Aquarell von Eugène Lami.

Lilienthals, der sich die Flugmaschinen als Boten ewigen Friedens vorgestellt hatte. Dennoch veränderten sie im 20. Jahrhundert die Welt nicht nur in militärischer Hinsicht: Auch im internationalen Handel, im Austausch der Ressourcen, im Kennenlernen der ehemals fernen Fremde wurde mit dieser Erfindung wahrlich eine neue Dimension erreicht.

Mit mehr Hygiene zu höherer Lebenserwartung

Die Eingangsfrage, welche Erfindung denn nun wirklich die Welt besonders stark verändert habe, verführt zu immer neuen Antworten. Der Münchener Biochemie-Professor Ernst-Ludwig Winnacker hat eine alltägliche Aktion zur wichtigsten Erfindung erklärt: das Händewaschen. Er berief sich dabei auf den ungarischen Arzt Ignaz Philipp Semmelweis, der Mitte des 19. Jahrhunderts auf der Suche nach der Ursache des Kindbettfiebers Folgendes feststellen konnte: In seiner Wiener Klinik sank die Sterberate, wenn sich auf dem Weg in die Geburtsstation diejenigen die Hände mit Chlorwasser wuschen, die vorher in der Anatomie tätig waren. Allerdings setzte sich der spätere Professor für Geburtshilfe mit seinen Hygieneerkenntnissen in der Fachwelt zunächst nicht durch – viele Ärztekollegen wollten damals noch nicht wahrhaben, dass die Infektionen aus ihrem eigenen unsauberen Arbeitsverhalten resultieren könnten. Pikanterweise starb Semmelweis 18 Jahre nach seiner provokanten Entdeckung selbst an einer mysteriösen Blutvergiftung, zugezogen in einer psychiatrischen Anstalt, in die ihn die harsch geführte Kontroverse um seine Entdeckung geführt hatte. Als »Rache der Bakterien« wurde sein unglücklicher Tod im Alter von 47 Jahren bezeichnet.

Denn insgesamt wuchs im 19. Jahrhundert das medizinische Wissen über Viren und Bakterien rasant – und mit diesem gewannen auch präventive Hygienemaßnahmen an Bedeutung. Mediziner, Chemiker und Mikrobiologen wie Rudolf Virchow, Louis Pasteur oder Robert Koch wirkten von Europa aus wegweisend in einer mikroskopgestützten Forschungsdisziplin. Sie kamen vielen gefährlichen Krankheitserregern auf die Schliche und entwickelten erfolgreiche Methoden, gegen diese vorzugehen: mit Impfungen und Antibiotika. Das waren höchst relevante Erfindungen auf dem Weg in die Moderne: Sie trugen dazu bei, dass die Lebenserwartung der Menschen in Mitteleuropa seit dem 19. Jahrhundert um 40 Jahre gestiegen ist. Auf die große Bedeutung des Händewaschens im Kampf gegen gefährliche Keime wird heute noch in vielen Betriebstoiletten eigens hingewiesen.

»Geschickter Schwindel« oder neue Welterklärungen?

Für den medizinischen Alltag heute ebenfalls von großer Bedeutung ist die Röntgenaufnahme. Wilhelm Conrad Röntgen entdeckte 1895, dass in einer Entladungsröhre

Schrittmacher der Moderne: Erfinder und Entdecker im 19. Jahrhundert

beim Auftreffen der Kathodenstrahlen auf eine Metallplatte neuartige unsichtbare Strahlen entstehen – und die gehen durch Holz, Papier und Fleisch hindurch. Sie machten aus dem Nachnamen des ersten Physik-Nobelpreisträgers ein Tätigkeitswort, das täglich in Arztpraxen zu hören ist.

Der Forscher Röntgen steht zugleich exemplarisch für den Wissenschaftlertyp, der in dieser hochproduktiven Erfinderphase am Ende des 19. und dem Anfang des 20. Jahrhunderts nicht viele Worte machte und stattdessen die physikalischen Gegebenheiten im Labor akribisch untersuchte. Als »stille Stars des 19. Jahrhunderts« werden viele europäische Forscher und Erfinder auch deshalb gern bezeichnet. Dabei war der Weg zu elektrischem Licht, Telefon, moderner Medizin und anderen technischen Errungenschaften für die wenigsten von ihnen frei von Widerständen.

Gerade unter den Fachkollegen wurden viele Forschungsergebnisse mit Innovationspotenzial anfangs sehr kontrovers aufgenommen – auch Röntgens Strahlen schätzten namhafte Physiker zunächst als »geschickten Schwindel« ein. Doch das hatte vielfach mit der wachsenden Konkurrenzdynamik im Zeitalter von Nationalismus und Imperialismus zu tun. Und vor allem mit der Ausdifferenzierung in den Naturwissenschaften, mit neuen Disziplinen und Lehrstühlen. Viele große Forschernamen sind mit dieser Phase verbunden, in der besonders Europa zum Schauplatz lebensverändernder Erkenntnisgewinne wurde. Zum Beispiel die von Marie Curie und Albert Einstein, die Radioaktivität und Relativitätstheorie zu Ausgangspunkten zuvor noch ungeahnter Fortschritte machten – allerdings sind das schon die Startschüsse für die Technikentwicklung im 20. Jahrhundert.

Die von Europa ausgehende Revolution im wissenschaftlichen Denken und Handeln des 19. Jahrhunderts verdeutlicht eine andere weltanschauungsrelevante Entdeckung: Charles Darwins Idee der Evolution, der Weiter- und Höherentwicklung des Lebens durch natürliche Selektion. Sein 1859 erschienenes Hauptwerk *Über die Entstehung der Arten* gilt als Durchbruch in der modernen Wissenskultur. Die konventionelle Vorstellung, das Leben sei konstant und unveränderlich, war nach Darwins Darlegungen nicht mehr haltbar, die biblische Schöpfungsgeschichte nicht mehr überzeugend mit der Idee des evolutionä-

■ Zeichnung von Rainer Ehrt aus dem Jahr 2009 anlässlich von Charles Darwins 200. Geburtstag.

ren Wandels aller Organismen in Einklang zu bringen. Zumal der britische Naturforscher 1871 die Publikation über *Die Abstammung des Menschen* nachlegte. Darin unterfütterte er nicht nur die These, dass der Mensch vom Affen abstamme, sondern er suchte auch zu benennen, wieso die menschlichen Geisteskräfte im eher langsamen evolutionären Prozess und im Vergleich zu den verwandten Arten einen so großen Vorsprung erlangen konnten. Den aufrechten Gang auf zwei Beinen samt der »befreiten« Hände, die Werkzeuge herstellen und Erfindungen austesten können, führte er als Grund an.

Darwins Evolutionstheorie trieb in Europa die Säkularisierung des Denkens voran – sie markiert die Trennlinie zwischen traditioneller und moderner Geisteskultur. Und sie passte in diese forschungsfreudige Zeit, in der sich europaweit die rationalen Naturwissenschaften mit ihren methodischen Erkenntnisprozessen durchsetzten, in der sich etwa die Chemie, leicht verspätet, von ihrer allzu langen Alchemie-Verbundenheit löste. Allerdings sind einige Argumente der Ablehnung, mit denen die Schrittmacher der Moderne bei ihren innovativen Forschungsarbeiten konfrontiert wurden, auch heute immer wieder in der öffentlichen Diskussion bemerkbar: Impfgegner, Anhänger alternativer Heilmethoden oder schöpfergotttreue Kreationisten kämpfen weiter emsig für eine abweichende Sicht auf die wissenschaftliche Erkenntnislage.

Die Tradition der Technik- und Wissenschaftskritik im Übrigen ist so europäisch, wie es der technische Fortschritt lange Zeit war und zum Teil noch ist. Die ethische Auseinandersetzung um das Machbare, ob es um Folgen für die Umwelt, Klimaveränderung, Atompolitik, Gentechnologie oder ähnlich umstrittene Themen geht, wird dort am intensivsten geführt, wo die Debattenkultur sich an Wertmaßstäben orientiert, die dem Natur- und Schöpfungsgedanken besonders nahe stehen – ob es sich um christliche oder um idealistische Denktraditionen im Sinne der Ökologiebewegung handelt. Zu einer Frage der Haltung wird dies vor allem dann, wenn ungezügelter technischer Fortschritt zum Gradmesser von Standortvorteilen umgemünzt wird. Hier wird die Suche nach einer Balance zwischen Ethik und ökonomischer Rationalität weitergehen. Dabei wäre ein lebhafter wie auch kontroverser Diskurs durchaus wünschenswert.

WO WIR STEHEN – WAS UNS BLEIBT

Europa, das ist auch ein Panoptikum von Selbst- und Fremdbildern. Was halten wir eigentlich voneinander? Wie denken die Völker übereinander? Die Geschichte der Klischees und Vorurteile trieb vielfältige Blüten. Ergebnisse von Umfragen und persönliche Erfahrungen mischen sich zu einer diffusen virtuellen Landkarte von Eigen- und Fremdzuschreibungen.

Dabei ist es aufschlussreich, in ganz verschiedene Erfahrungsbereiche zu schauen, um auch dort zu erkunden, was Europa verbindet oder trennt: beim Essen und Trinken, im kollektiven Fußballrausch oder in den Netzwerken des europäischen Hochadels. Auch der jährlich wiederkehrende Eurovision Song Contest birgt Stoff für die Ergründung europäischer Befindlichkeiten.

Quo vadis, Europa? Dieser Frage haben sich nicht nur Politiker, sondern auch die Bürger zu stellen. Dass Friede in Europa herrscht, wurde mit dem Nobelpreis belohnt. Aber wie geht es weiter, was ist die bindende Idee der Zukunft in Anbetracht von Brexit, Finanzkrise, Flüchtlingsdrama und unkalkulierbaren Schritten Washingtons oder Moskaus? Es ist die Frage der Selbstbehauptung Europas.

UMFRAGEN: WAS WIR VONEINANDER HALTEN

Das Jahr 2009 fing sehr frostig an. Wegen eines Lieferstreits mit dem Transitland Ukraine, durch das die Pipelines Richtung Westen verlaufen, hatten die Russen zu Neujahr kurzerhand den Gashahn zugedreht. Halb Europa von Österreich bis Griechenland saß in der Kälte. Auch der bulgarische Grafikdesigner Yanko Tsvetkov aus Sofia rieb sich die klammen Finger und machte das, was er am liebsten tut: Er zeichnete – und aus der Stimmung des Moments heraus skizzierte er eine bitterböse Europakarte: Russland firmiert dort als »Paranoides Öl-Imperium«, die Ukrainer sind die hinterlistigen »Gas-Diebe«. Auch andere Länder bekamen ihr Fett weg: Die EU wird zur »Subventionierten Bauern-Union«, die Türkei läuft unter »Youtube-freies Gebiet«, und die Schweiz ist einfach nur die »Bank«. Tsvetkov stellte die Zeichnung ins Internet, und dort ging sie durch die Decke. Tausende Posts und Mails erreichten ihn, Rundfunk und Fernsehen rissen sich um Interviews.

Vorurteile über andere Länder und Völker – sie scheinen so zahlreich und selbstverständlich, dass Tsvetkov ein Geschäftsmodell daraus machen konnte: Vorurteile *to go*, plakativ auf einen einfachen Nenner gebracht. Mittlerweile sind schon zwei Bände seines *Atlas der Vorurteile* erschienen. Mit einem Augenzwinkern klären sie auf über Klischeebilder in Europa und dem Rest der Welt. Deutschland aus türkischer Sicht? Die »Dönerrepublik Nordtürkei«! Was denken Spanier von Italienern? Alles Mamasöhnchen! Und für die Griechen sind alle anderen ohnehin nur Egoisten, Snobs und Imperialisten. Für die Franzosen sind die Briten »Jungfrauenkiller«, und die Begründung ist ein Witz: »Nun ja, sie

Umfragen: Was wir voneinander halten

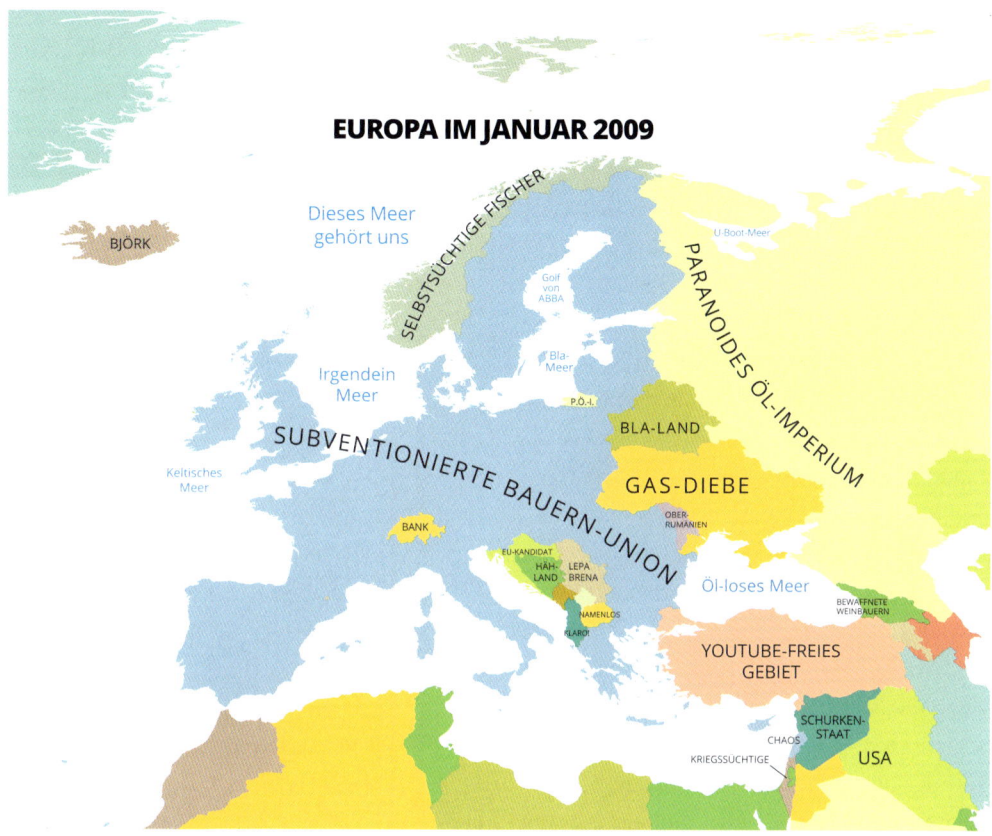

Yanko Tsvetkovs erste Europakarte der Vorurteile aus dem Januar 2009. Bald sollten weitere folgen.

haben unsere einzige Jungfrau umgebracht: Jeanne d'Arc.« Mit seinen Befindlichkeitskarten erhebt Tsvetkov natürlich keinen Allgemeingültigkeitsanspruch.

Mit dem Humor ist es freilich so eine Sache: »Es gibt gewisse Leute, die lachen über alle Länder«, erklärt Tsvetkov, »außer über das eigene.« Die Hölle, das sind stets die anderen – meinte einst Sartre. Und schon bevor es Internet und Meinungsforschung gab, kursierten die Klischees: Als beispielsweise im 16. Jahrhundert verheerende Syphilisepidemien Europa heimsuchten, benannte man die Seuche meist nach den »liebsten« Feinden. Deutsche, Italiener und Polen sprachen von der »Französischen Krankheit«. Die solchermaßen bezichtigten Franzosen wiederum schoben die Seuche den Italienern in die Schuhe, die Holländer den Spaniern. Bei den Russen hieß sie die »Polnische Seuche«, und die Osmanen am Bosporus nährten die Mär von einer »Christenkrankheit«.

Von derart platten Zuschreibungen sind

die aufgeklärten Europäer heute natürlich weit entfernt! Oder vielleicht doch nicht? Wer hat noch nicht von den faulen Griechen, den klauenden Polen, den lärmenden Italienern gehört? Die Liste ließe sich beliebig fortsetzen. Dabei behauptet die Wissenschaft, es sei fragwürdig, ob es so etwas wie »Nationalcharaktere« überhaupt gebe. Im Völkergemisch Europas seien Nationen doch eher künstliche Konstruktionen des 19. Jahrhunderts als natürlich gewachsene Gemeinschaften mit bestimmten Wesenszügen. Doch was ist die nüchterne Stimme der Wissenschaft gegen einen soliden Bestand eingefleischter Vorurteile? Menschen neigen nun einmal dazu, Grenzen zu ziehen, das Eigene vom Fremden zu trennen. Und was hilft da mehr als ein, zwei, drei, vier, viele Vorurteile?

Grundsätzlich gilt: Wem es erstens an Bildung und zweitens an internationaler Erfahrung mangelt, ist eher bereit, auf Klischees zu setzen. Und Stereotype halten sich über Generationen hinweg. Als 2002 norwegische Gymnasiasten zu ihrem Deutschland-Bild befragt wurden, lagen Stichworte wie »Hitler«, »Krieg«, »Nazis« an der Spitze – obwohl die jungen Leute Deutsch lernten und persönliche Kontakte zu Deutschen unterhielten. Doch die Erinnerung etwa an die Zeit der deutschen Besatzung im Zweiten Weltkrieg wiegt immer noch schwer und hat sich bei der Eltern- und Großelterngeneration derart eingebrannt, dass – selbst bei den Jüngeren – Positives überlagert wird.

Befeuert werden Vorurteile auch durch

■ Auf dem Titelblatt einer medizinischen Abhandlung wird die Syphilis als »Gallische [= Französische] Krankheit« bezeichnet, Wien 1498.

Medien. Nicht nur die britische Boulevardpresse ist schnell mit abgedroschener Weltkriegsrhetorik zur Hand, wenn es gegen die Deutschen geht – und das nicht nur auf dem Fußballplatz. Als 2012 die Europäische Union die schwerste Finanzkrise ihrer Geschichte durchlebte, Griechenland mit Milliardenschulden die Staatspleite drohte und

Umfragen: Was wir voneinander halten

Feindbild Merkel: Ein Mann protestiert Anfang 2015 vor dem griechischen Parlament gegen die Politik der deutschen Bundesregierung.

auch Spanien, Italien und andere Länder immer mehr unter Druck gerieten, war es prompt wieder da – das Zerrbild vom »bösen Deutschen«. Bundeskanzlerin Merkel prangte mal mit Hitler-Bärtchen, mal mit wilhelminischer Pickelhaube auf den Titelblättern mancher Magazine, Demonstranten gingen in verschiedenen europäischen Ländern gegen die »deutsche Vorherrschaft« auf die Straße. Was die Deutschen mit Waffengewalt im Krieg nicht erreicht hätten, würden sie nun auf anderem Wege versuchen, mit den Hebeln ihrer Finanzmacht.

Der deutsche Boulevard nahm solche Meldungen begierig auf und griff selbst in die Schublade der erprobten Fremdzuschreibungen: Da waren sie wieder, die vermeintlichen »Pleite-Griechen«, die auf Kosten der deutschen Steuerzahler saniert würden. Aber auch anderswo sind solche Affekte zu beobachten.

Seit die UNESCO 1953 eine Studie unter dem Titel *How nations see each other (Wie die Nationen einander sehen)* vorstellte, in der systematisch zwölf Eigenschaften von »rückständig«, »fleißig«, »überheblich« bis »herrisch« abgefragt wurden, fühlen ganze Heerscharen von Meinungsforschern immer wieder den Europäern auf den Zahn. Über die Jahrzehnte betrachtet, zeigt das seither angesammelte Datenmaterial vor allem eins: die Dauerhaftigkeit von eingebrannten Vorstellungen, so oder so, denn immerhin gibt es ja auch positiv besetzte Klischeebilder. Schätzt man beim anderen doch oft jene Charakterzüge, die man bei sich selbst vermisst. Viele Nordeuropäer schwärmen von der Leichtigkeit und dem *Savoir-vivre* des Südens. Die Südeuropäer ihrerseits bewundern insgeheim nördliche Ordnungsliebe und die Effizienz. Öffentlich zugeben würde man das freilich kaum. Doch zum Glück sind Umfragen anonym, und so wissen wir zum Beispiel, dass die Russen uns Deutsche seit Jahrzehnten eigentlich recht positiv beurteilen – trotz der schwierigen Geschichte und der nicht immer einfachen Gegenwart.

Das ist nicht selbstverständlich – ebenso wenig wie das große Projekt der europäischen Einigung, das dem Kontinent seit Jahrzehnten Frieden, Freiheit und zunehmenden Wohlstand beschert. Es hat lange gedauert, bis die Vision des vereinten Europa in den Köpfen und Herzen der Europäer angekommen ist. Nach dem Fall des Eisernen Vorhangs gab es geradezu euphorische Ausschläge in den Umfragen. Doch seit einigen Jahren schlagen die Meinungsforscher Alarm. »Die öffentliche Kritik an der europäischen Einheit wächst, der Glaube an die Vorteile und das Vertrauen in die Institutionen erodiert«, hieß es bereits 2012 in einer Studie. Einig zu sein scheinen sich die EU-Bürger vor allem beim Schimpfen auf »Brüssel« und das Bürokratiemonster, das viele dort wachsen sehen. Die Gurkennorm wurde zum Symbol der Regelungswut – auch wenn sie inzwischen abgeschafft wurde. Eine »Klasse-extra-Gurke« durfte sich auf einer Länge von zehn Zentimetern maximal einen Zentimeter krümmen – eine offenbar sinnlose Regelung, die aber gar nicht auf Brüsseler Mist gewachsen war, sondern auf Forderungen aus der grenzüberschreitenden Agrarwirtschaft zurückging.

Seit dem Brexit wissen wir: Es ist nicht ausgeschlossen, dass sich Staaten ganz aus dem europäischen Projekt verabschieden. Und selbst wenn sich in den meisten Ländern Europas der überwiegende Teil der Befragten für einen Verbleib in der Union ausspricht, fordert außer in Spanien und in Deutschland eine Mehrheit wieder mehr Einfluss für die nationalen Regierungen und weniger Macht für »Brüssel«.

Das Projekt Europa muss den Stimmungen Rechnung tragen. Am Anfang gab es noch die großen symbolischen Gesten –

■ Kaum Europäer in Europa? Anti-EU-Proteste in Prag, September 2015.

über Schutt und Asche des verheerenden Krieges reichte man sich die Hand zur Versöhnung. Doch die Generation der Kriegsteilnehmer stirbt aus. Europa kann sich nicht nur als Friedenswerk definieren. Dieses erscheint inzwischen als so selbstverständlich, dass man sich darüber freuen kann. Aber wo mögen dann für die Jugend die Motive für ein einiges Europa liegen? Doch vor allem darin, dass es ihnen eine Perspektive gibt: Arbeit, Freizügigkeit, Offenheit und Entfaltung – dies aber schwankt von Land zu Land erheblich. Zurzeit sieht es eher trist aus: »Es gibt kaum Europäer in Europa«, beklagt die Jugendstudie 2017 der TUI-Stiftung. »Deutsche sind zuerst Deutsche, dann Europäer, Griechen sind zuerst Griechen, dann Europäer. Dieses transnationale Verständnis gilt für alle Länder der Europäischen Union«, heißt es da, und weiter: »Ausschließlich als Europäer nehmen sich nur 3 Prozent der Interviewten wahr. Das Gegenteil findet sich viel häufiger: 55 Prozent der Briten sehen sich ausschließlich als Briten und können mit dem Sticker ›Europäer‹ nichts anfangen.«

Yanko Tsvetkov, der als überzeugter Kosmopolit nicht nur in seiner Heimat Bulgarien, sondern auch in Großbritannien und Spanien lebt, stimmt so viel Europaverdruss traurig: »Europa ist mein Traum. Ich war 13 Jahre alt, als die Berliner Mauer fiel. Das war ein unglaublich emotionaler Moment«, erklärte er in einem Interview. »Aber im Moment gibt es da draußen zu viel Zynismus. Die Leute suchen nur noch nach negativen Beispielen bei ihren Nachbarn. Niemand will nur als Stereotyp wahrgenommen werden – aber wir verurteilen andere ständig. Wer die Landkarten übereinanderlegt, wird sehen, dass uns mehr eint als teilt.«

WIE EUROPA ISST UND TRINKT

Auch hier geht ein Riss quer durch Europa. Eine unsichtbare Scheidelinie, die an der französischen Kanalküste beginnt, entlang des Rheins verläuft, wo sie auf der Höhe von Mainz nach Osten und dann wieder nach Süden abbiegt. Die Grenze schlängelt sich entlang der Alpen und trifft schließlich auf die Donau, deren Flusslauf sie bis zur Küste des Schwarzen Meers folgt. Zu erkennen ist von ihr auf den ersten Blick nichts. Keine Hinweisschilder markieren sie, keine Landmarken zeigen sie an. Sie trennt den Kontinent in zwei Teile und ist dauerhafter als jede politische Grenzziehung. Bemerken wird sie nur derjenige, der auf seiner Reise durch Europa Rast macht und die Bistros, Restaurants und Kneipen zwischen Paris und Bukarest, zwischen Stockholm und Neapel besucht. Denn dort an den Tresen wird sie offenbar – die europäische Wein-Bier-Grenze!

Überall da, wo die Römer einst in Europa herrschten, wird vor allem Wein getrunken. Rechts des Rheins und im Norden dagegen bleibt man eher dem Gerstensaft treu. Der römische Chronist Tacitus schrieb über die Trinkvorlieben der Germanen: »Als Getränk haben die Germanen ein

■ Diese bei Trossingen gefundene alemannische Feldflasche aus Ahorn aus dem 6. Jahrhundert enthielt noch Reste von Gerstenbier.

schauerliches Gebräu, aus Gerste oder Weizen gegoren, ein Gebräu, welches mit Wein eine sehr entfernte Ähnlichkeit hat.« Und Kaiser Julian, ein Neffe Konstantins des Großen, spottete im 4. Jahrhundert nach einem Probekrug während eines Feldzugs im Alemannischen: »Wein duftet nach Nektar, Bier aber stinkt nach Bock.« Der Wein sei ein Kind des Himmels, von der Sonne verwöhnt, so Julian; das Bier dagegen ein Erdkind, aus Gerste vergoren, die von den Göttern für das Füttern des Viehs bestimmt sei, nicht aber für den lieblichen Trank.

Weingenuss, so lernen wir, galt schon damals als gehobene Trinkkultur, das Biertrinken wurde dagegen eher dem bäuerlichen Milieu der nördlichen Barbaren zugeordnet. Im Prinzip ist das so geblieben. Bis heute werden die Biertrinker von den Südeuropäern und Franzosen als kulturlos angesehen. Doch keine Grenze, die nicht überwindbar ist. Man lernt gern voneinander: »Ein echter deutscher Mann mag keinen Franzen leiden, doch ihre Weine trinkt er gern«, verkündete schon Goethes lustiger Zecher im *Faust*. In der globalisierten Warenwelt verwischen sich die Unterschiede weiter. Heute bietet jeder polnische Supermarkt eine veritable Auswahl an genussfähigen Weinen, während beispielsweise in Spanien der Bierkonsum seit Jahren kontinuierlich steigt. Und sage keiner, das gehe allein auf das Konto der saufenden Touristen auf Mallorca!

Der Rebensaft aber ist noch immer das beliebteste alkoholische Getränk der Italiener und Franzosen. Pro Kopf konsumieren Letztere rund 50 Liter Wein im Jahr: Das ist weltweit Spitze und wird nur noch von einem Zwergstaat übertroffen, dessen Bewohner zumeist männlich und jenseits der sechzig sind – dem Vatikan. Hier konstatierte das California Wine Institute für das Jahr 2012 die stolze Menge von 74 Litern pro Kopf jährlich, wobei man zugeben muss, dass in der Bevölkerungsstruktur des Kirchenstaats Kinder fehlen, die normalerweise die Quote drücken.

Und wie sieht es beim Bier aus? Deutsche und Österreicher schluckten 2014 etwa pro Kopf 100 Liter im Jahr – noch mehr schafften nur die Tschechen: 144 Liter. Dort ist man stolz auf das »Urquell«, das erste Pils der Welt, benannt nach seinem Entstehungsort Pilsen. Erfunden wur-

Wie Europa isst und trinkt

■ Weingenuss als Ausdruck gehobener Lebensart: Ein französischer Winzer prüft den edlen Tropfen.

de es, weil das örtliche Bier zuvor eine derart ungenießbare Plörre war, dass empörte Zecher 1838 mehrere Fässer auf den Marktplatz rollten und sie dort unter lautstarkem Protest auskippten. Der bayerische Braumeister Josef Groll entwickelte daraufhin ein untergäriges, lagerfähiges Bier von goldgelber Farbe – das neue Pilsner, das nun seinen Siegeszug um die Welt antrat.

Das beste Bier wird Umfragen zufolge in Deutschland gebraut, hergestellt in über 1400 Brauereien. Das ist weltweit einzigartig – ebenso wie das Reinheitsgebot von 1516, auf das man vor allem in Bayern stolz ist, da es dort erlassen wurde. Verfügt worden sein soll es übrigens aus ähnlichen Gründen, welche die Pilsner Bürger derart auf die Palme gebracht hatten: Weil die Brauer bis dahin so ziemlich alles zusammenmixen konnten, was Feld, Wald und Wiese hergaben, kam oftmals ein abscheulich schmeckendes Gesöff heraus. Rinden, Beeren und Kräuter, die man zusetzte, um dem Gebräu eine besondere Note zu verleihen, machten die Sache nicht besser: Das mitunter beigemischte Bilsenkraut etwa verursachte so gewaltige und gewalttätige Räusche, dass sich daneben manch heutige Bierzeltrauferei wie eine Tai-Chi-Übung ausnimmt. Da war es dann doch gut, dass das amtlich präferierte Hopfenbier eine eher besänftigende denn aufrüttelnde Wirkung hatte. Außerdem blieben durch die Vorschrift, nur Gerste zu verwenden, Weizen und Roggen für das Brotbacken reserviert und wurden nicht für das Bierbrauen verschwendet.

Ganz nebenbei war mit dem Reinheitsgebot auch dem deutschen Drang zur Regulierung in allen Lebensbereichen Genüge getan. Fast 500 Jahre ging das gut, dann entschied der Europäische Gerichtshof, dass dem deutschen Biertrinker auch andere Ingredienzen als allein Wasser, Hopfen, Hefe und Gerstenmalz zugemutet werden könnten – darunter keineswegs nur chemische Substanzen wie Ascorbinsäure oder Schwefeldioxid, wie es die deutschen Brauer damals ihren Kunden als Horrorszenario an die Wand malten, sondern auch Mais wie in spanischen Bieren oder Gewürze und Fruchtessenzen wie in belgischen.

Ein ähnlicher Glaubenskrieg wie um das Bier tobte in der EU vor einigen Jahren auch um das Reinheitsgebot für Pasta, das 1547 in Genua verkündet wurde: Nur Was-

353

Wo wir stehen – was uns bleibt

Kulinarische Stereotype als Postkartenmotiv: Italienische »Spaghettifresser« in Neapel, Ende des 19. Jahrhunderts.

ser und Hartweizengrieß gehören in eine klassische italienische »Pasta secca«. Doch auch im »Nudelkrieg« ließ sich die EU nicht *al dente* kochen. Überhaupt: die Pasta! Auch so ein Lebensmittel, mit dem sich eine Art Äquator durch Europa ziehen ließe: Sie beherrscht den Süden, im Norden regiert die Kartoffel. Schon im Mittelalter kannte man die sizilianischen »Mangiamaccheroni«, die Makkaronifresser. Und noch heute betiteln missgünstige Zeitgenossen die Italiener als »Spaghettifresser«.

Auf der anderen Seite sind der traditionellen deutschen Kartoffelgerichte Legion. Manche Länder der nördlichen Hemisphäre waren sogar derart abhängig von der Knolle, dass sich Ernteausfälle regelmäßig zu katastrophalen Hungersnöten ausweiteten, wie Mitte des 19. Jahrhunderts in Irland, als mindestens eine Million Menschen starben und in der Folge anderthalb Millionen Iren die Grüne Insel verließen und ihr Glück in Amerika versuchten. Kaum einer weiß heute noch, dass die Kartoffel einst den umgekehrten Weg ging. Erst Ende des 16. Jahrhunderts gelangte sie auf spanischen und britischen Schiffen nach Europa und wurde ihrer schönen Blüten wegen zunächst als Zierpflanze gehalten. Dieses Schicksal teilte sie mit der Tomate, die einige Jahrzehnte zuvor aus Südamerika nach Europa gekommen war. Es brauchte einige Generationen und manchmal auch eine Menge Überzeugungskraft, bis sich der Erdapfel als Grundnahrungsmittel in vielen europäischen Ländern durchgesetzt hatte.

Auch der Kaffee ist solch ein Europaimmigrant. Was wären wir heute ohne ihn? Die Italiener lieben einen schnellen Espresso an der Theke, während es sich der Österreicher mit einer Melange im Kaffeehaus, seinem verlängerten Wohnzimmer, behaglich macht. Schon Johann Sebastian Bach widmete dem Wachmacher seine »Kaffeekantate«, und der (Kaffee-)Sachse Karl Gottlob Hering bedichtete den »Türkentrank« in seinem »Kaffeekanon«: »C-a-f-f-e-e, trink nicht so viel Kaffee! … Sei

■ Zunächst war die Kartoffel nur als Zierpflanze bekannt. Darstellung in Basilius Beslers *Florilegium*, Nürnberg, 1613.

doch kein Muselmann, der ihn nicht lassen kann!« Tatsächlich verdanken die Europäer den Kaffee den kriegerischen Osmanen. Dass diese ihn nach dem Scheitern der Belagerung Wiens 1683 säckeweise zurückgelassen hätten und das Getränk daraufhin seinen Siegeszug durch Europa angetreten habe, ist aber nur eine schöne Legende. Fakt ist, dass bereits 1645 in Venedig das erste Kaffeehaus Europas eröffnet wurde. Doch erst nach 1685 eroberte der schwarze Trank die Geschmacksnerven der übrigen Europäer. Nur die Engländer machten wieder einmal nicht mit. Sie tranken lieber Tee aus ihren Kolonien – bis heute ist ihnen ihr *Five O'Clock Tea* heilig.

■ Der »Muselmann« bringt den »Türkentrank«. Plastik über dem Eingang des traditionellen Kaffeehauses »Zum arabischen Coffe Baum« in Leipzig.

Übrigens: Die Einführung des Kaffees in Europa führte im 17. Jahrhundert zu einem enormen Rückgang des Alkoholkonsums. Und sind heute vielleicht ausgerechnet die skandinavischen Länder Finnland, Schweden und Norwegen Spitze im europäischen Pro-Kopf-Verbrauch an Kaffee, weil bei ihnen der Verkauf von alkoholischen Getränken eingeschränkt ist? Trotzdem haben natürlich auch die Nordländer ihr hochprozentiges Nationalgetränk. Und bei dem verstehen die meisten Menschen keinen Spaß. Seit Jahrhunderten liegen sich beispielsweise Polen und Russen in den Haaren. Es geht um Wodka. Wer hat den besseren? Wo stand die Wiege des »Wässerchens«? Dieser Hader ging bisher unentschieden aus. Ebenso zwischen Türken und Griechen, die sich streiten, welcher der beste Anisschnaps ist: Raki oder Ouzo?

Um noch einmal auf das Thema europäische Küche zurückzukommen: Auch da gibt es natürlich jede Menge Vorurteile, wenn Europäer über die Essgewohnheiten anderer Europäer urteilen. So fallen Briten beim Stichwort Spanien nur Stierhoden ein, umgekehrt den Spaniern Blutpudding. Wenn Italiener kulinarisch über ihren Nachbarn Frankreich sprechen, ist von Blutente und Froschschenkeln die Rede, umgekehrt von Madenkäse und Pferdesteak. Und mit der deutschen Küche verbinden die anderen Europäer vor allem Wurst und Sauerkraut. Mit dem wirklichen

Wie Europa isst und trinkt

■ Froschschenkel sind nicht jedermanns Sache; hier warten sie in einem französischen Feinschmeckerrestaurant auf ihre Zubereitung.

lediglich die magyarischen Viehhirten in der Puszta, und die Breitenwirkung des Fondues verdankt sich sogar einer cleveren Werbestrategie der schweizerischen Käseindustrie aus den 1950er-Jahren und dem einprägsamen Slogan: »Fondue isch guet und git e gueti Luune.«

Als Referenz für kulinarische Höchstleistungen gilt seit den Zeiten des Barock die französische *Haute cuisine*. Aber nicht nur sternegeschmückte Spitzenköche wie Paul Bocuse oder Alain Ducasse halten bei unserem westlichen Nachbarn bis heute eine Kultur des Essens und Genießens am Leben – die übrigens auch mit einfachsten Mitteln und stets frischen Zutaten schmackhafte Gerichte auf den Tisch zaubert. Es gibt auch genügend Hobbyköche ohne Sternchen, die der Redewendung vom »Leben wie Gott in Frankreich« alle Ehre machen.

Leben hat das natürlich wenig zu tun. Da vertilgt auch der Franzose nicht jeden Tag Weinbergschnecken, der Schotte Haggis-Innereien oder der Schwede Surströmming, übel riechenden vergorenen Hering.

Häufiger kommen schon die klassischen Nationalgerichte auf den Tisch. Pizza, Pasta oder Polenta beispielsweise in Italien, Paella in Spanien, Gulasch in Ungarn oder Fondue in der Schweiz. Allesamt einfache Volksgerichte, ursprünglich hergestellt aus Resten oder gar Abfällen, typisch zumeist nur für einen Landstrich oder eine Region, ehe man sie zu nationalen Spezialitäten aufwertete. So war die Pizza lange Zeit außerhalb Neapels unbekannt, Gulasch aßen

In Zeiten der Globalisierung nivellieren sich viele kulinarische Unterschiede. In manch deutscher Kleinstadt findet sich heute kaum noch eine »gutbürgerliche« Gaststätte, dafür aber ein »Italiener«, ein »Grieche« oder ein »Asiate«. Nicht zu vergessen natürlich die vielen türkischen Restaurants. Sie haben in den letzten 40 Jahren einen echten Crossover-Europäer populär gemacht, der zumindest in Sachen »Snacking« Burger, Bratwurst und Co. den Rang abgelaufen hat: den Döner Kebab. In Anatolien ursprünglich als Tellergericht mit gegrilltem Hammelfleisch angeboten, wurde er Anfang der 1970er-Jahre von türkischen Migranten in Deutschland erstmals in

357

Esskultur Europas hat sich verändert. Einflüsse aus vielen Nationen, die das Bild unserer modernen Gesellschaft widerspiegeln, sind auch in den europäischen Kochtöpfen und auf den europäischen Tellern ablesbar.

DER EUROVISION SONG CONTEST

Auch *Musik kennt keine Grenzen* – eine Redensart so schlicht und alt und dennoch so wahr und aktuell. Und sollte man ein veritables Beispiel für ihre Gültigkeit finden wollen, dann empfiehlt es sich, alljährlich auf das späte Frühjahr zu schauen, wenn die größte Musikshow der Welt ihre Tore öffnet, der Eurovision Song Contest (ESC). Inszeniert als eine große, bunte Party, gilt dieser europäische Event als das gut gelaunte Gegengewicht zur anstrengenden Rhetorik des politischen Alltags. Und in der Tat gibt es trotz aller Kritik und manch diplomatischer Ränkespiele nur wenige Momente im Jahr, in denen sich Europa so bewusst und letztlich auch so positiv präsentiert.

Eine europäische Idee

Mehr als 40 Nationen finden sich mittlerweile zusammen, um aus ihrer Mitte den besten Song des Wettbewerbs zu küren. Und hier treffen sie dann aufeinander, mit all ihren Gemeinsamkeiten und all ihren Unterschieden. Natürlich geht es erst einmal um Musik, aber immer auch um

»Mit alles und scharf«: Der Döner Kebab hat sich als Lieblingsimbiss nicht nur der Deutschen etabliert.

Sandwichform verkauft und mit Salat, Tomaten, Zwiebeln und verschiedenen Soßen aufgepeppt. Der »hybride Charakter« des Döners, so schreibt die Kulturwissenschaftlerin Maren Möhring, schlage sich unter anderem auch darin nieder, dass der Zusatz »mit scharfer Soße« bei der Bestellung auch von türkischen Kunden auf Deutsch formuliert werde, da es im Türkischen keinen Ausdruck dafür gebe. Seit der Jahrtausendwende hat sich die türkisch-deutsche Koproduktion in fast allen europäischen Ländern etabliert, wobei das Produkt dort vielfach nicht von Türken, sondern von Einwanderern aus Nordafrika verkauft wird. Nicht nur für den Döner gilt also: Die

DIE EBU

Die *European Broadcasting Union* (EBU) wurde am 12. Februar 1950 auf einer Konferenz in Torquay / England gegründet und ist ein Zusammenschluss öffentlich-rechtlicher Sendeanstalten. Sie organisiert und koordiniert den Programmaustausch zwischen den Mitgliedern, verwaltet Übertragungsrechte und unterstützt technische Dienstleistungen. Programminhalte sind hauptsächlich Nachrichten und Sportübertragungen. Im Mai 2017 hatte die EBU mehr als 70 Vollmitglieder (Rundfunkanstalten) und darüber hinaus sogenannte assoziierte Mitglieder aus Staaten wie z. B. Japan, Indien, Hongkong, Mexiko, Brasilien, Kanada, Australien und den USA. Als erste Live-Sendung übertrug die EBU 1953 die Krönung von Königin Elisabeth II.; 1993 vollzog sich die Vereinigung mit dem osteuropäischen Pendant *Organisation Internationale de Radiodiffusion et de Télévision* (OIRT).

Bekannt bei den Fernsehzuschauern ist besonders die Erkennungsmelodie der EBU, das Präludium zum »Te Deum« von Marc-Antoine Charpentier. Viele große Eurovisionssendungen, wie etwa »Wetten, dass …?«, beginnen mit diesem musikalischen Signet und machten die Melodie weltberühmt.

Selbstdarstellung, um Selbstbewusstsein, um nachbarschaftlichen Neid und freundschaftliche Häme, um große Gesten und kleine Affronts und immer wieder auch um Politik. Der ESC ist eine Familie, mittlerweile vielleicht mehr Patchwork, aber immerhin eine Familie, mit allem, was dazugehört. Und egal, ob ernsthafter Beitrag oder musikalische Provokation, ob große Kunst, Kitsch oder Trash: Am Ende gibt es immer ein feierndes Europa, mit Flitter und Fanfaren und der kurzen Gewissheit, dass es doch mehr Verbindendes untereinander gibt, als man oft gedacht hat.

Europa als musikalisches TV-Ereignis begann 1956 mit einer klassischen Formatüberlegung. Die 1950 gegründete *European Broadcasting Union* (EBU), die sich durchaus auch als Gegengewicht zu der seit 1946 unter sowjetischer Führung bestehenden *Organisation Internationale de Radiodiffusion* (OIR), später *Organisation Internationale de Radiodiffusion et de Télévision* (OIRT), verstand, suchte eine alle Länder verbindende Programmidee. Man kam auf die Musik als größten gemeinsamen Nenner, und das italienische Sanremo-Festival war rasch als ein brauchbares Vorbild ausgemacht: neue Lieder, exklusive Performances, live übertragen. Teilnehmen durften – und so ist es bis heute geblieben – alle Mitglieder der EBU.

Und so trafen sich am 24. Mai 1956, nur elf Jahre nach dem Ende des Zweiten Weltkriegs, im schweizerischen Lugano sieben Mitgliedsländer mit ihren Songs: Belgien,

Wo wir stehen – was uns bleibt

■ Die Schweizer Sängerin Lys Assia war mit dem Titel »Refrain« die erste Gewinnerin des Eurovision Song Contest, in Lugano 1956.

Frankreich, Luxemburg, Italien, die Niederlande, die Schweiz und Deutschland. Und was mit dem ersten Siegertitel »Refrain« von Lys Assia, damals noch mehr im Radio als im Fernsehen, begann, wurde der größte Musikevent des Kontinents: der Eurovision Song Contest.

Ein buntes Europa

Man spricht heute gern von ESC-tauglichen Titeln, wenn wir Songs hören wie »Euphoria« der Schwedin Loreen (Gewinnerin 2012) oder Conchita Wursts »Rise Like a Phoenix« (Gewinnerin 2014 für Österreich). Gemeint sind oft ein moderner Pop-Sound, eine starke, hymnenhafte Melodie und orchestraler Glanz. Mit Emotionalität und großen musikalischen Gesten scheint dies ein Erfolgsmuster zu sein, doch ein Patentrezept gibt es auch heute noch nicht.

Musikalisch hat der ESC all jene musikalischen Perioden und Genres durchlaufen, die die Chart-erfahrenen Zuschauer der Teilnehmerländer hinlänglich kannten: die frühe Beatmusik der 1960er-Jahre, danach Disco und Schlager, es gab kraftvollen Rock und modernen Dance-Pop, aber auch ruhige Balladen oder Songs, die einfach nur »gaga« waren. Wurde anfangs noch mit Orchester musiziert, so war es ab 1999 den Ländern freigestellt, jenen leicht antiquierten Klangkörper noch zu benutzen oder nicht. Die instrumentale Begleitmusik kam als Halbplayback vom Band, bei den immer größer werdenden technischen Anforderungen ging es auch nicht mehr anders. Neben die rein musikalische Interpretation trat im Lauf der Zeit immer stärker die durchdachte Performance: ein großer Bühnenevent, spektakulärer Tanz und dazu in den letzten Jahren technisch ausgereifte Bühnenbilder mit den tausendfachen Möglichkeiten moderner LED-Contents. Und wem das nicht reichte, der garnierte seinen Auftritt mit aberwitzigen Kostümen oder üppiger Folklore.

Aber so sollte der ESC im besten Falle auch sein: das musikalisch-lebendige Spie-

■ Die aus sechs über 70-jährigen Großmüttern bestehende Formation Buranowskije Babuschki brachte Russland beim ESC 2012 auf den zweiten Platz, mit »Party for Everybody«.

gelbild eines Kontinents: bunt, polyglott und tolerant. Natürlich lässt sich eine treffliche Liste an ungewöhnlichen Beiträgen zusammenstellen, die man so wohl nur in der über 60-jährigen Geschichte des ESC findet. 2012 etwa sang die aus sechs über 70-jährigen Großmüttern bestehende Formation Buranowskije Babuschki für Russland ihren Song »Party for Everybody« (zweiter Platz), 2006 gewann Finnland mit der Rocknummer »Hard Rock Hallelujah« gesungen von Lordi, einer Band in Verkleidungen, die an finsterste Horrorfiguren erinnerten, und 2014 siegte für Österreich die bärtige Drag-Queen Conchita Wurst.

Wer ein »buntes Europa« suchte, war beim ESC schon immer an der richtigen Adresse. Und um all jene Lügen zu strafen, die den ESC nur noch als ein einziges großes Spektakel mit fragwürdigen Inszenierungen anprangerten, gewann 2017 der Portugiese Salvador Sobral mit seiner rein auf die Musik konzentrierten jazzigen Ballade »Amor pelos dois« – vielleicht nur eine nostalgische Momentaufnahme in einer immer turbulenter werdenden Welt oder aber vielleicht doch eine neue Bedeutung für den Song und seine Interpretation.

Ein besonderes Kapitel ist der deutsche Teil der ESC-Historie. Vom ersten Teilneh-

Wo wir stehen – was uns bleibt

■ Ihr Auftritt sorgte für Aufsehen und löste Debatten aus. Die bärtige Drag-Queen Conchita Wurst siegte 2014 für Österreich.

■ Lena Meyer-Landrut aus Hannover gewann mit »Satellite« in Oslo (2010) zum zweiten Mal den ESC für Deutschland.

mer 1956 in Lugano, Freddy Quinn, über Nicole, Guildo Horn und Stefan Raab bis hin zu Lena waren musikalisch alle Stile und Genres vertreten. Es ist eine Geschichte großer Enttäuschungen, belächelter »Zeropoints-Auftritte« und immer wieder quälender Phasen allgemeinen Desinteresses, aber auch die Geschichte nie verebbender Leidenschaft der eingefleischten Fans, des Wandels und des Versuchens und letztlich zweier großartiger Triumphe 1982 mit Nicole und 2010 mit Lena Meyer-Landrut. Aber die deutsche ESC-Geschichte ist nicht nur eine der Interpreten, sondern vor allem auch eine der Macher, die immer wieder antraten, um diese europäische Trophäe zu gewinnen. Natürlich muss man da zuerst

den Komponisten Ralph Siegel nennen, einen bis heute ESC-Getriebenen. Nach einigen sehr guten Platzierungen in den Vorjahren gelang ihm 1982 der ganz große Coup. Am 24. April gewann Nicole mit »Ein bisschen Frieden« zum ersten Mal den ESC für Deutschland, und Ralph Siegel feierte den größten Triumph seiner Karriere. Später versuchte er immer wieder, an jene Erfolge anzuknüpfen, was aber nie mehr gelingen sollte. Stattdessen machte sich in der Folgezeit eher Tristesse breit, bis Ende der 1990er-Jahre Guildo Horn und Stefan Raab dem ESC aus deutscher Sicht neues Leben einhauchten. Guildo Horns »Guildo hat Euch lieb« passte in seiner fast parodistischen Form in so gar kein Schema,

■ ABBA siegte 1974 in Brighton. Mit »Waterloo« begann eine Weltkarriere, die mit der Erfolgsstory der Beatles verglichen wurde.

galt dennoch als Befreiung, weil er ausgetretene Pfade verlassen hatte und mit Witz, Esprit und Selbstironie performte. 2000 war es dann Stefan Raab, der, nachdem er den Titel für Guildo Horn geschrieben hatte, nun selbst auf die Bühne ging. Mit »Wadde hadde dudde da?« wurde er »nur« Fünfter, zeigte aber, was mit intelligenten, witzigen und vor allem top produzierten Songs möglich ist. Das oft von seinen europäischen Nachbarn als humorlos angesehene Deutschland hatte nun endlich auch eine spaßige Seite, und Stefan Raab suchte in eigenen Shows den ganz großen Erfolg. Den fand er schließlich in Lena Meyer-Landrut. Ihr »Satellite« gewann 2010 in Oslo zum zweiten Mal für Deutschland den ESC, und für die junge Sängerin aus Hannover begann eine echte Musikkarriere.

Überhaupt ermöglichte der Sieg beim ESC manchen Künstlern den Sprung ins ganz große Musikbusiness. Die bekanntesten Stars, die der ESC je hervorgebracht hat, sind sicherlich ABBA. Nach ihrem Sieg 1974 in Brighton begann eine fast schon märchenhafte Weltkarriere, deren Erfolge sich mit denen der Beatles durchaus vergleichen lassen. Und weitere Musikgrößen wurden hier geboren, so der zweifache Gewinner Johnny Logan, der für Irland sogar ein drittes Mal als Komponist erfolgreich war, oder die 1988 für die Schweiz auftretende Céline Dion, die ein absoluter Weltstar wurde. Aber auch Vicky Leandros (1972 für Luxemburg) oder Udo Jürgens

(1966 für Österreich) erhielten durch ihre Triumphe beim ESC entscheidende Impulse. Großbritannien, das Mutterland der Popmusik, dessen letzter Sieg 1997 schon einige Zeit zurückliegt, hatte seine größten Erfolgsgeschichten in den 1960er- und 1970er-Jahren. 1967 gewann Sandie Shaw, barfuß, mit »Puppet On a String« und landete einen Welthit. Ähnliches schafften 1976 Brotherhood of Man mit »Save Your Kisses for Me« und 1981 Bucks Fizz mit »Making Your Mind Up«. Dass auch zweite Plätze dazu taugen, Musikgeschichte zu schreiben, zeigte 1968 Cliff Richard. Sein »Congratulations« musste sich zwar knapp Spanien geschlagen geben, gehört aber bis heute zum Kanon der meistgespielten Partysongs.

Der ESC als Spiegel der Zeit

Der ESC war in seiner Ursprungsidee eine unpolitische Veranstaltung. Die Musik sollte im Vordergrund stehen, ein mediales Kräftemessen von Poeten und Komponisten sein. Aber wie lange kann ein Wettbewerb, in dem unterschiedliche Nationen aufeinandertreffen, von sich behaupten, in einem politischen Vakuum zu existieren? Hinter all dem Flitter versteckten sich immer wieder politische Bezüge, die mal mehr, mal weniger zutage traten. Als am 24. April 1982 Nicole mit »Ein bisschen Frieden« den ersten Sieg für Deutschland holte, schaute die Welt parallel nach Südamerika zu den Falklandinseln, wo ein militärischer Konflikt zwischen Argentinien und Großbritannien entbrannte. Die schlichte und eingängige Melodie von Ralph Siegel traf bei den Zuschauern auf ein sehr aktuelles Gefühl, es waren die unsicheren Jahre des Kalten Krieges mit dem NATO-Doppelbeschluss, aber auch die Jahre der sich etablierenden Friedensbewegung, deren Protestmärsche gigantische Teilnehmerzahlen verzeichneten.

Mit dem Fall des Eisernen Vorhangs kam eine Vielzahl neuer Teilnehmer dazu, neue Nationen, die im europäischen Koordinatensystem ihren Platz suchten. Es erscheint im Rückblick wie ein Wink des Schicksals, dass der erste ESC nach dem Wendejahr 1989 in Zagreb im ehemaligen Jugoslawien stattfand. Die historische Bedeutung war allen bewusst, und so reagierten auch viele Interpreten in ihren Texten auf die politischen Ereignisse: »Keine Mauern mehr« hieß der österreichische Beitrag, Deutschland schickte den Siegel-Titel »Frei zu leben« ins Rennen, und Norwegen besang ganz direkt das »Brandenburger Tor«. Es gewann schließlich der Italiener Toto Cutugno mit seinem Hit »Insieme: 1992«, einer Hymne auf das Ideal eines zusammenhaltenden Europa.

So wie die ehemaligen Staaten des alten Ostblocks ihre neuen Ziele und Partner suchten, so wollten sie auch Teil der ESC-Familie werden, gewissermaßen als mediales Zeichen der eigenen Unabhängigkeit. Ähnlich wie die Entwicklungen im europäischen Fußball war auch der ESC in jenen Jahren eine Bühne der neuen geopolitischen Entwicklungen.

Die Kritik im Übrigen, die vielen neuen

Der Eurovision Song Contest

■ Der Italiener Toto Cutugno siegte beim ersten ESC nach dem Fall des »Eisernen Vorhangs« 1990 in Zagreb mit seinem Hit »Insieme: 1992«.

osteuropäischen Länder würden sich in guter alter Vertrautheit während der Abstimmungen die Stimmen gegenseitig zuschanzen, wurde ebenso oft geäußert, wie sie von vielen Experten immer wieder ausgeräumt wurde. Einmal abgesehen davon, dass durchaus auch west- oder nordeuropäische Allianzen (zum Beispiel Skandinavien) existieren, mag es natürlich Nachbarschaftshilfen gegeben haben. Letztlich aber muss der Song mit seiner Story die Menschen überzeugen, und übertriebene Verdächtigungen hatten schon immer den etwas faden Beigeschmack des schlechten Verlierers.

Für die EBU entstand aufgrund der zu hohen Teilnehmerzahlen allerdings ein Problem. Mehrere Systeme aus Zwangspausen und Relegationen wurden versucht, stets begleitet von Gefühlen der Benachteiligung und Enttäuschung. Das Regelwerk mündete schließlich in die zwei Halbfinale, die noch heute Bestand haben. In diesen beiden Vorrunden werden aus allen Teilnehmerländern jeweils die zehn Besten gewählt, die ins Finale einziehen. Sechs Länder haben darüber hinaus eine Startgarantie: die sogenannten »Big Five«, also die fünf größten Geldgeber der EBU, Deutschland, Frankreich, Großbritannien, Spanien und Italien, und natürlich der Titelverteidiger. Das Teilnehmerfeld umfasst demnach 26 Nationen.

Die politischen Konflikte, die die osteuropäischen Staaten immer wieder untereinander austrugen, erreichten auch den ESC. 2009 zum Beispiel provozierte Georgien das gastgebende Russland mit dem Song »We Don't Wanna Put In« der Formation Stephane & 3G. Der Text lässt sich je nach Lesart anders interpretieren, die Deutung von »Wir wollen keinen Putin« lag aber auf der Hand und spielte auf den Südossetien-Konflikt an. Die EBU wollte Textänderungen, Georgien blieb bei seiner Version und dem Wettbewerb fern. 2012 sagte Armenien seine Teilnahme in Baku im benachbarten Aserbaidschan ab. Hintergrund waren Äußerungen des aserbaidschanischen Präsidenten, der alle Armenier als Feinde bezeichnet haben soll. Dass die Veranstaltung in Baku generell wegen Menschenrechtsverletzungen in der Kritik stand, passte hier ins traurige Bild.

Eine eher gesellschaftspolitische, wenngleich mit großer Leidenschaft und auch Härte geführte Auseinandersetzung verlief 2014 rund um Conchita Wurst. Ihr Auftreten und ihr Sieg entfachten mannigfaltige Diskussionen um die angebliche Degeneriertheit des Westens einerseits – Vorwürfe, die besonders aus Russland kamen – und um Werte wie Toleranz, Freiheit und den Gemeinsinn andererseits.

Höhepunkte der politischen Scharmützel waren jedoch die Jahre 2016 und 2017. In Stockholm gewann 2016 die ukrainische Sängerin Jamala mit dem Titel »1944«, in dem die Vertreibung der Krimtataren durch Stalin 1944 thematisiert wurde. Das Lied hatte im Vorfeld für vielfache Proteste gesorgt, besonders aus Russland. Auch manch anderer Kritiker empfand das Lied als »politisch« und damit den Statuten der EBU entsprechend als nicht zulässig. Die Organisation entschied dagegen, sah keinen Bezug zur aktuellen Krimkrise und ließ Jamala antreten – die schließlich den ESC gewann. Ein Jahr später nominierte Russland die im Rollstuhl sitzende Sängerin Julia Samoylova für das Finale in Kiew. Die Ukraine aber verweigerte der Künstlerin die Einreise, weil diese 2015 zu einem Auftritt auf der Krim nicht über die Ukraine, sondern über Russland eingereist war. Seit der russischen Annexion der Krim wird das mit mehrjährigen Einreisesperren belegt. Alle Vermittlungsversuche scheiterten, Russland zog die Künstlerin zurück und hat den Wettbewerb auch nicht übertragen.

Interessant ist, dass der ESC über Europa hinaus blickt. 2014 lud das dänische Fernsehen Australien ein, den Pausen-Act zu gestalten. Der australische Fernsehsender SBS, ein sogenanntes assoziiertes Mitglied der EBU, entsandte Jessica Mauboy mit ihrem Lied »Sea of Flags«. Australien war nicht ohne Grund ausgewählt worden, es zeigt den ESC bereits seit 1974 live im Fernsehen. Der fünfte Kontinent besaß schon immer eine starke und zahlenmäßig bedeutende Fangemeinde, Nachfahren europäischer Immigranten, die sich mit großer Leidenschaft den Wecker stellten, um – in ihrer Zeitzone – mitten in der Nacht dabei zu sein. Die Entscheidung der EBU aber, Australien 2015 einen echten Startplatz zu geben, fand nicht nur Befürworter. Kritiker sahen den Grundgedanken der europäischen Idee verletzt und verwässert. Guy Sebastian trat an und holte einen respektablen fünften Platz. 2016 nahm Australien erneut teil und wurde in Stockholm mit einem großartigen zweiten Platz belohnt, hinter der Ukrainerin Jamala.

Neben Australien gibt es viele weitere Länder und Regionen mit starken europäischen Communitys, die die Show live übertragen. Südamerika mit seinen spanischen und portugiesischen Wurzeln oder aber Südafrika, wo besonders die Beiträge aus den Niederlanden registriert werden. Der ESC ist unter anderem aber auch präsent in Kanada und den USA, in Dubai, in Ägypten oder in Hongkong und Japan, und seit einigen Jahren zeigt auch China mal zeitversetzt, mal live die gigantische Musikshow. Jedes Jahr sind es bis zu 200 Millionen Zuschauer weltweit. Wie aber letztlich die Eigenständigkeit und auch die Besonderheit dieses genuin europäischen Musikwettbewerbs in einer immer globaleren Welt erhalten bleiben kann, ist strategisch und inhaltlich eine spannende Frage.

Der Wandel in Europa hat auch den ESC verändert, rein numerisch, was die Größe des Teilnehmerfelds anbelangt, aber auch hinsichtlich aller Themen, die dieses Konzert der Nationen widerspiegelt: angefangen bei der Musik über Mode und Lifestyle bis hin zu allen politisch motivierten Konnotationen. Bei den Menschen »draußen vor den Bildschirmen« ist das europäische Gefühl mittlerweile nicht selten überlagert von Nationalismus, von diffusen Ängsten, von falschen Prophezeiungen. Der Kurs ist nicht ganz klar, Gemeinsamkeiten sind verschwommen, die eigene Scholle scheint wieder wichtiger als das große Ganze. Da tut es gut, dass sich weiterhin einmal im Jahr die Bunten und die Schrillen, die Begeisterten und die Optimisten versammeln, um Europa zu feiern und manchmal etwas zu erleben, was nicht mehr selbstverständlich ist: ein Europa der Menschen, die sich – bei aller Unterschiedlichkeit – respektieren, schätzen und mögen.

FUSSBALL ALS EUROPÄISCHER IDENTITÄTSFAKTOR

Wann hat der Fußball eigentlich begonnen, in der Öffentlichkeit eine derart herausragende Rolle zu spielen? Nach dem Zweiten Weltkrieg wurden die Weltmeisterschaften relativ schnell zu globalen Events, in Deutschland spätestens mit dem identitätsstiftenden Gewinn des Weltmeistertitels von 1954. Und auch der Europapokal hat seit den 1960er-Jahren Stoff geliefert, der in das kulturelle Gedächtnis von Italienern und Spaniern, Franzosen und Engländern, Deutschen und Holländern eingegangen ist. Aber erst in den 1990er-Jahren hat der Fußball den endgültigen Durchbruch geschafft. Er wurde gesellschaftsfähig, sodass sich selbst die ernste Kultur kaum mehr traute, über diesen angeblichen Protensport herzuziehen. Überregionale Zeitungen wie die *Frankfurter Allgemeine Zeitung*

Wo wir stehen – was uns bleibt

■ Das Stadion an der Anfield Road: Auf der legendären Fantribüne The Kop sind die stimmgewaltigen Fans des FC Liverpool zu Hause.

und die *Süddeutsche Zeitung* bauten alle zwei Jahre ihren WM- und EM-Sonderteil immer weiter aus; zur gleichen Zeit schälten sich die Trainer aus ihren verschwitzten Trainingsanzügen und sitzen seither im feinen Zwirn mit Krawatte auf der Bank.

Mit der Champions League ab 1993 und wahrscheinlich der Europameisterschaft 1996 in England übersprang die Fußballbegeisterung erst recht die nationalen Grenzen. Immer mehr Stars verließen die heimischen Ligen und gingen zu noch größeren Clubs ins Ausland. Ihre Fans wanderten in Gedanken mit, sodass heute eine Art Multikulti-Europaliga entstanden ist. Der Holländer Robben bei Bayern München, der Portugiese Ronaldo bei Real Madrid, der Deutsche Özil bei Arsenal London – längst ist der nationale Fußball in eine große europäische Arena eingezogen. Manchmal geht da sogar schon die geografische Orientierung verloren, wie etwa bei Andy Möller, der kurz vor seinem Wechsel zu einem europäischen Topverein konstatierte: »Mailand oder Madrid – Hauptsache Italien!« Um schließlich bei Juventus Turin zu landen. Gerade die jüngsten der Fans himmeln nicht mehr allein die Idole der Bundesliga an, sondern zunehmend die internationalen Stars in europäischen Ligen. Das ist neu und gefällt den Weltoffenen unter den Fußballfans. Die großen Turniere, mit singenden Iren und inbrünstigen Azzurri aus Italien, mit Schweden in Blau-Gelb und Holländern in »Oranje«, mit Engländern mit rot-weißem Georgskreuz und Franzosen mit kampflüsternem Hahn: Sie sind längst zu großen Europafesten geworden. Fußballfans behaupten, solche Turniere würden mehr zur Völkerverständigung beitragen als die beflissen um Normen ringenden EU-Arbeitsgruppen in Brüssel. Der Fußball als das Band, das Europa in der Gegenwart wirkungsvoll, volkstümlich, identitätsstiftend zusammenbindet? Da ist was dran.

Wo und wann hat dieser Fußball angefangen? Auch wenn angeblich im China des 3. Jahrtausends v. Chr. ein Spiel namens *ts'uh küh* existierte, bei dem zwei Mannschaften mit Füßen *(ts'uh)* und einem Ball *(küh)* zugange waren, oder später die alten Maya auf einem kleinen Feld versuchten, Bälle in hoch gehängte Ringe zu bugsieren (der Verlierer konnte dabei geköpft werden): Es kann nach der modernen Definition unter Fans nur ein Mutterland des Fußballs geben, und das ist England. Dieses Verdienst sollte man den Engländern, auch wenn sie nie eine Europameisterschaft gewinnen konnten und mit dem Brexit politisch keine Fans haben hinzugewinnen können, auf keinen Fall streitig machen. Der englische Fußball, der kurioserweise die tragische Niederlage liebt, fasziniert wie kein anderer. Ein gutes Beispiel ist die Stadionhymne »You'll Never Walk Alone« (nach dem Hit von Gerry & the Pacemakers ab 1960) vom FC Liverpool, die die Fans in ihrer Kurve, The Kop, leidenschaftlich intonieren. Dieses Lied wird inzwischen in vielen europäischen Stadien gesungen, in der Bundesliga von Kaiserslautern bis nach Dortmund, von Hamburg bis nach München. Eine Art Großfamilie singt da im Chor.

Fußball und Rugby – *Dribbling Game* vs. *Handling Game*

Am Anfang stehen das Jahr 1823 und die Geschichte um William Webb Ellis, Schüler an der Public School von Rugby im Herzen von Warwickshire, nahe Coventry. Die Schule gibt es immer noch, sie ist ein exklusives Internat mit erhabener Tradition. Heimelige rote Backsteingebäude und ein penibel gepflegter Rasen auf drei Hektar entsprechen perfekt unserer Vorstellung von englischem, leicht verstaubtem und doch betörendem Chic. Umgerechnet 40 000 Euro pro Jahr müssen Eltern für ihr Kind aufwenden, wenn es dort zur Schule gehen soll. Hier soll eines Tages genannter Schüler William Webb Ellis mitten im Spiel den Ball in die Hand genommen und zum entscheidenden Tor getragen haben. Damit wurde das Rugby erfunden – das sagt zumindest die Legende. Ganz verlässlich ist die sympathische Geschichte nicht, da damals jede Schule nach ihren eigenen Regeln spielte und der Ball, beziehungsweise eine Schweinsblase mit Leder drumherum, immer schon mit Füßen und Händen gespielt wurde. Die Spiele konnten dabei mehrere Tage dauern und zogen schon ge-

Wo wir stehen – was uns bleibt

■ Ungefähr so hat die Rauferei um den Ball angefangen, mal mit dem Fuß, mal mit der Hand. Erste Regeln für ein manierliches Spiel gab es im Jahr 1863, der Fußball war geboren.

legentlich einige Hundert Spieler an. Verletzungen nach Tritten und Fausthieben gehörten zur Tagesordnung. Fest vereinbarte Regeln fehlten. Was das Spiel selbst betraf, so gab es im Grund zwei Parteien: Die einen wollten den Ball eher mit dem Fuß spielen *(dribbling game),* und die anderen bevorzugten eine Mischung aus Füßen und Händen *(handling game).*

So weit, so chaotisch. 40 Jahre nach Webb Ellis trat ein anderer auf den Plan, der dem Regelwirrarr den Garaus machen wollte. Ebenezer Cobb Morley, ein Rechtsanwalt aus London, beschwerte sich in einem Leserbrief an die Zeitung *Bell's Life* über die unhaltbaren Zustände, woraus am 26. Oktober 1863 eine Versammlung in der Freemasons' Tavern in der Great Queen Street resultierte. Spieler, Schriftführer, Vertreter vieler Vereine aus dem Großraum London erarbeiteten jetzt in mehreren Treffen ein Regelwerk des Fußballs und gründeten die Football Association (FA). Die Regeln brauchen an dieser Stelle nicht genauer aufgelistet zu werden. Erwähnt sei, dass nach ausführlichen Debatten beschlossen wurde, absichtliches Treten des Gegners unter Strafe zu stellen. Am 19. Dezember 1863 kam es in Mortlake, Limes Field, zum ersten Fußballspiel der Welt. Barnes, die Mannschaft von Morley, spielte gegen Richmond, mit 15 Spielern pro Mannschaft. Das Spiel endete 0:0, ohne nennenswerte Schäden an Leib und Seele. Die neuen Regeln der FA hatten sich bewährt.

In den nächsten Jahren aber spalteten sich die Anhänger des *handling game* von der Football Association ab. 1871 kam es zur Gründung der Rugby Football Union (RFU), im selben Jahr fand das erste offizielle Rugby-Länderspiel zwischen England und Schottland in Edinburgh statt (1872 übrigens gab es das erste offizielle Fußball-Länderspiel, ebenfalls zwischen England und Schottland). Zehn von 20 Spielern kamen von der Public School in Rugby.

Dass der Rugbysport im viktorianischen England und von dort aus in den britischen Kolonien eine derartige Bedeutung gewinnen konnte, ist dem Theologen und Pädagogen Thomas Arnold zu verdanken, der von 1828 bis 1842 Rektor an der Public School in Rugby war. Arnold revolutionierte das Schulsystem in England, indem er eine anspruchsvolle Ausbildung des einzelnen Schülers in den Mittelpunkt stellte. Sie sollten nicht einfach nur Regeln befolgen, sondern sie auch hinterfragen. Der Schüler als christlicher Gentleman (*muscular christianity* wurde diese philosophische Bewegung genannt), wagemutig, hilfsbereit und mit Führungskompetenz. So lautete sein Ideal, das ausdrücklich auch für Sport

■ Rugby spielende Schüler an der Rugby Public School. Hier scheint sich in den letzten knapp 200 Jahren nur wenig verändert zu haben; das gelingt wohl nur England auf so pittoreske Art.

und Spiel galt. Im viktorianischen England mit seinem imperialen Appetit benötigte man eine selbstbewusste, konkurrenzorientierte Elite, die den industriellen Aufschwung und die Expansion des Britischen Empire vorantrieb. Christliche Missionare, Offiziere und Siedler nahmen dieses neue Denken mit auf ihre Reisen in den Commonwealth. Der Rugbysport war einer der Absender für diese Ethik: Begriffe wie *Fairplay* und *Sportsmanship* stammen nicht von ungefähr aus dem Englischen. Ehrlicher Sport nach vereinbarten Regeln, sein Bestes geben – hierin liegt für die Engländer der Grundgedanke der Teamsportarten Rugby und Fußball.

Heute ist Rugby ein globaler, weltweit rasant wachsender Sport. Die wie im Fußball alle vier Jahre stattfindende Rugby-Welt-

Wo wir stehen – was uns bleibt

■ Eröffnungsfeier der Rugby-Weltmeisterschaften in Twickenham / London 2015. Auch das Rugby entwickelt sich immer mehr zu einem Weltspektakel – hoffentlich kann es sich sein authentisches Charisma erhalten.

meisterschaft ist nach der Fußball-WM und den Olympischen Spielen das drittgrößte Sportereignis der Welt. Einen besonderen Reiz beziehen die Turniere aus der Rivalität zwischen den britischen Mannschaften (zuzüglich Frankreich) und den dominierenden Teams der Südhalbkugel, die Rugby von ihren ehemaligen Kolonialherren übernommen haben und seither fast alle Weltmeister stellten. Unter den Mannschaften Neuseelands, Australiens und Südafrikas sind insbesondere die nach ihren schwarzen Trikots benannten neuseeländischen *All Blacks* Neuseelands zum Mythos geworden.

Da beim extrem körperbetonten Rugby das Gebot der Fairness die zentrale Rolle spielt, geschehen hier ungewöhnliche Dinge: So applaudiert das Publikum auch dem Gegner, sitzen die Fans der verschiedenen Mannschaften friedlich nebeneinander, fügen sich die muskelbepackten Haudegen auf dem Platz gehorsam den Entscheidungen des Schiedsrichters und gehen nach dem Match die Unterlegenen in der Klatschgasse durch das Spalier der ihnen applaudierenden Sieger. Von diesem *Sportsmanship* könnte sich der Fußball etwas abschauen. Der Unterschied zwischen Rugby und Fußball wird daher gern mit folgendem Satz beschrieben: »Football is a gentleman's game played by ruffians and rugby is a ruffian's game played by gentlemen« (Fußball ist ein Gentleman-Sport, gespielt von Raufbolden, und Rugby ein Raufbold-Sport, gespielt von Gentlemen). Ungewöhnlich, aber bezeichnend ist auch, dass nur im Rugby Nordirland und Irland ein gemeinsames Nationalteam bilden.

Die Rugby-WM 2015 war ein Turnier der Superlative, ein gigantischer kommerzieller Erfolg mit über 2,4 Millionen Zuschauern bei 48 Spielen. Die Senderechte wurden an über 100 Broadcaster verkauft und erreichten somit ein potenzielles Publikum von vier Milliarden Menschen. In Deutschland und in Skandinavien ist Rugby weniger verbreitet, ansonsten sind Mannschaften aller Erdteile bei den Turnieren vertreten: Argentinien und Uruguay, die USA und Kanada, Namibia, Russland, Rumänien, Japan und schließlich die besonders charismatischen Teams aus Fidji, Samoa und Tonga. Im Übrigen heißt die Rugby-Weltmeisterschaft nicht von ungefähr Webb Ellis Cup, benannt nach jenem Schüler der Rugby Public School, der 1823 den Ball einfach in die Hand nahm und im Tor ablegte.

Europameisterschaft und Champions League

Während neben dem Rugby auch der Fußball in England extrem positiv konnotiert war, taten sich Ballspiele im deutschen Kaiserreich des 19. Jahrhunderts schwer. Die nationalistische Turnbewegung konnte mit der »Fußlümmelei« der Engländer wenig anfangen, erst Ende der 1880er-Jahre kam eine nennenswerte Anzahl von Fußballvereinen auf. Ihre charakteristischen Namen wie Borussia (für Preußen), Germania und Alemannia (für Deutschland), Fortuna (Glück) oder Eintracht/Concordia/Union schmücken noch heute die Vereine der Bundesliga. Am 28. Januar 1900 gründeten Vertreter von 86 Vereinen in einer Gaststätte in Leipzig den Deutschen Fußball-Bund, am 21. Mai 1904 wurde der DFB achtes Mitglied des Weltverbands FIFA. Nach dem Ersten Weltkrieg schließlich wurde aus dem Fußball ein Massensport.

Der europäische Fußballverband, die UEFA, wurde im Juni 1954 gegründet. Ihr gehören heute 55 Nationen an. 1960 wurde die erste Europameisterschaft ausgetragen, damals noch unter dem Namen »Europapokal der Nationen«; seit 1968 heißt das alle vier Jahre ausgetragene Turnier »Europameisterschaft«. Wenn nach der Gruppenphase die Fußballzwerge Andorra, San Marino oder Luxemburg ausgeschaltet sind, kämpfen die 16 qualifizierten Teams um den EM-Titel. Während des Turniers sind schon bei den Hymnen vor Anpfiff stimmungsvolle Bilder von Spielern und Fans zu sehen, selten sind europäische Vielfalt und europäisches Gemeinschaftsgefühl spürbarer als hier. Als für die EM in Frankreich 2016 das Turnier auf 24 Teams aufgestockt wurde, kam Kritik an den zu vielen Spielen auf, man sprach von einer sportlichen Verwässerung ob der Teilnahme auch kleiner Nationen. Andererseits sorgte aber gerade die Erweiterung um Teilnehmer wie Island, Wales, Albanien oder Ungarn für neuen Schub – waren diese Länder doch plötzlich für alle in Eu-

Wo wir stehen – was uns bleibt

■ Islands Mannschaft und Fans werden eins: Das Land war im Juni 2016 während der WM in Frankreich nahezu entvölkert, und die kämpferische Mannschaft eroberte auch die Herzen der anderen Europäer.

ropa sichtbar geworden – und für wahre Glücksausbrüche zu Hause. Nur auf Island trifft das nicht zu, was nicht etwa mit sportlichem Misserfolg zu tun gehabt hätte, sondern mit dem beeindruckenden Umstand, dass fast jeder der 350 000 Isländer der Mannschaft nach Frankreich nachgereist war. Die objektive Leistung trat hinter der Bedeutung der EM als europäischer Kulturevent zurück. Das tat dem Fußball eher gut, auch wenn die UEFA die Ausweitung nicht aus christlicher Nächstenliebe, sondern eher aus pekuniären Erwägungen heraus beschlossen hatte.

Drei EM-Turniere sorgten für verblüffende Gewinner und Tage überschäumender kollektiver Freude in deren Heimat.

1992 wurden die Dänen Europameister, nachdem sie nur zehn Tage vor Beginn des Turniers für Jugoslawien, das nachträglich wegen des Balkankonflikts disqualifiziert wurde, nachgerückt waren. 2004 gewannen die Griechen unter dem deutschen Trainer Otto Rehhagel völlig überraschend den Titel, und 2016 hatte niemand mit den Portugiesen gerechnet, die den favorisierten Gastgeber Frankreich besiegen konnten. Diese Titel haben insbesondere den wirtschaftlich gebeutelten Griechen und Portugiesen eine Riesenportion Selbstwertgefühl verliehen. Und das Fußball-Mutterland England? Es ist leider mäßig erfolgreich, ebenso wie die übrigen Mitstreiter von der Insel. Während im interna-

Fußball als europäischer Identitätsfaktor

tionalen Sport übrigens Großbritannien mit nur einer Mannschaft antritt, gilt für Fußball eine bemerkenswerte Ausnahme: Neben England haben auch Nordirland, Schottland und Wales eigene Nationalteams, doch stört das niemanden, ganz im Gegenteil. Ohne die stimmgewaltigen Fans von der Insel wäre internationaler Fußball nur halb so schön. Und ohne liebevoll gepflegte Klischees auch nicht. Volle-Pulle-Engländer sind berüchtigt für ihre Trinkgelage, Deutsche werden immer noch als Siegmaschinen beäugt, die Italiener gelten als gewiefte Schauspieler, und bei den Schweden rückt die Fernsehregie gern deren weibliche Fans ins Bild.

Während die Fußball-Europameisterschaften alle vier Jahre ausgetragen werden, ist die jährlich stattfindende europäische Champions League (CL) Fußballalltag geworden. Spitzenreiter ist Real Madrid mit bislang zwölf Titeln. Der Mythos der Mannschaft hängt besonders mit den ersten Jahren des Europapokals zusammen, als die »Königlichen« mit Beginn des Wettbewerbs ab 1956 fünfmal hintereinander gewannen. 1960 siegte Real Madrid gegen Eintracht Frankfurt mit 7:3. 127 000 Zuschauer waren Zeuge, als der legendäre Alfredo Di Stéfano drei Tore schoss.

Ganze Generationen von Kindern sind mit europäischen Fußballtabellen aufgewachsen, haben enigmatische, aber ausdrucksstarke Wimpel von Ajax Amsterdam, West Ham United, Inter Mailand oder Athletic Bilbao gesammelt und haben so auch ein für ihr Alter beeindruckendes

■ Griechische Fußballfans feierten 2004 den sensationellsten aller bisherigen EM-Titel. In Athen stiegen Leuchtkugeln in den Himmel und verwandelten die Nacht zum Tag.

Wissen von europäischen Städtenamen erworben. Mit der Champions League ab 1993 ist die Europäisierung des Fußballs noch weiter vorangeschritten. Die großen Stars, wo immer sie spielen, kennen und schätzen einander von zahlreichen Matches auf europäischer Bühne. (Sie wechseln auch munter von Verein zu Verein, was seit dem berühmten Bosman-Urteil 1995 zugunsten der Arbeitnehmerfreizügigkeit massiv erleichtert wurde; ist der Vertrag eines Profifußballers abgelaufen, kann er ohne Ablösesumme zu einem neuen Verein gehen.) Deutsche Trainer arbeiten in England, ita-

■ Toni Kroos (Real Madrid) mit Pokal und Familie beim Champions-League-Sieg 2017. Früher wurden Spieler, die ins Ausland wechselten, etwas abfällig »Legionäre« genannt, heute sind sie Botschafter und mit Stolz betrachteter Kulturexport.

lienische in Deutschland, schweizerische in Frankreich. Und die Fans halten nicht selten eher der ausländischen Mannschaft die Daumen als der inländischen: Dortmunder gönnen den Bayern nicht unbedingt einen Sieg gegen Manchester United, Liverpooler sehen Manchester nicht gern gegen die Bayern gewinnen. Positiv gewendet lässt sich hier sagen, dass der Fußballfan europäisch denkt und nicht national. Stadien wie Old Trafford in Manchester, Santiago Bernabéu in Madrid oder Giuseppe Meazza in Mailand gehören heute zu den berühmtesten Versammlungsplätzen in Europa. Hier sind großer Sport und leidenschaftliche Oper zu Hause, wobei die Stadien nicht allein für ihre Vereine stehen, sondern wie Volksikonen sinnbildlich auch für ihre Länder. »Anfield Road – allein schon dieser Name evoziert für Wissende einen Beiklang, wie ihn Troja oder Mykene bei Altphilologen freisetzen«, schrieb der Journalist Dirk Schümer einmal.

In all die positive Faszination mischt sich aber auch Protest, die Fußballexpansion macht manchen Angst. Der Fußball ist mehr und mehr nicht nur Spiegel für unsere kulturelle, sondern auch die ökonomische Entwicklung. Viele befürchten, dass der unersättliche *Homo oeconomicus* gerade im Fußball sein verderbliches Terrain gefunden hat. Die reichen CL-Vereine werden immer reicher. Je häufiger sie an der Champions League teilnehmen, desto häufiger streichen sie deren enorme Prämien ein, desto bessere Spieler können sie kaufen, was mit den Jahren einen Zinseszinseffekt bringt und die kleinen Vereine noch weiter zurückwirft. Arabische und chinesische Investoren kaufen sich mit Unsummen in den europäischen Fußball ein; Letztere sind bei Manchester City, Atlético Madrid, bei AC und Inter Mailand beteiligt. Ablösesummen für Starfußballer erreichen astronomische Höhen, die Fernsehrechte ebenfalls. Viele befürchten, dass die UEFA nicht widerständiger sei als die skandalumwitterte FIFA und dass auch sie am Ende

DIE CHAMPIONS LEAGUE UND DIE ÜBERTRAGUNGSRECHTE

Die Champions League mit ihren Qualifikationsrunden, mit Gruppenspielen und K.-o.-Runde ist inzwischen von Oktober bis Mai eine feste Institution in jeder Fußballsaison, die sich zum Konkurrenten der Bundesliga emporgespielt hat. Die Spieltage der Champions League am Dienstag und Mittwoch haben im Free TV ein mit der Bundesliga vergleichbares Publikum gefunden. Man hat das Gefühl, dass sich wöchentlich eine große europäische Familie am Bildschirm trifft, um mit den jeweiligen Teams mitzufiebern. Ab 2018 allerdings wird die Champions League jedoch nur noch im Pay TV zu sehen sein.

dem Diktat der Kommerzialisierung unterliegen wird. Ob der Fußball am Ende nur mehr seelenloser Teil einer Unterhaltungsindustrie à la Hollywood ist, wird auch vom Widerstand der Aufrechten abhängen, die den Fußball (erst recht das Rugby) 150 Jahre lang zum großen, authentischen, die Völker verbindenden Spiel Europas gemacht haben.

DER ADEL — EIN EUROPÄISCHER FAMILIENBETRIEB

Die Geschichten und Geheimnisse großer Dynastien, die über Jahrhunderte Könige und Kaiser Europas stellten und auch heute noch gekrönte Staatsoberhäupter in ihren Reihen vorweisen können, bewegen die Öffentlichkeit nach wie vor. Einst rangen die Adelshäuser mit ihren einflussreichen Namen, ererbten Privilegien und Würden, mithilfe von Diplomatie und Heiratspolitik, Intrigen und Waffengewalt um die Macht auf dem gesamten Kontinent. Jede der verschiedenen Dynastien hat beeindruckende und umstrittene Charaktere hervorgebracht: kluge Strategen und rücksichtslose Draufgänger, aufgeklärte Geister und herrschsüchtige Despoten, weltfremde Träumer und pragmatische Macher. Es sind Schicksale, die sich mit den Geschicken und Geschichten ganzer Völker verbanden, in guten und schlechten Zeiten.

Die Staatsoberhäupter Europas, die heute eine Krone tragen, sind eingebunden in parlamentarische Monarchien und in der Regel beschränkt auf repräsentative Aufgaben. Manche Adelsfamilien, die ihren Thron verloren haben, leben unauffällig, andere machen in den Klatschspalten bunter Blätter auf sich aufmerksam. Doch ob mit oder ohne Thron, ob Windsors, Oranier, Bourbonen, Coburger, Glücksburger oder Habsburger, Welfen oder Wittelsbacher — das europäische Netzwerk des Adels schreibt immer noch seine eigene Geschichte.

Wo wir stehen – was uns bleibt

■ Kate und William präsentieren als stolze Eltern ihren Sohn George, Prince of Cambridge, der Öffentlichkeit.

■ Die Schlagzeilen am 22. / 23. Juli 2013 künden von der Geburt des kleinen Prinzen George.

Faszination Adel

Als im Juli 2013 der Sohn des britischen Prinzen William und seiner Frau Catherine geboren wurde, überboten sich die Medien gegenseitig mit Schlagzeilen – und zwar weltweit, nicht nur in Großbritannien. Politische Nachrichten hatten es an diesem Tag schwer; die Geburt des Urenkels der Queen dominierte die Nachrichten, auch noch Tage danach. Zwar hatte 2011 auch die Geburt der Tochter des französischen Staatspräsidenten Nicolas Sarkozy und seiner Frau Carla Bruni für Schlagzeilen gesorgt, doch übertraf der kleine Prince of Cambridge die französische »Konkurrenz« um ein Vielfaches.

Der Hochadel und seine Mitglieder faszinieren die Menschen bis heute, auch wenn in den meisten Ländern Europas die Monarchie längst abgeschafft wurde. Von 45 Staaten, die ganz oder teilweise heute Europa geografisch bilden, haben nur noch zwölf monarchische Staatsoberhäupter. Dennoch gibt es nirgendwo auf der Welt so viele »Blaublüter« wie in Europa. Neben den drei Fürstentümern Andorra, Monaco und Liechtenstein, der vatikanstaatlichen Wahlmonarchie sowie dem Großherzogtum Luxemburg leisten sich sieben Länder eigene Königshäuser: Großbritannien, Norwegen, Spanien, Dänemark, Schweden, Belgien und die Niederlande.

Politisch spielen die Monarchen weniger eine Rolle, sie besitzen nur eingeschränkte Befugnisse, erfüllen jedoch als oberste Repräsentanten ihres Landes wichtige Aufgaben. Das Interesse an den gekrönten Häup-

Der Adel – ein europäischer Familienbetrieb

Königin Elisabeth II. mit ihrer *Royal Family*. Sie ist die dienstälteste Monarchin der Welt.

tern ist indes groß: Die Regenbogenpresse verdient gut damit, von den Königs- und Fürstenhöfen zu berichten, von Glamour und Skandalen, Affären und Ausrutschern. Doch warum gibt es die Königshäuser heute überhaupt noch? Sind sie identitätsstiftend, oder versteckt sich dahinter nur die Sehnsucht nach der »guten alten Zeit«?

Geliebt, verehrt – und kritisiert: die europäischen Königshäuser

Die Meinungen dazu sind durchaus gespalten. Jüngste Umfragen in Großbritannien haben Königin Elisabeth II. einen hohen Beliebtheitsgrad in der Bevölkerung attestiert. Sie ist mit 65 Jahren auf dem Thron die dienstälteste Monarchin der Welt. Für viele Briten ist sie – gerade in unsicheren Zeiten – ein Symbol der Stabilität und Kontinuität.

Manche fürchten bereits heute den Tag, an dem Elisabeth II. nicht mehr auf dem Thron sitzen wird. In ihrer Regierungszeit hat sich der Wandel vom Britischen Empire zum Commonwealth vollzogen, der für Großbritannien den Verlust seiner Weltmachtstellung und einen enormen gesellschaftlichen Umbruch bedeutete. Wie ein Lotse hat sie das britische Königshaus sicher durch Krisen gesteuert, auch Mitte der 1990er-Jahre, als Kritiker laut die Abschaffung der Monarchie forderten. 1992 war zum *Annus horribilis,* zum Schreckensjahr der Queen geworden: Erst hatte Prinzessin Anne, ihre einzige Tochter, das Ende ihrer Ehe mit Mark Philips bekannt gegeben. Kurz darauf wurde öffentlich, dass auch die Ehe von Prinz Andrew und seiner Frau Sarah in einer Krise steckte. Als Paparazzi die Herzogin von York bei einem Seitensprung erwischten und Fotos erschie-

Die gescheiterte Ehe von Prince Charles und seiner Frau Diana war Mitte der 1990er-Jahre Auslöser für eine Krise im britischen Königshaus.

nen, die die Schwiegertochter der Queen »oben ohne« mit ihrem Liebhaber an einem Pool zeigten, war der Skandal perfekt. Doch auch in der Ehe von Prinz Charles und Diana tickte eine Zeitbombe: Der Thronfolger unterhielt eine Daueraffäre zu Camilla Parker Bowles, und seine Frau Diana litt darunter – zunehmend auch in der Öffentlichkeit.

Am 9. Dezember 1992 gab der britische Premierminister John Major die Trennung des Paares bekannt. Kurz darauf veröffentlichte die Presse ein intimes Telefonat zwischen Prinz Charles und seiner Geliebten Camilla Parker Bowles, in dessen Verlauf der britische Thronfolger den Wunsch äußerte, Camillas »Tampon« zu sein. Angesichts solcher Peinlichkeiten wurde in der britischen Bevölkerung ernsthaft diskutiert, wofür man noch ein Königshaus brauche. Die *Royal Family,* die Vorbild sein sollte für Anstand, Moral und Sitte, taugte offenkundig dafür nicht mehr.

Die Großmutter Europas

Queen Viktoria und ihrem Mann Albert war es zu verdanken, dass sich das Image des britischen Königshauses, das unter dem ausschweifenden Lebensstil ihrer Vorgänger in Verruf geraten war, in der zweiten Hälfte des 19. Jahrhunderts wieder verbesserte. Mit gerade einmal 18 Jahren war 1837 Viktoria zur Königin des Britischen Empire gekrönt worden. Umgehend hatte bei Hofe die Suche nach einem passenden Ehemann begonnen. Die Wahl fiel auf den deutschen Prinzen Albert von Sachsen-Coburg und Gotha, der als besonnen, klug und geduldig galt. Während sich die junge Königin prompt in ihren Cousin verliebte, empfand es Albert wohl eher als Pflicht,

BRITISCHE KRONE AM TIEFPUNKT

Aus der Rede von Königin Elisabeth II. am 24. November 1992: »1992 ist nicht das Jahr, auf das ich mit ungeteilter Freude zurückblicken werde ... Um es mit den Worten eines von mir geschätzten Korrespondenten zu sagen: Es hat sich als ein ›Annus horribilis‹ herausgestellt.«

Der Adel – ein europäischer Familienbetrieb

Die »Großmutter Europas«: Viktoria gelang es, ihre neun Kinder in die wichtigsten Adelshäuser Europas zu verheiraten. Bis heute sind viele europäische Monarchen miteinander verwandt.

Viktoria vor den Traualtar zu führen. Dennoch wurde die Ehe glücklich. Da Viktoria in 17 Jahren neun Kinder zur Welt brachte und unter den Schwangerschaften körperlich und seelisch litt, übernahm Albert mit der Zeit immer mehr die Regierungsgeschäfte – als graue Eminenz hinter der Queen. Er war es auch, der das Gespür dafür entwickelte, die *Royal Family* in Szene zu setzen – als Vorbild von Tugend und intaktem Familienleben.

Als Albert 1861 überraschend mit 42 Jahren starb – vermutlich litt er an Morbus Crohn – blieb Viktoria als ewig trauernde Witwe zurück. Nie mehr in ihrem Leben sollte sie eine andere Farbe tragen als Schwarz. Aus der Öffentlichkeit zog sich die »Witwe von Windsor« weitgehend zurück.

Dennoch gelang es Queen Viktoria, ihr Zeitalter zu prägen wie kaum ein Herrscher oder eine Herrscherin zuvor, sodass man vom Viktorianischen Zeitalter spricht. Die Wirtschaft boomte, technische Neuerungen verwandelten das Königreich in einen Industriegiganten. Das Britische Empire wuchs, auf allen fünf Kontinenten gab es Protektorate und Kronkolonien. Viktoria, die ab 1877 auch den Titel »Kaiserin von Indien« trug, herrschte schließlich über ein Viertel der Weltbevölkerung – sie war die mächtigste Frau ihrer Zeit. Ihre neun Kin-

Wo wir stehen – was uns bleibt

■ Bei der Hochzeit von Prinzessin Viktoria Luise am 24. Mai 1913 in Berlin feierten die europäischen Monarchen noch miteinander – ein Jahr später standen sie sich als Gegner im Ersten Weltkrieg gegenüber.

der wusste Viktoria geschickt an die Fürstenhöfe Europas zu verheiraten. So wurde ihre erstgeborene Tochter Viktoria, kurz »Vicky«, die Ehefrau des preußischen Königs und späteren Kaisers Friedrich III. Viktorias Sohn Alfred heiratete die russische Zarentochter; ihre anderen Kinder verbanden sich unter anderem mit dem dänischen Königshaus, mit dem Haus Oldenburg und mit dem Haus Hessen. Queen Viktoria ist es daher zu verdanken, dass heute beinahe alle europäischen Fürstenhäuser miteinander verwandt sind, sie gilt als »Großmutter Europas«. Sowohl Königin Elisabeth II. als auch ihr Mann Philip aus dem Haus Mountbatten, wie das deutsche Battenberg anglisiert wurde, sind ihre Ururenkel.

Krieg – trotz Verwandtschaft

Die Adelshäuser waren und sind demnach eine Art »europäischer Familienbetrieb« – was sie jedoch nicht davon abhielt, im Ersten Weltkrieg gegeneinander zu kämpfen. Der Adel in Europa beherrschte oft das Militär, die Diplomatie – und blockierte immer wieder die Modernisierung der Gesellschaften. Der Erste Weltkrieg sollte ein letzter Coup der Stärke sein, doch er führte in die Katastrophe.

Da half es auch nichts, dass sich König Georg V., Kaiser Wilhelm II. und Zar Nikolaus II. seit Kindheitstagen kannten, sich als Cousins »Georgie«, »Willy« und »Nicky« nannten. Im Mai 1913, auf der Hochzeit von Viktoria Luise, des deutschen Kaisers einziger Tochter, feierten die Monarchen noch fröhlich im Berliner Stadtschloss gemeinsam – Europas Hochadel, vielfältig miteinander verwandt, versippt und verschwägert, in scheinbar trauter Runde.

Die Stimmung schien bestens, ein ausgelassenes Familienfest mit Glanz und Gloria. Im Rückblick wirkten die Partygäste jedoch wie die Passagiere der »Titanic«, die – als das Schiff sank – noch zu den

Der Adel – ein europäischer Familienbetrieb

König Georg V. und Kaiser Wilhelm II. in Berlin 1913 – die beiden Cousins wurden im Ersten Weltkrieg erbitterte Gegner.

Zar Nikolaus II. und seine Familie wurden im Juli 1918 von einem bolschewistischen Mordkommando umgebracht.

Klängen der Bordkapelle in den Tod tanzten. Im August 1914, nur ein Jahr später, gingen in Europa die Lichter aus. Das Attentat von Sarajevo am 28. Juni 1914, bei dem der österreichisch-ungarische Thronfolger Erzherzog Franz-Ferdinand und seine Frau Sophie ums Leben kamen, löste den Krieg aus, den manche in Europa schon erwartet hatten. Unter den drei Vettern Georg V., Wilhelm II. und Nikolaus II., die zusammen über mehr als die Hälfte der Menschheit herrschten, bestand seit frühester Jugend Rivalität. Vor allem Wilhelm, der an einer Behinderung des linken Arms litt, galt als derjenige »mit dem größten politischen Ehrgeiz und berstendem Darstellungsdrang«, schreibt der Journalist Reinhold Michels. Die Enkel von Queen Viktoria verfolgten stets nur ihre eigenen Interessen, nämlich »ihre ... Herrschaft und die alte europäische Ordnung stabil zu halten«. Georg V. und Nikolaus II. verbündeten ihre Länder gegen das Reich ihres Vetters Wilhelm – aus den drei Cousins wurden Gegner in einem Krieg, der am Ende sie selbst und das »alte Europa« hinwegfegen sollte. Ein Taumel nationaler Kriegsbegeisterung erfasste viele Menschen in Europa; in Berlin, Wien, Paris und andernorts wurde die Aussicht auf Kampf begrüßt, von dem niemand ahnte, wie mörderisch er werden sollte.

Als der Krieg 1918 endete, waren auf den Schlachtfeldern Europas über acht Millionen Opfer zu beklagen. Es war das Ende einer Ära – und das Ende großer Monarchien. Am 9. November 1918 wurde die Abdankung des deutschen Kaisers Wilhelm II.

verkündet. Im niederländischen Exil, im Schloss Doorn bei Utrecht, verbrachte der Ex-Kaiser noch 23 Jahre bis zu seinem Tod, lange in der Hoffnung, wieder als Monarch eingesetzt zu werden. Zar Nikolaus und seine Familie traf ein schlimmeres Los: Im Februar 1917 brach in Russland die Revolution aus; Nikolaus II. musste abdanken und wurde mit seiner Familie zunächst unter Hausarrest gestellt. Im Juli 1918 tötete ein bolschewistisches Mordkommando die Zarenfamilie in Jekaterinburg.

Georg V. ging aus der »Urkatastrophe des 20. Jahrhundert« einigermaßen unbeschädigt hervor: Er blieb König von Großbritannien und Irland, auch wenn er angesichts der neuen Verhältnisse in Europa und der erstarkten sozialistischen Bewegung um seinen Thron fürchten musste.

Monarchien heute

In einigen Ländern Europas, die im 20. Jahrhundert von gesellschaftlichen Umbrüchen und Revolutionen erfasst wurden, erfolgte die Aufhebung des Adelsstands. Drei große Monarchien zerfielen: Das russische Zarenreich wandelte sich nach den Revolutionen des Jahres 1917 in ein kommunistisches Regime, Deutschland und das verkleinerte Österreich wurden parlamentarische Demokratien. Anderswo, wie in Großbritannien, Schweden, den Niederlanden oder Belgien, überlebte der Adel, doch büßte er in der Regel an Macht und Stellung ein, die Gesellschaften wurden insgesamt durchlässiger. »Der Adel vermochte aber in den meisten europäischen Staaten bis in das 20. Jahrhundert hinein politischen Einfluss und wichtige Führungspositionen zu behaupten«, so der Historiker Klaus Vetter. »Dies gelang ihm unter anderem durch die Nutzung seit Langem ausgeprägter Fähigkeiten und Talente, durch von den Familienverbänden getragene Protektion, durch die Anpassung an die neue kapitalistische Wirtschaftsweise

■ Auch Spanien hat ein neues Königspaar: König Felipe mit Ehefrau Letizia und Tochter Sofia, die vielleicht einmal nach Felipe den spanischen Thron besteigen wird.

Der Adel – ein europäischer Familienbetrieb

und durch die Verschmelzung mit dem Großbürgertum.«

In den modernen Monarchien Europas, die längst parlamentarisch geprägt sind, findet gerade ein Generationswechsel statt. In Spanien, Belgien und den Niederlanden haben die »Alten« bereits abgedankt und Platz gemacht für die nächste Generation: 2013 lösten Willem-Alexander und seine Frau Maxima Königin Beatrix der Niederlande ab.

In Spanien verzichtete 2014 König Juan Carlos zugunsten seines Sohnes Felipe und dessen Frau Letizia auf den Thron. Ein Vorgang, der die Spanier sehr bewegte, galt der alte Monarch doch als Hüter der Einheit und Demokratie. Doch auch dort erhielt die Monarchie neuen Schwung – allen Unkenrufen zum Trotz.

Auch in Belgien hat der Thronwechsel – von Albert zu Philippe – bereits stattgefunden; in Schweden steht er noch bevor. Beinahe täglich wird spekuliert, wann König Carl Gustaf seiner ältesten Tochter Victoria die Krone überlässt – schon lange liegen seine Sympathiewerte hinter den ihrigen. In Dänemark schließlich stehen Kronprinz Frederik und seine Frau Mary für den Fall bereit, dass Königin Margarethe II. ihre Krone ablegen möchte. Doch die Dänen lieben ihre eigenwillige Monarchin, die sich auch mal im Nachthemd und mit Kippe in der Hand am Fenster von Schloss Amalienborg zeigt, und hoffen, dass sie noch lange nicht an Rücktritt denkt.

Die Existenz der europäischen Königshäuser ist auch abhängig von der Zustimmung und Beliebtheit bei den Untertanen – und vom Respekt. Benimmt sich mal wieder ein Mitglied daneben, wird eine außereheliche Affäre publik oder steigen die Kosten für den königlichen Hofstaat, werden sogleich Stimmen laut, welche die Monarchie in Zweifel ziehen. Doch die Königs- und Fürstenhäuser Europas haben gelernt, sich anzupassen: In vielen Ländern wurden inzwischen die Verfassungen geändert, damit auch weibliche Nachkom-

■ Wann wird sie Königin von Schweden? Kronprinzessin Victoria mit ihrem Mann Daniel und Töchterchen Estelle ist heute schon beliebter als der amtierende König Carl Gustaf.

KÖNIGLICHE KOSTEN

Mit rund 44 Millionen Pfund jährlich stehen die britische Queen und ihre *Royal Family* an der Spitze des europäischen Kostenvergleichs. Gleich dahinter liegen die Norweger: Dort werden etwa 42,7 Millionen Euro Steuergelder pro Jahr in die Königsfamilie gesteckt. Auf Platz drei: die Niederlande. König Willem-Alexander und Königin Maxima kosten die niederländischen Steuerzahler rund 38,1 Millionen Euro pro Jahr, das sind etwa 2,27 Euro pro Kopf der Bevölkerung. Schätzungen zufolge kostet das belgische Königshaus rund 30 Millionen Euro jährlich. Dagegen ist das spanische Königshaus mit gerade einmal 8,16 Millionen ein regelrechtes Schnäppchen. Übrigens: Deutschland, das seinen letzten Monarchen 1918 davonjagte, gibt für den Haushalt des Bundespräsidialamts etwa 32 Millionen Euro im Jahr aus.

men den Thron besteigen können, und Bürgerliche, die in die *Royal Families* einheiraten, gehören längst zur Normalität. Auch Bürgernähe und politische Zurückhaltung sorgen für das Überleben der gekrönten Häupter Europas. »Monarchie ist altmodisch, unlogisch und undemokratisch. Sie passt nicht ins 21. Jahrhundert«, meint der BBC-Journalist Jeremy Paxman. Aber: »Es ist eine Tatsache, dass viele der glücklichsten und am wenigsten korrupten Gesellschaften Europas Monarchien sind.«

Und das Netzwerk der Adelshäuser ist intakt und lebt. Manche königlichen Staatsoberhäupter sind eng miteinander verwandt. Nicht nur als Repräsentanten ihrer Länder machen sie sich für die Einigung Europas stark, sondern auch als Sprösslinge historischer Dynastien, die weiterhin über den ganzen Kontinent verzweigt sind. Die Zusammenkünfte gleichen europäischen Familientreffen.

Wenngleich es der britischen Königin von Amtswegen versagt war, den Brexit zu kommentieren, hat sie womöglich indirekt Stellung bezogen: Bei der *Queen's Speech* im britischen Parlament im Juni 2017 trug sie eine königsblaue Kopfbedeckung mit gelbblauen Blumen. Für manche sah das verdächtig nach der europäischen Flagge aus.

WERTEGEMEINSCHAFT EUROPA: DER FRIEDENSNOBELPREIS

Festliche Klänge im Rathaus von Oslo, die royalen Repräsentanten Norwegens haben in vorderer Reihe Platz genommen, viele europäische Spitzenpolitiker sind im ausgewählten Publikum zu entdecken. Thorbjörn Jagland, der Vorsitzende des norwegischen Nobelpreiskomitees, spricht feierlich vom erfolgreichen Kampf für Frieden und Versöhnung. Ehrende Worte für die

Wertegemeinschaft Europa: der Friedensnobelpreis

Europäische Union und deren »stabilisierende Rolle bei der Verwandlung Europas von einem Kontinent der Kriege zu einem des Friedens«. Für diese »neue Ära der europäischen Geschichte« nahmen am 10. Dezember 2012 in Oslo die damals amtierenden Repräsentanten der drei EU-Institutionen den Friedensnobelpreis entgegen – EU-Ratspräsident Herman Van Rompuy, EU-Kommissionschef José Manuel Barroso und der Präsident des Europaparlaments, Martin Schulz. Zwar gab es den bürgernahen Vorschlag, dass doch stellvertretend für die seinerzeit 27 EU-Länder auch genauso viele Kinder als Hoffnungsträger für die Zukunft den Preis überreicht bekommen könnten. Doch es galt, im hochrangigen Rahmen die Verdienste zu würdigen und angesichts aktueller Probleme den Blick auf die wichtigsten Erfolge der EU zu richten: »Historische Feinde« wie Deutschland und Frankreich sind zu »engen Partnern« geworden, und nach dem Fall der Berliner Mauer konnten mehrere zentral- und osteuropäische Staaten der EU beitreten. Thorbjörn Jagland betonte, dass die Staatengemeinschaft die »Bruderschaft zwischen den Nationen« stärke und bereits viele ethnisch bedingte Konflikte gelöst habe. Der damalige EU-Parlamentspräsident Martin Schulz gestand aber auch ein: »Die Auszeichnung ist als Aufforderung zu verstehen, die schwerste Krise der europäischen Einigung zu bewältigen.«

So ging es um zweierlei: Mit Blick auf die vergangenen Jahrzehnte belohnte der Friedensnobelpreis die große historische Leistung – aus dem Kontinent des Krieges war ein Raum der Versöhnung und Einigung geworden. Hinsichtlich der Zukunft aber sollte die Auszeichnung offenbar beflügeln und neuen Schwung bringen. Denn die Finanz- und Bankenkrise, die Spaltung in Euro- und Nicht-Euroländer sowie anwachsende nationalistische Töne setzten dem Projekt Europa immer mehr zu. Schon ein Jahr nach der Preisverleihung sah sich David Cameron, Premierminister des Vereinigten Königreichs, aufgrund wachsender Skepsis in der britischen Öffentlichkeit dazu veranlasst, den Bürgern seines Landes ein Referendum über den Verbleib Großbritanniens in der EU in Aussicht zu stellen, vielleicht in der Hoffnung, damit Zeit zu gewinnen und am Ende doch ein Votum pro Europa zu erlangen: »Es ist Zeit, die Briten entscheiden zu lassen. Es ist Zeit, die europäische Frage in der britischen Politik endgültig zu klären.«

Ab Sommer 2015 führte der starke Zustrom von Flüchtlingen aus muslimisch geprägten Ländern zu einem Dauerzwist um Aufnahmekontingente und Verteilungsschlüssel in der EU. Das beeinflusste auch die Stimmung in Großbritannien. Und als im März 2017 das Jubiläum »60 Jahre Römische Verträge« gefeiert wurde, war der schmerzliche Schnitt, der Brexit, an den Wahlurnen schon vollzogen.

Die Europakritik nahm auch in anderen Mitgliedstaaten stetig zu, warf Schatten auf die Erfolgsbilanz. Die Missklänge konnten von der »Ode an die Freude«-Hymne nicht mehr übertönt werden, selbst wenn in Rom

387

Wo wir stehen – was uns bleibt

■ 60 Jahre nach den Römischen Verträgen wollen sich viele Europäer im Jubiläumsjahr 2017 ihr jeweils eigenes Stück vom Geburtstagskuchen abschneiden.

zum 60. Jahrestag neben EU-Gegnern auch Europabefürworter demonstrierten. Nur mit Mühe gelang den versammelten Regierungschefs aus 27 EU-Staaten – Großbritannien nahm am Festakt nicht mehr teil – eine gemeinsame Erklärung mit Zukunftsbekenntnis. Die polnische Ministerpräsidentin Beata Szydlo inszenierte geradezu ihr Zögern bei der Unterschrift. Doch stolz präsentierte ihr Landsmann und EU-Ratspräsident Donald Tusk hernach das Dokument mit den vollzähligen Signaturen. Neben dem Eingeständnis, dass die EU effektiver und flexibler werden müsse, war auch die Betonung notwendig, an den Grundpfeilern nicht rütteln zu wollen: gemeinsame Werte, gemeinsamer Binnenmarkt, Freizügigkeit.

Mit Schwarz-Weiß-Aufnahmen führten sich die 27 Regierungschefs vor Augen, wie im selben Saal auf dem Kapitol in Rom exakt 60 Jahre zuvor lediglich sechs Unterschriften, diese aber zweimal, geleistet wurden: Am 25. März 1957 wurden die Verträge über die Bildung einer Europäischen Wirtschaftsgemeinschaft (EWG) und einer Europäischen Atomgemeinschaft (Euratom) unterzeichnet. Und zumindest der erste dieser beiden Römischen Verträge entfaltete große Wirkung, diente er doch dem Aufbau einer Zollunion und dem Abbau von Handelshemmnissen, einem gemeinsamen Markt mit Bewegungsfreiheit für Waren, Personen, Dienstleistungen und Kapital. Die sechs Nationen hatten noch den zurückliegenden Krieg vor Augen, als die Beschlüsse reiften. Jetzt bot sich die Chance, sich auf eine Weise zu verbinden, dass ein militärischer Konflikt unter den Partnern praktisch ausgeschlossen wurde. Deshalb hatten sich die Sechs schon 1952 in der Montanunion, der Europäischen Gemeinschaft für Kohle und Stahl, zusammengefunden: neben Frankreich und Westdeutschland Italien, Belgien, die Niederlande und Luxemburg.

Großbritannien war zunächst nicht dabei, obwohl deren Kriegspremier Winston Churchill schon kurz nach Ende des Zweiten Weltkriegs die Vision für Europas Zukunft formuliert hatte. Am 19. September 1946 sprach er in Zürich in einer »Rede an die akademische Jugend« von »Europas Tragödie« und der »ungeheuren Menge zitternder menschlicher Wesen, die gequält, hungrig und verzweifelt auf die Ruinen ihrer Städte und Behausungen starrt und die dunklen Horizonte angestrengt nach dem Auftauchen einer neuen Gefahr, Tyrannei oder neuen Schreckens absucht«. Und dann blickte er weit nach vorn: Es gelte jetzt eine »Art Vereinigte Staaten von Europa« zu errichten, die »den verirrten Völkern dieses unruhigen und mächtigen Kontinents ein erweitertes Heimatgefühl und ein gemeinsames Bürgerrecht« gäben. Und der erste Schritt dazu müsse »eine Partnerschaft zwischen Frankreich und Deutschland« sein, die sich gegenseitig lange Zeit als »Erbfeinde« tituliert hatten. Das war kurz nach Kriegsende kühn formuliert und rief im patriotisch eingestellten Frankreich zunächst Unmut hervor – die Zeit der deutschen Besatzung lag noch nicht lange zurück.

Kohle und Stahl für den Frieden

Dennoch wurde die Versöhnung der früheren Erzrivalen zum Ausgangspunkt für die Europäische Union. Es war vor allem der Initiative des französischen Außenministers Robert Schuman zu verdanken, dass es zur Gründung der ersten Gemeinschaft, der Kohle- und Stahlunion, kam. Seine Amtskollegen aus den USA und aus Großbritannien hatten ihn um einen Vorschlag mit Maßnahmen gebeten, die eine Katastrophe wie den Zweiten Weltkrieg künftig verhindern konnten. Der »Schuman-Plan«, der Grundstein für die europäische Einigung, basierte wiederum auf einem Entwurf von Jean Monnet, dem Leiter des französischen Planungsamts. Der vormalige Unternehmer war nach Kriegsende beauftragt worden, Programme zur Modernisierung der französischen Wirtschaft zu entwickeln. Der spätere erste »Ehrenbürger Europas« hatte die feste Überzeugung, dass nur eine europäische Kohle- und Stahlproduktion langfristig für Wohlstand und Frieden sorgen würde. In der auf den 9. Mai 1950 datierten Erklärung der französischen Regierung zum »Schuman-Plan« hieß es entsprechend: »Die Zusammenlegung der Kohle- und Stahlproduktion wird sofort die Schaffung gemeinsamer Grundlagen für die wirtschaftliche Entwicklung sichern und die Bestimmung jener Gebiete ändern, die lange Zeit der Herstellung von Waffen gewidmet waren, deren sicherste Opfer sie gewesen sind.« Kurz gesagt: Das, was man braucht, um Kriege zu führen, wird jetzt gemeinsam kontrolliert – Kohle und Stahl!

Dass darüber hinaus langfristig nur ein europäischer Staatenbund für Wohlstand und Frieden sorgen könne, hatte weit vor Churchills Rede und noch unter dem verheerenden Eindruck des Ersten Weltkrieges Richard Coudenhove-Kalergi erkannt, Gründer der Paneuropa-Union und Verfasser des Paneuropäischen Manifests. Der böhmische Graf mit japanischer Mutter stellte bereits in den 1920er-Jahren fest, dass Europa seine Weltherrschaft eingebüßt habe, »weil seine Völker uneinig waren. Es wird seine Selbstständigkeit und den Rest seines Wohlstandes einbüßen, wenn es weiter uneinig ist.« Bereits damals schlug er einen europäischen Staatenbund mit Frankreich und Deutschland vor, die sich auf ihre Gemeinsamkeiten besinnen müssten, um ein Gegengewicht zu den amerikanischen, russischen, britischen und asiatischen Einflusssphären bilden zu können. Coudenhove-Kalergi setzte sein frühes Engagement für ein geeintes Europa nach dem Zweiten Weltkrieg fort – erst in der von ihm gegründeten Europäischen Parlamentarier-Union, später im Rahmen der internationalen Europäischen Bewegung. Als erster Träger des Internationalen Karlspreises der Stadt Aachen, mit dem seit 1950 besondere Verdienste um Europa gewürdigt werden, fühlte er sich fünf Jahre nach der Preisverleihung dazu berufen, eine Europahymne vorzuschlagen. Allerdings kam er auch damit zu früh: Erst 30 Jahre später wurde Beethovens »Ode an die Freude« als offizielle Europahymne anerkannt – unter Aussparung von Friedrich Schillers Gedichttext: Dieser verbindet die »Freude, schöner Götterfunken« mit dem Solidaritätsgedanken: »Alle Menschen werden Brüder« – auch wenn Coudenhove-Kalergi darunter vor allem Europäer verstand, die auf dem christlich-abendländischen Wertefundament eine transnationale brüderliche Identität aufbauen sollten.

Deutsch-französische Freundschaft

Charles de Gaulle, der 1958 zunächst als Ministerpräsident und ab Jahresende als Staatspräsident Frankreichs Fünfte Republik verfassungsfest machte, setzte sich dafür ein, dass zwischen den beiden Supermächten USA und Sowjetunion Europa noch als dritte Größe erkennbar blieb. Natürlich ging es dem General, der als Soldat im Ersten Weltkrieg dreimal verwundet worden war und im Zweiten Weltkrieg die »Freien Französischen Streitkräfte« angeführt hatte, nicht nur um Frieden und europäische Selbstbehauptung, sondern auch um die Wiederbelebung von Frankreichs nationaler Größe. Doch auf dem Weg dorthin tat er mit Bundeskanzler Adenauer entscheidende Schritte, um die Beziehungen zu vertiefen und damit eine stabile Basis

Wertegemeinschaft Europa: der Friedensnobelpreis

■ Hochamt in der gotischen Kathedrale von Reims: Bundeskanzler Konrad Adenauer und Frankreichs Staatspräsident Charles de Gaulle nahmen am 8. Juli 1962 gemeinsam an der Versöhnungsmesse teil.

für das künftige Europa zu schaffen. Die feierliche Friedensmesse, an der beide Politiker am 8. Juli 1962 in der Kathedrale von Reims teilnahmen, gilt dabei aufgrund ihres hohen Symbolwerts als Meilenstein. Die Annäherung und Aussöhnung der vormaligen Kriegsgegner erfolgten in einer Stadt, die von mehreren Kriegen heimgesucht wurde; am 7. Mai 1945 hatte Generaloberst Alfred Jodl dort die Kapitulation der Wehrmacht vor Vertretern aller Alliierten unterzeichnet. Für die Franzosen ist es der jahrhundertelange Krönungsort ihrer Könige, der durch deutsche Besatzung und Kriegszerstörungen in Mitleidenschaft gezogen worden war. »Wie die Finger einer Hand« seien Frankreich und Deutschland, betonte de Gaulle in Reims. Dieser »Versöhnungsgipfel« auf dem Weg zur engen politischen, wirtschaftlichen und kulturellen Partnerschaft in Europa fand im Rahmen des ersten Staatsbesuchs Adenauers in Frankreich statt. Der Gast aus dem Rheinland resümierte in seiner Rede am historischen Schauplatz: »Wir haben die Gräben zugeworfen und den Baum des Friedens und der Freundschaft zwischen dem französischen und deutschen Volk errichtet.«

Wo wir stehen – was uns bleibt

■ Deutsch-polnische Umarmung: Bundeskanzler Helmut Kohl und Polens erster frei gewählter Ministerpräsident der Nachkriegszeit, Tadeusz Mazowiecki, am 12. November 1989 im polnischen Kreisau.

Beim Gegenbesuch de Gaulles im September 1962 in Bonn rief der französische General Zehntausenden begeisterten Menschen vom Rathausbalkon auf Deutsch zu: »Es lebe die deutsch-französische Freundschaft.«

Die Beitrittsgesuche der Briten zu den Europäischen Gemeinschaften lehnte de Gaulle hingegen zweimal ab – obwohl die sechs Gründungsstaaten keineswegs einen geschlossenen Klub bilden wollten. Doch die Besonderheit der deutsch-französischen Beziehungen sowie die Vormachtstellung Frankreichs in den europäischen Organisationen sah der konservative Staatsmann durch den Beitritt der früheren Weltmacht gefährdet. Die Hinwendung Londons zu Europa führte erst zu erfolgreichen Beitrittsgesprächen, nachdem Georges Pompidou 1969 französischer Präsident geworden war. So wurde das Inselreich 1973 Mitglied der Europäischen Gemeinschaften in der ersten Erweiterungswelle, die auch Irland und Dänemark zum Beitritt nutzten. Allerdings blieb die britische Haltung in den mehr als vier Jahrzehnten der Zugehörigkeit immer eigenwillig, das hieß: den größtmöglichen Einfluss auf dem europäischen Kontinent sicherstellen, aber keine allzu weitreichenden Kompromisse bei der Übertragung hoheitlicher Befugnisse eingehen. Weder die Schengen-Abkommen über den freien Grenzverkehr noch die Europäische Währungsunion animierten die Briten zum Mitmachen. Und auch ihre *Special Relationship* zu den Vereinigten Staaten ordneten sie nie ihrer Europapolitik unter. Darin offenbarten sich die Rückstände kolonialer Denktraditionen, die beim Brexit ebenfalls eine Rolle gespielt haben mögen: die überholte Vorstellung, als ehemalige Weltmacht Europa gar nicht so sehr zu benötigen und noch immer auf den Commonwealth setzen zu können.

Süd- und Osterweiterung

So trugen die neuen Mitglieder sowohl Bürden als auch Früchte ihrer Vergangenheit in das Gemeinschaftswerk hinein. »Griechenland bringt seine Geschichte und sein Erbe ein, die die gleichen Wurzeln wie Europa haben.« Das sagte im Januar 1981 die damalige EU-Parlamentspräsidentin Simone Veil, als sie erstmals griechische Abgeordnete zur gemeinsamen Plenarrunde begrüßte. Nichts weniger als die Vereinigung Europas mit dem Mutterland der Demokratie wurde beschworen. Allerdings hatte Hellas eine autoritäre Phase hinter sich gebracht, so ging es auch darum, den demokratischen Neuanfang zu stützen und zu fördern. Und so verhielt es sich auch fünf Jahre später, als Spanien und Portugal den Europäischen Gemeinschaften beitraten.

Wirtschaftlich lag das agrarisch geprägte Griechenland damals im Vergleich mit den westeuropäischen Staaten weit zurück. Manche Ökonomen sagen, schon damals

■ »Aus Nachbarn werden Partner«: Auf der Stadtbrücke, die das brandenburgische Frankfurt (Oder) mit dem polnischen Słubice verbindet, wurde am 30. April 2004 die EU-Erweiterung gefeiert.

sei die Strukturkrise absehbar gewesen, die ab 2010 die Finanzminister der Eurozone zu wiederholten Verhandlungsmarathons zwang. Es kam aber noch ein machtpolitischer, geostrategischer Faktor hinzu: Griechenlands europäische Randlage mit Grenzen zum Ostblock hätte angesichts instabiler innenpolitischer Verhältnisse auch dazu führen können, dass sich das Land dem Westen entfremdete. So waren auch Fragen von Frieden und Sicherheit mit im Spiel.

Damals war noch nicht abzusehen, dass sich acht Jahre später die Grenzen zum Ostblock öffnen und Europa eine historische Wende erleben würde. Diese führte zum Freudenfeuerwerk über der Oder, mit dem am 30. April 2004 symbolisch die Grenzöffnung zwischen Polen und Deutschland beleuchtet wurde. Parallel kam es auch an anderen Übergängen zur feierlichen Aufhebung der jahrzehntelangen Teilung in West- und Osteuropa: Die baltischen Staaten Estland, Lettland und Litauen sowie Polen, Tschechien, die Slowakei, Slowenien und Ungarn wurden EU-Mitglieder. Malta und Zypern komplettierten damals die Zehner-Riege – der größte Wachstumsschub in der Geschichte der Gemeinschaft. 2007 folgten Bulgarien und Rumänien. Als 28. EU-Mitglied wurde 2013 Kroatien aufgenommen. Bereits 1995 waren Österreich, Schweden und Finnland der EU beigetreten. Es war der nächste, riesige Schritt für das Friedenswerk, die Einbeziehung einstiger Gegner des Kalten Krieges.

Pulverfass Ukraine – Lunte Krim

Das Ende des Ost-West-Konflikts hatte jedoch auch der Illusion Nahrung gegeben, man sehe nun einem gemeinsamen Zeitalter ungetrübten Friedens entgegen – in einem gemeinsamen Haus Europa. Doch schon der Zerfall Jugoslawiens in den 1990er-Jahren und der sich daran anschließende erbitterte und durch ethnische Gegensätze befeuerte Bürgerkrieg zeigten, dass der Wandel auch Schattenseiten aufwies. Ein Vierteljahrhundert nach dem Ende des Ost-West-Konflikts drohte ein neuer Kalter Krieg. »Die größte Krise seit dem Mauerfall«, sagte der damalige Bundesaußenminister Frank Walter Steinmeier im März 2014 mit Blick auf die Ukraine, noch vor der Abspaltung der Krim. Diese erfolgte wenig später durch eine heftig umstrittene Volksabstimmung. Als Verletzung des Völkerrechts gilt der Vorgang vor allem aus westlicher Sicht, der Kremlchef sieht darin hingegen einen legitimen Akt der Selbstbestimmung.

Auf die alte Breschnew-Doktrin, die während des Kalten Krieges ein sowjetisches Interventionsrecht in sozialistischen Bruderstaaten bei einer Abweichung vom Kurs Moskaus vorsah, schien nun eine Art Putin-Doktrin zu folgen, in dem Sinne, dass auch russischen Minderheiten in den Nachbarstaaten der Schutz des »Mutterlands« gebühre. Daraus konnte man die Drohung heraushören, Moskau sei bereit, zugunsten der »Brüder und Schwestern« gegebenenfalls zu intervenieren. Solche Vermutungen schüren die Angst nicht nur in der Ukraine, sondern auch in den baltischen Republiken und Polen. Die Frage, wie weit Putin wirklich gehen würde und mit welchen Risiken, ist offen, was keineswegs beruhigt.

Doch ist auch zu bedenken, dass Russlands Präsident sich zumindest mit der Perspektive konfrontiert sah, dass die Ukraine irgendwann einmal in die EU, am Ende vielleicht sogar in die NATO Einzug halten könnte – mitsamt Krim. Nationalistische Töne aus Kiew schienen den Eindruck zu bestätigen, dass russische Minderheiten in Bedrängnis geraten könnten.

Kiew stand vor der Alternative zwischen dem Assoziierungsabkommen mit der Europäischen Union und der von Russland geführten Zollunion, Moskau befürchtete Nachteile. Zudem schlugen sich führende Köpfe der EU unmissverständlich auf die Seite der Opposition in Kiew, prominente Unterstützer zeigten sich auf dem Maidan, ließen außer Acht, dass der Kreml dies als Provokation auffassen musste. Vielleicht hätte Westeuropa schon früher in Betracht ziehen müssen, wo russische Staatsräson beginnt oder endet. Nicht wenige Beobachter konstatieren inzwischen den Beginn einer neuen Eiszeit zwischen Russland und dem Westen, auch eine neue Konfrontation von Wertewelten, von Wirtschaftssystemen und Militärblöcken. Wer verhindern will, dass ein neuer Eiserner Vorhang den Kontinent – wenn auch deutlich weiter östlich – teilt, und wer den Frieden für ganz Europa im Blick hat, darf die Rechnung nicht ohne den Wirt machen, Moskau gehört dazu.

QUO VADIS, EUROPA? DIE GEMEINSCHAFT AM SCHEIDEWEG

Die Ukraine, der Brexit, Putins Muskelspiele, neue Unsicherheiten durch Äußerungen Donald Trumps zur Sicherheit Europas – das sind jedoch noch nicht alle Herausforderungen. Auch die Finanzkrise der EU dauert an. Das geeinte Europa verfügt seit 2002 über jenes Symbol, das die EU-Bürger täglich nutzen: den Euro. Er brachte es allerdings auch mit sich, dass seit seiner Einführung zwischen der Eurozone und der Europäischen Union zu unterscheiden ist – Dänemark, Schweden und Großbritannien behielten Krone und Pfund. Schon im Eurozeichen selbst drückt sich der hehre Anspruch der gemeinsamen Währung aus: Das griechische Epsilon ist darin erkennbar, der Verweis auf die antiken Wurzeln der europäischen Zivilisation und auf die großen Versprechen von Frieden, Demokratie, Freiheit. Davor türmt sich nun wie eine schwarze Wolke die Sphäre der Fiskalpolitik auf, die Anforderungen des sogenannten Stabilitätspakts. Wenn jemand heute etwas aus dem Vertrag von Maastricht zitieren kann, dem am 7. Februar 1992 unterzeichneten Grundla-

■ Gut gesichert im Tresorraum einer niederländischen Bank: Das Original des Vertrags von Maastricht ist hinter Gitterstäben abgelegt.

genvertrag der Europäischen Union, dann ist es meist diese Passage: Die gesamten Staatsschulden müssen unter 60 Prozent des Bruttoinlandsprodukts bleiben, und die jährliche Neuverschuldung darf die Grenze von drei Prozent der Wirtschaftsleistung nicht überschreiten. Und hier gehen die Wege auseinander: Innerhalb von vier Jahren konnte das baltische Lettland seine Wirtschaftskraft fast verdreifachen, während Griechenland immer tiefer in seine Schuldenkrise schlitterte.

»Scheitert der Euro, dann scheitert Europa.« Das hatte Bundeskanzlerin Angela Merkel in ihrer Regierungserklärung vom 19. Mai 2010 als (inzwischen viel zitierten) Glaubenssatz verkündet. Von einer »existenziellen Bewährungsprobe für Europa« sprach sie damals vor den Bundestagsabgeordneten im Berliner Reichstag und warb um Zustimmung zum »Schutzschirm für notleidende Euroländer«. Gut sechs Jahre später gab EU-Kommissionspräsident Jean-Claude Juncker in seiner Rede zur Lage der Union vor den Europaparlamentariern in Straßburg zu erkennen, dass aus der »Bewährungsprobe« eine gefährliche Gesamtsituation erwachsen sei: »Dass wir es in Teilen mit einer existenziellen Krise der Europäischen Union zu tun haben«, darauf würden Entwicklungen wie der Brexit, die Fragen rund um die Sicherung der EU-Außengrenzen und die Konjunktur populistischer Parolen verweisen.

Die starke Orientierung an den fiskalischen und monetären EU-Konvergenzkriterien, etwa bei der Erweiterung der Europäischen Union von 15 auf 28 Mitglieder, ließ andere Werte womöglich in den Hintergrund treten. Die Suche nach dem gemeinsamen Nenner in wirtschaftlichen Fragen stand im Vordergrund. Nun zeigt sich in der Flüchtlingskrise und in Anbetracht der Bedrohung von Pressefreiheit und demokratischen Grundsätzen in einigen Mitgliedstaaten, wie Polen und Ungarn, dass der Konsens in der Frage politischer Wertvorstellungen keineswegs selbstverständlich ist. Dies lässt bei vielen Beobachtern auch den Eindruck entstehen, dass die Zahl der EU-Mitglieder eine Größe erreicht hat, die der gemeinsamen Entscheidungs- und Konsensfindung zuwiderläuft.

Schengen grenzenlos

Einen frischen Impuls gegen den wachsenden Europaüberdruss in der Bevölkerung erhofften sich schon die fünf Unterzeichnerstaaten des Schengener Abkommens vom 14. Juni 1985. Auch deshalb wurde der Ort am Anfang der Luxemburger Weinstraße ausgewählt – ein Knotenpunkt in der damaligen Mitte Europas mit Perl und Apach als deutscher und französischer Nachbargemeinde, zudem mit einem Hauch Obermoselromantik. Zugleich sollte dieses »Übereinkommen über den schrittweisen Abbau der Kontrollen an den gemeinsamen Grenzen« den Bürgerinnen und Bürgern in Deutschland, Frankreich und den drei Benelux-Staaten Europa ganz praktisch näherbringen und ihnen die Vorteile der Integration konkret vor Augen führen: keine

DAS HAUS DER EUROPÄISCHEN GESCHICHTE

Die Idee, vom Zusammenwachsen in Europa in einer dauerhaften Einrichtung zu erzählen und die Gemeinsamkeiten Europas nach 1945 herauszustellen – das leistet seit Mai 2017 das Haus der Europäischen Geschichte in Brüssel. In allen 24 Amtssprachen der EU werden dort auf 4000 Quadratmetern und sieben Etagen verbindende Ereignisse aus mehr als 200 Jahren europäischer Geschichte präsentiert – von der Französischen Revolution 1789 bis zur Gegenwart.

Hans-Gert Pöttering hatte am 13. Februar 2007 in seiner Antrittsrede als Präsident des Europäischen Parlaments den Anstoß gegeben, mit dem Haus der Europäischen Geschichte einen Ort zu schaffen, an dem »ausgehend von ihren historischen Ursachen« auch die Probleme der europäischen Gegenwart diskutiert werden können. Gut zehn Jahre später ist in einer ehemaligen Zahnklinik im Léopold-Park, unweit des Europäischen Parlaments in Brüssel, nun täglich und eintrittsfrei zu erfahren, dass es über die nationalen Perspektiven hinaus eine europäische Sicht auf die Geschichte der Staaten gibt, die vor zwei Generationen noch Krieg gegeneinander geführt haben. Unter den 1500 Exponaten, die es zu bestaunen gibt: ein sechs Meter brei-

■ Mit allen 24 Amtssprachen der EU lockt das Haus der Europäischen Geschichte in Brüssel seine Besucher.

tes Schriftstück mit allen EU-Gesetzen und die Friedensnobelpreis-Urkunde, die das norwegische Komitee 2012 der EU überreichte. Und natürlich erklingt dort auch die Europahymne. Aber vor allem kann der 90-minütige Rundgang deutlich machen, dass gemeinsame Werte Frieden und Zukunft eher garantieren als ein Europa unterschiedlicher Eigeninteressen.

Grenzstaus mehr, keine brummige Aufforderung, den Pass zu zeigen, stattdessen freie Fahrt in die Nachbarländer. Auf dem Fahrgastschiff »MS Princesse Marie-Astrid« am Schengener Moselufer unterzeichneten fünf Staatssekretäre das zukunftsweisende Abkommen. Die Zeremonie glich einem launigen Bootsausflug, eher zufällig von einigen Touristen und Freizeitradlern beobachtet. Die Außenminister waren nicht angereist, und die Kommission in Brüssel nahm zunächst nur zur Kenntnis, was in Schengen vereinbart worden war (erst später wurde auch die EU zuständig) – damals kam erstmals der viel genutzte Begriff vom »Europa der zwei Geschwindigkeiten« auf. Heute gehören schon 26 Staaten dem Schengen-Raum an, allerdings nicht alle EU-Mitgliedsländer. Großbritannien, Irland und Zypern machen nicht mit, dafür aber die Nicht-EU-Staaten Island, Norwegen, Schweiz und Liechtenstein. Im Europäischen Museum in Schengen ist zu lesen: »Mit der Aufhebung ihrer Binnengrenzen erkennt die Europäische Union an, dass alle Bürger der beteiligten Staaten demselben Raum zugehören, dass sie eine gemeinsame Identität haben.«

Die Flüchtlingskrise

Doch der Traum von der Grenzenlosigkeit, die mehr als 500 Millionen Menschen vereint, endet bei neuen Barrieren nach außen. Der Flüchtlingszustrom, der ab Sommer 2015 übers Mittelmeer und über die Balkanroute einsetzte, stürzte die europäische Politik in harte Kontroversen. Diese reichten vom »Wir schaffen das«-Optimismus der deutschen Bundeskanzlerin Angela Merkel bis zu den Warnungen des tschechischen Präsidenten Milos Zeman, wonach die Flüchtlinge das Scharia-Recht befolgen und sich nicht an die Gesetze des Gastlands halten würden. Und der ungarische Ministerpräsident Viktor Orbán sagte, als der Grenzzaun zwischen Ungarn

■ Ein Stück der Berliner Mauer unter zwei Europa-Flaggen und der Luxemburger Trikolore auf der Mosel-Esplanade in Schengen.

und Serbien errichtet wurde: »Europa muss weiter den Europäern gehören.« Die Einwanderungswelle sah der Vorsitzende der EU-skeptischen Fidesz-Partei in Ungarn als Garant für mehr Terrorismus, steigende Kriminalität und höhere Arbeitslosigkeit. Mit solchen populistischen Aussagen gewannen die Rechtsparteien in zahlreichen EU-Mitgliedsländern an Zustimmung.

»Tear down this wall!« – »Reißen Sie diese Mauer nieder!«, hatte Ronald Reagan, 40. Präsident der USA, am 12. Juni 1987 ausgerufen. Seine Aufforderung richtete sich

Quo vadis, Europa? Die Gemeinschaft am Scheideweg

■ Ein Flüchtlingskind vor dem Grenzzaun, der im serbischen Kelebija den Weg nach Ungarn und in die EU versperrt.

damals an Michail Gorbatschow, Generalsekretär der sowjetischen KPdSU, und bezog sich auf die Berliner Mauer. Als diese zwei Jahre später tatsächlich fiel, gewann die Vision von offenen Grenzen in Europa neue Schubkraft. Ein gutes Vierteljahrhundert später wurde just in dem EU-Land ein Stacheldrahtzaun errichtet, das nach den Worten des damaligen Bundeskanzlers Helmut Kohl »den ersten Stein aus der Mauer geschlagen« hatte: Ungarn hatte am 10. September 1989 seine Grenze für DDR-Flüchtlinge geöffnet – und verschloss im Sommer 2015 mit einer Stacheldraht-Sperranlage seine EU-Außengrenze zu Serbien. Der Zustrom von Flüchtlingen, vorrangig aus Syrien, Afghanistan und dem Irak, sollte damit gestoppt werden. Auch Wasserwerfer und Tränengas wurden eingesetzt, um diejenigen von ihrem Weg in die EU abzuhalten, die vor Bürgerkrieg und Terror geflüchtet waren. Das Bild der Staatengemeinschaft, die sich für Frieden, Freiheit und Menschenrechte einsetzt, wies plötzlich eklatante Sprünge auf.

Die europäische Idee, zuvor schon von der Banken- und Finanzkrise in Mitleidenschaft gezogen, droht an den Grenzzäunen nachhaltig Schaden zu nehmen. Ob in den spanischen Exklaven, in Ungarn, Bulgarien oder Griechenland – an den neu errichteten Stacheldrahtzäunen entsteht schnell der Eindruck, Europa wolle sich als Oase des Wohlstands vom außereuropäischen Elend abgrenzen. Das Bild von der »Festung Europa« durchzieht denn auch viele

Wo wir stehen – was uns bleibt

Der Portugiese Armando Rodrigues de Sá wurde im September 1964 bei seiner Ankunft in Köln als millionster Gastarbeiter der Bundesrepublik Deutschland begrüßt.

Diskussionen um den künftigen Weg der Gemeinschaft, um die verschärften Kontrollen an den EU-Außengrenzen und um die mögliche Wiedereinführung von Grenzkontrollen innerhalb der EU – Letztere vor allem als Reaktion auf islamistische Terroranschläge in Europa.

Europas Einwanderungswellen

Dabei hat Europa nach dem Zweiten Weltkrieg mehrfach Einwanderungswellen erlebt. Zunächst galt es, über zwölf Millionen deutsche Flüchtlinge und Vertriebene sowie die von den Alliierten *Displaced Persons* genannten Zwangsarbeiter und KZ-Insassen, ebenfalls fast zwölf Millionen Menschen, in den verschiedenen Ländern zu integrieren. In den beiden Folgejahrzehnten fehlte es in Deutschland, Frankreich, Belgien und der Schweiz an Arbeitskräften für den sich abzeichnenden Wirtschaftsaufschwung. Es wurden »Gastarbeiter« aus Südeuropa angeworben, später auch aus der Türkei und Nordafrika. Großbritannien, Frankreich und die Niederlande ermöglichten vor allem die Zuwanderung aus ihren ehemaligen Kolonien. Nach dem Fall der Berliner Mauer und dem Ende des Ostblocks machten sich Millionen Menschen aus dem früheren Einzugsgebiet der Sowjetunion auf den Weg gen Westen. Und in den Kriegen auf dem Balkan waren drei Millionen Jugoslawen auf der Flucht. Auch diese Einwanderungswellen erzeugten zunächst Ängste und Sorgen in den Teilen der Bevölkerung, die in den Neuankömmlingen vor allem Konkurrenten um Arbeitsplätze und bezahlbaren Wohnraum sahen. Doch aus diesen Krisen ging die EU, die aufgrund der niedrigen Geburtenraten in ihren Mitgliedsländern auf Zuwanderung angewiesen ist, bisher meist gestärkt hervor.

Europa auf dem Prüfstand

Auch deshalb bleibt die Frage so aktuell wie drängend: Was ist zu tun, um das Europa zu erhalten und zu verbessern, das sich in den vergangenen Jahrzehnten herausgebildet hat?

»Europa braucht ein klares Ziel, eine emanzipatorische Agenda und eine konkrete Idee von sich selbst«, schreibt die Politikwissenschaftlerin Ulrike Guérot in ihrem Buch *Der neue Bürgerkrieg – Das offene Europa und seine Feinde*. Sie plädiert dafür, den gemeinsamen Markt und die gemeinsame Währung nun um eine gemeinsame Demokratie zu ergänzen – und meint damit: »Wir haben alle Möglichkeiten, die nationale Abzweigung diesmal nicht zu nehmen.« Dass der letztgenannte Weg weiterhin viele Wähler lockt, zeigten zuletzt die europaweiten Stimmengewinne für Rechtspopulisten. Zwar reichte es für die EU-Gegner Geert Wilders mit seiner Partei für die Freiheit und Marine Le Pen mit ihrem *Front National* bei den Parlaments- und Präsidentschaftswahlen 2017 in den Niederlanden beziehungsweise in Frankreich nicht zum Machtwechsel – stattdessen kam es zum Siegeszug von Emmanuel Macrons proeuropäischer *En Marche*-Bewegung. Aber in diesen Wahlkämpfen trat genau das Protestmuster zutage, das auch auf AfD- und Pegida-Veranstaltungen in Deutschland zu erkennen ist: Wer sich als Globalisierungsverlierer fühlt, bei dem verfängt die Parole, dass angesichts angeblicher Bedrohungen von außen schnellstens dorthin zurückzukehren sei, wo das Nationale Vorrang habe. Bekanntlich war dieses schlichte Politikrezept 2016 in den USA überraschend erfolgreich. »America first« und »Make America great again« heißt in Realpolitik übersetzt: US-Präsident Donald Trump setzt sich für Mauern an der Grenze zu Mexiko ein und kündigt internationale Verpflichtungen auf.

Die EU als Wertegemeinschaft der Gegenwart muss sich immer wieder den Hinweis ihres früheren EU-Kommissionspräsidenten Jacques Delors ins Bewusstsein rufen: »Einen Binnenmarkt kann man nicht lieben.« Der »Vertrag von Lissabon«, der am 1. Dezember 2009 in Kraft trat, setzt auch deshalb auf verbesserte Rechtsgrundlagen für das gemeinsame Handeln im erweiterten Europa. Doch auch nach dem Reformvertrag gehen die Diskussionen weiter, wie nah Europa seinen Bürgern wirklich ist.

Sechzig Jahre nach Unterzeichnung der Römischen Verträge sehen viele Wahlberechtigte die EU immer noch als ein politisches Elitenprojekt, das nicht ausreichend demokratisch legitimiert ist: Alle fünf Jahre die Parlamentarier zu wählen, die lange Zeit nur den Kurs der EU beratend begleiten konnten und erst im Lissabon-Vertrag erhebliche Mitbestimmungsrechte zuerkannt bekamen, führt nicht zwangsläufig zu einer innigen Identifikation mit der internationalen Wertegemeinschaft. Daher ist es bei mehr als einer halben Milliarde EU-Einwohnern mit unterschiedlichen Sprachen und kulturellen Prägungen kein leichtes Unterfangen, die ehrwürdige Europaleitlinie von der »Einheit in Vielfalt« mit Leben zu füllen.

Die vielfältigen Krisenszenarien hatten bereits 2012 zwei namhafte EU-Parlamentarier dazu veranlasst, ein Manifest »Für Europa« zu verfassen. Daniel Cohn-Bendit, damals einer der Vorsitzenden der Grünen-Fraktion im Europäischen Parlament, und Guy Verhofstadt, dort Leiter der liberalen Fraktion und zuvor neun Jahre lang belgischer Ministerpräsident, wollten gemeinsam einen Angriff auf die Fehlentwicklung starten, die sie für entscheidend hielten: »den Unwillen der Nationalstaaten, ein wirklich vereinigtes und föderales Europa zustande zu bringen«. Die Autoren des Manifests forderten, dass Europa »ein für alle Mal seine nationalen Dämonen abschütteln« und »der ökonomischen und finanziellen Globalisierung von heute ein soziales, ökologisches und politisches Gesicht geben« müsse. Nur so könne die Europäische Union in Zukunft wirklich handlungsfähig werden.

Dass Europa sein Schicksal selbst in die Hand nehmen müsse, war im Frühsommer 2017 von führenden europäischen Politikern zu hören – als Reaktion auf die Kündigung des Pariser Klimaschutzvertrags durch US-Präsident Donald Trump. In den daran anknüpfenden Diskussionen über die Zukunft der Europäischen Union wurden erneut zwei unterschiedliche Wege benannt, die auch in früheren Jahrzehnten bereits ähnlich im Gespräch waren: entweder auf der Grundlage souveräner Nationalstaaten die Europäische Union flexibler machen und in einigen Handlungsfeldern mehr, in anderen weniger Europa ermöglichen. Oder die Vertiefung der Integration intensiv vorantreiben, mit dem Ziel, die Nationalstaaten abzuschaffen und ein vereintes Europa auf der Basis allgemeiner, gleicher und direkter Wahlen zu errichten. Während der französische Staatspräsident Charles de Gaulle in den 1960er-Jahren die Idee vom »Europa der Vaterländer« zur Grundlage seiner Politik machte, hatte Jean Monnet, einer der Gründerväter der Europäischen Gemeinschaft und Mitinitiator des »Aktionskomitees für die Vereinigten Staaten von Europa«, den »immer engeren Zusammenschluss der europäischen Völker« bis hin zum gemeinsamen europäischen Staat im Blick.

Was getan werden könnte: die EU, von vielen vor allem als »Nutzgemeinschaft für die Wirtschaft« und weniger als »Schutzgemeinschaft für die Bürger« wahrgenommen, in Richtung Solidaritätsunion weiterentwickeln als Förderin von Bildung und Arbeit, von sozialer Gerechtigkeit und fai-

Quo vadis, Europa? Die Gemeinschaft am Scheideweg

MEINUNGSUMFRAGE NACH DEM BREXIT

Hat der Brexit der EU ein Umfragehoch beschert? Seit dem Volksentscheid, in dem sich die Briten für den Austritt ausgesprochen haben, ist die Zustimmung für die EU fast überall gestiegen – selbst in Großbritannien. Das geht aus einer Auswertung von eupinions-Daten im Auftrag der Bertelsmann-Stiftung hervor – hier werden regelmäßig und repräsentativ für die EU Stimmungsbilder abgefragt. Europaweit ist die Zustimmung zur EU-Mitgliedschaft im August 2016 auf 62 Prozent geklettert. Bei der letzten Umfrage vor dem Brexit lag der Wert noch bei 57 Prozent. In Großbritannien zeigt sich ein ähnliches Bild: Vor dem Referendum hatte sich nicht einmal die Hälfte der Bevölkerung für die EU ausgesprochen, nun kletterte der Zustimmungswert auf 56 Prozent. Damit sind die Briten laut eupinions zum ersten Mal seit 2015 europafreundlicher als die Franzosen oder Italiener, wo sich aktuell jeweils nur eine knappe Mehrheit (53 beziehungsweise 51 Prozent) für einen Verbleib in der EU starkmacht. Auch in den anderen EU-Staaten setzt sich dieser Trend fort: In Deutschland stiegen die Zustimmungswerte um 8 Prozent auf insgesamt 69 Prozent. In Polen, wo die EU insgesamt auf die größte positive Resonanz stößt, verbesserten sich die Werte sogar um 9 Prozent auf 77 Prozent. Lediglich die Spanier stimmen gegen den Trend: Die Zustimmungswerte fielen dort von 71 auf 69 Prozent – jedoch immer noch der dritthöchste Zustimmungswert in den untersuchten Ländern.

Zugleich sanken die Ablehnungswerte zur EU. EU-weit war im August 2016 gut ein Viertel der Europäer der Meinung, dass ihr Land die EU verlassen sollte, ein Rückgang um vier Prozentpunkte. Im Vergleich würden in Italien die meisten Menschen für einen Austritt stimmen (41 Prozent), in Polen und Spanien mit 17 und 18 Prozent die wenigsten Bürger. In Deutschland befürwortet laut Umfrage gut jeder Fünfte, in Frankreich knapp jeder Dritte einen EU-Austritt. »Der drohende Brexit scheint die beste Werbung für die EU zu sein«, meint der Vorstandsvorsitzende der Bertelsmann Stiftung, Aart De Geus.

ren Chancen und dabei die politische Ordnung in der EU für die Bürger wirklich erfassbar und Entscheidungswege transparent machen – gerade wenn die Gemeinschaft über das Modell »Europäischer Staatenbund« weiter hinauswächst und vielfach europäisches vor nationales Recht geht.

Schon im Maastricht-Vertrag wurde festgehalten, dass »bei der Verwirklichung einer immer engeren Union der Völker Europas die Entscheidungen möglichst offen und möglichst bürgernah getroffen werden«. Das zielte auch auf die zu stärkende Mitwirkung der Regionen an der europäischen

Wo wir stehen – was uns bleibt

Sie lassen sich vom schlechten Wetter nicht abhalten: *Pulse of Europe*-Demonstration für ein vereinigtes Europa und gegen Nationalismus.

Rechtsetzung ab. 25 Jahre später stellt sich die Herausforderung nicht wesentlich anders dar – und das keineswegs nur aufgrund der EU-Erweiterung: Es geht darum, die politische Integration unter Einbeziehung nationaler Traditionen voranzubringen und so die Zustimmung der Bürger zur europäischen Einigung zu festigen. Vertrauen in die EU-Institutionen lässt sich nur auf- und ausbauen, wenn der »Mehrwert« der Gemeinschaft greifbar und begreifbar ist. Europa den Bürgern näherzubringen und zugleich die Errungenschaften von Frieden, Freiheit und Freizügigkeit zukunftssicher zu machen, bleibt demnach Hauptaufgabe für alle, die an der Verbesserung der Union mitarbeiten. Eine Stärkung der demokratischen Teilhabe muss Ziel bleiben. Hier hat das Reformpaket von Lissabon sicher Fortschritte gebracht, immerhin stieg die Beteiligung bei den Wahlen zum Europaparlament 2014 wieder leicht an, nachdem sie von 1979 bis 2009 kontinuierlich von etwa 62 Prozent auf 43 Prozent gesunken war.

Doch die Europäische Union braucht darüber hinaus Impulse aus der Bevölkerung für eine sozial orientierte Weiterentwicklung. 2016 hat sich die Bürgerbewegung *Pulse of Europe* gegründet, eine Initiative, die den stillen Befürwortern Europas eine Stimme geben will. Die Idee des vereinten demokratischen Europa ist ihr Credo, dem sie an Sonntagen auf Kundgebungen in über 100 europäischen Städten Ausdruck verliehen haben. Hier entstehen Gegenbilder zu den lautstarken Aktionen der nationalistischen Schreihälse. Immerhin scheint der Brexit die Europäer aufgeschreckt zu haben, die EU kann sich seither besserer Umfragewerte erfreuen und das gegenüber den Erwartungen mittelmäßige Abschneiden der Rechtspopulisten bei den Wahlen in den Niederlanden und in Frankreich hat ebenfalls zur Beruhigung beigetragen. Auch die Bereitschaft, aus der Gemeinschaft auszuscheren, scheint erst einmal gedämpft. Dass sich die Stimmen pro Europa mehren, zeigen nicht nur jüngere Befragungen, sondern auch Kundgebungen und Proteste für Demokratie, Freizügigkeit, eine gemeinsame Bewältigung wirtschaftlicher und sozialer Probleme und des Klimawandels. Vielleicht ist das ein Wink zur Lösung, mehr Europa »von unten« zuzulassen und zu mobilisieren: mehr Willensbildung durch die Bürger.

ANHANG

LITERATUR

Autorinnen und Autoren der Kapitel

Woher wir kommen – wer wir sind

Peter Arens (S. 14–26, 56–82) • Friederike Haedecke (S. 26–56)

Arens, Peter: *Sturm über Europa. Die Völkerwanderung.* München 2002.

Arens, Peter: *Kampf um Germanien. Die Schlacht im Teutoburger Wald.* Frankfurt / Main, Mainz 2009.

Cobet, Justus / Gethmann, Carl Friedrich u. a. (Hgg.): *Europa. Die Gegenwärtigkeit der antiken Überlieferung.* Aachen 2000.

Demandt, Alexander: *Die Kelten.* 8. Aufl., München 2015.

Eagleton, Terry: *Die Wahrheit über die Iren.* München 2000.

Die Kelten. Themenheft *GEO Epoche*, Nr. 47, 2011.

Die Völkerwanderung. Themenheft *GEO Epoche*, Nr. 76, 2015.

Günther, Linda-Marie (Hg.): *Die Wurzeln Europas in der Antike. Bildungsballast oder Orientierungswissen?* Berlin 2004.

Haarmann, Harald: *Auf den Spuren der Indoeuropäer. Von den neolithischen Steppennomaden bis zu den frühen Hochkulturen.* München 2016.

Hirst, John: *Die kürzeste Geschichte Europas.* Hamburg 2015.

Joas, Hans / Wiegandt, Klaus (Hgg.): *Die kulturellen Werte Europas.* Frankfurt / Main 2005.

Kuckenburg, Martin: *Die Kelten.* 2. Aufl., Stuttgart 2010.

Labouysse, Georges: *Les Wisigoths. Peuple nomade – peuple souverain (Ier–VIIIe Siècle).* Portet-sur-Garonne 2005.

Leonhard, Jürgen: *Latein – Geschichte einer Weltsprache.* München 2009.

Lepenies, Wolf: *Die Macht am Mittelmeer. Französische Träume von einem anderen Europa.* München 2016.

Meier, Christian: *Kultur, um der Freiheit willen. Griechische Anfänge – Anfang Europas?* München 2009.

O'Neill, Tom: »Artus' wilde Erben«. In: *National Geographic*, März 2006, S. 124–145.

Parzinger, Hermann: *Die Kinder des Prometheus. Eine Geschichte der Menschheit vor der Erfindung der Schrift.* München 2014.

Pohanka, Reinhard: *Die Urgeschichte Europas.* 2. Aufl., Wiesbaden 2016.

Stein, Peter: *Römisches Recht und Europa. Die Geschichte einer Rechtskultur.* Frankfurt / Main 1996.

Szlezak, Thomas Alexander: *Was Europa den Griechen verdankt. Von den Grundlagen unserer Kultur in der griechischen Antike.* Tübingen 2010.

Was uns eint – was uns teilt

Stefan Brauburger (S. 84–150)

Assmann, Aleida: *Auf dem Weg zu einer europäischen Gedächtniskultur?* Wien 2012.

Benz, Wolfgang: *Geschichte des Dritten Reiches.* München 2007.

Bittner, Jochen: *So nicht, Europa! Die drei großen Fehler der EU.* München 2010.

Brown, Peter: *Die Entstehung des christlichen Europa.* München 1999.

Craig, Gordon: *Geschichte Europas 1815–1980. Vom Wiener Kongress bis zur Gegenwart.* 3. Aufl., München 1989.

Duchhardt, Heinz (Hg.): *Europäer des 20. Jahrhunderts. Wegbereiter und Begründer des modernen Europa.* Mainz 2002.

Elvert, Jürgen: *Die europäische Integration.* 2. Aufl., Darmstadt 2013.

Gehler, Michael: *Europa. Ideen – Institutionen – Vereinigung.* München 2010.

Görtemaker, Manfred: *Geschichte Europas 1850–1918*. Stuttgart 2002.

Gruner, Wolf D. / Woyke, Wichard: *Europa-Lexikon. Länder – Politik – Institutionen*. 2. Aufl., München 2007.

Habermas, Jürgen: *Zur Verfassung Europas. Ein Essay*. Frankfurt / Main 2011.

Hobsbawm, Eric: *Das Zeitalter der Extreme. Weltgeschichte des 20. Jahrhunderts*. München, Wien 1995.

Judt, Tony: *Geschichte Europas von 1945 bis zur Gegenwart*. Frankfurt / Main 2009.

Knopp, Guido / Brauburger, Stefan / Arens, Peter: *Die Deutschen*. Bd. 1. München 2008.

Knopp, Guido / Brauburger, Stefan / Arens, Peter: *Die Deutschen*. Bd. 2. München 2010.

Langewiesche, Dieter: *Nation, Nationalismus, Nationalstaat in Deutschland und Europa*. München 2003.

Lichtenberger, Elisabeth: *Europa. Geographie, Geschichte, Wirtschaft, Politik*. Darmstadt 2005.

Pirenne, Henri: *Geschichte Europas. Von der Völkerwanderung bis zur Reformation*. Frankfurt / Main, Wien, Zürich 1961.

Rößner, Susan: *Die Geschichte Europas schreiben. Europäische Historiker und ihr Europabild im 20. Jahrhundert*. Frankfurt / Main 2009.

Schulz, Gerhard: *Europa und der Globus. Staaten und Imperien seit dem Altertum*. Stuttgart, München 2001.

Schulze, Hagen: *Die Wiederkehr Europas*. Berlin 1990.

Seibt, Ferdinand: *Die Begründung Europas. Ein Zwischenbericht über die letzten tausend Jahre*. 2. Aufl., Frankfurt / Main 2002.

Stollberg-Rilinger, Barbara: *Das Heilige Römische Reich Deutscher Nation. Vom Ende des Mittelalters bis 1806*. München 2013.

Weidenfeld, Werner / Wessels, Wolfgang (Hgg.): *Europa von A bis Z. Taschenbuch der europäischen Integration*. 12. Aufl., Bonn 2011.

Wirsching, Andreas: *Der Preis der Freiheit. Geschichte Europas in unserer Zeit*. München 2012.

Was wir glauben – was wir denken

Anja Greulich / Stefan Brauburger (S. 152–158, 164–171, 178–202) • Anja Greulich (S. 158–164, 171–178) • Peter Hartl (S. 202–220)

Ansary, Tamim: *Die unbekannte Mitte der Welt, Globalgeschichte aus islamischer Sicht*. Frankfurt / Main 2010.

Asbrigde, Thomas: *Die Kreuzzüge*. Stuttgart 2010.

Blom, Philipp: *Böse Philosophen. Ein Salon in Paris und das vergessene Erbe der Aufklärung*. München 2011.

Bossong, Georg: *Das maurische Spanien: Geschichte und Kultur*. München 2016.

Bracher, Karl Dietrich: *Geschichte und Gewalt. Zur Politik im 20. Jahrhundert*. Berlin 1981.

Franzen, August: *Kleine Kirchengeschichte*. Durchgesehen von Bruno Steiner, erweitert bis in die Gegenwart von Roland Fröhlich. Freiburg 2008.

Gabrieli, Francesco: *Die Kreuzzüge aus arabischer Sicht*. Augsburg 2000.

Gemein, Gisbert (Hg.): *Kulturkonflikte – Kulturbegegnungen. Juden, Christen und Muslime in der Geschichte und Gegenwart* (*Schriftenreihe der Bundeszentrale für politische Bildung*, Bd. 1062). Bonn 2011.

Giradet, Klaus M.: *Die Konstantinische Wende. Zur Religionspolitik Konstantins des Großen*. Darmstadt 2006.

Hagemann, Ludwig: *Christentum contra Islam: Eine Geschichte gescheiterter Beziehungen*. Darmstadt 2005.

Hartmann, Wilfried: *Karl der Große*. Stuttgart 2010.

Im Hof, Ulrich: *Das Europa der Aufklärung*. München 1993.

Kaufmann, Thomas: *Martin Luther*. München 2017.

Knopp, Guido / Brauburger, Stefan / Arens, Peter: *Der Heilige Krieg. Mohammed, die Kreuzritter und der 11. September*. München 2011.

Lauster, Jörg: *Die Verzauberung der Welt: Eine Kulturgeschichte des Christentums*. München 2016.

Lohse, Eduard: *Paulus. Eine Biographie*. München 1996.

Mörke, Olaf: *Die Reformation. Voraussetzungen und Durchsetzung* (Enzyklopädische Deutsche Geschichte, Bd. 74). München 2005.

Nautz, Jürgen P.: *Die großen Revolutionen der Welt*. Wiesbaden 2008.

Riché, Pierre: *Die Karolinger. Eine Familie formt Europa*. Düsseldorf 2003.

Schlicht, Alfred: *Die Araber und Europa. 2000 Jahre gemeinsamer Geschichte*. Stuttgart 2008.

Schmidt, Georg: *Der Dreißigjährige Krieg*. München 1998.

Sperber, Jonathan: *Karl Marx. Sein Leben und sein Jahrhundert*. München 2013.

Weinfurter, Stefan: *Das Reich im Mittelalter: Kleine deutsche Geschichte von 500 bis 1500*. München 2008.

Zitelmann, Arnulf: *Die Geschichte der Christen*. Frankfurt / Main, New York 2004.

Was uns antreibt – was wir uns nehmen

Bernhard von Dadelsen (S. 222–255) • Thomas Hagedorn (S. 255–276)

Bitterli, Urs: *Die Entdeckung Amerikas. Von Kolumbus bis Alexander von Humboldt*. München 1992.

Blom, Philipp: *Der taumelnde Kontinent. Europa 1900–1914*. München 2009.

Clark, Christopher: *Die Schlafwandler. Wie Europa in den Ersten Weltkrieg zog*. 17. Aufl., München 2014.

Fischer, Fritz: *Griff nach der Weltmacht. Die Kriegszielpolitik des kaiserlichen Deutschland 1914 / 18*. Düsseldorf 1984.

Fröhlich, Michael: *Imperialismus. Deutsche Kolonial- und Weltpolitik 1880–1914*. München 1994.

Graichen, Gisela / Gründer, Horst: *Deutsche Kolonien. Traum und Trauma*. Berlin 2015.

Hoffman, Philip T.: *Wie Europa die Welt eroberte*. Darmstadt 2017.

Horwitz, Tony: *Es war nicht Kolumbus. Die wahren Entdecker der Neuen Welt*. Hamburg 2008.

Kroll, Frank-Lothar: *Geburt der Moderne. Politik, Gesellschaft und Kultur vor dem Ersten Weltkrieg*. Berlin 2013.

Mann, Charles C.: *Kolumbus' Erbe. Wie Menschen, Tiere, Pflanzen die Ozeane überquerten und die Welt von heute schufen*. Reinbek bei Hamburg 2013.

Maurer, Michael: *Geschichte Englands*. 3., aktual. u. erw. Ausg., Stuttgart 2014.

Philbrick, Nathaniel: *Mayflower. Aufbruch in die Neue Welt*. München 2006.

Reinhard, Wolfgang: *Die Unterwerfung der Welt. Globalgeschichte der europäischen Expansion 1415–2015*. München 2016.

Schröder, Hans-Christoph: *Englische Geschichte*. München 1995.

Schulz, Matthias: *Das 19. Jahrhundert (1789–1914)*. Stuttgart 2011.

Schwanitz, Dietrich: *Die Geschichte Europas*. Frankfurt / Main 2000.

Wallisch, Robert (Hg.): *Kolumbus. Der erste Brief aus der Neuen Welt*. Stuttgart 2015.

Wehler, Hans-Ulrich: *Das Deutsche Kaiserreich 1871–1918*. 6. Aufl., Göttingen 1988.

Wende, Peter: *Das Britische Empire. Geschichte eines Weltreichs*. München 2008.

Was wir erschaffen – was wir beherrschen

Werner von Bergen (S. 278–290, 300–310) • Wolfgang Horn (S. 290–300) • Peter Arens (S. 310–323) • Bernhard von Dadelsen (S. 323–334) • Thomas Hagedorn (S. 334–344)

Braun, Hans-Joachim: *Die 101 wichtigsten Erfindungen der Weltgeschichte*. München 2005.

Braun, Rudolf / Gugerli, David: *Macht des Tanzes – Tanz der Mächtigen. Hoffeste und Herrschaftszeremoniell 1550–1914*. München 1993.

Brockman, John (Hg.): *Die wichtigsten Erfindungen der letzten 2000 Jahre. Ideen, die die Welt veränderten*. München 2000.

Bürgin, Luc: *Irrtümer der Wissenschaft. Verkannte Genies, Erfinderpech und kapitale Fehlurteile*. München 1997.

Literatur

Burke, Peter: *Ludwig XIV. Die Inszenierung des Sonnenkönigs.* Frankfurt / Main 1995.

Challoner, Jack (Hg.): *1001 Erfindungen, die unsere Welt veränderten.* Zürich 2015.

Esch, Arnold: *Rom. Vom Mittelalter zur Renaissance.* München 2016.

Freyer, Dag (Regisseur): *Shakespeares Traumfabrik.* Deutschland / Großbritannien, ZDF / ARTE 2016 (Dokumentarfilm).

Der Sonnenkönig. Themenheft *GEO Epoche*, Nr. 42. Hamburg 2010. Insbesondere: Rademacher, Cay: »Hofleben. Das Schloss von Versailles«, S. 102–121.

Glancey, Jonathan: *Geschichte der Architektur.* München 2006.

Golluch, Norbert: *»Das Automobil ist nur eine vorübergehende Erscheinung«. Kuriose Prognosen, die knapp daneben gingen.* München 2016.

Höffe, Otfried / Kablitz, Andreas (Hgg.): *Europäische Musik – Musik Europas.* Paderborn 2017

Honolka, Kurt, (Hg.): *Knaurs Weltgeschichte der Musik.* 2 Bde. 2. Aufl., München 1979.

Höpel, Thomas: »Das Modell Versailles«. In: *Europäische Geschichte Online* (EGO), hg. vom Institut für Europäische Geschichte (IEG). Mainz 2010.

Jahn, Ilse / Schmitt, Michael (Hgg.): *Darwin & Co. Eine Geschichte der Biologie in Portraits.* München 2001.

Kundera, Milan: *Die Kunst des Romans.* Frankfurt / Main 2010.

Michels, Ulrich: *dtv-Atlas zur Musik.* 23. Aufl., München 2013

Nabokov, Vladimir: *Vorlesungen über westeuropäische Literatur.* Gesammelte Werke, Band XVIII. Reinbek bei Hamburg 2014.

Patalong, Frank: *Der viktorianische Vibrator. Törichte bis tödliche Erfindungen aus dem Zeitalter der Technik.* Köln 2012.

Paulinyi, Akos: *Industrielle Revolution. Vom Ursprung der modernen Technik.* November 1989.

Richardson, Matthew: *Das populäre Lexikon der ersten Male. Erfindungen, Entdeckungen und Geistesblitze.* Frankfurt / Main 2000.

Schunck, Peter: *Geschichte Frankreichs. Von Heinrich IV. bis zur Gegenwart.* München 1994.

Simhandl, Peter: *Theatergeschichte in einem Band.* 2. überarb. Aufl., Berlin 2001.

Die Renaissance. DER SPIEGEL Geschichte, Nr. 6 / 2013, Hamburg 2013.

Watson, Peter: *Ideen. Eine Kulturgeschichte von der Entdeckung des Feuers bis zur Moderne.* München 2008.

Wertheimer, Jürgen: *Don Quijotes Erben. Die Kunst des europäischen Romans.* Tübingen 2013.

Wo wir stehen – was uns bleibt

Mario Sporn (S. 346–358) • Oliver Heidemann (S. 358–367) • Peter Arens (S. 367–377) • Anja Greulich (S. 377–386) • Thomas Hagedorn (S. 386–404)

Bischoff, Lisbeth: *Adel Inside. Hinter den Kulissen der Herrscherhäuser.* Wien 2011.

Bouvier, Beatrix: *Zur Sozial- und Kulturgeschichte des Fußballs,* Trier 2006.

Casny, Peter: *Zukunft der europäischen Integration – Wahrheiten über Europa.* Hamburg 2008.

Cohn-Bendit, Daniel / Verhofstadt, Guy: *Für Europa! Ein Manifest.* Deutsch von Philipp Blom. München 2012.

Conze, Eckart: *Kleines Lexikon des Adels: Titel, Throne, Traditionen.* München 2012.

Dreyer, Clemens / Triebel, Claas / Lübbeke, Urban: *Ein bisschen Wahnsinn: Wirklich alles zum Eurovision Song Contest.* München 2011.

Ehardt, Christine / Vogt, Georg / Wagner, Florian (Hgg.): *Eurovision Song Contest – Eine kleine Geschichte zwischen Körper, Geschlecht und Nation.* Wien 2015.

Eichler, Christian: *Lexikon der Fußballmythen.* Frankfurt / Main 2000.

Eisenberg Christiane / Lanfranchi, Pierre / Mason, Tony / Wahl, Alfred: *FIFA 1904–2004. 100 Jahre Weltfußball.* Göttingen 2004.

Guérot, Ulrike: *Der neue Bürgerkrieg. Das offene Europa und seine Feinde.* Berlin 2017.

Hengartner, Thomas / Merki, Christoph Maria

(Hgg.): *Genussmittel. Ein kulturgeschichtliches Handbuch.* Frankfurt / Main 1999.

Hepner, Leo / Jehle, Manfred / Burkhard, Wilfried: *Die großen Dynastien: Glanz und Macht berühmter Familien.* Köln 2012.

Herz, Dietmar / Jetzlsperger, Christian: *Die Europäische Union.* 2., überarb. Aufl., München 2008.

Middelaar, Luuk van: *Vom Kontinent zur Union. Geschichte und Gegenwart des vereinten Europa.* Berlin 2016.

Montanari, Massimo: *Der Hunger und der Überfluss. Kulturgeschichte der Ernährung in Europa.* München 1999.

Pernoud, Régine / Baker, Timothy: *Die großen Dynastien.* Köln 1999.

Pöppelmann, Christa: *Königshäuser.* München 2008.

Reichstein, Ruth: *Die Europäische Union. Die 101 wichtigsten Fragen.* 3., überarb. u. aktual. Auflage, München 2016.

Reinhard, Wolfgang: *Lebensformen Europas. Eine historische Kulturanthropologie.* München 2006.

Reiter, Florian: *Der Kick mit dem Ball: Die Geschichte des Fußballs.* Berlin 2009.

Rifkin, Jeremy: *Der europäische Traum. Die Vision einer leisen Supermacht.* Frankfurt / Main 2004.

Robertson, Ian: *Simply the best. Rugby World Cup 2015.* Harpenden 2015.

Schümer, Dirk: *Gott ist rund. Die Kultur des Fußballs.* Berlin 1996.

Steinz, Pieter: *Typisch Europa. Ein Kulturverführer in 100 Stationen.* München 2016.

Sud Ouest Spécial: *Rugby, Coupe du monde 2015.* Bordeaux 2015.

Tsvetkov, Yanko: *Atlas der Vorurteile.* 2. Aufl., München 2014.

Wehler, Hans-Ulrich (Hg.): *Europäischer Adel 1750–1950*, Göttingen 1990.

Weidenfeld, Werner: *Europa: Eine Strategie.* München 2014.

REGISTER

Kursive Seitenangaben verweisen auf Abbildungen bzw. Bildunterschriften

Personenregister

A

Abraham a Sancta Clara 188
Adam de la Halle 324
Adams, John Quincy 242
Adelheid von Burgund 91
Adenauer, Konrad 124, 133, 135 ff., 170, *391*, *392*
Adhemar von Le Puy *119*
Agrippa, Marcus Vipsanius 51
Aischylos (griech Tragiker) 34, 291 f.
al-Ghafiqi, Abd ar-Rahman ibn Abdallah 180
Alarich (Westgotenkönig) 45, 77
Albert von Sachsen-Coburg und Gotha 341, 380 f.
Alexander der Große 26, 38, 58
Alexander II. (russ. Zar) 107, 124
Alfred (Duke of Edinburgh) 382
Ammianus Marcellinus (röm. Historiker) 77
Amundsen, Roald 11
Anaximander 27
Andrew (Duke of York) 380
Anne (brit. Prinzessin) 379
Archimedes 39, *40*
Ariovist (Suebenhäuptling) 72
Aristophanes (griech. Komödienschreiber) 27
Aristoteles 27, 37 f., 292, 295
Arminius (german. Stammesfürst) 45, 50, 72, 75 f.
Arnold, Thomas 371
Arouet, François-Marie siehe Voltaire
Assia, Lys 360, *360*

Augustus 45, 55, 76, 80, 84, *85*
Austen, Jane 305 f.

B

Baader, Franz von 124
Babeuf, François Noël 215
Bach, Caspar 328
–, Hans 328
–, Johann Ambrosius 328
–, Johann Sebastian 326, 328, 355
–, Veit 328
Bachmann, Ingeborg 309
Bahawalpur, Nawab von 266
Balzac, Honoré de 306, 308
Barnabas (Urchrist) 155
Barroso, José Manuel 387
Barthes, Roland 309
Bartholomäus (hl.) 197
Bayle, Pierre 204
Beatrix (niederl. Königin) 170
Becker, Constanze 291
Beethoven, Ludwig van 12, 326, 329 ff., *330*, 391
Bell, Alexander Graham 337 f., *338*
Bellamy, Edward 337 f.
Benedikt von Nursia 175 f., *175*
Benz, Berta 340
–, Carl 339 f.
Bethmann Hollweg, Theobald von 275 f.
Bismarck, Otto Fürst von 110, *111*, 178, 216, 269, 271 ff., *272*
Blair, Tony 170
Blondel, Jacques-François 322
Blum, Léon 136
Boccaccio, Giovanni 225

Bocuse, Paul 357
Boleyn, Anne 195
Bonifatius (Mönch; hl.) 177 f., *178*
Borgolte, Michael 125
Bossong, Georg 182
Botticelli, Sandro 225
Boudicca (brit. Heerführerin) 62 f.
Boughton, George Henry 249
Bowman Lindsay, James 334
Boyle, Robert 205
Bradford, William 248
Bramante, Donato 286
Brandt, Hartwin 138
–, Willy 138
Brant, Sebastian 226
Brennus (kelt. Stammesfürst) 44, 58
Briand, Aristide 133, 135
Britten, Benjamin 326
Brooke, James 266
Bruant, Libéral 284
Brun, Charles le 317
Brunelleschi, Filippo 282 ff., *283*
Bruni(-Sarkozy), Carla 378
Brutus, Marcus Iunius 42
Buber, Martin 201
Bülow, Bernhard von 276
Burckhardt, Jacob 28, 42
Burton, Richard *43*
Bush, George W. 123

C

Cabeza de Vaca, Álvar Núñez 246
Caesar, Gaius Iulius 42 ff., 57 ff., *60*, 61 f., 72, 84, *85*
Calvin, Johannes (Jean) 194 f., *195*

411

Anhang

Calvino, Italo 309
Cameron, David 387
Carl XVI. Gustaf (schwed. König) 385
Casas, Bartolomé de las 237
Castlereagh, Robert Stewart Viscount 107
Celtis, Conrad 227
Cervantes, Miguel de 300 ff.
Chabod, Federico 119
Chagall, Marc 201
Chamberlain, Houston Steward 219
Champlain, Samuel de 249
Chapelain, Jean 320
Charles (Prince of Wales) 380, *380*
Charpentier, Marc-Antoine 359
Childe, Gordon 20
Chlodwig I. (fränk. König) 78, 80 f., 87, 166, *166*
Chrétien de Troyes 69
Churchill, Winston 116 f., *117*, 135 f., 170, 255, 389 f.
Cicero, Marcus Tullius (röm. Staatsmann) 38, 43, 226 f.
Clark, Christopher 7, 112, 275
Claudel, Paul 133
Claudius (röm. Kaiser) 48, 62
Clemens VII. (Papst) 195
Cobb Morley, Ebenezer 370 f.
Codreanu, Corneliu Zelea 101
Cohn-Bendit, Daniel 402
Colbert, Jean-Baptiste 320
Connery, Sean 310, *310*
Conrad, Joseph 257, 269
Cook, James 265
Cooper, James Fenimore 250, *250*
Corneille, Pierre 295
Cortés, Hernán 238
Coudenhove-Kalergi, Graf Richard 133, 390
Courteline, Georges 297
Cranach, Lucas d. J. *94*

Crassus, Marcus Licinius 44
Cretu, Michael 323
Crispus (Sohn Konstantins d. Gr.) 163
Cromwell, Oliver 261, 265
Curie, Marie 343
Curzon, Lord George 268
Cutugno, Toto 364, *365*

D

Daimler, Gottlieb 339 ff., *340*
Daniel (schwed. Prinzgemahl) 385, *385*
Dante Alighieri 126, 227
Dareios I. (pers. König) 32
Darwin, Charles 343 f., *343*
De Geus, Aart 403
Delors, Jacques 401
Demandt, Alexander 57
Descartes, René 43, 204
Di Stéfano, Alfredo 375
Diana (Princess of Wales) 380, *380*
Diaz, Bartolomeu 230
Dickens, Charles 306
Diderot, Denis 202 f., *203*, 297
Dion, Céline 363
Disraeli, Benjamin 268
Dostojewski, Fjodor 308
Drake, Francis 238, 258, *260*
Dubois, Pierre 121
Ducasse, Alain 357
Dumas, Alexandre d. Ä. 308
Dumas, Alexandre d. J. 308
Duras, Marguerite 309
Dürer, Albrecht *87*, 245

E

Ebert, Friedrich *131*
Echter, Michael 90
Eco, Umberto 56, 300, 309 f., *310*
Edison, Thomas Alva 334 f., 338
Editha (1. Frau Ottos I.) *91*, 92
Ehrt, Rainer *343*

Elisabeth I. (brit. Königin) 196, *196*, 258 f., *259*, 262, 294
Elisabeth II. (brit. Königin) 267, 322, 379 f., *379*
Engels, Friedrich 123, 131, 153, 213 ff., *215*
Enquist, Per Olof 309
Erasmus von Rotterdam *94*, 194, 228
Ernst August von Hannover 382
Esch, Arnold 278
Estelle (schwed. Prinzessin) *385*
Eugen IV. (Papst) 283
Euripides (griech Tragiker) 34, 290 ff.

F

Fausta (Ehefrau Konstantins d. Gr.) 163
Félibien, André 315
Felipe (span. König) 384, *385*
Ferdinand (span. König) 232
Ferdinand II. (röm.-dt. Kaiser) 95
Ferdinand III. (röm.-dt. Kaiser) 199
Ferguson, Sarah 380
Feuchtwanger, Lion 218
Feydeau, Georges 297
Fischer, Joschka 150
Flaubert, Gustave 301, 306 f., *306*
Fontane, Theodor 306 f.
Francesca, Piero della 284
Franco, Francisco 101
Franz I. (frz. König) 93, *93*
Franz I. (röm.-dt. Kaiser) 97
Franz-Ferdinand (Erzherzog) 383
Franzen, August 172
Franziskus (Papst) 170
Frederik (dän. Kronprinz) 385
Freud, Sigmund 133, 201
Friedrich der Weise (sächs. Kurfürst) 94, 193
Friedrich I. Barbarossa (röm.-dt. Kaiser) 92

Friedrich II. (der Große; preuß. König) 178, 202, 319 f., 322, 262
Friedrich II. (röm.-dt. Kaiser) 122, 186
Friedrich III. (dt. Kaiser) 382
Friedrich Wilhelm von Brandenburg (Kurfürst) 321
Fürth, Joseph Freiherr von 101

G

Gainsbourg, Serge 325
Galerius (oström. Kaiser) 160
Galiani, Ferdinando 202
Gallus (irischer Mönch; hl.) 174
Galvani, Luigi 336
Garibaldi, Giuseppe 210, 213
Gascoyne-Cecil, Robert 268
Gasperi, Alcide de 136
Gates, Bill 226
Gaulle, Charles de 135 f., 390 ff., *391*, 402
Genscher, Hans-Dietrich 150
Geoffrey von Monmouth 69
Georg V. (brit. König) 382 ff., *383*
Göbel, Heinrich 334
Goebbels, Joseph 124, 331
Goethe, Johann Wolfgang von 12, 97, 304, *304*, 307, 330, 352
Gogol, Nikolai 308
Gorbatschow, Michail 398
Görres, Joseph 122
Gower, George 259
Grass, Günter 309
Gray, Elisha 337 f.
Grégoire, Henri 78
Gregor I. (Papst) 323
Gregor II. (Papst) 177
Groll, Josef 353
Guericke, Otto von 336
Guérot, Ulrike 401
Gutenberg, Johannes 16, 192, 226 f.
Gympel, Jan 285

H

Hadrian (röm. Kaiser) 63
Haley, Bill 331
Hammurabi (König von Mesopotamien) 52
Hannibal (phöniz. Feldherr) 44
Hardenberg, Carl August Fürst von 107
Hardouin-Mansart, Jules 284
Harrison, George 333
Hartmann von Aue 69
Harun al-Raschid (Kalif von Bagdad) 121
Hauß, Philipp 295
Hawkins, John 238
Hayes, Rutherford B. 339
Hegel, Georg Wilhelm Friedrich 214
Heideloff, Carl Alexander von *250*
Heine, Heinrich 130
Heinrich VIII. (brit. König) 95, 195 f., *196*
Heinrich der Löwe (sächs.-bayer. Herzog) 92
Heinrich von Navarra 197
Helena (hl.) 163, *163*
Herder, Johann Gottfried 124
Hering, Karl Gottlob 355
Herkommer, Hubert 44
Herodot 29, 32, 38, 119
Herzog, Werner 22
Hesiod 27
Hess, Moses 215
Heuss, Theodor 152
Hippias (griech. Tyrann) 36
Hippokrates 38 f., 119
Hitler, Adolf 84, 101 ff., *103*, 104, 116 f., 124, 135, *218*, 219
Hobbes, Thomas 205, 261
Holbach, Paul Henri Thiry d' 202
Hollande, François 146
Höpel, Thomas 321
Horn, Guildo 362 f.

Humboldt, Alexander von 11, 246
Hume, David 202
Huntington, Samuel P. 123
Hus, Jan 189 ff., *190*

I / J

Ibsen, Henrik 298 f., *298*
Innozenz X. (Papst) 199
Isabella (span. Königin) 232
Iwan IV. (der Schreckliche; russ. Zar) 122
Jagland, Thorbjörn 386 f.
Jamala (ukrain. Sängerin) 366 f.
Jean Paul 99
Jeanne d'Arc 347
Jefferson, Thomas 251, 253
Jesus von Nazareth 55, 69, 153 ff., 156, 158, 160 f.
Jobs, Steve 334
Jodl, Alfred 391
Johannes (Evangelist) 55
Johannes XII. (Papst) 91
Johannes Paul II. (Papst) 170
Juan Carlos (span. Ex-König) 385
Julian (röm. Kaiser) 352
Juncker, Jean-Claude 145, 396
Jürgens, Udo 363 f.
Justinian (oström. Kaisers) 45, 53

K

Kafka, Franz 309, *309*
Kant, Immanuel 128, 204
Karady, Victor 200 f.
Karl der Große (röm.-dt. Kaiser) 41, 71, 81, 87 ff., *87 f.*, 89, 97, *98*, 99, 102, 121, 164 ff., *167*, 168 ff., *168 ff.*, 170, 181, 199
Karl Martell 120 f., 180
Karl V. (röm.-dt. Kaiser) 94 f., *94*, 193, 257, 259
Kate (Herzogin von Cambridge) 378, *378*
Katharina von Aragon 195

Anhang

Kauder, Volker 149
Kaufmann, Thomas 192
Kennan, George F. 275
Kenneth MacAlpin (König der Pikten) 65
Kertész, Imre 309
Kienast, Dietmar 119
Kipling, Rudyard 273
Kissinger, Henry 170
Kleopatra (ägypt. Königin) 43
Koch, Robert 342
Koch, Wilfried 281
Kohl, Helmut 140, 170, 392, 399
Kolumban (irischer Mönch; hl.) 174
Kolumbus, Christoph 228, 231 ff., 232 ff., 234 f., 236 ff., 244, 246
Konstantin (der Große; röm. Kaiser) 45, 56, 158 ff., 161 ff., *161 f.*, 352
Konstantin XI. (byzant. Kaiser) 187
Kopelew, Lew Sinowjewitsch 122
Kopernikus, Nikolaus 43
Kroos, Toni *376*
Kublai Khan 230
Kuckenburg, Martin 61, 67
Kundera, Milan 301, 307, 309 f.

L

Labiche, Eugène 297
Lämmerhirt, Maria (verh. Bach) 328
Langen, Eugen 339
Lauster, Jörg 158, 163, 175, 188, 193
Le Bon, Gustave 219
Le Corbusier, 290
Le Nôtre, André 314, 321
Le Pen, Marine 401
Leandros, Vicky 363
Lehmann, Adolf 76
Leibniz, Gottfried Wilhelm 123, 127, 167, 205
Leif Eriksson 234

Lenin, Wladimir Iljitsch (Uljanow) 216, *217*
Lennon, John 333 f.
Lenoir, Étienne 339
Leo III. (Papst) 81, 164, 169
Leo X. (Papst) *192*
Leonardo da Vinci 93, 281, 282
Leopold I. (röm.-dt. Kaiser) 321
Lepenies, Wolf 82
Letizia (span. Königin) *384*, 385
Lévy, Bernard-Henri 14
Leyen, Ursula von der 146
Licinius (röm. Mitkaiser) 160 164
Lilienthal, Otto 340 f.
Locke, John 204 f., 261,
Logan, Johnny 363
Loreen 360
Louis Philippe (frz. König) 210
Ludwig XIV. (frz. König) 95 f., *96*, 197, 295 ff., 311–323, *311*, *316*, *320*, 328
Ludwig XV. (frz König) 323
Ludwig XVI. (frz König) 206 f., 323
Lukas (Evangelist) 55, 154, 158
Lukrez (Titus Lucretius Carus) 226
Luther, Martin 94 f., *94*, 190 ff., *193*, 194

M

Machiavelli, Niccolò 93
Macron, Emmanuel 401
Madariaga, Salvador de 133
Magellan, Ferdinand 11
Mahler, Gustav 201
Major, John 380
Mak, Geert 119
Malthus, Thomas 215
Mann, Heinrich 7, 133
–, Thomas 124, 133, 308
Manzoni, Alessandro 306
Marcus Antonius 42, *43*, 45
Marcus Aurelius (röm. Kaiser) 278

Marcus Vitruvius Pollio siehe Vitruv
Margarethe II. (dän. Königin) 385
Margarete von Valois 197
Maria (Tochter Heinrichs VIII.) *196*
Maria Stuart (schott. Königin) 258
Marie-Antoinette (frz. Königin) 207
Markschies, Christoph 162
Markus (Evangelist) 55
Martin von Tours (hl.) 171
Martin, Dean 325
Marx, Karl 131, 132, 153, 201, 213 ff., 217, *217*
Mary (dän. Kronprinzessin) 385
Matthäus (Evangelist) 55
Mauboy, Jessica 366
Maxentius (röm. Kaiser) 160 ff.
Maxima (niederl. Königin) 386
Maybach, Wilhelm 339
Mazarin, Jules (Kardinal) 311 f.
Mazowiecki, Tadeusz 392
Mazzini, Giuseppe 130
McCartney, Paul 333
Medici, Katharina de' 197
Mehmed II. (Sultan) 122, 187
Meier, Christian 34
Melanchthon, Philipp *94*
Melles, Sunnyi 295
Mendelssohn, Moses 201
Mendelssohn Bartholdy, Felix 201
Menzel, Adolf 296
Merkel, Angela 170, 349, *349*, 396, 398
Messiaen, Olivier 326
Metternich, Clemens Fürst von 107
Meucci, Antonio 338
Meyer-Landrut, Lena 362 f., *362*
Michelangelo Buonarroti 278, 286 f., *286*
Michels, Reinhold 383

Miltiades (griech. Feldherr) 32
Minichmayr, Birgit 298
Minos (kret. König) 29
Mitterrand, François 170
Mogherini, Federica 145 f.
Mohammed 154, 178, 182
Möhring, Maren 358
Moleyns, Frederick de 334
Molière 296, *296*
Möller, Andreas (»Andy«) 369
Monnet, Jean 389, 402
Montesquieu, Charles de Secondat 203, 204 f., 314
Monteverdi, Claudio 326, 333
Morland, George 265
Mozart, Wolfgang Amadeus 329
Mussolini, Benito 101, *218*
Myron 34

N

Nabokov, Vladimir 308
Naipaul, V.S. 310
Napoleon I. (Bonaparte; frz. Kaiser) 97 ff., *98 ff.*, 100 ff., *102*, 106 f., 112, 129, 208, 210, 288
Narses (oström. Feldherr) 80
Nattier, Jean Marc *124*
Naumann, Friedrich 271
Nennius (walis. Mönch) 69
Nero (röm. Kaiser) 48, 158
Newton, Isaac 43, 205, 261
Nicole (Schlagersängerin) 362, 364
Nikolaus II. (russ. Zar) 382 ff., *383*
Nooteboom, Cees 309
Noves, Laura de 225
Numeister, Johannes 227

O

Octavian siehe Augustus
Odoaker (germ.-röm. Offizier 77, 86
O'Neill, Tom 70
Orbán, Viktor 398

Ortega y Gasset, José 133
Oswald von Wolkenstein 324
Othmar (alemann. Priester) 174
Otto I. (der Große; röm.-dt. Kaiser) 90 ff., *90 f.*
Otto, Nikolaus August 339
Ovid 226
Owen, Robert 215
Özil, Mesut 368

P / Q

Palladio, Andrea 284
Parker-Bowles, Camilla 380
Parzinger, Hermann 18, 24
Passy, Frédéric 132
Pasteur, Louis 342
Patrick (irischer Mönch; hl.) 65, 171 f., *172*
Paul III. (Papst) 286
Paulus von Tarsus 56, 152 ff., 155 ff., *155*, *157*, 158, *159*
Paxman, Jeremy 386
Penderecki, Krzysztof 326
Penn, William 127
Perikles 34, 35
Peter I. (der Große; russ. Zar) 123, *124*, 321
Peters, Carl 273, *274*
Petrarca, Francesco 189, 225
Pheidippides 32
Philipp II. (span. König) 259
Philipp V. (span. König) 321
Philips, Mark 379
Picasso, Pablo 23
Piłsudski, Józef 101
Piranesi, Giovanni Battista 287 f., *287*,
Pirenne, Henri 82
Pitt, William 262
Pius II. (Papst) 122, 280
Pius VII. (Papst) 97
Pizarro, Francisco 238
Platon 12, 27, 37 f.

Plotho, Elisabeth von 307 f.
Plutarch 32
Pocahontas 247
Poggio Bracciolini, Gianfrancesco 279 f.
Polo, Marco 230
Polyklet 28, 34
Pompeius (Magnus), Gnaeus 44
Pompidou, Georges 392
Ponce de Leon, Juan 246
Pope, Alexander 205
Poquelin, Amande 297
–, Jean-Baptiste siehe Molière
Pöttering, Hans-Gert 397
Praetorius, Michael 326
Prinz, Friedrich 77
Prokopios (von Caesarea; Chronist) 80
Proudhon, Pierre-Joseph 132, 215
Proust, Marcel 301, 308
Putin, Wladimir 394 f.
Quinn, Freddy 362

R

Raab, Stefan 362 f.
Racine, Jean 295 f.
Raffael 286
Raffles, Thomas Stamford 266
Rameau, Pierre *316*, 317
Reagan, Ronald 398
Reccared (Westgotenkönig) 81
Rehhagel, Otto 374
Reinhard, Wolfgang 242, 253
Reinhardt, Volker 281
Reis, Philipp 338
Remigius (Bischof) 166
Reza, Yasmina 310
Rhodes, Cecil *268*, 269
Ricardo, David 215
Richard I. (Löwenherz; engl. König) 324
Richard, Cliff 364
Richardson, Samuel 301

Richelieu, Armand-Jean du Plessis (Kardinal) 295, 311, 319
Riegel, Christian 224
Rinaldi, Antonio 290
Robben, Arjen 368
Robespierre, Maximilien de 97, 129
Roeck, Bernd 198
Rolfe, John 247
Romulus Augustulus (weström. Kaiser) 45, 77
Ronaldo, Cristiano 27, 368
Röntgen, Wilhelm Conrad 342 f.
Rousseau, Jean-Jacques 202, *203*, 204 f., 208
Rushdie, Salman 310

S

Saaret, Tarmo 127
Saint-Pierre (Abbé de) 127
Saint-Simon, Claude-Henri de 128
Saladin (Sultan) 185, *185*
Salazar de Oliveira, António 101
Saltzmann, Carl 335
Samoylova, Julia 366
Sarkozy, Nicolas 378
Saulus siehe Paulus von Tarsus
Schadewaldt, Wolfgang 35
Scheel, Walter 170
Schiller, Friedrich von 12, 128, 391
Schilling, Heinz 106
Schinkel, Karl Friedrich 289 f.
Schliemann, Heinrich 31, *31*
Schulz, Martin 170, 387
Schulze, Hagen 107
Schuman, Robert 137, 170, 389
Schümer, Dirk 153
Schütz, Heinrich 326
Sebastian, Guy 367
Semmelweis, Ignaz Philipp 342
Septimius Severus (röm. Kaiser) 278, 289

Seymour, Jane *196*
Shakespeare, William 42, 223, 255, 293 f., *293*, 299, 307
Shaw, Sandie 364
Shelley, Mary 305, *305*
Shelley, Percy Bysshe 305
Siegel, Ralph 362, 364
Siemens, Werner von 337, *337*
Silanion 49
Sinatra, Frank 325
Smith, Adam 205, 215, 264
Smith, John 247
Smith, Zadie 310
Soane, Sir John 289
Sobral, Salvador 361
Sokrates 27, 37 f., *37*
Solon 52
Sophie (Erzherzogin) 383
Sophokles (griech Tragiker) 27, 34, 290 ff.
Spaak, Paul Henri 136
Spacey, Kevin 294, *294*,
Spartakus (röm. Gladiator) 42
Spielberg, Steven 242
Stalin, Josef (Jossif) 116 f., *117*, 119, 135, 217 f., 220, 331, 366
Steinmeier, Frank Walter 394
Stoker, Bram 305
Stone, Simon 298
Strabon (griech. Geschichtsschreiber) 58
Strauss, Richard 133
Strawinsky, Igor 326
Stresemann, Gustav 133 ff.
Sully, Maximilien de Béthune, Herzog von 127
Swan, Joseph Wilson 334
Swift, Jonathan 303
Szydlo, Beata 388

T

Tacitus, Publius Cornelius 61, 73 f., 76, 351 f.

Talleyrand, Charles-Maurice de 107
Taylor, Elizabeth (Liz) 43
Teja (Ostgotenkönig) 80
Thales von Milet 27, 336
Thalheimer, Michael 291
Themistokles 32
Theoderich (der Große; Ostgotenkönig) 80 f.
Theodosius (röm. Kaiser) 56, 86
Theophanu (röm.-dt. Kaiserin) 92
Thibault von Champagne 324
Thomas von Aquin 43
Thomson, James 257
Thukydides 35, 38
Tolkien, J. R. R. 69
Tolstoi, Leo (Lew) 306 f.
Trajan (röm. Kaiser) *41*, 44 f.
Trotha, Lothar von 274
Truman, Harry S. 116, *117*
Trump, Donald 140, 146, 251, 255, 395, 401 f.
Tschechow, Anton 299
Tsvetkov, Yanko 346 ff., *347*, 351
Tulard, Jean 102
Turgenjew, Iwan 308
Tusk, Donald 146, 388

U / V

Umberto I. (ital. König) 270
Urban II. (Papst) 183, *183*
Valens (oström. Kaiser) 77
Van Rompuy, Herman 387
Vanneste, Louise 300
Varus, Publius Quinctilius 45, 75 f.
Veil, Simone 393
Vercingetorix (Arvernerhäuptling) 59 ff., *60*
Verdi, Giuseppe 326
Vergil 226
Verhofstadt, Guy 402
Vespucci, Amerigo 233 f.
Vetter, Klaus 384

Register

Victor Hugo 130
Victoria (schwed. Kronprinzessin) 385, *385*
Viktoria (brit. Königin) 267 f., *267*, 341, 380 f., *381*
Viktoria Luise von Preußen 111, 382, *382*
Virchow, Rudolf 342
Vitruv 280 f.
Vivaldi, Antonio 326 f.
Volta, Alessandro Graf 337
Voltaire 127, 202, *203*, 205, *205*
Vortigern (britann. Herrscher) 66

W / X / Z

Waldseemüller, Martin 234, *236*
Watt, James 264
Webb Ellis, William 369, 373
Weber, Max 195
Werner, Anton von *111*, 193
Wertheimer, Jürgen 301, 306 f.
Wetti (Mönch) 170
Wilders, Geert 401
Wilhelm II. (dt. Kaiser) 110 f., *111*, 270, 271, 339, 382 f., *383*
Willem-Alexander (niederl. König) 386

William (Duke of Cambridge) 378, *378*
Wilson, Woodrow 133
Winnacker, Ernst-Ludwig 342
Wolfram von Eschenbach 69
Wren, Christopher 284
Wurst, Conchita 360 f., *362*, 366
Xerxes I. (pers. König) 32
Zeman, Milos 398
Zheng He (chin. Großadmiral) 231
Zitz-Halein, Kathinka 335
Zweig, Stefan 133
Zwingli, Huldrych 194, *194*

Orts- und Sachregister

A

Aachen 168 f., *169*
–, Dom *168*
–, Karlsthron *169*
–, Pfalzkapelle *168*, 281
ABBA 363, *363*
Abendländisches Schisma siehe Schisma, Abendländisches
Ablasshandel 190 ff., *191 f.*, 194
Abolitionisten 240, 264
Absolutismus 152, 197, 206, 311 f.
Académie des Inscriptions (Frankreich) 320
Académie française 295
Actium, Schlacht bei 45
Adelsdynastien (siehe auch Königshäuser), 377 ff., *378 ff.*, 381 ff., *382 ff.*
–, Bourbonen 377
–, Coburger 377
–, Glücksburger 377
–, Großbritannien 378 ff., *379 ff.*
–, Habsburger 377
–, Hohenzollern 110
–, Oranier 377
–, Welfen 377

–, Windsors 377, *379*
–, Wittelsbacher 377
AfD (Deutschland) 401
Afghanistan 269
Agora 31
Akademien
–, *Académie des Inscriptions* (Frankreich) 320
–, *Académie espagnole* (Spanien) 321
–, *Académie française* (Frankreich) 319
–, Akademie der Künste (Preußen) 321
–, Akademie der Wissenschaften (Preußen) 321
–, Akademie der Wissenschaften (Russland) 321
Akropolis 31, *33*, 34, 36
al-Andalus 235
Alanen 75
Alba Longa 50
Alemannen 76, 78, 171
Aleppo 51
Alesia, Schlacht bei 60 f., *60*
Alkoholkonsum 356

Allia, Schlacht an der 44
Amalfi 223
American Dream 254
Amerika (Namensherkunft) 234
Amerikanisch-Mexikanischer Krieg 253
Amiens 171
»Amistad« (Sklavenschiff) 242
Amphitheater siehe Theater
Andorra 166, 378
Angeln 66, 74, 78
Angelsachsen 66, 82
Angelsachsen (Namensherkunft) 66
Anti-EU-Proteste *350*
Antike 14, 16
Antiochia 117, *119*, 156
Antisemitismus 200 f.
Apostelgeschichte 154 ff., 156
Araber siehe Muslime
Arbon 174
Architektur, klassizistische 28, *28*
Armada 259 f., *260*
Artussage *68*, 69
Aruak 232
Astana 341

417

Anhang

Athen 26, 28, *28*, 32 ff., *33 f.*, 36 ff., 49 f., 152, 156
–, Agora 35
–, Akropolis 33 f., 34, 36, 152
–, Parthenon 285
Athener (siehe auch Griechen) 32, 34, 36
Aufklärung 152, 202 ff., *203*, 204
Aufstände / Freiheitskämpfe 208 ff., 213
Augsburger Religionsfriede 94, 104, 196
Austerlitz, Schlacht bei 98
Australien 265 f., 366 f.
Auswanderung 209 f., *209*
Automobil 339 f., *340*
Avignon 189, *189*
Awaren 166
Azteken 238

B

Bangor 173
Bartholomäusnacht 197, *197*
Bastille, Sturm auf die 127, *128*, 206
Bath 63, 65
–, Royal Crescent 289, *289*
Baustile 281 ff.
–, Barock 281
–, Gotik *280*, 281, 283
–, Historismus 281, 290
–, Klassizismus 281, 288 f., *289*
–, Renaissance 281 ff., *283 f.*, 284 f.
–, Romanik 281
Bayern (Stamm) 166
Belgien 209
Benediktiner (Orden) 175 f.
Berlin 111, *200*
–, Gendarmenmarkt 289
–, Kongress (von 1878) 271 ff.
–, Neue Synagoge *200*
–, Schauspielhaus (jetzt Konzerthaus) 289
–, Schloss Cecilienhof 116, *117*

–, (Stadt-)Schloss *111*
Bertelsmann-Stiftung 403
Besiedlung 14 f., 17, 19, 36
Bethlehem 55
Beziehungen, dt.-frz. 390 ff., *391*
–, dt.-frz., »Versöhnungsgipfel« 391, *391*
–, dt.-poln. 392
Bibliothèque Germanique 321
Bier- und Weinkonsum 351 ff., *352 f.*
–, Pilsner 352 f.
Bildungsreform, karolingische 169
»Blutgericht von Verden« 167
Bobbio 174
Bologna 53, 222 f.
Bolschewiki 216
Bolschewismus siehe Kommunismus
Book of Durrow 67
Book of Kells 65, 67
Bordeaux 127
Bourbonen 95
Breschnew-Doktrin 394
Bretagne 16, 24, 25, 66 f.
Brexit 7, 9, 12, 140, 255, 267, 350, 369, 386 f., 395, 403 f.
Brighton 363, *363*
Brindisi 53
Britannien (siehe auch Großbritannien) 17, 56, 61 f., 62 f., 69, 74, 77 f., 84
–, Eroberung durch Römer 62 f., *62*
Briten 66, 92, 99, 110 f., 261 f.,
–, Christianisierung der 66, 92, 99, 110 f.
Britische Ostindien-Kompanie 261 ff., *263*, 265
Britisches Empire 256 ff., 260 ff., 264, 266, 381
Bronzezeit 16, 20, 26
»Brot und Spiele« 48 f.
Brügge 127

Brüssel, Haus der Europäischen Geschichte 397, *397*
Buchdruck 192 f., 226 ff.
Bundesrepublik Deutschland siehe Deutschland
Bundesverfassungsgericht 149 f.
Buranowskije Babuschki 361, *361*
Bürgerkrieg, Spanischer 101
Burgunden 72, 78
Byzantiner 186
Byzanz (siehe auch Konstantinopel bzw. Istanbul) 164 f., 178, 186

C

California Wine Institute 352
Calvinismus / Calvinisten 95, 106, 195 f., 199
Cannae, Schlacht bei 44
Capulet (Veroneser Adelsfamilie) 223
Carnac 16, *24*, 25
Chambord (Schloss) 93
Champions League (CL) siehe Fußball
»Charta der Grundrechte der Europäischen Union« 141
Chartres, Kathedrale *280*
Chatten 72, 177, *178*
Chauvet 15, 22 f., *22*
Cherusker 45, 75
China 230 f., 249, 255
Chinesen 231
Christen (siehe auch Kreuzfahrer / -ritter bzw. Christentum) 119
–, lateinische 120
Christentum (als Staatsreligion, Röm. Reich) 164
Christentum (siehe auch Christen bzw. Kreuzfahrer / -ritter) 10, 16, 46, 55 ff., 66, 78, 76, 88, 91, 119 ff., 152 ff., 156 ff., 160 ff., *161 f.*, 164 ff., 169, 171 ff., 177 ff., 188, 201
–, Aufstieg 159 ff., *162*

Register

–, Missionierung 158 ff., 168 ff., 171 ff., 174 f., *178*
–, Missionierung, Klostergründungen 173 ff., *173 f., 176 f., 177*
–, Verbot 56
–, Verbreitung 55, 156 f.
Christenverfolgung 56, 157
Christianisierung (siehe auch Christentum, Missionierung) 125, 166 f., *166 f.*, 169
Cipangu siehe Japan
Cîteaux 176
»Cleopatra« (Spielfilm) *43*
Clermont 183
»Cluniazensische Reform« 176
Cluny 176, *176*
Code Civil 53, 99, *99*, 101, 129, 208
Code Napoléon siehe *Code Civil*
Colchester 63
Columbian Exchange 242 f.
Commonwealth (of Nations) 255
Convivencia 181 f.
Córdoba 120, *121*
–, La Mezquita *121*
Cornwall 66, 69
Cro-Magnon-Mensch 19
Cuius regio, eius religio 95, 196
Cuzco 238

D

»Damaskus-Erlebnis« (des Paulus) 154 f.
DDR-Flüchtlinge 399
Deisten 205
Delphi, Orakel von 32, 164
Demokratie 7, 35 f., 123, 136, 138, 140, 148, 150, 152
Deutscher Bund 209, 211
Deutschland (siehe auch Germanien) 8, 17, 42, 50, 53, *72*, 76, 78, 99, 110, 112, 114, 116 f., 124, 127, 129 f., 133 ff., 137, 146, 152, 177, 193, 201, 211, 214, 218, 220, 310, 353, 389

–, Demonstrationen gegen 349, *349*
–, Nord- 61, 66
–, Süd- 56, 59
–, West- 59, 135
Dialektik, philosophische 8
Diedenhofen 169
»Diktatur des Proletariats« 216
Dionysien 290 f.
Displaced Persons 400
Dokkum 177
Dominikaner (Orden) 176
Donareiche 177, *178*
Dordogne 19, *19*, 23
Drachenflotte (chines.) 231
Drei-Kaiser-Schlacht bei Austerlitz 98
Dreibund 270
Dreißigjähriger Krieg 95, 104 f., 116, 197 ff., *198*, *198*, 310, 328
Dritter Punischer Krieg siehe Krieg, Dritter Punischer
»Dritter Stand« (Frankreich) 206 f., *206*
Druiden 56, 59, 70, 172
Dschihad 185, *185*
Dubai 341
Dublin 57, 67
–, Trinity College 67

E

East India Company siehe Britische Ostindien-Kompanie
EBU siehe European Broadcasting Union
EGKS siehe Montanunion
»Eid des Hippokrates« 39
Einwanderung 400 f., *400*
Eisenach 94, 193
–, Wartburg 94, 193
Eisenzeit 16, 59
Eiserner Vorhang 395
–, Fall 364 f., *365*
Eiszeit 9, 15 f., 24

El-Castillo-Höhle (Spanien) 22
Elektrizität 336 f., *337*
Emigration, politische 210
En Marche-Bewegung (Frankreich) 401
England 16 f., 25, *25*, 53, 63, 66, 90, 95, 97, 107, 111 f., 121, 130, 189, 196, 204, 210
England (Namensherkunft) 66
Engländer 247 ff., 251, 260
–, Pilgerväter 247 ff., *249*
Enlightenment siehe Aufklärung
Entdeckungs- und Eroberungsreisen 232 ff., *234*, 235 ff.
Entente cordiale 271
Entkolonialisierungsprozess, brit. 256, *256*
Erfindungen 334 ff., *335*, 337 ff., 340 ff., *340*
–, Automobil 339 f., *340*
–, –, Benzinmotor 339
–, –, Verbrennungsmotor 339
–, Elektrizität 336 f., *337*
–, –, Dynamomaschine 337, *337*
–, –, Volta'sche Säule 336
–, Flugmaschinen 340 f.
–, Glühlampe 334 f., *335*
–, Hygiene 46, 342
–, Phonograph 334
–, Röntgenstrahlen 343
–, Telefon 334, 337 ff., *338*
Erkenntnisse, wissenschaftl. 50, 205
Erster Punischer Krieg siehe Krieg, Erster Punischer
ESC siehe Eurovision Song Contest
Essgewohnheiten 356 f., *357*
–, Globalisierung 357 f., *358*
–, –, Döner Kebab 357 f., *358*
–, Vorurteile 356 f., *357*
EU siehe Europäische Union
Euratom 138
Euro (Währung) 142, 395 f.
Europa

419

–, Entstehungsmythos 9, *11*, 30
–, französisches 310 f.
– (Namensherkunft) 32 f., 181
– (Sagengestalt), Entführung der 29, *30*
–, Teilung 115 f., *116*
– »von unten« 404
Europäer 231
Europahymne 12, 390, 397
»Europäische Bewegung« 137
Europäische Union (EU) 7, 8, 9 f., 12, 40, 42, 127, 136, 138 ff., *139*, 141 ff., *142*, 145 f., 149 f., *149*, 395 ff., *398*, 399 ff., 403 f.
–, Ausdehnung 138, *139*, 141
–, Erweiterung 393 f., *393*, 404
–, Finanzkrise 348 f., 395, 399
–, Flüchtlingskrise 398 ff., *399*
–, Friedensnobelpreis 387
–, Gegner 401
–, Kommissare 147
–, Ministerrat 146, 148
–, Politik 143 ff., *144*, 146
–, Zukunft 402 ff.
–, Zuständigkeit der Mitgliedsstaaten 142 f.
Europäische Wirtschaftsgemeinschaft (EWG) 138, 141
Europäischer Gerichtshof 147 f., 353
Europäischer Gerichtshof für Menschenrechte (EGMR) 136
Europäischer Wettbewerb 149
»Europakarte der Vorurteile« (Y. Tsvetkov) 346
Europarat 136, *136*
European Broadcasting Union (EBU) 359, 366
Eurovision Song Contest (ESC) siehe Musik
Expansion, koloniale 111

F

Falklandinseln, militärischer Konflikt um 364
Färöer(-Inseln) 174, 228
Faschismus (siehe auch Nationalsozialisten / -sozialismus) 42, 101, 218 f., *218 f.*
Five O'Clock Tea 355
Florenz 278, 282 ff., *283*
–, Palazzo Pitti 284
–, Palazzo Strozzi 284
–, Santa Maria del Fiore (Dom) 282 f., *283*
Flottenwettrüsten, dt.-brit. 276
Flüchtlinge 400 f.
Flugmaschinen 340 f.
Fort Saint George 363
Forum Romanum siehe Rom
Franken (Volk) 72, 76 ff.
–, Christianisierung 78
Frankfurt / Main 130
–, Paulskirchenversammlung 130, 211
Frankfurter Allgemeine Zeitung 367
Frankreich (siehe auch Gallien) 15, *18*, 25, 43, 53, 59, 61, 66 f., 72, 78, 82, 89, 93, *93*, 95 ff., 99, 101 f., 104 ff., 107, 109 ff., 112, 127 ff., 137 f., 140, 145 f., 152, 154, 189, 196 f., 204, 206 ff., *206*, 208, 210 f., 213, 227, 265, 271, 310 f., 340, 389
–, 1848er-Revolution 208
–, Ost- 114, 116,
–, Süd- 19, 120
–, Südwest- 81
Franziskaner (Orden) 176
Franzosen 248 ff.
Französische Revolution siehe Revolution, Französische
Friedensnobelpreis 135, 150, 297, 386 ff.
–, Verleihung an die EU 387
Friesland 177

Front National (Frankreich) 401
Fulda 169
95 Thesen (M. Luther) 191 f.
»Für Europa« (Manifest) 402
Fürstentümer, Andorra 378
–, Liechtenstein 378
–, Monaco 378
Fußball 367 ff., *368*, 370, 371 ff., *374 f.*, 375 ff., *376*
–, Ablösesummen (für Spieler) 375
–, Anfänge 369
–, –, China 368
–, –, Deutschland 373
–, –, England 368
–, Champions League (CL) 12, 368, 375 f., *376*
–, Deutsche Bundesliga 373
–, deutsche Vereinsnamen 373
–, Europameisterschaft (EM) 368, 370, 373 f., *374 f.*
–, –, Dänemark 374
–, –, Griechenland 374, 375
–, –, Island 374, *374*
–, –, Portugal 374
–, FC Liverpool 368, 369
–, FIFA 376
–, Liverpool, Stadion an der Anfield Road 368
–, Real Madrid 375, 376
–, Stadien (Madrid, Mailand, Manchester) 376
–, UEFA 373, 376
–, Vereinswechsel (von Spielern) 368, 375
–, –, Bosman-Urteil 375

G

Galicien 174, 179
Galiläa (röm. Provinz) 55
Gälisch siehe Irland, Sprache
Gallien (siehe auch Frankreich) 44, 51, 59, 61, 63, 65, 72, 74, 78, 84, 173

–, Eroberung durch Römer 44
–, Romanisierung 61
Gallier (siehe auch Kelten) 59 ff., *60*, 62, 73
–, Menschenopfer 59
Galway (County; Irland) *70*
Gastarbeiter *400*
Geismar 177, *178*
–, Donareiche 177, *178*
Genf 135, 194
–, Friedenskongress (1868) 132
–, Palais Wilson 135
Genua 223
Germanen (Namensherkunft) 69
Germanen 14, 16, 50, 57 f., 66, 69 ff., *72 ff.*, 74 ff., *75*, 78 ff., 86, 153, 171, 177, *178*, 391 f.
–, Alanen 75
–, Alemannen 76, 78, 171
–, Angeln 66, 74, 78
–, Chatten 72, 177, *178*
–, Cherusker 45, 75
–, Christianisierung 177
–, Kimbern 44, 72
–, Lebensweise 57, 73 f.
–, Sachsen 66, 74, 78, 90, 165 ff., *167*
–, Teutonen 44, 72
–, Völkerwanderung 71 f., 77 f., 81, *81*, 86
Germanien (siehe auch Deutschland) 44, 51, 73 ff., 76, 177
Glastonbury Tor *68*, 69
»Gleichgewicht des Schreckens« 118
Glühlampe 334 f., *335*
Golgatha 152
Goten 72, 76 ff., 80 f., 168
–, Ostgoten 80
–, Westgoten 45, 72, 77, 80 f.
Granada, Alhambra 181
Granada, Massaker von 182
Griechen (Antike; siehe auch Athener) 14, 27, 29, 31 f., 37, 49, 55 f., 81, 89, 119

Griechenland (antikes) 9, 26 ff., 32 f., 35, 40, 44, 50, 55, 76, 129, 138, 155, 164
–, Auswirkungen, kulturelle 26 f.
Griechenland (Neuzeit) 129, 209, 348 f., *349*
Grippe 244
Grönland 228 f.
Großbritannien 108 f., 123, 152, 332, 389
–, Referendum zum EU-Verbleib siehe Brexit
Gurkennorm 350

H

Habsburger (Herrscherdynastie; siehe auch Adelsdynastien) 92 ff., *93*, 97
Habsburgerreich (siehe auch Österreich) 92 ff., 115, 130, 213
–, Ausdehnung 90 f.
–, Zerfall 116
Hadrianswall 42, *62*, 63, 65
Hallstatt-Kultur 16, 57
Hambacher Fest *129*, 130, 210
Handel 125 ff., 223 f., 228, 230, 248, 265
–, Sklaven- 238 ff., *241*, 261 ff., *263*, 265, 266
–, –, Verbot 240, 264 f.
Hanse 223 f., *224*
Hattin, Schlacht bei 185
(Haus-)Tiere, europ., Export 242 f.
Heidelberg 222
Heidengraben 59
»Heiligenstädter Testament« (L. van Beethoven, 1802) 330
Hellenentum 31
Herculaneum, Ausgrabungen von 288
Heuneburg (kelt. Siedlung) 57
Hill of Slane 172
Hill of Tara 172

Hispanier 81
Hispaniola 233 ff., *233*, 239
Hochdorf (kelt. Fürstengrab) 57, *57*
Höhlenkunst, Chauvet 15, 22 f., *22*
–, Kleinplastiken 24
–, Lascaux 15, 23, *23*
–, Malereien 16, 22 f. *22 f.*
Höhlenmalereien siehe Höhlenkunst
Holocaust 201
Holozän 15 f., *18*
Homo (erectus) heidelbergensis 15, 17
Homo sapiens 15, 17 ff., 26
–, Lebensweise 17 ff.
Hongkong (brit. Kronkolonie) 256
–, Rückgabe an China 255 f., *256*
»Hottentottenwahl« 274
House of Cards (TV-Serie) 294, *294*
How nations see each other … (Studie, UNESCO) 349
Höxter 169
Hudson Bay 249
Hugenotten 196 f., 321
Humanismus 222, 227, 228
Humanisten 278 f.
Hunnen 71, *75*, 76 f., 80
Hygiene 46, *46*, 318 f., 342

I

Iberische Halbinsel *18*, 50, 80, 181
Illuminismo siehe Aufklärung
Imperialismus 268 ff., *270*, 274
Imperium Christianum 89
Imperium Romanum siehe Reich, Römisches
Indianer 247 ff., *250*
Indien 230, 261 ff., *263*, 268
Indirect Rule 266
Indoeuropäer 14
Indoeuropäisch siehe Sprache, Entwicklung der

Anhang

Indogermanisch siehe Sprache, Entwicklung der
Industrialisierung 131, 133
Ingelheim 167
Inka 238
Internationale Friedensliga 132
Iren 57, 61, 66 f., 168, 171 ff., *172*
Irland (Neuzeit) 67, *70*, 138
Irland 16 f., 25, 61, 65 ff., 171 ff., 257
–, Christianisierung 65 f., *65 f.*, 171
–, Hungersnot 67
–, Nord- 67, 65, 68
–, Osteraufstand 67
–, Sprache 67 f., *70*
»Irminsul« (sächs. Heiligtum; Geismar) 167
Islam 119 ff., 154, 176 ff., *177*, 186
–, Ausbreitung 178 ff., *179*
Island 174, 228
Israel 201
Istanbul (siehe auch Konstantinopel bzw. Byzanz) 281
–, Hagia Sophia 281
Italien (siehe auch Reich, Römisches) 8, 42 f., 53, 65, 76, 80 ff., 91, 99, 101, 108 f., 116, 130, 137 f., 145, 166, 174, 189, 204, 208, *210*, 211, 220, 227
–, Befreiung und Einigung 109 f., 112, 130, *210*, 213
–, Mittel- 89, 108
–, Nord- (Ober-), 51, 174
–, Nord- (Ober-), Stadt- und Seerepubliken 223
–, –, Amalfi 223
–, –, Bologna 223
–, –, Genua 223
–, –, Mailand 223
–, –, Pisa 223
–, –, Venedig 223
–, Süd- 122, 166

J

»Jahrhunderte, dunkle« 31
Jakobsweg 324
Jalta, Konferenz von 117
Jamaika 239
Jamestown 247
Japan 230, 233
Jena und Auerstedt, Schlacht bei 98
Jerez de la Frontera 81
Jerusalem 119, 121, 155, 163, *163*, 183, 186, 185 f.
–, Eroberung von 185
–, Grabeskirche 163, *163*, 183, *184*, 186
–, Kampf um 185
Journal des Savants (frz. wissenschaftl. Zeitschrift) 319
Judäa (röm. Provinz) 55
Juden 199 ff., *200*
–, Assimilation 200
–, Bildungsstand 200 f.
Judenpogrome 182, 199
Judentum 154
Jugoslawien 116
–, Zerfall 394
Jungpaläolithikum 18, *18*

K

Kaffee, Herkunft und Verwendung 355 f., *355 f.*
–, Pro-Kopf-Verbrauch 356
Kaiserzeit, röm., Adoptivkaiser 45
–, Flavier (Dynastie) 45
–, Julier (Dynastie) 45
–, Severer (Dynastie) 45
–, Soldatenkaiser 45
Kanadier 250
Kapitalismus 11, 152, 214, 220, 224
»Kapitulationen« 231
Karlspreis, Aachener 170, 390
Karolinger 78, 81, 102
Karthager 44

Karthago 44
Kartoffel 355
–, Herkunft und Verwendung 355, *355*
Katholizismus 199
Kelten (Namensherkunft) 57
Kelten (siehe auch Gallier) 14, 16, 44, 56 ff., 60 f., *60*, 67, 70, 72, 78, 81, *172*
–, Handel 57
–, Herkunft 57
–, Insel- 61 ff.
–, Kaledonier 65
–, La-Tène-Kultur 58
–, Lebensweise 57 f., *60*, 64, 66
–, –, Oppida, 58 ff., *60* f.
–, Pikten 65 f.
–, Scoten 65 f.
–, Widerstand gegen Römer 59 ff., *60*, 62 f., *62*
Kiew 366
Kimbern 44, 72
Kirche, anglikanische 95, 195 f.
Kirchenbann 190
Kleinasien 154 f.
Klima 15 ff., 58
Knossos siehe Kreta
Köln 76, 78, 120, 127
Kolonialismus 273 f., *273*
–, brit. 266 ff., *266 ff.*
Kolonien, griech. 31 f.
Kolosseum 48, *49*
»Kolumbus-Effekt« siehe *Columbian Exchange*
Kolumbus-Schiffe: »Niña« 232
–, »Pinta« 232
–, »Santa Maria« 232
Kommunismus 11, 123, 132, *132*, 152 f., 213 ff., *215*, 217
–, »Diktatur des Proletariats« 216
Kongo-Konferenz 272 f., *273*
Königshäuser (siehe auch Adelsdynastien), Abdankung 385

–, Belgien 385
–, Dänemark 385
–, Großbritannien *378 ff.*, 379 ff,
–, Kosten 386
–, Niederlande 385
–, Schweden 385, *385*
–, Spanien *384*, 385,
–, Verwandtschaftsbeziehungen *382 f.*, *382 f.*, 386
Konquistadoren 236 ff., 244, 246, 257
Konstantinopel (siehe auch Byzanz bzw. Istanbul) 45, 122, 126, 159, *160*, 164, 179, 181, 186 f., *187*
–, Apostelkirche 164
–, Eroberung 186 f.
Konstanz, Konzil von 189 f., *190*
Kopenhagen, Frauenkirche 289
Koran 154
»Krankheit, Französische« siehe Syphilis
Kreta (siehe auch Kultur, minoische) 26 f., *27*, 28 f., 31
–, Knossos (Palast von) 26, *27*
–, Phaistos (Palast von) 26
Kreuzfahrer / -ritter (siehe auch Christen) *119*, 119 f.
Kreuzzüge 183 ff., *183 f.*, 188
–, »Kreuzzug der Armen« 185
Kriege
–, Dritter Punischer Krieg 44
–, Dt.-Frz. Krieg 109
–, Erster Punischer Krieg 44
–, Kalter Krieg 220
–, Koalitionskriege 97
–, Krimkrieg 108, *108*
–, Napoleonische 99 f., 124
–, Preuß.-Österr. Krieg 109
–, Trojanischer Krieg 31, 50, *50*
Krimtataren 366
KSZE 138 f.
Kultur, minoische (siehe auch Kreta) 26, *26*, 28 f.

L

L'Anse aux Meadows 229
Labrador 229
Langobarden 76 f., 91, 166, 168, 179, 181
Laokoon-Gruppe 49 f
La Roque-Gigeac *19*
Lascaux 15, 23, *23*
Latein (als *Lingua franca*) 26, 29, 40, 43 f., 58, 67, 76, 81, 85, 169, 222
La-Tène-Kultur 58, 60
Le Antichità Romane (G. B. Piranesi) 287 f., *287*
Lebenserwartung, menschliche 342
Lechfeld, Schlacht auf dem 90, 91
Leipzig 108, 356
–, Kaffeehaus »Zum arabischen Coffee Baum« 356
–, Völkerschlacht 101, 106
–, Völkerschlachtdenkmal *108*
Les Eyzies *19*, *19*
Les Lumières siehe Aufklärung
Liberalismus 11, 140, 152
Liechtenstein 378
Limes 41, 46, 65, 76
Linearbandkeramik 20
Lissabon 144
–, Vertrag von *144*, 147, 402
Literatur (siehe auch Romane)
–, *Atlas der Vorurteile* (Y. Tsvetkov) 346 f.
–, *Baustilkunde* (W. Koch) 281
–, *Book of Discovery* 232
–, *Das Kapital* (K. Marx) 214
–, *Das Narrenschiff* (S. Brant) 228
–, *De architectura* (Vitruv) 280
–, *De bello Gallico* (Caesar) 59
–, *De la distribution des maisons de plaisance …* (J.-F. Blondel) 322
–, *De monarchia* (Dante) 126
–, *De origine et situ Germanorum liber* (Ethnografie; Tacitus) 73
–, *De rerum natura* (Lukrez) 226

–, *Der neue Bürgerkrieg …* (U. Guérot) 401
–, *Der Wohlstand der Nationen* (A. Smith) 264
–, *Dictionnaire* (frz. Wörterbuch) 319
–, *Die Abstammung des Menschen* (C. Darwin) 344
–, *Die Göttliche Komödie* (Dante) 227
–, *Die Kunst des Romans* (M. Kundera) 301, 307
–, Die *Schlafwandler* (C. Clark) 112, 275
–, *Don Quijotes Erben …* (J. Wertheimer) 301
–, *Encyclopédie* (D. Diderot) 200 f., 205 f.
–, *Historia Brittonum* (Nennius) 67
–, *Il Milione* (M. Polo) 230
–, *Kleine Kirchengeschichte* (A. Franzen) 172
–, *Le siècle de Louis XIV* (Voltaire) 323
–, *Manifest der Kommunistischen Partei* (K. Marx / F. Engels) 128, 213, 215, *215*
–, *Prinicipia Mathematica* (I. Newton) 261
–, *Rom. Vom Mittelalter zur Renaissance* (A. Esch) 278
–, *Sozialgeschichte der Juden in Europa* (V. Karady) 198
–, *Traktat zum ewigen Frieden* (Abbé de Saint-Pierre) 125
–, *Über die Entstehung der Arten* (C. Darwin) 343
–, *Vom Geist der Gesetze* (C. de Montesquieu) 204
–, *Von der Freiheit eines Christenmenschen* (M. Luther) 191 f.
–, *Zwei Abhandlungen über die Regierung* (J. Locke) 204

Anhang

–, *Zweites Buch der Poetik* (Aristoteles) 310
Locarno, Konferenz von 134
Londinium (London) 58, 63
London 127, *134*, 341, *341*
–, Bank of England 289
–, Saint Paul's Cathedral 284
Lordi 361
Lorsch 169
Löwenmensch siehe Höhlenkunst, Kleinplastiken
Lübeck 126, *224*
Luxemburg 378
Luxeuil 174
Lyon 51

M

Maastricht, Vertrag von 395 f., *395*
Magdeburg *91*
–, Dom *91*
Mailand 223
Mainz 52, 76
–, »Hoftag« *92*
–, Theodor-Heuss-Brücke 52
Manchester 152
Manching 58 f.
Manifest Destiny 253 f., *254*
Manifest, Paneuropäisches 390
Marathon, Schlacht bei 32
Marseille 51
Marshallplan 135, 141
»März-Forderungen« 211
»Maske des Agamemnon« 31, *31*
Materialismus, historischer 214
Mauren siehe Muslime
Maya 238
»Mayflower« (Pilgerväterschiff) 246 f.
Medici (Adelsdynastie) 282
Megalithkultur 16, 22, 24 ff., *24 f.*
–, Carnac 16, 24, 25
–, Stonehenge 16, 25, *25*, 70
Menschheitsepochen

–, Antike 14, 16
–, Bronzezeit 16, 20, 26
–, Eisenzeit 16, 59
–, Frühgeschichte 16
–, Jungsteinzeit 16, 19
–, Mittelalter 16
–, Neolithikum
–, Neuzeit 16
Mercure galant (Zeitschrift) 317
Merowinger 86, *166*
Metz 169
Mexiko 238
Middle Passage 239 f.
Militarismus 135
Milvische Brücke, Schlacht 45, 151 f., 160 f., *161*
Minderheiten, russ. 394 f.
Minuskel, karolingische 169
Missionierung siehe Christianisierung
Missionsreisen (des Paulus) 155, 156 f.
Monaco 378
Mönchskirche 170
Mont Saint-Michel 324
Montagu (Veroneser Adelsfamilie) 223
Montanunion 89, 137, 255, 389
Montecassino 175, *176*
Moskau 165
»Motor-Quadricycle« siehe Erfindungen, Automobil
Motorwagen siehe Automobil
Münster 105, 198
Musik 323 ff., *325*, 327 ff., 331 ff., *332 f.*,
–, Bach-Familie 328
–, Barock 327 ff., 331, 332, 334
–, *Chanson* 324 f., 328
–, Eurovision Song Contest (ESC) 358 ff., *360 f.*, 362 ff., *362 f.*, 365, 366 f.
–, –, Abstimmungsallianzen 365

–, –, als Karrieresprungbrett 363 f., *363*
–, –, Bezüge, politische 364 ff., *365*
–, –, dt. Platzierungen 361 f., *362*
–, –, Europa-externe Übertragungen 367
–, –, Teilnehmerfeld 365, 367
–, Gregorianik 323
–, Kompositionen, liturgische 326
–, Künstler, autonome 329
–, »Les Adieux – Das Lebewohl« (L. van Beethoven) 329
–, Messe, gesungene 325
–, »Mind Games« (J. Lennon) 334
–, »Mondscheinsonate« (L. van Beethoven) 329
–, Oper 327, *327*
–, »Pastorale« (L. van Beethoven) 329
–, »Pathétique« (L. van Beethoven) 329
–, religiöse 325
–, Rockmusik 331 f.
–, –, Beatles 333, *333*
–, –, Kinks 332
–, –, »Nowhere man« (Beatles) 333
–, –, Rolling Stones 332
–, –, Yardbirds 332
–, Sanremo-Festival 359
–, Sinfonien (L. van Beethoven) 330 f.
–, –, Neunte Sinfonie 331
–, Troubadoure 324 f., *325*
–, venezianische 326
–, »Vier Jahreszeiten« (A. Vivaldi) 327
–, »Wellingtons Sieg oder Die Schlacht bei Vittoria« (L. van Beethoven) 330
–, Wien 329 f.
–, »Zefiro Torna« (C. Monteverdi) 333 f.
Muslime (Mauren / Sarazenen;

siehe auch Türken bzw. Osmanen) 79, 119 f., 123, 153 f. 165, 179 ff., 180, *180*, 182 ff., 185 f., 188
Mykene 31
Mykener 31

N

Nancy, Place Stanislas 289
Nanking 231
–, Vertrag von 256
Narbonne 51
»Nationalcharaktere« 348
Nationalismus 11, 101, 112, 135, 201
–, ital. 270
Nationalsozialisten / -sozialismus (siehe auch Faschismus) 71, 102, 116, 120, 152, 201, 218 ff., *218 f.*
NATO-Doppelbeschluss 364
Naturwissenschaften 343
»Navigation Acts« 261
Nazi-Deutschland siehe Nationalsozialisten / -sozialismus
Neandertaler 15, 17
Neapel 278
Neolithikum (Jungsteinzeit) 16, 19
Neue Rheinische Zeitung 213
Neufundland 229 f., *229*, 247, 250
Niederlande 8, 53, 95, 108, 198
Nimwegen 167
Nord-Süd-Stereotyp 82
Nordamerika, Erforschung und Kolonisierung 246 ff., 249 ff., *254*
Nordwestpassage, Suche nach der 249
Norwegen 248
Nowgorod 127
Nürnberg 127, 152
Nutzpflanzen, Austausch von 242
–, Kartoffel 242 f., *243*

O

»Ode an die Freude« (F. v. Schiller) 331, 390

OIRT siehe Organisation Internationale de Radiodiffusion et de Télévision
Olympia 28
Opiumkrieg 256
Oppida siehe Kelten, Lebensweise
Organisation für europäische wirtschaftliche Zusammenarbeit (OEEC) 135
Organisation Internationale de Radiodiffusion et de Télévision (OIRT) 359
Oslo 386 f.
Osmanen (siehe auch Türken) 93, 112, *115*, 122, 126, 133, 187 f., 230, 355
Osmanisches Reich (siehe auch Türkei) 268
Osnabrück 105, 198
Österreich (siehe auch Habsburgerreich) 93, 108, 116, 209, 220
Ostpolitik, dt. 138
Ostrom siehe Reich, Oströmisches
Ottonen (Herrscherdynastie) *91*, 92
Oxford 222

P / Q

Paderborn 169
Palästina (röm. Provinz) 55, 163
Paris 101 f., *102*, 125 f., *126*, 152, *206*, 207 f., 222, 341
–, Arc de Triomphe 288
–, Eiffelturm 341
–, Hotel Trianon *114*
–, Invalidendom 102, *102*, 284
–, La Madeleine 288
–, Notre-Dame 97, *98*
–, Rue Royale 200
Parlament, Europäisches *142*, 146 f., 148
–, Fraktionen 148
Partei für die Freiheit (Niederlande) 401

Pasta, Verzehr von 354, *354*
Patrizier 52, 214
Pax Britannica 264
Pax Romana 53, 85
Pegida 401
Peregrinatio pro Christo 173
Pergamon 50
Perser 32 f., 89, 119
Persien 269
Petition of Rights 263
Pfalzen
–, Diedenhofen 169
–, Ingelheim 167
–, Metz 169
–, Nimwegen 167
–, Paderborn 169
–, Ponthion 169
–, Soissons 169
Phaistos siehe Kreta
Phonograph 334
Philippi 156
Philosophie, griech. 26, 37 ff., *38*
Pikten 65 f.
Pilgerväter siehe Engländer
Pilsen 352
Pisa 223
Pitti (Adelsdynastie) 282
Plantagenwirtschaft 239
Plataiai, Schlacht von 32
Plebejer 52
Plymouth (USA) 248
Polen 108, 116 f., 129, 209, 213
Polis (siehe auch Stadtstaaten, griech.) 31 ff., 37
Pompeji, Ausgrabungen von 288
Ponthion 169
Portugal 230, 261, 265
Portugiesen 230
Potsdamer Konferenz 116 f., *117*
Prag 190, 222, *350*
Preußen 108, 124, 207, 261 f.
Protektionismus 261
Protestantismus 199

Pulse of Europe (Bürgerbewegung) *150*, 150, *404*, 404
Pursuit of happiness 253
Quartär 16

R

Rat für gegenseitige Wirtschaftshilfe (RGW) 118, 141
Reccopolis 80
Recht, Römisches siehe Reich, Römisches, Rechtsprechung
–, Verbreitung 53 f.
Reformation 94 f., 191 ff.
»Reformation, Zweite« 194
Regensburg 74
Reich, Byzantinisches 122
Reich, Deutsches (siehe auch Deutschland) 114, 215 f., 338
–, Gründung 109
Reich, Fränkisches 86 f., *88*, 89, 172
–, Zerfall 89 f.
Reich, Napoleonisches *100*
Reich, Osmanisches 109, 133, 179
Reich, Oströmisches 78, 86, 165, 178 f., 183
Reich, Römisches 40 ff., *41 f.*, 45 ff., 53, 77, 84 ff., *85*, 89, 152 f., 157 f., 164
–, Ausdehnung 40 f., 73, 82, *84*, 84
–, Kaiserzeit 45
–, Rechtsprechung 40, 52 ff., *53*, 76
–, –, *Corpus Iuris Civilis* 53
–, –, »Zwölf Tafeln« 52
–, Sprache siehe Latein
–, Teilung 45, 77
–, Verkehrswesen 51 f., *51*
–, –, Via Appia (SS 7) 51
–, Wasserversorgung, Segovia *47*
Reich, Weströmisches 78
Reichenau 169
Reichsacht (gegen Luther) 193
Reims 166, *166*
–, Kathedrale 391, *391*
Reinheitsgebot (für Bier) 353

–, (für Pasta) 353 f.
Religionen, monotheistische 154
Renaissance 222, 225, 226
»Renaissance, karolingische« 89, 168 f.
Restauration 211 f.
Reval (Tallinn) 127
Revolution, Französische 97, 127 f., 128, 206 ff., *206*, 251
–, »Wohlfahrtsausschuss« 207
Revolution, industrielle 264
»Revolution, neolithische« 16, 20
Rheinbund 98 ff.
Riga 127
Rio de la Hacha 239
Rittertum 324
Rom (antikes) 8, 35, 42, 44 ff., *45 f.*, 48, *48 f.*, 51, 54 f., 58 f., 61 f., 65, 72, 76 ff., 81, 86 ff., 91, 94, 152, 155 f., 156, 158, *159*, 162, 164, 170, 175, 189, 191, *192*
–, Hygiene 46, *46*
–, Forum Romanum 278
–, Kapitol 152
–, Kolosseum 48, *49*
–, Lateranbasilika 162
–, Pantheon 278 f., *279*
–, Petersdom, 284, 286 f., *286 f.*
–, San Paolo fuori le Mura 158, *159*
–, Sixtinische Kapelle 286
–, Wasserversorgung 46 f., *47*, 61
–, –, Trevi-Brunnen 46, *47*
Rom (Neuzeit) 138, 141, 278 ff., *279*, 286 ff., *287*, 324
Romane (siehe auch Literatur) 301 ff., *302 ff.*, 304 ff., 308 ff., *309*
–, *Anna Karenina* (L. Tolstoi) 306 f.
–, *Auf der Suche nach der verlorenen Zeit* (M. Proust) 308
–, *Der Graf von Monte Christo* (A. Dumas d. Ä.) 308
–, *Der Letzte Mohikaner* (J. F. Cooper) 250

–, *Der Name der Rose* (U. Eco) 309 f. *310*
–, *Der Prozess* (F. Kafka) 309, *309*
–, *Die Blechtrommel* (Günter Grass) 309
–, *Die Buddenbrooks* (Th. Mann) 308 f.
–, *Die Kameliendame* (A. Dumas d. J.) 308
–, *Die Leiden des jungen Werthers* (J. W. Goethe) 304, *304*, 330
–, *Don Quijote de la Mancha* (M. de Cervantes) 301 ff., *302*
–, *Dracula* (B. Stoker) 305
–, *Effi Briest* (Th. Fontane) 307
–, *Ein Rückblick aus dem Jahre 2000 auf das Jahr 1887* (E. Bellamy) 337 f.
–, *Emma* (J. Austen) 306
–, *Frankenstein oder Der moderne Prometheus* (M. Shelley) 305, *305*,
–, *Gullivers Reisen* (J. Swift) 303, *303*
–, *Herz der Finsternis* (J. Conrad) 257, 269
–, *Krieg und Frieden* (L. Tolstoi) 306 f.
–, *Lord Jim* (J. Conrad) 269
–, *Madame Bovary* (G. Flaubert) 306 f.
–, *Menschliche Komödie* (H. de Balzac) 308
–, *Stolz und Vorurteil* (J. Austen) 306
–, *Verbrechen und Strafe* (ehem. *Schuld und Sühne*; F. Dostojewski) 308
–, *Vernunft und Gefühl* (J. Austen) 306
Römer 14, 40, 43 ff., 48 ff., 52, 55, 58 ff., 60, *60*, 62 f., *62 f.*, 65 f., 70, 72, 73 f., *74*, 76 ff., 80 f., 89, 171

–, Lebensweise 46 ff., *46*, *48 f.*, 50 f., 63
–, Hellenisierung 50
Römerstraßen siehe Reich, Römisches, Verkehrswesen
Römische Verträge 8, *8*, *137*, 138, 143, 387 f., *388*
–, (Jubiläum) 387 f., *388*
Röntgenstrahlen 343
Route du Soleil 51
Royal African Company 239
Rugby (Ort) 369
Rugby 369 ff., 377
–, *All Blacks* (Neuseeland) 372
–, Anfänge 369
–, Regeln 370 f.
–, »Sportsmanship« 372 f.
–, Webb Ellis Cup 372, *373*
–, Weltmeisterschaft *372*, 373
Rugby Football Union (RFU) 371
Ruhrgebiet, Besetzung 133
Russland 321
Russland (siehe auch Sowjetunion) 108 f., 122 ff., 130, 268, 271 f., 321, 366
Russlandfeldzug, napoleon. 98

S

Sachsen (Stamm) 66, 74, 78, 90, 165 ff., *167*
»Saint Patrick's Day« 172, *172*
Saint-Germain-en-Laye 311
Salamis, Schlacht von 32
San Salvador 232
Sankt Gallen 169, *173* f., *174* f., 280, 323
Sankt Helena 99
Sankt Petersburg 112, 123, 152, 275, 281, 290, 308, 321
Santiago de Compostela 324
Santorin (Vulkanausbruch auf) 29
Sarajevo, Attentat von 112, 275, 383
Sarazenen siehe Muslime

Sardinien 44, 93
SBS (austral. TV-Sender) 366
Schauspiele siehe Theater
Schengen(-Abkommen) 143, 392, 396 ff., *398*
Schisma, Abendländisches 187
Schlachten, Actium 45
–, Alesia 60 f., *60*
–, Allia 44
–, bei Cannae 44
–, Drei-Kaiser-Schlacht, Austerlitz 98
–, Hattin 185
–, Jena und Auerstedt 98
–, Lechfeld *90*, 91
–, Marathon 32
–, Milvische Brücke 45, 151 f., 160 f., *161*
–, Plataiai 32
–, Salamis 32
–, Seeschlacht vor Trafalgar 98
–, Teutoburger Wald 45, 74 ff., *74*
–, Tours und Poitiers 120, 180 f., *180*
–, Verdun 113, *113*
–, Völkerschlacht, Leipzig 101, 106
–, Waterloo 101
–, Zülpich 78
Schnurkeramik 20
Schottland 41, 65, 67
–, Süd- 63
–, West- 65
»Schuman-Plan« 389
Schwäbische Alb *18*, 24, 59
Schweiz 130, 143, 174, 194, 209
Schweizer Kantone
–, Schwyz 194
–, Unterwalden 194
–, Uri 194
–, Zug 194
»Schwertmission« (Karls des Großen) 166 f., *167*
Scramble for Africa 273 f.
Scoten 65 f.

Selbstbestimmung, nationale 208
Seldschuken 183
Serbien 209
Seuchen und Krankheiten 244 f., *245*, 347, *348*
–, Grippe 244
–, Syphilis 244, *245*, 347, *348*
Sezessionskrieg, amerikanischer 242
Siebenjähriger Krieg 250, 261
Sizilien 44, 93, 100, 122, 125
Sklaverei siehe Handel, Sklaven-
Slawen 153
Soissons 169
Sowjetunion (siehe auch Russland) 117 f., 136, 141, 216 f.
Sozialismus siehe Kommunismus
Sozialistische Internationale 121 ff., *131 f.*
Spanien (siehe auch Iberische Halbinsel) 19, 43, 51, 53, 67, 76, 80 f., 84, 89 f., 95, 120, 122, 125, 188, 196
–, (Neuzeit) 82, 101, 139, 194, 208, 213, 220, 230, 310, 321
Spanier 230, 246 f., 259 f.
Spartakus-Aufstand (1919; Berlin) 42
Spartakus-Aufstand (73–71 v. Chr.; Rom) 44
Speyer 78
Splendid Isolation 255, 268, 271
Sprache, Entwicklung der 15 f., 18, 20 f.
Stabilitätspakt 395
Stadtstaaten, griech. (siehe auch Polis) 27, 32 f.
Stockholm *131*
Stonehenge 16, 25, *25*, 70
Straßburg 78, 136, *136*, 142
–, Palais de l'Europe *136*
Strozzi (Adelsdynastie) 282
Subiaco 175

Süddeutsche Zeitung 368
Suprematsakte 258
Syphilis 244, *245*, 347, *348*

T

Táin Bó Cúailnge (walis. Heldensage) 67
Taino 236 f.
Tataren 122
Teheran, Konferenz von 115
Telefon 334, 337 ff., *338*
Tenochtitlan 238
Terra Australis, Suche nach 265
Teutoburger Wald, Schlacht im 45, 74 ff., *74*
Teutonen 44, 72
Theater 290 ff., *291*, *293*, *294* ff., *298* ff., *300*
–, Amphitheater 290
–, antikes 290, *292*
–, Architektur 297
–, Festivals 299 f., *300*
Theater
–, Frankreich 295 ff.
–, Funktion 297
–, London 292 f., *293*
–, –, Globe Theatre *293*, 294
–, Naturalismus 297 ff., *298*
–, religiöses 292
–, Schauspiel
–, –, *Antigone* (Sophokles) 290
–, –, *König Ödipus* (Sophokles) 298
–, –, *Medea* (Euripides) 290, *291*
–, –, *Der Cid* (P. Corneille) 295
–, –, *Der eingebildete Kranke* (Molière) 296 f.
–, –, *Der Geizige* (Molière) 296
–, –, *Der Kirschgarten* (A. Tschechow) 299
–, –, *Die Möwe* (A. Tschechow) 299
–, –, *Die Schule der Frauen* (Molière) 296

–, –, *Drei Schwestern* (A. Tschechow) 299
–, –, *Ein Volksfeind* (H. Ibsen) 298, *298*
–, –, *Faust* (J. W. v. Goethe) 352
–, –, *Hamlet* (W. Shakespeare) 294
–, –, *Hedda Gabler* (H. Ibsen) 298, *298*
–, –, *Iwanow* (A. Tschechow) 299
–, –, *John Gabriel Borkman* (H. Ibsen) 298, *298*
–, –, *Macbeth* (W. Shakespeare) 294
–, –, *Maria Stuart* (F. Schiller) 258
–, –, *Nora* (H. Ibsen) 298, *298*
–, –, *Onkel Wanja* (A. Tschechow) 299
–, –, *Phädra* (J. Racine) 295, 296,
–, –, *Platonow* (A. Tschechow) 299
–, –, *Richard II.* (W. Shakespeare) 255
–, –, *Richard III.* (W. Shakespeare) 294
–, –, *Romeo und Julia* (W. Shakespeare) 223, *223*, 294
–, –, *Tartuffe* (Komödie; Molière) 296
Thessaloniki 156
Tibet 268
Tintagel (Burg) 69
Toledo, Konzil zu 81
Toleranz, religiöse 181 f.
Tordesillas, Vertrag von 230
Tours 169 f.
Tours und Poitiers, Schlacht bei 120, 180 f., *180*
Trafalgar, Seeschlacht vor 98
Trans Atlantic Slave Trade Database 239
Translatio Imperii 41, 87, 170
Trichterbecherkultur 20
Trier 41, 42, 52, 58, 76, 78
–, Porta Nigra 42, *42*, 52

Triple Entente 271
Triumvirat, Erstes 44
Troja 16, 50, *50*
Tschechoslowakei 116
Türkei (Aufnahme in die EU) 140
Türken (siehe auch Osmanen) 122, 187 f.
Tyrannen 31, 36

U

UdSSR siehe Sowjetunion
Ukraine 346, 366, 394 f.
Unabhängigkeitserklärung, amerikanische 251, *252*
Unabhängigkeitskrieg, Amerikanischer 250 f., 263
Ungarn 116, 398 f.
Ungarn (Volk) 90, 91
Universitäten 222 f.
Universitäten, Gründungen 222
–, Bologna 222
–, Heidelberg 222
–, Oxford 222
–, Paris 222
–, Prag 222
–, Wien 222
UNO 141
Urchristen siehe Christen
Urgeschichte 14 ff.
USA 82, 125 f., 135 f., 145 f., 152, 206, 240, 401
–, Auswanderung in die 210, 253 f.
–, Entstehung der 251 f.
–, Gründungsmythos 247
–, Westexpansion 253

V

Valmy, Kanonade von 97
Vandalen 72, 77 ff., 80, 86
Varusschlacht siehe Schlachten, Teutoburger Wald
Vatikan 352
Vega Real, Massaker von 237

Venedig 126 f., *126*, 186, 223, 278, 326, 355
–, San Marco (Kathedrale) *187*
Venus vom Hohlen Fels siehe Höhlenkunst, Kleinplastiken
Verdun 113, *113*
Vereinbarung, Mailänder 162
Vereinigte Staaten von Amerika (siehe auch USA) 206
»Vereinigte Staaten von Europa« 135, 255, 389
Verhältnisse, klimatische 15 ff., 58
Verona 223
–, Balkon der Julia 223
Versailles (Schloss) 96, 110, *312*, 313 ff., *314*, 317 ff., *318*, 320
–, Gestaltung 315
–, Hofleben 314 ff., *316*, 320
–, –, *Grand bal* 316
–, Hygiene 318 f.
–, Modellfunktion 321 ff.
–, –, Peterhof (St. Petersburg) 321
–, –, Residenz (Ludwigsburg) 322, *322*
–, –, Residenz (Würzburg) 322
–, –, Sanssouci (Potsdam) 322
–, –, Schönbrunn (Wien) 321
–, Spiegelsaal 317, *318*
Versailles, Vertrag von 114 ff., 134

Verträge, Römische *137*, 138
Verulamium (Saint Albans) 63
Vicenza, Villa Rotonda 284, *285*
Villa de la Navidad 234
Vinland siehe Neufundland
Völkerbund 133 ff.
Völkerfrühling 208 ff.
Völkerwanderung 71 f., 77 ff., 81, *81*, 86
Volonté Générale 204, 208
Volta'sche Säule 336
Vorurteile 346 ff.

W

Währungsunion, europ. (siehe auch Euro) 393
Waldläufer 249 f.
Wales 66 f.
–, Sprache 67
Walhalla *28*
Warschauer Pakt 134
WASPs *(White Anglo-Saxon Protestants)* 82
Waterloo 101
Weltausstellungen
–, Astana 341
–, Dubai 341
–, London 341, *341*
–, Paris 341

Weltkrieg
–, Erster 111 ff., *113*, 275 f., *276*, 340, 382 ff., *383*
–, –, Reparationen 134
–, Zweiter, 124, 134, 220, 248
Weltwirtschaftskrise 135
Westfälischer Friede 95, 105 ff., *106*, 107, 198 f., 260
Wettrüsten, intern. 111
Wiedervereinigung, dt. 139 f.
Wien 133, 222, 355
–, Kampf um 188
Wiener Kongress 107 ff., *110*, 129, 264
Wikinger 153, 229 f., 234
Worms 78, 193
–, Reichstag zu 193, *193*
Wormser Edikt 193

Z

Zagreb 364, *365*
Zarenfamilie, russ. 383, 384
ZDF 334
Zeitalter
–, Elisabethanisches 257 f., 260, 267
–, Viktorianisches 267, *267*, 381
Zuckerrohrplantagen siehe Plantagenwirtschaft
Zülpich, Schlacht von 78

ABBILDUNGSNACHWEIS

Titel
picture alliance, Frankfurt: 1 (Heritage Images/Fine Art Images), 2 l. (dpa/Andreas Arnold), 2 r. (All Canada Photos/Kurt Werby) iStockphoto, München: 2 M. (DaveLongMedia) Shutterstock, München: 6 (Anton Balazh/Quelle: NASA)

Vorwort
Bauer, Hans-Jürgen: 8
Bridgeman Images, Berlin: 11 (Isabella Stewart Gardner Museum, Boston)
Fotolia, Berlin: 12 (bluedesign)
Special Collections, University of Amsterdam: 10 (OTM: HB-KZL 109.05.05)

Woher wir kommen – wer wir sind
akg-images, Berlin: 81 (Album/Iria Pena)
Archäologisches Museum Mailand: 53
Archiv für Lippische Landeskunde, Detmold: 72
Arens, Peter: 19 o., 19 u., 25, 73, 74, 80
Bridgeman Images, Berlin: 38 (Kapitolinische Museen, Rom)
Creative Commons: 60 (Lionel-Noël Royer/Musée Crozatier, Le Puy-en-Velay), 71 (Friedrich Tüshaus/Landesmuseum für Kunst und Kulturgeschichte, Münster)
F1 online, Frankfurt: 33 (Rozbroj)
Imago, Berlin: 13 (ZUMA Press)
mauritius images, Mittenwald: 63 (Alamy/I capture Photography)
picture alliance, Frankfurt: 22, 23, 65, 66 (CPA Media Co.), 24 (Minden Pictures), 27 (ZB/Daniel Gammert), 28 (dpa/Armin Weigel), 30, 82 (akg-images/André Held), 31, 34, 75 (akg-images), 35, 40, 50 (Heritage Images), 42, 47 o., 51 (akg-images/Bildarchiv Steffens), 43 (N.N.), 46 (prisma), 47 u. (allOver/TPH), 48 (Westend61), 49 (Global Travel), 57 (akg-images/Landesmuseum Württemberg), 62 (akg-images/Richard Booth), 68 (Mary Evans Picture Library), 70 (Rolf Haid)

Was uns eint – was uns teilt
akg-images, Berlin: 83 (De Agostini Picture)
Archiv der sozialen Demokratie der Friedrich-Ebert-Stiftung, Bonn: 132
Arens, Peter: 108
Bridgeman Images, Berlin: 109 (National Army Museum, London)
Europäischer Wettbewerb, Berlin: 149 (Jonas Thie)
Europarat, Straßburg: 136 (Ellen Wuibaux)
Getty Images, München: 102 (Bettmann Archive)
picture alliance, Frankfurt: 85, 90, 94 u., 98, 99, 106, 111, 114, 117, 121, 124, 126, 128, 129, 131, 137 (akg-images), 87 (CPA Media Co.), 91 (ZB/Jens Wolf), 93 (akg-images/Rodemann), 94 o. (akg-images/Erich Lessing), 96 (Heritage-Images/Fine Art Images), 110 (maxppp), 113 (robertharding), 119 (akg-images/British Library), 142 (AA/Mustafa Yalcin), 144 (dpa/EPA/Miguel A. Lopes), 150 (ZUMA Press)
ullstein bild, Berlin: 134 (Süddeutsche Zeitung)

Woran wir glauben – was wir denken
akg-images, Berlin: 172 (Sputnik), 182 (Gerard Degeorge), 191, 209 (N.N.), 196 (IAM)
Alinari Archives, Florenz: 210 (TopFoto/Galleria Civica d'Arte Moderna e Contemporanea, Turin)
Éditions Errance, Arles: 177 (Jean-Claude Golvin)
Getty Images, München: 219 (Universal History Archive)
iStockphoto, München: 200 (Borisb17)
picture alliance, Frankfurt: 151 (dpa/Uwe Anspach), 157, 159, 161, 163, 165, 166, 167, 174, 175, 178, 184, 190 o., 190 u., 193, 194, 195, 197, 206 (akg-images), 160, 187 (akg-images/Suzanne Held), 162 (akg-images/Bildarchiv Steffens), 168 (ZB/euroluftbild), 169, 183, 192, 203 (akg-images/Erich Lessing), 173 (akg-images/Bildarchiv Monheim), 176 (Bildarchiv Monheim/Achim Bednorz), 180 (maxppp), 185 (CPA Media Co.), 186 (Chromorange), 189 (akg-images/Etienne Marie), 198 (Heritage Images), 205 (akg-images/André Held), 215 (ZB/Hubert Link), 217 (The Advertising Archives), 218 (Leemage)

Was uns antreibt – was wir uns nehmen
akg-images, Berlin: 221 (Album/Oronoz)
Alamy, Abingdon: 260 (Heritage Image Partnership Ltd.), 267 (Lebrecht Music and Arts Photo Library), 268 (North Wind Picture Archives)
Bridgeman Images, Berlin: 266 (British Library Board. All Rights Reserved)
Library of Congress, Pennsylvania, Philadelphia: 252
picture alliance, Frankfurt: 223 (akg-images/Bildarchiv Steffens), 224, 233, 241 o., 241 u., 245, 249, 250, 258,

Abbildungsnachweis

259, 272, 274, 276 (akg-images), 225, 263, 265 (CPA Media Co.), 229 (akg-images/Jürgen Sorges), 232 (Heritage Images), 234 (akg-images/Joseph Martin), 236 (Everett Collection), 243 (Photoshot), 254 (United Archives/WHA), 256 (AP Images/Kimmimasa Mayama), 270 (arkivi)

Was wir erschaffen – was wir beherrschen

akg-images, Berlin: 285 (Mondadori Portfolio/Marco Covi)
Alamy, Abingdon: 316 (Heritage Image Partnership Ltd./Fine Art Images), 319 (Falkensteinfoto)
Bridgeman Images, Berlin: 277 (De Agostini Picture Library/M. Carrieri), 320 (Granger)
Compoint, Stéphane: 314
F1 online, Frankfurt: 279 (Ritterbach)
Horn, Wolfgang: 300
picture alliance, Frankfurt: 280 (prisma), 282 (dpa/Press Office Skira), 283 (dpa/Daniel Kalker), 284 (akg-images/Rabatti – Domingie), 286 (Chromorange/AGF Creative), 287 (akg-images/Bildarchiv Steffens), 289 (Design Pics/Axiom Photographic), 291 (dpa/Stephanie Pilick), 293 (AP Photo/Kirsty Wigglesworth), 294 (AP Photo/Netflix/Nathaniel E. Bell), 295 (CTS Photo & Press Service/Manfred Siebinger), 296, 303, 304, 311, 330, 332, 335, 337, 338, 341 (akg-images), 298 (APA/picturedesk.com/Jeff Mangione), 302 (Shotshop/Frank Fischbach), 305, 333 (PictureLux/The Hollywood Archive), 306 (Bianchetti/Leemage), 309 (akg-images/Archiv K. Wagenbach), 310 (United Archiv), 312 (akg-images/Herve Champol), 318 (abaca), 325 (Mary Evans Picture Library), 327 (Heritage Images), 340 (dpa/Fotoreport Daimler Chrysler), 343 (akg-images/R.Ehrt)
Schlosspark Blühendes Barock, Ludwigsburg: 322

Wo wir stehen – was uns bleibt

Archäologisches Landesmuseum Baden-Württemberg, Konstanz: 352 (Manuela Schreiner)
Bridgeman Images, Berlin: 355 (Granger)
Creative Commons: 348 (Illustration: o.Ang.)
Getty Images, München: 353 (Bo Zaunders), 354 (Roger Viollet Collection), 362 r. (AFP/Daniel Sannum Lauten), 363 (AFP/Lindeborg), 370 (Universal History Archive)
Knesebeck Verlag, München: 347 (Yanko Tsvetkov: *Atlas der Vorurteile*. München 2013)
Mauritius Images, Mittenwald: 372 (Alamy/David Hodges)
picture alliance, Frankfurt: 345 (AP Photo/Sergei Grits), 349 (Robert Geiss), 350 (dpa/Filip Singer), 356 (Dumont Bildarchiv), 357 (Shotshop / Monkey Business), 358 (Tagesspiegel), 361 (dpa/Kristina Korolyova), 362 l. (dpa/Georg Hochmuth), 365 (dpa/Michael Vastag), 368 (dpa/Peter Byrne), 374 (dpa/Abedin Taherkenareh), 375 (dpa/epa/Vanagelis Vardoulakis), 376 (sampics/Christina Pahnke), 378 o. (ZUMA Press), 378 u. (empics/Tim Goode), 379 (AP Photo/Kirsty Wigglesworth), 380 (empics/Martin Keene), 381, 382, 383 r. (akg-images), 383 l. (Heritage Images), 384 (dpa/Emilio Naranjo), 385 (dpa/Albert Nieboer), 388 (dieKLEINERT.de), 391 (dpa/Kurt Rohwedder), 392 (dpa/Martin Athenstädt), 393 (ZB/Patrick Pleul), 395 (dpa/epa/anp/Marcel van Hoorn), 397 (dpa/Matthias Arnold), 398 (dpa/Romain Fellens), 399 (Joker), 400 (dpa/Ossinger), 404 (dpa/Bernd von Jutrczenka)
Theillet, Laurent: 371 (SUD OUEST)
ullstein bild, Berlin: 360

Anhang

Lookphotos, München: 405
VG Bild-Kunst, Bonn 2017: 405

Titelseiten, Aufmacherseiten

S. 1 Michelangelo Buonarroti, *Die Delphische Sibylle*, 1508–1512, Sixtinische Kapelle, Vatikan, Rom. Foto: picture alliance/Heritage Images/Fine Art Images
S. 2 l. Kundgebung der proeuropäischen Bewegung *Pulse of Europe* auf dem Goetheplatz in Frankfurt, 9.4.2017. Foto: picture alliance/dpa/Andreas Arnold
S. 2 M. Flaschenverschlüsse mit Europa-Flaggen. Foto: iStockphoto/DaveLongMedia
S. 2 r. Louvre bei Sonnenuntergang, Paris. Foto: picture alliance/All Canada Photos/Kurt Werby
S. 6. Europa bei Nacht, Satellitenaufnahme. Foto: Shutterstock/Anton Balazh (Quelle: NASA)
S. 13 Helm von Sutton Hoo, Replik um 1970 nach Original aus 7. Jh. v. Chr., British Museum, London. Foto: imago/ZUMA Press
S. 83 Caspar Johann Nepomuk Scheuren, *Karl der Große mit Modell des Aachener Doms*, 1825, Centre Charlemagne Neues Stadtmuseum Aachen. Foto: akg-images/De Agostini Picture
S. 151 Ernst Rietschel, *Lutherdenkmal*, 1868, Worms. Foto: picture alliance/dpa/Uwe Anspach
S. 222 José Garnelo y Alda, *Der Empfang von Kolumbus*, 1892, Öl/Lwd., Museo Naval de Madrid. Foto: akg-images/Album/Oronoz

431

Anhang

S. 277 Andrea Mantegna, *Deckenfresko der Camera degli Sposi*, 1465–1474, Herzogspalast, Mantua. Foto: Bridgeman Images/De Agostini Picture Library/M. Carrieri

S. 345 EU-Flagge bei einer Versammlung von proeuropäischen Aktivisten auf dem Unabhängigkeitsplatz in Kiew, Ukraine, 8.12.2013. Foto: picture alliance/AP Photo

S. 405 Marc Chagall, *Deckengemälde Opéra Garnier*, 1964, Opéra Garnier, Paris © VG Bild-Kunst, Bonn 2017. Foto: Lookphotos/Photononstop

Umschlag Titel

Brandenburger Tor, Berlin. Foto: picture alliance/Westend61/Kristian Peetz

Eiffelturm, Paris. Foto: mauritius images/Alamy/Ian Pilbeam

Michelangelo Buonarotti, *David*, 1501–1504, Galeria dell' Academia, Florenz. Foto: akg-images/Album/Oronoz

Erasmus Quellinus, *Der Raub der Europa*, 1630, Skizze für Rubens, Prado, Madrid. Foto: akg-images/Album/Oronoz

Europäische Flaggen vor dem Kommissionsgebäude in Brüssel. Foto: picture alliance

Winston Churchill mit Victory-Zeichen, ca. 1945. Foto: Getty Images/Time & Life Pictures/Pix Inc./Alfred Eisenstaedt

Kaiserkrönung Karls des Großen, Illustration aus *Grandes Chroniques de France*, 1332–1350, British Library, London. Foto: akg-images/British Library

Atomium, Brüssel. Foto: Getty Images/AFP/Eric Lalmand

Die Beatles am Flughafen von Los Angeles, 1964. Foto: Getty Images/The LIFE Picture Collection/Bill Ray

Johann Heinrich Wilhelm Tischbein, *Goethe in der Campagna*, 1787, Öl/Lwd., Städelsches Kunstinstitut, Frankfurt. Foto: akg-images

Umschlag Rückseite

Wikingerboot, 9. Jh., Vikingskipshuset Oslo. Foto: Bridgeman Images

Jacques-Louis David, *Napoleon Bonaparte überquert die Alpen über den Sankt-Bernhard-Paß*, 1800, Lwd./Öl, Musée de l'Histoire de France, Versailles. Foto: Getty Images/Heritage Images

Pippi Langstrumpf, Filmstill aus *Pippi Langstrumpf*, Bundesrepublik Deutschland/Schweden 1969. Regie und Produktion: Olle Hellbom. Foto: akg-images

Sebastiano del Piombo, *Christoph Kolumbus*, 1519, Öl/Lwd., Metropolitan Museum, New York. Foto: Getty Images/Heritage Images/Fine Art Images

Erechtheion mit Korenhalle, 421–406 v. Chr., Akropolis, Athen. Foto: Getty Images/Arcaid Images/Robert O'Dea

Albert Einstein und seine Frau, 2. März 1931. Foto: Getty Images/Corbis

Kolosseum, Rom. Foto: Getty Images/Carlos Gotay

Lucas Cranach d. Ä. (Werkstatt), *Martin Luther,* 1529, Öl/Holz, Deutsches Historisches Museum, Berlin. Foto: bpk/Deutsches Historisches Museum/Sebastian Ahlers

Allianz Arena, München. Foto: picture alliance/Sueddeutsche Zeitung Photo

Johannes Gutenberg, Illustration aus *Pourtraits et Vies des Hommes*, 1584, British Library, London. Foto: Bridgeman Images/British Library